송자대전

한국고전번역원 한국문집번역총서

송자대전 23

宋子大全

송시열 지음 宋時烈

김정기 옮김

일러두기

1. 이 책 《송자대전》은 《국역 송자대전》(1981~1988)의 미번역 부분을 포함하여 수정·번역한 완역서이다.
2. 이 책의 번역 대본은 한국고전번역원에서 간행한 한국문집총간 108~116집 소재 《송자대전(宋子大全)》으로 하였다. 번역 대본의 원문 텍스트와 원문 이미지는 한국고전종합DB(http://db.itkc.or.kr)에서 확인할 수 있다.
3. 역주는 내용이 간단하면 간주(間註)로, 길면 각주(脚註)로 처리하였다.
4. 한자는 필요한 경우 이해를 돕기 위하여 넣었으며, 운문(韻文)은 원문을 병기하였다.
5. 원문의 오류를 수정하였거나 오류가 의심되는 경우, 교감자료와 중요한 자구(字句)에서 차이가 있는 경우에는 그 내용을 각주로 밝혔다.
6. '한글 맞춤법'의 용법과 다르거나 새로 만든 문장 부호는 다음과 같다.
   「 」: ' ' 안의 재인용을 나타낼 때 사용한다.
   『 』: 「 」 안의 재인용을 나타낼 때 사용한다.
   …… : 원문의 '云云'을 처리할 때, 각주에서 긴 인용문을 처리할 때, 각주의 표제어가 네 어절 이상일 경우 생략되는 말을 처리할 때 사용한다.
   - - : 본문에서 소자(小字) 원문 주(註)의 처음과 끝에 사용한다.
   □ : 원문의 글자가 빠진 빈 난을 표기하거나 '결락과 판독 불가 글자에 대한 지침'에 따라 번역할 때 사용한다.
   ▨ : 훼손 등으로 인해 판독이 불가능한 원문을 표기할 때 사용한다.

차례

송자대전 제104권

서 書

송자대전 제105권

서 書

송자대전 제106권

서 書

송자대전 제107권

서 書

송자대전 제108권

서 書

송자대전

제 104 권

書서

김직경[1] 간 과 김중고[2] 재 에게 답함 갑인년(1674, 현종15) 2월 9일

答金直卿 榦 仲固 栽○甲寅二月九日

지난해 가을 편지를 보내 주고 또 찾아와서 질문을 하는 등 마치 나를 지식이 있는 사람으로 생각하는 것 같았으니, 지금까지도 부끄러우며 그 당시에만 조심스러웠을 뿐이 아니네. 뜻밖에 인편을 통하여 편지와 별지(別紙)를 아울러 받고 편지에서 말한 뜻을 잘 알았네. 지금 생각해 보면 내가 그때 강력하게 거절하지 못하여 다시 이처럼 애써 질문하도록 만든 것이 부끄럽네. 그러나 그렇다고 하여 침묵하고서 나의 우매한 설을 말씀드리지 않는다면 또한 가르침을 받을 기회가 없을 것이기 때문에 별지에 대강 한두 가지를 진술하였으니 가까운 시일 내에 편지를 보내서 잘못된 점을 가르쳐 준다면 대단히 고맙겠네.

그리고 자네에게 요청이 있네. 나는 선사(先師 김장생(金長生))께서 세상을 떠나신 이후 험한 세상길에 갈팡질팡하면서, 비록 소경이 눈을 뜨고 싶어 하는 소원은 잊지 않았지만 곁에서 붙잡아 주는 사람이 없는 것과 같아 계속 좋은 세월을 헛되이 지나쳐 버렸고, 지금은 죽을 때가

1 김직경(金直卿) : 김간(金榦, 1646~1732)으로, 본관은 청풍(淸風), 자는 직경, 호는 후재(厚齋)이다. 송시열과 박세채(朴世采)의 문인이다. 학행(學行)으로 천거되어 벼슬이 우참찬에 이르렀다. 시호는 문경(文敬)이다. 문집으로 《후재집(厚齋集)》이 전한다.

2 김중고(金仲固) : 김재(金栽, 1650~1712)로, 자는 중고, 호는 양관재(養觀齋)이다. 김간의 동생으로, 송시열과 박세채의 문인이다.

날로 가까워지고 있네. 소원은 죽기 전에 학문에 뜻이 있는 친구들과 서로 강론하고 토의하며, 조금이나마 가슴속의 먼지를 씻어 버릴 수만 있다면 그런대로 일생을 헛되이 보낸 것은 아닐 것이네. 그러나 이처럼 늙고 병든 몸으로는 멀리 나갈 수도 없거니와 훌륭한 친구들이 또한 어찌 나와 같은 손우(損友)를 깊고 외진 곳까지 선뜻 찾아오려 하겠는가. 지금 자네 형제는 나를 버릴 자는 아니라고 생각하는 것 같네. 원컨대 중간쯤에 있는 산사(山寺)에 장소를 마련하여 때때로 만나서 토의를 한다면 매우 편하고 좋을 것 같네. 이 간청을 저버리지나 않을는지 모르겠네. 할 말은 많으나 병을 무릅쓰고 쓰느라 겨우 이 정도로 쓰며 이만 줄이네.

별지

〔문〕 수(水)・화(火)・목(木)・금(金)・토(土)의 조(燥)・습(濕)・강(剛)・유(柔)・실(實)의 성(性)을 어떤 사람은 본연지성(本然之性)이라 하고 어떤 사람은 기질지성(氣質之性)이라 하였습니다. 지난해 가을에 동교(東郊)에서 뵈었을 때에 여쭈었더니, 선생께서는 본연지성이라는 설이 옳다 하고 되풀이하여 매우 분명하게 일깨워 주신 것이 간곡할 뿐만이 아니었습니다. 다만 저희는 타고난 자질이 미련해서 아직도 의심이 사라지지 아니하여 다시 이처럼 번거롭게 묻습니다.

〔답〕 주자(朱子)가 말하기를 "오행(五行)의 생겨남은 기질(氣質)을 따라 생겨나는데 부여받은 것이 서로 같지 않으니, 이른바 '그 성을 제각기 따로 가지고 있다.〔各一其性〕'라는 것이다." 하였는데, 이를 보면 오행의 성은 기질지성이라고 말할 수 있을 것 같네. 그러나

그 아래에 또 "그 성을 제각기 따로 가지고 있다는 것을 보면 혼연한 태극(太極)의 전체가 한 물체 속에 제각기 갖추어져 있지 않은 것이 없어서 성이 존재하지 않는 곳이 없다는 것을 또한 알 수 있다." 하였네. 이를 보면 마땅히 본연지성이 될 것이네. 대개 오행의 이치가 사람에 갖추어져 인(仁)·의(義)·예(禮)·지(智)·신(信)이 된 것이니, 인·의·예·지·신이 비록 서로 그 덕성(德性)은 같지 않다고 하더라도 어찌 이를 기질지성이지 본연지성은 아니라고 할 수 있겠는가. 한번 이런 면으로 생각해 보고 가르쳐 주기 바라네.

〔문〕 숙질(叔姪) 사이에 동서가 된 사람이 있다고 가정하겠습니다. 조카가 그 집 언니에게 장가들고 숙부는 그 집 여동생에게 장가들었는데, 조카의 나이는 숙부보다 조금 적고 숙부는 큰집 종손입니다. 숙부는 아들이 없고 뒤를 이을 만한 다른 사람도 없어서 어쩔 수 없이 장차 그 조카로 그 뒤를 이으려고 합니다. 조카가 숙부의 뒤를 잇는 것은 예법으로는 진정 당연한 일이지만 여동생은 시어머니가 되고 언니는 며느리가 되는 것입니다. 언니로서 여동생에게 며느리 노릇을 하는 것은 인정(人情)이나 천리(天理)로 보아 매우 편치 않으니 어떻게 조처하는 것이 좋겠습니까? 만일 조카의 나이가 도리어 숙부보다 많은 경우 이 또한 어떻게 조처해야겠습니까?

〔답〕 언니가 그 여동생의 며느리가 되는 것은 참으로 인륜이 도치(倒置)된 혐의가 있어 그것을 어떻게 조처해야 할지 모르겠네. 만일 어쩔 수 없다면 조카가 다시 장가드는 것이 어떨는지? 그러나 국법이 아내를 두고 다시 장가드는 것을 허용하지 않는다면 이 또한 어찌

할 수 없을 것이네. 만일 조카의 나이가 숙부보다 많다면 결코 그의 양자가 되어서는 안 될 것이네. 천리로 헤아려 보건대, 어찌 아버지는 젊은데 아들이 도리어 늙은 경우가 있겠는가. 예법에 상자(殤者 요절(夭折)한 사람)를 위하여 양자를 세우는 것을 허용하지 않는 이유는 그가 아버지가 될 도리가 없기 때문인데, 더구나 늙은이와 젊은이가 바뀐 경우야 말할 나위가 있겠는가.

〔문〕 여자가 본종(本宗 친정 집안)의 상복(喪服)을 입을 때에 응당 9개월복을 입을 사람이 아홉 달을 채우기 전에 시집을 가게 된다면 다섯 달 만에 복을 벗어야 합니까? 또 이미 다섯 달은 넘겼고 아홉 달에 못 미쳐 시집을 간다면 시집을 갈 때에 상복을 벗어야 합니까, 아니면 그대로 9개월복을 입어야 하겠습니까?

〔답〕 여자가 대공(大功 9개월복)을 마치지 못하고 시집을 간 경우에는 마땅히 "소상(小祥) 이전에 시집에서 이혼을 당한 경우에는 그대로 삼년복을 입는다."라는 예에 따라 아홉 달을 채워야 하며 미리 복을 벗어서는 안 될 듯하네.

김직경과 김중고에게 답함 갑인년(1674, 숙종 즉위년) 12월 4일
答金直卿仲固 甲寅十二月四日

인리(仁里)를 멀리 떠나온 뒤로 그리워하는 마음이 날로 더욱 간절하였네. 갑자기 멀리서 나의 안부를 묻는 여러분의 편지를 받았으니, 이것은 외딴곳에 찾아오는 손님을 맞는 기쁨 정도일 뿐만이 아닐세.

시사(時事)가 날로 새로워져 다시 길가에 나아가 엄명을 기다릴 수밖에 없으니, 장차 어떻게 결말이 날지 모르겠네. 다만 산촌은 고요하고 쓸쓸한데 때로 한두 후생(後生)과 서책을 뒤적이며 보다가 마음에 맞는 곳이 있으면 다시 흐뭇하여 큰 태풍이 좌우에 답지하는 것도 깨닫지 못한다네.

근년에 사람들과 주고받는 편지는 단지 날씨나 안부를 묻는 것뿐이라네. "이런 일에 힘을 쓴다."라는 등의 말에 이르러서는 단지 나의 벗인 그대 형제의 편지에서만 그것을 보았으니, 아침저녁으로 서로 살펴보면서 다행히 한 가지나마 터득하여 차츰 진보할 수 없는 것이 한스럽네.

이 상사(李上舍 이세필(李世弼))는 어떠한 상황에 있는지 모르는가? 주자(朱子)가 병진년(1196) 이후에 당고(黨錮)를 위하여 발언하지 못한 자들에 대해 자주 탄식하였는데, 오늘날 거의 이를 면할 수 있는 것은 누구의 공인가.[3] 남을 따르며 잡아서 지키는 바가 낮았던 두우(杜

3 이……공인가 : 이세필이 1674년 12월에 사학(四學)의 생도로서 소수(疏首)가 되어, 파직당한 송시열의 신원을 호소하다가 나머지 생도까지 모두 정거(停擧)되었으므

佑)는 과연 어떤 사람인가.[4] 별지에 대한 답장은 내가 마침 번잡한 때를 만났고 또한[5] 박생(朴生)의 걸음이 매우[6] 바쁘다 하여 보내지 못하였네. 마땅히 후일을 기다려야 하겠네.

로, 여기서 주희(朱熹)처럼 탄식하는 일을 면하였다는 뜻으로 말한 것이다.

4 남을……사람인가 : 《주역》 〈함괘(咸卦) 구삼(九三) 상(象)〉에 "감하는 것이 그 넓적다리에 있다고 한 것은 또한 그대로 머물러 있지 않는다는 말인데, 뜻이 남을 따르는 데 있고 보면 잡아서 지키는 바가 낮은 것이다.〔咸其股, 亦不處也. 志在隨人, 所執下也.〕"라고 하였다. 두우는 당(唐)나라 때의 학자이자 재상으로서 예(禮)를 잘 알면서도 국정을 농락한 왕비(王伾), 왕숙문(王叔文)의 당에 부역하였으므로 여기서 그를 기롱한 것이다.

5 또한 : 대본에는 '此'로 되어 있다. 두주에 근거하여 '且'로 바로잡아 번역하였다.

6 매우 : 대본에는 없다. 두주에 근거하여 '甚'을 보충하여 번역하였다.

김직경과 김중고에게 답함 병진년(1676, 숙종2) 3월 27일
答金直卿仲固 丙辰三月二十七日

지난겨울에 멀리서 보내온 문안 편지와 시(詩)를 받고 매우 고마웠지만 인편이 없어 지금까지 답장을 보내지 못하여 늘 안타까워하던 차에 뜻밖에 이처럼 두 번째 보낸 편지를 받아 보니 물어 온 의의(疑義)가 수천 마디 들어 있었네. 이것은 나처럼 고루한 사람이 감당할 일이 아니므로 매우 부끄럽게 생각하였지만 배우기를 그치지 않는 실공(實功)을 알았으니 또 우러러 흠모하고 치하해 마지않네.

나는 지난해 8월부터 이미 풍토병이 생겨 그대로 겨울을 넘기고 오늘까지 끌어왔는데 차츰 더 심해지는 것을 느끼네. 나는 태어날 당시부터 마땅히 죽어야 할 때가 정해졌을 것이니, 운명에 따라 그때를 기다릴 뿐 사실 요행으로 더 살고 싶은 마음은 없네. 다만 병세가 조금 나아질 때에는 조금씩 책을 읽어서 아무것도 하는 일이 없는 지경에까지는 이르지 않았지만 정력이 이미 쇠퇴하여 뭔가를 얻으면 얻은 족족 잊어버리니 지난날 아까운 세월을 허송한 것이 몹시 한스럽네.

일찍이 자네의 종숙(從叔 김징(金澄))에 대해 소문을 듣고 매우 놀라고 슬퍼했는데 지금 자네의 편지를 받아 보고 나니, 그 소문은 어쩌면 그의 병세가 위독하기 때문에 잘못 떠돈 것이거나 아니면 그를 미워하는 자가 많아 이렇게 되기를 바란 것인 듯하네. 우선 편지 한 장을 보내니 이를 받아 보거든 종숙에게 전해 주는 것이 어떻겠는가? 그러나 저들의 조짐이 매우 심상치 않으니 대단히 염려되네. 이런 일에 잠자코 있는 것은 온당치 못하다는 자네의 말 또한 맞는 견해이기는 하나, 주자(朱子)가 일찍이 말하기를 “어지러운 세상에서는 의당 해야 할 말도 감히 말하지 못한다.” 하였네. 오늘날 의당 해야 할 말 또한 어찌 그 경우에서 벗어날 수 있겠는가. 내 나름대로 자네가 논한 것을 보니 편벽되고 편파적인[7] 쪽으로 흐르거나 황홀하고 허무한 데로 휩쓸리지 않았으며, 또 천지를 경동시키고 선유(先儒)를 경시하며 건방지고 방자하게 제 마음대로 주장을 세우는 요즘 사람들의 설과는 달리 정자(程子)와 주자의 교훈을 착실하게 따랐으므로 그 설이 비근할수록 더욱 진실하고 그 의가 천근할수록 더욱 절실하였으니, 이대로 나간다면 학통의 문로(門路)가 어찌 잘못될 염려가 있겠는가. 진정 사모하는 마음 그지없어 감히 이처럼 가슴속에 있는 것을 털어놓고 보니, 이 또한 참람하고 경솔하여 공손하지 못한 태도일세.

평하여 보내는 설 가운데 온당치 못한 부분이 있으면 인편을 통하여 지적해 주기를 간절히 바라네. 그것을 혹 단오(端午) 이전에 만의산(萬義山)[8] 아래로 보내 준다면 자연히 나에게 전해질 수 있을 것이네. 하고 싶은 말을 감히 다 하지 못하네.

별지

〔문〕 “격물(格物) · 물격(物格)” 네 자에 대하여

〔답〕 자네가 이른바 “그 이치를 궁구하여 지극한 곳에 이르러 한 가지 물도 이르지 않음이 없다.〔以窮其理至於極處, 而無一物之不到也.〕”라고 한 것에 대하여

7 편파적인 : 대본에는 없다. 두주에 근거하여 ‘詖僻’을 보충하여 번역하였다.

8 만의산(萬義山) : 경기 수원(水原)에 있다.

○ '무(無)' 자 위에 '사(使)' 자를 넣고, '도(到)' 자 밑에 '기극(其極)' 두 자를 추가한다면 뜻이 더욱 분명하고 완전하게 될 것이네.[9]

자네가 이른바 "제각기 그 지극한 곳까지 나아가 한 가지 이치도 다하지 않은 것이 없다.〔各詣其極, 而無一理之不盡也.〕"라고 한 것에 대하여

○ 이미 "제각기 지극한 곳까지 나아갔다."라고 말하고서 또 "한 가지 이치도 다하지 않은 것이 없다."라고 한다면 말이 중복되고 뒤섞이니 아래 구절을 "다시 더 갈 데가 없다.〔更無去處〕"로 고치면 어떻겠는가?

퇴계(退溪)가 젊었을 때 논한 학설은 후학(後學)이 보기에 이해할 수 없으며 보면 볼수록 의문이 생기게 하네. 늘그막에 와서는 돌연 그 설을 번복하여 스스로 지난날의 견해가 옳지 않았다고 하였네. 그러나 이른바 늘그막에 고쳤다는 학설은 더욱 의문점이 있네. 그 대체적인 뜻은 "이(理)는 죽은 것이 아니므로 지극한 곳까지 나아갈 수가 있다."라고 한 것으로, 이 말의 뜻을 생각해 보면, 이(理)는 살아 있는 것이므로 능히 사람의 궁구하는 바를 따라 여기서부터 저기에 이를 수 있다고 말한 것 같으니, 이것이 더욱 후학들이 의혹을 갖는 점이네. 대개 경(經)의 본뜻은 "이(理)에는 본디 정조(精粗)와 본말(本末)이 있는데 사람이 그것을 궁구하여 지극한 곳까지 도

9 무(無)……것이네 : 다음과 같이 보완하라는 말이다. "그 이치를 궁구하여 지극한 곳에 이르러 한 가지 물도 그 지극함에 이르지 않음이 없게 한다.〔以窮其理至於極處, 而使無一物之不到其極也.〕"

달한다면 이 이(理)는 더 궁구할 여지가 없다."라고 말했을 뿐이니, 주자가 《대학혹문(大學或問)》과 《주자어류(朱子語類)》에서 그것을 자세하게 논하였네. 율곡(栗谷)의 설은 한결같이 여기에 근본을 두었기 때문에 분명하고 통쾌하여 의문이 생길 만한 점이 없네.

〔문〕 장하주(章下註)에 "밝힌 바가 또 자기 소유가 아니어서 진덕의 터전이 될 수 없다.……〔其所明又非己有, 而無以爲進德之基云云.〕" 하였습니다. 여기서 이른바 '진덕지기(進德之基)'를 어떤 사람은 "덕에 나아갈 터전이다.〔進於德之基〕"라고 하고, 어떤 사람은 "그 덕을 진취시킬 터전이다.〔進其德之基〕"라고 하는데, 어느 설이 옳은지 모르겠습니다.

〔답〕 일반적으로 글을 볼 때는 반드시 그 글이 나온 근본 출처를 찾아보아야 하네. '진덕(進德)' 두 자는 《주역》 〈건괘(乾卦) 문언(文言)〉에서 나온 것으로, 이른바 "충신은 진덕하기 위함이다.〔忠信所以進德〕"라는 것이네. 정자는 그것을 해석하기를,

"가슴속에 충신을 쌓는 것이 진덕하는 것이다. 충신 그 자체가 곧 덕인데, 어찌 저곳에서 이곳으로 이르는 이치가 있겠는가."

하고, 주자는 해석하기를,

"진덕은 곧 성의(誠意)이다. 악을 싫어하기를 마치 악취를 싫어하듯 하고 선을 좋아하기를 마치 미녀를 좋아하듯 진정으로 한다면 덕이 날로 진취할 것이다."

하였네. 이 두 가지 설을 알면 '덕에 나아감〔進於德〕'과 '그 덕을 진취시킨다.〔進其德〕'의 두 마디 가운데 어느 것이 옳은지 알 수 있을 것이네.

다만 자네가 '명덕(明德)'과 '진덕'을 하나로 본 것은 그렇지 않은 듯하네. '명덕'은 지행(知行)을 겸해서 말한 것이고 '진덕'은 행(行)만을 가지고 말한 것으로, 문자를 세운 뜻은 같을지라도 가리키는 실제에는 크고 작은 차이가 있는 것이네.

〔문〕 "작신민(作新民)"에 대하여

○ 주자가 장구(章句)에서 '작신(作新)' 두 자를 나누어 진작(振作)과 자신(自新)이라 하였는데 그 뜻을 듣고 싶습니다.

〔답〕 주자가 반드시 '작(作)' 자를 신민(新民)의 '신(新)'이라 하고 '신' 자를 자신의 '신'이라 한 것은 대체로 "임금이 스스로 그의 덕을 새롭게 하기를 날로 새롭게 하고 또 새롭게 했던 탕(湯) 임금처럼 한다면, 백성들은 반드시 보고 감동을 받아 흥기하는 일이 있을 것이다."라는 말인데, 이것이 '백성이 스스로 새로워진다.'라는 것이네. 또 "예악(禮樂)과 정령(政令)으로 고무하여 일으킨다."라는 말은 '백성을 진작시킨다.'라는 뜻이네. 그리고 전(傳) 제10장에서 말한 "효심을 일으키며 공손한 마음을 일으키어 배반하지 않는다."라는 것은 백성이 스스로 새로워진다는 것이며, "이러므로 군자(君子)는 혈구(絜矩)의 도(道)가 있다."라고 한 말은 백성을 진작시키는 방법을 말한 것이네. 대개 임금과 백성이 이미 이러한 마음을 모두 지니고 있다고 보면 백성이 결코 보고 느끼는 마음이 전혀 없다가 진작시킨 다음에야 비로소 스스로 새로워지는 것은 아니네. 주자가 반드시 작 자와 신 자를 임금과 백성 두 갈래로 나누어 본 뜻을 여기서 알 수 있을 것이네.

〔문〕 “인심의 신령함은 알지 못하는 것이 없다.〔人心之靈, 莫不有知.〕” 하였고, 또 “그 이미 알고 있는 이치를 인하여 더 궁리하지 않음이 없다.〔莫不因其已知之理而益窮之〕” 하였는데, 그 아래 소주(小註)에 “이미 알고 있다는 것은 곧 윗글에 ‘인심의 신령함은 알지 못하는 것이 없다.’라고 한 지(知)를 뜻한다.” 하였습니다. 저의 의견으로는 이 주석이 주자의 본뜻을 상실한 것 같습니다. 그 이유는 위의 지 자는 인심의 신령함에는 본디부터 지각(知覺)과 운용(運用)이 있다는 것을 말한 것이고, 아래의 지 자는 마음에 본디 지니고 있는 지각이 겨우 하나의 사리(事理)나 물리(物理)를 깨달았으면 이미 알고 있는 이 이치를 인해서 더욱 궁리함으로써 결국 궁리하지 않은 것이 없고 깨닫지 않은 것이 없는 정도에까지 이르는 것을 말한 것이라고 봅니다.

그렇다면 이른바 “그 이미 알고 있는 것을 인한다.〔因其已知〕”라는 것은 그 본디 지니고 있는 지각을 인하는 것을 말한 것이 아니고, 바로 이 이미 궁리한 물리를 인해서 미루어 더욱 궁리한다는 뜻으로, 위와 아래 지 자의 의미가 저절로 구별이 되는데도 주석의 말이 이와 같은 것은 무슨 까닭입니까?

〔답〕 이 부분은 나 역시 늘 의문을 갖고 친구들에게 질문했던 곳이네. “그 이미 알고 있는 이치를 인해서 더욱 궁리한다.”라는 것은 바로 정자가 이른바 “유사한 것으로 미루어 본다.〔以類而推〕”라는 뜻으로, 윗글의 ‘앎이 있다.〔有知〕’에서의 지(知)와는 같지 않은 것이네. 대체로 주자는 글자를 쓰는 것이 매우 정밀하니 유(有) 자와 이(已) 자는 검은색과 흰색의 차이일 뿐만이 아닐 것이네.

〔문〕 어떤 사람 중에는 심(心) 자 하나만을 들어 '명덕(明德)'이라고 해석하는 자가 있습니다. 제가 말하기를,

"참으로 당신의 말대로라면 주자가 《대학장구(大學章句)》에 무엇 때문에 '명덕이란 사람이 하늘로부터 받아 허령불매하고 온갖 이치를 갖추고서 만사에 대응하는 것이다.〔明德者, 人之所得乎天而虛靈不昧, 以具衆理而應萬事者也.〕'라고 하였겠는가."

하니, 혹자가 말하기를,

"이른바 '허령불매하고 온갖 이치를 갖추고서 만사에 대응한다.'라는 것이 모두 '명덕'은 아니다. 다만 '허령불매'만이 '명덕'이며 '온갖 이치를 갖추고서 만사에 대응한다.'라는 것은 '명덕' 속에 들어 있는 일이다."

하기에, 저는 다음과 같이 말하였습니다.

"그 말은 그렇지 않다. 대개 하늘이 사람에게 부여한 것을 명(命)이라 하고, 사람이 하늘에서 받은 것을 성(性)이라 하며, 접촉하는 사물에 느껴서 움직이는 경우 느끼는 데에 따라 발현되는 것을 정(情)이라 하고, 이 성을 간직하고 이 정을 운용하면서 한 몸을 주재(主宰)하는 것을 심(心)이라 한다. 심은 기(氣)의 극도로 정밀하고 맑은 곳이므로 본체가 자연히 허령한 것인데 그 허령불매하여 밝고 환한 것을 명(明)이라 한다. 심은 동정(動靜)과 성정(性情)을 포괄하고 있으므로 심이 발하지 않았을 때의 성의 순선(純善)함과 이미 발하였을 때의 정의 중절(中節)을 덕(德)이라 한다.-선유(先儒)는 발하지 않은 것을 심의 체(體)라 하고 이미 발한 것을 심의 용(用)이라 하였으며, 《중용》 주(註)에 "중(中)을 성의 덕이라 하고, 화(和)를 정의 덕이라 한다." 하였

다.- 허령불매와 순선과 중절을 합해서 명덕이라 한다. 지금 가령 '명덕'을 해석하는 사람이 '허령불매'만을 말하고, '온갖 이치를 갖추고서 만사에 대응한다.〔具衆理應萬事〕'를 말하지 않는다면 완비되지 않은 것이고, 또 '온갖 이치를 갖추고서 만사에 대응한다.'만을 말하고 '허령불매'를 말하지 않는다면 옳지 않다. 반드시 두 가지를 합쳐 말한 다음에야 비로소 맞는 것이다. 그러므로 '명덕이란 허령불매하여 온갖 이치를 갖추고서 만사에 대응하는 것이다.' 하였던 것이니, 그 말이 통쾌하고 완비되어 도저히 깨뜨릴 수가 없다. 지금 다만 허령불매만을 가지고 그것을 명덕이라 하고 '온갖 이치를 갖추고서 만사에 대응한다.'를 말하지 않는다면 이는 그 명(明)만을 말하고 그 덕은 말하지 않은 것이니, 한쪽으로 치우침을 면치 못한다. 어찌 옳겠는가.

또 장구(章句)의 문세(文勢)와 맥락으로 보더라도 먼저 '명덕자(明德者)' 세 자를 말한 것은 아랫글의 내용을 시작하려는 것이며, 그다음에 '허령불매 이구중리이응만사(虛靈不昧, 以具衆理而應萬事.)'를 말한 것은 위의 '명덕자' 세 자를 이으면서 특별히 명덕의 체용(體用)을 들어 말한 것이다. 끝에 또 '자야(者也)' 두 자로 맺은 것은 그와 같은 것이 곧 명덕이라는 것을 말한 것으로, 이 '자야' 두 자는 맨 위의 '명덕자' 세 자를 관통해서 말한 것으로 힘이 들어 있다. 그 뜻은 대개 '허령불매하여 온갖 이치를 갖추어서 만사에 대응하는 것이 바로 명덕이다.'라고 말한 것이다. 만일 혹자의 설대로라면 주석하는 사람이 어찌 반드시 이처럼 긴요하지 않은 말을 끌어대어 그 밑에 붙였겠는가.

지금 선유의 설로 증거를 대 볼까 한다. 어떤 사람이 명덕이 심(心)인지 성(性)인지에 대해 물었다. 이에 주자는 장자(張子 장재(張載))의 '심은 성과 정을 통합하고 있다.〔心統性情〕'라는 설로 답하면서 '이것이 가장 정묘(精妙)하다.' 하였고, 또 말하기를 '허령불매는 곧 심이며, 이 이치가 가슴속에 충분히 갖추어져 있어 조금도 부족함이 없는 것은 곧 성이며 감응에 따라 움직이는 것은 곧 정이다.' 하였다. 황씨(黃氏 황간(黃榦))는 말하기를 '허령불매는 명(明)이고, 구중리응만사(具衆理應萬事)는 덕이다. 그 가운데 구중리는 덕의 전체가 발하지 않은 것이고, 응만사는 덕의 대용(大用)이 이미 발한 것이다. 발하지 않았을 때는 환히 밝아서 어둡지 아니하고 이미 발했을 때는 품절(品節 등급과 한계)이 어긋나지 않으니, 이것이 이른바 명덕이다.' 하였다.

전(傳) 수장(首章)에 명덕을 해석하면서 〈태갑(太甲 《서경》 〈상서(商書)〉의 편명)〉을 인용하여 '하늘의 밝은 명을 돌아본다.〔顧諟天之明命〕' 하였고, 이에 대하여 주자는 말하기를 '하늘의 밝은 명이란 곧 하늘이 나에게 부여한 것으로, 내가 이를 덕으로 삼은 것이다.' 하였으며, 또 말하기를 '하늘이 나에게 부여한 것은 곧 명명(明命)이고, 내가 그것을 받아 성으로 삼은 것은 곧 명덕(明德)이다. 명(命)과 덕(德)을 다 명(明)을 붙여 말한 것은 이것들 자체가 본디 광명하기 때문이다.' 하였다. 이상의 몇 가지 설을 보면 과연 이른바 명덕이 다만 심만을 가리켜 말한 것인지는 모르겠다.

《통서(通書)》에 이르기를 '덕에 대해 말하자면, 사랑〔愛〕을 인(仁)이라 하고, 사리에 맞는 것〔宜〕을 의(義)라 하고, 조리〔理〕를 예(禮)라 하고, 아는 것〔通〕을 지(智)라 하고, 지키는 것〔守〕을 신(信)이라 한다.'라고 한 것을 보면 이른바 인·의·예·지·신이란 곧 발하지 않았을 때의 성(性)이고 애(愛)·의(宜)·이(理)·통(通)·수(守)는 곧 이미 발했을 때의 정(情)이다. 이미 성정과 체용을 설명하고, 덕 자 하나를 그 위에 올려놓고서 그것들을 일괄하여 말하였다. 대개 덕이란 이 다섯 가지의 체용을 겸한 것이기는 하나, 다만 그 순선한 다섯 가지는 체용 이외에는 특별히 덕을 말할 만한 곳이 없으므로 주자가 말하기를 '덕이란 성과 정을 겸해서 말한 것이다.'라고 했던 것이다. 지금 만일 이 성과 정 두 가지를 놓아두고 다만 심(心)의 일변(一邊)을 명덕이라고 한다면 이는 이른바 명덕 이외에 또 별도로 성정 체용의 덕이 있다는 것이니 어찌 대단한 착오가 아니겠는가."

〔답〕 자네의 설이 매우 옳네. 대개 심은 그릇과 같으며 성은 그릇 속의 물과 같고 정은 물이 그릇에서 쏟아져 나오는 것과 같은 것이네. 허령만을 말하고 성정을 말하지 않는다면 이는 물 없는 빈 그릇이요, 성정만을 말하고 허령을 말하지 않는다면 이는 물을 담아 저장할 곳이 없는 것이네. 이 세 가지 가운데 하나라도 빠진다면 끝내 의리가 이루어질 수 없는 것이니 어떻게 명덕이라고 말할 수 있겠는가. 대개 그 혹자의 뜻은 이른바 허령불매라는 것이 명덕의 뜻을 해석한 것이라고 여겼기 때문에 이러한 말을 한 것이고 이른바 명덕이라는 것이 바로 심·성·정의 총칭이라는 것을 몰랐던 것이네.

〔문〕 "고지욕명명덕(古之欲明明德)"의 소주(小註)에 운봉 호씨(雲峯胡氏 호병문(胡炳文))가 말하기를 "주자가 말한 '그 발한 것을 인하여 드디어 밝힌다.'라는 것은 성(性)이 발하여 정(情)이 되는 것이고 '심(心)이 발하는 것을 진실하게 한다.'라는 것은 심이 발하여 의(意)가 되는 것이다." 하였는데, 혹자는 호씨의 설이 그르다고 하면서 "정이 있은 다음에 의가 있다는 말도 있다.……"라고 하였습니다. 제가 보기에는 호씨의 설도 진정 옳지 않지만, 혹자의 설 또한 옳지 않습니다.

대개 성은 심의 이(理)이고, 정은 심의 동(動)이고, 의는 심의 계교(計較)로서-한 생각이 움직이는 곳에 곧 계교가 있습니다.- 심은 성·정·의의 주재(主宰)입니다. 이 네 가지는 비록 성·정·심·의라고 나누어서 말하기는 해도 이것은 다만 혼연한 전체상에서 각기 그 주가 되는 것을 가리켜 말한 것이므로 그 명칭이 다르고 의미가 구별될 뿐이며, 결코 그것들이 판연하게 분리되어서 성이 하나의 별개이고, 심이 하나의 별개이고, 정이 하나의 별개이고, 의가 하나의 별개인 것은 아닙니다. 그러므로 심이 발하느니 성이 발하느니 하여 두 명칭이 있기는 하나, 심의 본체를 성이라 하고 심의 작용을 정이라 하니 심과 성이 발하는 것이 과연 두 가지가 있겠습니까. 그리고 정이라고도 하고 의라고도 하여 나누어서 말하는 점이 있기는 하나, 심이 막 움직이는 것을 정이라 하고 막 움직일 때 곧 계교가 작용하는 것을 의라고 하니 정과 의의 작용이 과연 분리되는 일이 있겠습니까.

성이 발하는 것을 정이라 하니 비록 그것을 성이 발한 것이라 해도 심이 없는 것은 아니며, 심이 발하는 것을 의라고 하니 비록 그것을 심이 발한 것이라 해도 성이 없는 것은 아닙니다. 심과 성이 발한다고 하면 함께 발하는 것이요, 정과 의가 있다고 하면 함께 있는 것인데, 어찌 피차(彼此)와 선후(先後)를 나누어 말할 수 있겠습니까. 지금 만일 '그것이 발하는 것을 인하여 마침내 밝힌다.〔因其所發而遂明〕'라는 것을 성이 발하였으니 심을 말하지 않았다고 하고 '그 심이 발하는 것을 진실하게 한다.〔實其心之所發〕'라는 것을 심이 발하였으니 성을 말하지 않았다고 한다면, 이는 심과 성이 두 가지로 갈라지고 정과 의가 두 갈래로 분리되는 것입니다. 그렇다면 호씨의 설은 병통이 있음을 면치 못할 듯합니다. 그리고 지금 만일 정을 가지고 의에 앞서 존재하여 의를 떠나 독립한다 하고 의를 가지고 정 다음에 생겨나서 정과는 관계되지 않는다고 한다면, 이는 정은 별개의 정이 되어 이 일변에 앞서 있고 의는 별개의 의가 되어 저 일변에 뒤떨어져 있는 것이니, 이것은 혹자의 설이 잘못된 것입니다.

일찍이 맹자(孟子)가 말한 것을 보니 "측은히 여기는 마음은 인(仁)의 단서이고, 사양하는 마음은 예(禮)의 단서이다."라고 하였습니다. 이른바 측은히 여기는 것과 사양하는 것은 정이고 인과 예는 성인데, 중간마다 심 자 하나씩을 넣어 그것으로 성정(性情)을 통합하였습니다. 정자(程子)는 '고요하여 움직이지 않는 것〔寂然不動〕'을 성이라 하고 '감응하여 통하는 것〔感而遂通〕'을 정이라 했는데, 어떤 선유(先儒)는 '고요하여 움직이지 않는 것'을 심의 본체라 하고 '감응하여 통하는 것'을 심의 작용이라 하였으며, 소자(邵子 소옹(邵雍))의 〈심역도(心易圖)〉에는 심성(心性) 두 자를 합하여 '𢗅' 자로 만들었으니, 그렇다면 심·성·정은 두 가지 물건이 아니어서 분리할 수 없다는 것이 분명합니다. 그리고 일찍이 보건대 주자는 희(喜)·노(怒)·애(哀)·락(樂)이 이미 발한 것을 심의 작용이라 하였고 또 의를 심이 발한 것이라 하였으며, 퇴계(退溪)의 〈천명도(天命圖)〉에는 심이 움직이는 곳에 정의(情意) 두 자를 합하여 '⿰情意' 자로 만들었습니다. 그렇다면 심·정·의는 두 가지가 아니어서 선후가 없는 것이 확실합니다.-소자의 이른바 '⿱性心'과 퇴계의 이른바 '⿰情意'을 가지고 본다면 심·성이 두 가지로 발하는 것이 없고, 정·의도 선후가 없는 것을 알 수 있습니다.-

참으로 호씨(胡氏)의 설대로라면 심·성이 두 개의 본체가 있어서 그 발하는 것이 제각기 다를 것이며, 만일 혹자의 설대로라면 정·의가 선후가 있어서 작용이 제각기 다를 것입니다. 두 개의 체가 있어서 서로 다르게 발한다면 이는 심은 이쪽에서 발하여 의가 되고 성은 저쪽에서 발하여 정이 되는 것이니, 반드시 이런 이치는 없을 것입니다. 선후가 있어서 서로 다르게 작용한다면, 이는 의의 상면(上面)에 이미 정이 먼저 존재하고 따라서 정의 하면(下面)에 비로소 의가 존재하는 것이니, 또 어찌 이런 이치가 있겠습니까.

혹자는 또 말하기를 "정은 먼저 존재하여 불선(不善)이 없고, 의는 뒤에 존재하여 곧 선과 불선이 있다. 그러므로 옛사람이 '정을 성실히 하라.〔誠情〕'라고 말하지 않고 '의를 성실히 하라.〔誠意〕'라고 말하였다.……" 하였는데, 저는 이 또한 그렇지 않은 점이 있다고 여깁니다. 삼가 생각건대 심은 성을 통솔할 수 있으나 성은 심을 통솔할 수 없고, 의는 정을 운용할 수 있으나 정은 의를 운용할 수 없습니다. 그러므로 성은 작위(作爲)하는 것이 없지만 심은 작위하는 것이 있고, 의는 거짓으로 할 수 있지만 정은 거짓으로 할 수 없습니다. 이는 옛 성현들이 '성을 바룬다.〔正性〕'라고 말하지 않고 '심을 바룬다.〔正心〕'라고 말하며, '정을 성실히 하라.〔誠情〕'라고 말하지 않고 '의를 성실히 하라.〔誠意〕'라고 말하였던 까닭입니다.

그리고 정은 바로 이(理)가 기(氣)를 타고서 이와 같이 생겨 나오는 것이고, 의는 이 정을 따라서 이와 같이 하도록 주장하는 것입니다. 이가 기를 타고서 이와 같이 생겨 나오기 때문에 정에는 기에 가려지지 않고 바르게 나오는 것과 기에 가려져서 삐딱하게 나오는 것이 있고, 이 정을 따라서 이와 같이 주장하기 때문에 의가 선을 주장하면 선하고 악을 주장하면 악한 것입니다. 지금 만일 정이 이와 같이 생겨 나오는 그곳에서 그 기미를 잘 살펴보고 삐딱하게 나오지 않도록 하려 한다면, 의가 반드시 이와 같이 주장하는 곳에서부터 노력하여 진실하고 거짓이 없는 공을 이루어야 비로소 얻는 것이 있어 악에 빠지지 않습니다. 그러므로 '의를 성실히 하라.'라고 말하고 '정을 성실히 하라.'라고는 말하지 않았던 것입니다. 어찌 정은 앞서 존재하여 선하지 않은 것이 없고 의는 뒤에 존재하여 선과 악이 있기 때문에 그렇게 말하였겠습니까.

〔답〕 자네의 설이 대체로 맞으나 때로 틀린 곳이 있고, 혹자의 말도 전혀 그릇된 것은 아니네. 아무쪼록 침잠하고 함양하는 공부를 한층 더하여 투철하게 이해할 때를 기다리는 것이 좋겠네.

대체로 성은 작위가 없는 것이고, 심은 운용하는 것이고, 정은 자신도 모르는 사이에 느닷없이 나오는 것이지 사람의 상량(商量)에 의해서 나오는 것이 아니며, 의는 계교하여 도모하는 것이네. 그러므로 호씨가 정을 성에 붙이고 의를 심에 붙였으니 이는 틀린 것은 아니네. 다만 그 밑에 이른바 "성이 발하여 정이 되므로 그 당초에는 선하지 않음이 없다."라고 한 말이 옳지 못한 것이네. 대개 정은 비록 성에서 나오지만 바르게 나오는 것은 선이 되고 삐딱하게 나오는 것은 악이 되는 것이니 어떻게 정이 선하지 않음이 없다고 말할 수 있겠는가.

또 그가 이른바 "마땅히 정을 밝히는 공력을 들여야 한다."라는 것 역시 주자의 본뜻이 아니네. 주자의 뜻은, 명덕이 아무리 어두울지라도 밝은 그 본질은 사라지지 않는 것이기 때문에 그 선한 정이 일어나는 것을 인하여 마침내 그 명덕을 밝혀서 맨 처음 타고났던 그 천성을 회복한다는 것이네. 그 정을 밝히는 것만을 말한 것이 아니고, 또 다만 그것을 밝히기만 하고 맨 처음 타고났던 그 천성을 회복하지 않은 것임을 말한 것도 아니네.

자네가 밝힌 내용은 대체로 모두 옳지만, 심·성·정·의를 피차와 선후로 나눌 수 없다고 한 것은 대단히 타당하지 않네. 심과 성을 비록 같은 것이라고 말할 수는 있으나, 심은 본디 기(氣)이고 성은 본디 이(理)인데 어찌 피차가 없다고 말할 수 있겠으며, 정은 성에서 나오는 것이고 의는 정을 따라서 계교하는 것인데 어찌 선후가 없다고 말할 수 있겠는가. 자네의 논변은 둥글둥글하게 뭉쳐서 보기를 좋아하고 분석하기를 싫어하는 병통이 있으니 이 점을 살피지 않으면 안 되네. 대체로 이른바 정이란 희(喜)·노(怒)·애(哀)·락(樂)·애(愛)·오(惡)·욕(欲)인데, 반드시 먼저 이것이 있은 다음에야 이것을 헤아리는 것을 의라고 하네. 의가 헤아리는 것이 아무리 천 갈래 만 갈래일지라도 사실은 이 칠정(七情)에서 벗어나지 않는 것이네. 이것을 알면 정과 의가 선후가 없을 수 없다는 것을 알 수 있을 것이네.

김직경과 김중고에게 답함 병진년(1676, 숙종2) 11월 16일
答金直卿仲固 丙辰十一月十六日

저번에 뜻밖에 자네들이 보낸 편지 한 통과 별지 두 장을 받았는데, 의리(義理)를 논변한 설이 정밀하고 깊고 분명하여 참으로 나 같은 사람이 헤아릴 수 있는 것이 아니었네. 여러 번을 읽으면서 음미하고는 감탄하여 마지않았네. 자네들의 견해가 이미 이런 경지에 도달하였으니 장래의 성취를 어떻게 헤아릴 수 있겠는가. 앞으로 계속 함양(涵養) 공부를 더하여, 이(理)가 날로 더욱 밝아지고 마음이 날로 더욱 견고해지며 실천은 날로 더욱 독실해지고 확충이 날로 더욱 원대해지도록 한다면, 주 부자(朱夫子)가 성인의 미묘한 말씀을 환하게 드러내어 후학들에게 남겨 주신 뜻을 거의 저버리지 않을 수 있을 것이네. 이는 세도(世道)에도 매우 다행하고 친구들 간에도 매우 다행한 일일세.

나는 장기(瘴氣) 어린 바닷가에서 1년을 보낸 지금 한 가닥 목숨만이 겨우 붙어 있을 뿐이네. 그러나 하늘로부터 부여받은 마음을 감히 어둡게 할 수가 없어 수시로 책장을 뒤적이고 또 글의 의미를 궁리해 보는데 까마득하여 애당초 본 적이 없던 것 같으니, 참으로 장차 깨달은 것 없이 죽을 것 같아 스스로 슬퍼할 뿐이네. 그러나 혹시 자네 형제가 나를 우매하고 늙었다고 하여 버리지 않고 수시로 경책(警策)을 가하고 또 서로 강론했던 성현의 교훈을 나에게 보여 준다면, 내가 죽기 전에 혹 조금이라도 나에게 도움 되는 점이 있을 것이니, 이는 나에게 대단한 은혜가 될 걸세. 다만 길이 멀고 인편이 드문 것이 한스러울 뿐이네. 일양(一陽)이 회생하는 동지(冬至)에 삼가 그대들은 부모를 즐겁게 잘 모시고, 또 공부가 날로 새로워져 멀리서 바라는 마음을 위로해 주기 바라네. 병으로 대필(代筆)을 시키네. 이만 줄이네.

김직경과 김중고에게 답함 정사년(1677, 숙종3) 2월 12일

答金直卿仲固 丁巳二月十二日

지난해 보내 준 편지를 받고서 안타깝게도 인편이 없어 오래도록 답장을 하지 못했네. 섣달에 나를 찾아왔다가 돌아가는 종손(從孫)이 있어서 속히 답장을 써서 부쳐 보냈는데, 오래지 않아 받아 보았으리라 생각하네. 이번에 지난달 16일에 보내 준 편지를 받고 삼가 시봉(侍奉)을 알맞게 하고 있음을 알았네. 이 시기에 바라는 바는 이만한 것이 없으니, 기쁘고 경사스럽기 그지없네.

나는 풍토병이 점점 고질이 되고 결핵으로 가래침에 피가 섞여 나오는 증상이 차차 심해져 하루에 누워 있는 시간은 많고 일어나 있는 시간은 적네. 이 때문에 서책 공부도 빠뜨리고 있으니, 장년기에 이 일에 진력하지 못함을 스스로 슬퍼할 뿐이네. 전에 보내온 별지(別紙)에 대해 망녕되이 나의 어리석은 소견을 드러내었으나 다만 비평의 답장을 받을 길이 없어 걱정이네. 지금 다시 내게 긴 편지 두 장을 보내 주었는데 끝에는 근체시 한 편이 있었네. 손을 씻고 읊고 완미하니, 나도 모르게 깊은 병이 갑자기 사라지는 듯하였네. 그 무엇이 이만큼 기쁘겠는가.

의의(疑義)를 잠깐 보건대 내용이 매우 정밀하였으니, 날로 새로워지는 효과가 있음을 알 수 있었네. 오늘의 이 일은 오히려 우리 자신과 관계가 있네. 우리는 진실로 이것에 힘을 다해야 하나 오직 자신을 반성하고 사욕을 극복하는 두 가지가 실제로 해야 할 공부이니 더욱이 늦추어서는 안 되네. 가정(嘉定) 이후에 주자(朱子) 문하 제자들의 폐단에 대하여 명(明)나라 유학자들이 말한 것이 지나치기는 하였으나 그 폐해가 털끝만큼도 전혀 없었다고 할 수는 없을 듯하네.

지금 이 긴 편지는 마침 내가 질병을 앓고 있을 때 받았고 편지를 가져온 사람도 바쁘다고 말하니, 마땅히 후일을 기다려 하나하나 답하여 올려 가르침을 구해야겠네. 감사(監司) 어른의 연제(練祭)가 임박하여 어른을 생각하자니 목이 메네. 여러 고아의 기력은 잘 견뎌 내고 있는가?

○ 이 선생(李先生)의 〈위학도(爲學圖)〉[10]에 대하여 나는 의문이 없을 수 없어 바야흐로 벗 이기주(李箕疇)[11]와 편지를 주고받고 있네. 다시 자세히 생각해 보고 나중에 만나는 날에 상세하게 가르쳐 주기를 바라네.

10 이 선생(李先生)의 위학도(爲學圖) : 율곡(栗谷) 이이(李珥)가 지은 〈위학방도(爲學方圖)〉를 가리킨다.

11 이기주(李箕疇) : 1641～1708. 기주는 이기홍(李箕洪)의 초명(初名)이다. 본관은 전주(全州), 자는 여구(汝九), 호는 직재(直齋)이다. 송시열의 문인이다. 저서로는 《자성편(自省編)》, 《직재집(直齋集)》 등이 있다.

김직경과 김중고에게 답함 무오년(1678, 숙종4) 6월 12일

答金直卿仲固 戊午六月十二日

이 땅의 궁벽함은 말할 필요가 없거니와 우리가 사는 곳도 시골 마을이라서 편지를 전하기 어려움은 약수(弱水)가 겹겹이 흐르는 곳[12]과 다를 것이 없네. 4월 29일에 보내 준 편지는 어찌하여 갑자기 여기에 이르렀는지 모르겠으나 놀랍고 기쁜 나머지 이어서 경탄하였네.

다만 듣건대 현재 탕약을 맛보는 근심이 있다고 하니, 염려스러운 마음 그지없네. 신령이 효심을 도와 이미 병환을 회복하셨으리라 생각하며, 오직 이를 믿고 위안으로 삼네. 편지에서 말한 왕 황주(王黃州)의 부(賦)[13]는 사람으로 하여금 쇄연(灑然)하게 하는데, 다만 왕 황주는 도(道)가 있는 자이므로 비록 백번 귀양을 가더라도 흠결이 없었네. 나는 흠결이 될 만한 도조차 없으니 이것이 부끄러운 일이네. 인용한 매주(梅州)의 일도 매우 황공하네. 오늘날은 참으로 운판(運判)이 오지 않을 것이라 믿기 어렵고 나에게는 원성(元城)의 정신력이 없으니,

12 약수(弱水)가……곳 : 멀어서 갈 수 없는 곳을 표현한 말이다. 약수는 서해(西海)에 있는 선경(仙境)인 봉린주(鳳麟洲)를 둘러싸고 있다는 강 이름인데, 이 강은 물 힘이 매우 약해서 기러기 털도 가라앉기 때문에 이렇게 이름 지었다고 한다. 《海內十洲記 鳳麟洲》

13 왕 황주(王黃州)의 부(賦) : 북송 때의 문학가 왕우칭(王禹偁)의 〈황주죽루기(黃州竹樓記)〉를 가리킨다. 그가 좌천되어 황주 태수(黃州太守)가 되었으므로 그를 왕 황주라고 불렀다. 그는 황주에서 특산물인 큰 대나무를 베어다가 기와 대신에 지붕을 덮어 누각을 짓고 직접 〈황주죽루기〉를 지어 그 사실을 자세히 설명하였다. 《古文眞寶後集 卷6》

어찌 급박한 상황에서 조용히 이야기를 나눌 수 있겠는가.[14] 젊어서부터 노년에 이르기까지 학문이 힘을 얻지 못하여 그저 황폐한 채로 인생을 끝마치게 되었으니, 후회한들 무슨 소용이 있겠는가.

그대 형제는 무슨 책을 보고 있는가? 날로 새로워지는 효과가 있는가? 전일에 보낸 물격설(物格說)에 대하여 아직 회답을 받지 못했고 다시 논할 길이 없으니 매우 한탄스럽네.

나는 지난 윤달부터 위장병이 심해져 곡식을 먹지 않는 노승과 같은 점이 있으니, 여생이 많이 남지 않았음을 잘 알았네. 비록 다시 그대 형제를 만나서 말하고 싶은 것을 극진히 논의하고 싶으나 할 수 없으니, 어찌해야 좋겠는가. 내가 자네들의 밝은 가르침에 따라 초고를 써서 정한 《대전문목(大全問目)》이 거의 10여 책인데 자네들에게 물어보고 싶으나 깨끗이 베껴 쓰기가 쉽지 않으니, 조만간 다 베껴 쓸 때까지 기다려야겠네. 다만 조물주가 이 사내를 세상에 머물게 하여 이 뜻을 이루게 할지 모르겠네. 나머지는 병석에 누워 남의 손을 빌려 쓰는 것이라 이만 줄이네.

14 인용한……있겠는가 : 사형 집행관이 올 수도 있는 상황이며 자신은 그런 상황을 의연히 맞이할 정신력이 없다는 뜻이다. 원성은 북송(北宋)의 직신(直臣)이었던 유안세(劉安世)의 호이다. 매주의 일은, 유안세가 일찍이 간신(奸臣)인 장돈(章惇) 등을 탄핵하였는데, 뒤에 장돈과 채경(蔡京) 등이 다시 득세하자 유안세를 처음 영주(英州)로 귀양 보냈다가 다시 매주로 옮겨 놓고는 다시 그를 죽이기 위해 그곳의 한 토호(土豪)를 전운판관으로 발탁하여 매주로 보내자 매주의 수령이 사람을 급히 유안세에게 보내어 그 급보를 알리면서 빨리 피신할 것을 권유하였던 일을 가리킨다. 그러나 유안세는 이때 그 급보를 받고도 조금도 동요하지 않고 손님들과 술을 마시며 담소하고 있었는데, 결국 전운판관이 그곳에 미처 당도하지 못하고 피를 토하고 죽음으로써 위기를 면하였다. 운판은 곧 전운판관의 준말이다. 《宋史 劉安世列傳》

김직경에게 보냄 을묘년(1675, 숙종1) 4월 6일

與金直卿 乙卯四月六日

이렇게 궁벽한 시골에 들어와서 소식을 전할 길이 없네. 지난해 즐겁게 종유하던 일을 생각할 때면 때로 꿈에 나타난다네. 요즘 어버이 모시며 하는 학문은 어떠한가? 생각건대 날로 새로워지는 효과가 있을 것이나 서로 볼 수 없는 것이 한스럽네.

나는 병중에 《주자대전(朱子大全)》과 《주자어류(朱子語類)》를 펼쳐 보는데, 이것도 시휘(時諱)를 거듭 저촉하는 한 가지 단초라네. 그러나[15] 설사 철륜(鐵輪)을 정수리 위에 굴리더라도 이것은 그만둘 수 없네.[16] 이만 줄이네.

15 그러나 : 대본에는 없다. 두주에 근거하여 '然'을 보충하여 번역하였다.

16 설사……없네 : 죽음을 앞두고 흔들리지 않는 자세를 말한다. 철륜은 불교에서 나온 말로, 죄인의 목을 베는 형구(刑具)이다. 주희(朱熹)가 유불(劉黻)에게 답한 편지에 "만약 진실로 본 바가 있어서 실제적으로 공부한 것이 있다면 정수리 위에 철륜이 지나가도 또한 어찌 흔들리겠는가."라고 하였다. 《晦庵集 卷53 答劉季章》

김직경에게 답함 병진년(1676, 숙종2)

答金直卿 丙辰

〔문〕 저번에 여쭈었던 심(心)·성(性)·정(情)·의(意)의 설에서 이른바 정은 앞이고 의는 뒤라는 것은 즉시 선생의 가르침에 따라 벌써 고쳤습니다. 그런데 이곳에 이의를 제기한 자가 있습니다. 그가 말하기를,

"주자(周子)는 정을 기(幾)라 하였고,-《통서(通書)》에 "기는 선악(善惡)이다." 하였다.- 주자(朱子)는 의를 기라 하였다.-《대학(大學)》 주에 "그 기를 살핀다." 하였다.- 대개 기란 곧 움직이려 하면서 아직 움직이지 않은 그 순간이고 보면 정과 의가 비록 계교(計較)를 하고 못하는 차이는 있을지라도 모두가 심이 겨우 움직이는 곳이 될 듯하다."

하고, 또 말하기를,

"《대학장구》 전(傳) 6장의 '그 기를 살핀다.〔以審其幾〕'라는 말 아래 소주(小註)에서 주자가 '기란 움직이는 기미이니, 곧 움직이려 하면서 아직 움직이지 않는 그 순간이다. 이때 선과 악이 갈라지는 것이니 바로 여기에서 그것을 깨달아 알아야 한다. 만약 발출(發出)하는 곳에 이르면 더 이상 어찌할 수 없다.' 하였고, 신안 진씨(新安陳氏 진력(陳櫟)) 또한 이것을 염두(念頭)가 처음 싹트고 움직여 선·악과 성(誠)·위(僞)가 갈라지는 기미처(幾微處)로 여겼다. 지금 만일 의를 움직이려 하면서 아직 움직이지 않는 순간에 두어 염두가 처음 싹트는 곳으로 삼는다면, 곧 움직이려 하면서

아직 움직이지 않는 때와 염두가 처음 싹트기 이전은 바로 고요하여 전혀 움직이지 않은 때이므로 그 이전에 정이 먼저 발출할 리가 없을 것 같으니, 이와 같은 몇 가지가 모두 의심스럽다.……" 하였습니다. 그리고 요즘에 보니, 주자가 이르기를 "의는 발생한 정을 인연한 뒤에 작용한다." 하고, 율곡(栗谷) 선생은 이르기를 "정은 사물에 감촉되어 처음 움직이는 것이고, 의는 정을 인연해서 계교하는 것이다." 하고, 또 이르기를 "심이 처음 움직이는 것은 정이고 이 정을 인연해서 상량하는 것은 의이다." 하였습니다. 선생의 가르침에는 또한 "정은 희(喜)・노(怒)・애(哀)・락(樂)・애(愛)・오(惡)・욕(欲)이니, 반드시 먼저 이것들이 있은 다음에 이것을 상량하는 것을 의라고 한다." 하셨습니다. 이런 설들은 매우 분명하고 통쾌할 뿐만이 아니나 다만 이런 설을 앞의 설과 비교해 보면 약간 서로 어긋나 합치하지 않는 점이 있으니 이 한 조항은 아직도 의심스러운 점이 조금은 있습니다.

저의 망녕된 생각은 이렇습니다. 주자(周子)의 이른바 기의 뜻은 정은 선도 될 수 있고 악도 될 수 있는 것으로 바르게 나오면 선하고 옆으로 나오면 악하다는 것이니, 이는 곧 선과 악이 나누어지게 되는 기미인 것입니다. 그러므로 주자(周子)가 정에 대하여 기로 말했던 것입니다. 주자(朱子)의 이른바 기의 뜻은, 의는 선도 될 수 있고 악도 될 수 있는 곳에서 곧 그것을 주장하는 것이 있으므로 선을 주장하면 선해지고 악을 주장하면 악해진다는 것이니, 이는 선이 되고 악이 되는 것이 나누어지는 기미입니다. 그러므로 주자(朱子)가 의에 대하여 또한 기로 말했던 것이니, 글자는 같지만 의미는 사실 다른 것입니다. 그렇지 않다면 혹시 의는 본디 정을 인연해서 작용하는 것이므로 무릇 의를 말하면 정은 그 속에 포함되어 있음을 알 수가 있는데, 지금 이 성의(誠意)의 의(意) 또한 정을 겸해서 말한 것이기 때문에 주자(朱子)가 여기서 모두 기 자로 말한 것이 아니겠습니까. 그러나 이것은 모두 저의 억측에서 나온 말이며 어떤 근거가 있어서 하는 말은 아닙니다. 그런데도 감히 참람함을 무릅쓰고 또 이처럼 질문을 하니, 삼가 바라건대 이 점에 또 한마디 적절한 말씀을 해 주어 우매한 의혹을 깨우쳐 주신다면 매우 감사하겠습니다.

그리고 혹자가 지금 또 정과 의를 같은 것이라고 하며 말하기를 "성(性)이 발하는 것도 의라 할 수 있고, 심(心)이 발하는 것도 정이라 할 수 있다." 하고, 또 말하기를 "정이 곧 의이고 의가 곧 정이다."라고 하였는데, 이 설 또한 폐단이 있는 듯합니다. 왜냐하면 대체로 성은 작위가 없는 것이고, 심은 운용하는 것이고, 정은 무의식중에 갑자기 나오는 것이고, 의는 계교하고 도모하는 것입니다. 그러므로 그 가운데서 그 의미가 서로 가까운 것끼리 나누어 소속시킨다면 정은 성에 속하고 의는 심에 속하니, 그 조리와 맥락이 분명하여 어지럽힐 수 없는 점이 있습니다. 그래서 주자(朱子)도 또한 이르기를 "정은 성이 발한 것이고 의는 심이 발한 것이다." 하였으니, "성이 발한 것도 의라 할 수 있고, 심이 발한 것도 정이라 할 수 있다."라고 범연하게 혼칭해서는 안 된다는 것이 분명합니다. 더구나 정과 의 두 가지는 명칭도 이미 다른 데다 의미 또한 구별되어 각자 주장하는 것에 따라 현격하게 서로 다르니, 이 또한 어찌 혼동해서 한 가지로 간주하여 "정이 곧 의이고 의가 곧 정이다."라고 말할 수 있겠습니까. 주자(朱子)가 말하기를 "정은 마치 주거(舟車)와 같고, 의는 마치 사람이 그 주거를 부리는 것과 같다." 하였습니다. 사람과 주거는 비록 그중에 어느 하나라도 없어서는 안 되지만 그 두 가지의 기능은 으레 구별이 있는 것이니, 지금 만약 "사람이 곧 주거이고 주거가 곧 사람이다."라고 한다면 말도 안 되고 글도 안 될 것입니다.

대체로 심·성·정·의 네 가지는 합하여 말하면 모두 심에 들어 있고, 나누어 말하면 네 가지가 제각기 구별이 있습니다. 나누어 소속되는 것으로 말하면 정은 성에 속하고 의는 심에 속하는데, 만약 정과 의만을 가지고 말하면 의가 또 정에 속하는 것입니다. 경우에 따라서 작용이 다르고 제각기 뜻하는 바가 있으니, 억지로 끌어 붙여 모두 같은 것으로 간주하여 "이것도 저것이고 저것도 이것이다."라고 말해서는 안 될 것입니다.

이상의 몇 조목은 모두 혹자와 논변했던 설입니다. 비록 문장이 서툴고 뜻이 거칠어 자세히 표현하지는 못했으나 그 대강은 여기에서 벗어나지 않습니다. 최근에 보내 주신 가르침을 보니 저의 견해와 거의 일치되었는데 오직 이 말단의 한 조목이 아직도 합치되지 않았습니다. 아울러 분명하게 가르쳐 주시기를 바랍니다.

〔답〕 보내 준 글의 "주자는 정을 기라 하였습니다. …… 기 자로 말한 것이 아니겠습니까.〔周子以情爲幾……幾字也歟〕"에 대하여

○ 이 설은 참으로 좋네. 그러나 그처럼 정력을 허비할 것까지는 없네. 다만 정이 발동하여 선악이 비로소 나누어지는 것을 기(幾)라 하고 의가 이리저리 계교하여 시비가 비로소 달라지는 것도 기라 하는데, 기 자가 같다고 하여 정과 의를 합쳐서 하나로 보아서는 안 되는 것이네.

대체로 기 자는 피차(彼此)가 서로 교차하고 분리되는 것을 말하네. 그러므로 목(木) 변을 붙이면 쇠뇌〔弩〕가 발사되는 기(機)가 되고,

치란(治亂)의 기도 되며, 또 승패의 기도 되는 것이니, 이런 데에서는 그때마다 뜻하는 바에 따라서 보는 것이 좋을 것이네.

"지금 또 정과 의를 같은 것이라고 합니다. …… 저것도 이것일 뿐입니다.〔今又以情意爲一物……彼亦此云爾〕"에 대하여

○ "성이 발하는 것도 의라고 할 수 있다."라는 말은 언뜻 보면 의심스러운 것 같지만, 의 가운데 선(善)한 것이 성에서 나오지 않으면 어디에서 이 선이 나오겠는가. 그러므로 "성 이외의 물(物)이 없다."라고 한 것이니, 이런 부분은 모름지기 넓게 보는 것이 좋네. "심이 발하는 것을 또한 정이라 할 수 있다."라는 말은 더욱 잘못된 것이 없다고 보네. 대체로 심은 성과 정을 포괄하고 있으니 이것이 "정이 비록 성에서 나오지만 성은 본디 심 가운데 갖추어져 있다."라는 것이네. 그러므로 정은 성이 발한 것이라 해도 옳고 심이 발한 것이라 해도 옳은 것이네.

그것을 비유하자면 심은 그릇이요, 성은 그릇 속에 들어 있는 물이고, 정은 이 물이 흘러나오는 것으로 이 물이 흘러나오는 것은 곧 이 그릇이 기울어져 흘러내리는 것이네. 그러므로 물이 흘러나온다고 말해도 되고, 그릇이 흘려 낸다고 해도 되는 것이네. 그래서 주 선생(朱先生)이 일찍이 성발(性發)과 심발(心發)을 정과 의로 나누었고, 또 일찍이 "심이 발하는 것이 정이다."라고 말하였던 것이네.-《어류(語類)》 제5권에 보이네.- 이런 부분은 마땅히 세밀하게 분석하지 않으면 안 되고 또 넓게 보지 않아서도 안 되는 것이므로 주 선생이 일찍이 집착과 편견을 독서의 병통으로 삼았으니, 이 점을 몰라서는 안 되네.

〔문〕 북계 진씨(北溪陳氏 진순(陳淳))가 말하기를 "사람은 태어나면서 천지의 이(理)를 얻고 또 천지의 기(氣)를 얻었다. 이와 기가

합하여 허령한 것이다.……” 하였는데, 저의 의견은 여기서 이른바 “이와 기가 합하여 허령한 것이다.〔理與氣合, 所以虛靈.〕”라고 한 여덟 자에 병통이 있는 듯합니다. 대체로 심은 기의 정령(精靈)이므로 그 자체가 자연히 허령하고, 허령하기 때문에 지각하며, 허령하고 지각하기 때문에 심 속에 갖추어진 이(理)가 가려지거나 막힌 바가 없는 것이니, 이와 기가 합한 다음에야 비로소 허령한 것은 아니라고 봅니다. 대체로 이는 기의 본체이고 기는 이의 도구이므로, 기가 있으면 이가 그 기 속에 붙어 있어서 그 두 가지는 본디 서로 분리될 수 없는 것입니다.

지금 가령 이런 입장에서 다만 “이와 기가 합한 것이 심이다.”라고 한다면 옳지만 “이와 기가 합하여 허령한 것이다.”라고 한다면 옳지 않습니다. 그 이유는 다음과 같습니다. 대체로 천지 사이에 살아 있는 사람이나 동물은 어느 것을 막론하고 천지의 기를 받아서 형체가 되고 천지의 이를 받아서 성이 되는 것이니, 이것은 사람이나 동물이 마찬가지입니다. 다만 사람은 맑은 기를 받았기 때문에 그 심이 허령하여 그 이에 가려진 것이 없고 동물은 혼탁한 기를 받았기 때문에 그 심이 막혀서 그 이에 대해 통한 것이 없는 것입니다.-이상은 다만 사람과 동물의 큰 구분을 가지고 말했습니다.- 그렇다면 사람의 심이 허령한 까닭은 다름이 아니고 맑고 밝은 기를 받았기 때문입니다. 만일 그저 진씨(陳氏)의 설대로라면 모든 초목(草木)이나 금수(禽獸)가 태어날 때도 모두 이와 기가 합하였으니 그 심의 허령함은 의당 사람과 차이가 없어야 할 듯한데, 금수는 왜 한쪽이 막혔으며 초목은 왜 완전히 막혔겠습니까.-금수는 혼탁한 기를 받았고, 초목은 또 더욱 혼탁한 기를 받아서입니다.- 이것으로 보면 심은 기이고 심의 허령함은 기의 맑음입니다. 기가 맑으므로 허령할 수가 있고 허령하므로 사물의 이치를 알 수 있는 것이니, 이가 심과 합해야만 비로소 허령할 수 있는 것은 아닙니다.

또 《대학혹문(大學或問)》을 보니 "가슴속은 허령통철(虛靈洞徹)하고 온갖 이치가 다 갖추어져 있다.……"라고 하였습니다. 이른바 "허령통철"이란 곧 심의 본체이고 "온갖 이치가 다 갖추어져 있다."라는 것은 곧 심 속에 갖추어져 있는 이(理)입니다. 그런데 진씨는 또 말하기를 "허령통철한 것은 대체로 이와 기가 합하여 이런 묘용(妙用)이 있는 것이니 오로지 기만을 가리키는 것은 옳지 않다. 그렇지 않다면 심이 병든 사람도 기를 가지고 있는데 무슨 까닭으로 혼미하고 어긋나서 이런 허령통철함이 없는 것인가." 하였습니다. 이는 첫머리에서 말한 설과 마찬가지로 병통이 되는 말입니다. 대체로 이는 작위(作爲)가 없고 기는 작위가 있으므로 기가 이러하면 이 또한 이와 같은 것입니다. 이런 까닭에 기는 맑고 순수한데 성은 어둡고 흐린 자는 없었으며, 기는 어둡고 모자라는데 성은 환하고 밝은 자도 없었습니다. 그렇다면 저 마음이 병든 사람이 혼미하고 어긋나서 이 허령통철함이 없는 것은 바로 기가 혼미하고 어긋나서 허령통철함의 본체를 잃음으로 말미암은 것이니, 이것은 모두 기의 작위이지 이의 작위가 아닙니다. 기가 어두우므로 성 또한 어두운 것인데, 어찌 마음이 병든 사람이 기만 있고 이는 없어서 이런 혼미함과 어긋남이 있겠습니까.

지금 만일 반드시 "이와 기가 합한 다음에야 비로소 허령통철하여 이런 묘용이 있게 된다."라고 한다면, 주자(朱子)가 여기에 다만 "가슴속은 허령통철하다."라고만 말하면 충분할 것인데, 무엇 때문에 이미 "허령통철"이라 말하고 또 "온갖 이치가 모두 갖추어졌다."라고 말하여 뒤섞이고 중복되는 말을 하였겠습니까. 지금 또 스스로 내 마음을 직접 살펴보면 한동안 몸의 기가 맑고 상쾌할 때는 마음도 곧 밝게 깨어 있지만 한동안 게을러지면 마음도 곧 어두워지니, 여기서 또한 심의 허령통철함은 곧 기이며 저 혼미하고 어긋난 것도 기인 것을 알 수 있습니다.

주자가 일찍이 말하기를 "허령한 곳은 다만 심이고 성은 아니다." 하였고, 또 말하기를 "지각의 대상은 심의 이(理)이고 지각의 주체는 기의 영(靈)이다." 하였으니, 이것으로 본다면 진씨의 설은 더욱 온당하지 않다고 봅니다. 어떻게 생각하십니까?

〔답〕 "사람은 태어나면서 천지의 이를 얻고 또 천지의 기를 얻었다."라는 진씨의 이 설은 율곡(栗谷)이 일찍이 잘못되었다고 한 것이네. 대체로 그 말의 뜻은 '먼저 천지의 이를 얻고 난 다음에 또 천지의 기를 얻는다.'라고 한 말인 듯하네. 《중용》 제1장의 주에 "기로 형체를 이루고 이(理) 또한 부여된다." 하였는데, 이것은 이와 기는 본디 같이 뒤섞여 간격이 없는 것이므로 기가 흘러 다니다가 인물(人物)을 형성할 때 이는 자연히 인물에 부여되는 것이네. 그런데 지금 진씨는 먼저 이를 말하고 나중에 기를 말한 것이 타당하지 않을 뿐 아니라 이와 기를 나누어 전개하면서 이와 기에 선후가 있는 것처럼 하였네. 그러니 이것을 가지고 진씨의 설은 그르다 한다면 옳겠으나 만일 자네가 말한 것처럼 한다면 완전하지 못한 듯하네.

대체로 사람은 천지의 바르고 밝은 기를 얻어서 사람이 되었으므로, 그 형체가 음(陰)을 등지고 양(陽)을 향하여 단직(端直)하고 평정하며, 그 심이 한 몸의 중앙에 자리 잡고서 공간이 비어 막히지 않았네.

공간이 비어 막히지 않았기 때문에 곧 이 온갖 이치를 갖춘 것이네. 자네가 말한 이른바 "기가 맑으므로 허령할 수가 있고 허령하므로 사물의 이치를 알 수 있다."라고 한 것은 차서와 조리가 너무 없네. 그렇다면 진씨가 허령을 이라 한 것은 이의 경계를 침범한 것이고, 자네가 "기가 맑으므로 허령할 수 있다."라고 한 것은 형체 한쪽을 빠뜨린 것이네. 한 사람은 너무 만연시킨 것이 잘못이고 한 사람은 한 부분을 경솔히 다룬 것이 잘못이니 이 점을 몰라서는 안 될 것이네.-허(虛)하므로 이 이(理)를 갖춘 것인데, 곧장 허를 이라고 하였으니 이것이 진씨의 잘못이네.-

〔문〕 옥계 노씨(玉溪盧氏 노효손(盧孝孫))가 말하기를 "허(虛)는 심의 고요함이고 영(靈)은 심의 감응이다.……" 하였습니다. 그러나 대체로 허령하다는 것은 심의 본체로서, 미발(未發)도 그대로 허령하고 기발(旣發)도 그대로 허령한 것인데, 지금 '허령' 두 자를 고요함과 감응에 나누어 붙인 것은 너무 세쇄한 듯합니다.

〔답〕 《중용》의 서문에 의하면 "허령은 심의 체(體)이고 지각은 심의 용(用)이다." 하였네. 노씨가 허령을 고요와 감응에 나누어 붙인 것은 진정 타당하지 않다고 하겠으나 자네의 말에 허령을 기발이라고 한 것은 더욱 온당하지 않은 것이네.

〔문〕 "오타(敖惰)"의 소주(小註)에 운봉 호씨(雲峯胡氏 호병문(胡炳文))가 말하기를,

"어떤 사람은 '오타'가 이곳에 들어 있는 것은 마땅치 않다고 의심쩍게 생각하는데, 그것은 본문의 인(人) 자가 군자(君子)를 대상으로 하는 말이 아니고 바로 보통 사람을 대상으로 한 말임을 몰라

서이다. 장구(章句)에 중인(衆人) 또는 상인(常人)이라고 말한 것이 바로 그것이다.……"

하였는데, 이 설은 타당하지 않다고 생각합니다. 대체로 오타는 사람에게 없을 수 없는 것이므로 비록 군자일지라도 또한 있는 것이지만, 치우치게 된 다음에야 보통 사람으로 되는 것입니다. 《대학장구》 전(傳)에 "사람은 오만하고 태만한 데에서 편벽되기 마련이다. 〔人之其所敖惰而辟焉〕" 하였는데, 이미 벽(辟) 한 자가 있기 때문에 장구에서 "사람〔人〕이란 보통 사람〔衆人〕을 말한다."라고 한 것입니다. 만일 벽 한 글자가 없었다면 장구에서 틀림없이 사람을 보통 사람으로 여기지 않았을 것입니다. 이런 까닭에 《대학혹문(大學或問)》에서 "공자는 비파를 타며 노래를 불렀고, 맹자는 안석에 기대어 누워 있었다."라는 말로 그것을 설명하였던 것입니다. 그런데 지금 호씨의 설대로 보면 이는 군자에게는 본래 오만과 태만이 없고 보통 사람에게만 오만과 태만이 있다는 것인데, 어떻게 생각하십니까?

〔답〕 호씨는 《대학혹문》에서 논한 것을 보지 못하여 이같이 주장한 것 같네. 자네의 설이 매우 타당하네.

〔문〕 전문(傳文)의 명명덕장(明明德章)에서부터 평천하장(平天下章)까지는 대체로 모두 그 일의 공부와 공효를 각기 말하였는데, 정심수신장(正心修身章)과 수신제가장(修身齊家章)은 마음이 바르지 않으면 몸이 닦이지 않고 집안이 다스려지지 않는다는 뜻만을 말했을 뿐이고 마음을 바르게 하고 몸을 닦고 집안을 다스리는 공부와 공효에 대해서는 한마디도 언급하지 않았으니, 무슨 까닭입니까?

〔답〕 주 선생(朱先生)이 일찍이 말하기를,

"마음을 바르게 하는〔正心〕 시기에 도달하게 되면 공부가 이미 매우 좋아진 것이다. 그러나 무엇보다도 뜻을 성실하게 하는〔誠意〕 시기는 바로 선악을 분별하는 단계이니 대단한 노력이 요구된다. 만약 이 관문을 통과하면 그때는 더없이 좋다. 마음을 바르게 하는 시기에 도달하여 좋아진 상태에서 한쪽으로 치우치는 폐단이 생길까 두렵다. 그것은 마치 물이 이미 흐린 것을 걸러 내어 완전히 맑아졌는데 또 그 맑아진 속에서 물결이 일어 출렁이는 곳이 있는 것과 같다."

하였네. 이 설로 보면 마음을 바르게 한 곳에 도달하면 흐린 것을 걸러 내는 공부는 다시 없고 그저 물결이 출렁이는 것을 두려워할 뿐이네. 그 네 개의 유(有) 자와 다섯 개의 벽(辟) 자[17]를 성찰하는 것은 다만 물결이 출렁일까 두려워함을 말한 것이네.

〔문〕 "이것은 몸이 닦이지 않으면 그 집을 다스릴 수 없다는 것을 말한 것이다.〔此謂身不修, 不可以齊其家.〕"에 대하여

〔답〕 자네의 설에 이른바 "모두 몸이 닦이지 않은 병통을 말한 것이므로 이와 같이 결말을 지었다."라고 한 것은 그럴 듯하네. 그러나 경전(經傳)의 문자가 전(傳) 10장에 결어(結語)가 없는 것처럼 가끔 서로 다른 곳이 없지 않으니 이 또한 이 글 가운데 변례(變例)이네.

17 네……자 : 사유(四有)와 오벽(五辟)을 가리킨다. 사유는 마음이 올바름을 얻지 못하는 네 가지 원인으로, 마음에 분치(忿懥), 공구(恐懼), 호요(好樂), 우환(憂患)이 있는 것을 말한다. 오벽은 인간이 친애하는 사람에 대해서는 치우치고, 미워하는 사람에 대해서는 치우치고, 외경하는 사람에 대해서는 치우치고, 애긍(哀矜)하는 사람에 대해서는 치우치고, 오만하고 태만한 사람에 대해서 치우치는 것을 말한다. 《大學章句 傳8章》

〔문〕 탕지반명장(湯之盤銘章)에 “명(銘)은 그 그릇에 이름을 붙여 자신을 경계하는 말이다.……” 하였는데, 만일 욕반(浴盤)에 이름 붙인 뜻으로 본다면 자신을 경계한다는 뜻에는 부족한 듯합니다.

〔답〕 언젠가 선묘조(宣廟朝) 때 조중봉(趙重峰 조헌(趙憲))이 교정한 《주자대전(朱子大全)》의 《대학강의(大學講義)》를 보니 책머리에 “명은 당본에 명으로 되어 있다.〔名唐本作銘〕”라고 한 것이 있었네. 마땅히 이 글자로 바로잡아야 할 듯하네.

김직경에게 답함 신유년(1681, 숙종7) 1월 7일

答金直卿 辛酉正月七日

답서의 내용은 잘 알았네. 따라서 상중(喪中)에 건강을 잘 지탱하고 있음을 알고 또 위안이 되었네. 별지에서 이야기한 내용은 더욱 정중함을 볼 수 있으니 고마운 마음 한이 없네.

국상(國喪) 중에 일반 상가(喪家)의 연상(練祥 소상(小祥)과 대상(大祥))을 별도로 날을 가려 물려 행하는 것은 이미 규례가 되었네. 날을 가리는 방법은 정일(丁日)이나 해일(亥日)로 제삿날을 잡을 뿐이며, 강일(剛日)로 하느냐 유일(柔日)로 하느냐, 혹 초하루로 하느냐 보름으로 하느냐 하는 말은 아직 들어 보지 못했네. 임금과 부모의 초상을 동시에 당하여 출입할 때 세속에서는 모두 부모의 상복을 입는데, 이런 일은 세속대로 따라야 할 듯하네.

김중고에게 답함 병진년(1676, 숙종2)

答金仲固 丙辰

물격(物格)에 대한 설은 분명하고 정밀하여 조금도 미진한 점이 없으니 매우 경복(敬服)하네. 다만 이른바 "어느 것이나 십분 흡족하여 조금도 부족함이 없다."라는 것은 기분대로 논조를 세우는 병통이 있는 듯하네. 벌이나 개미의 군신의 의리와 범이나 이리의 부자의 정의[18]는 겨우 그 한 부분만을 얻었을 뿐인데, 어떻게 십분 흡족하다고 말할 수 있겠는가.

흡족하지 못한 것에 대해 내가 그 이치를 궁구하여 흡족하지 못했던 것이 다시 남음이 없게 되면 또한 그 사물의 이치가 이미 극진한 데에 이르렀다고 말할 수 있네. 어찌 반드시 흡족하지 못한 부분이 십분 흡족하게 된 다음에야 비로소 사물의 이치를 궁구하여 그것을 깨달았다고 말할 수 있겠는가.

자네가 말한 "사물의 이치에 대한 궁구가 더 많아지고 노력을 쌓은 기간이 오래되면 결국 십분 흡족한 곳에 도달한다."라는 대문의 순서는 약간 맞지 않네. 대체로 '십분 흡족한 곳'이란 한 사물의 이치를 가지고 말한 것이고 '사물의 이치에 대한 궁구가 더 많아진다.'라는 것은 모든 사물을 총괄해서 말한 것이네. 정자(程子)도 이와 같이 말한 일이 있기

18 범이나……정의 : 짐승에게도 서로 친애하는 정이 있다는 말이다. 《장자(莊子)》 〈천운(天運)〉에 "호랑이와 이리도 인(仁)하다. …… 부자간에 서로 친애하니 어찌 인이 되지 않겠는가."라는 말이 나온다.

는 하나,-지식에는 여러 가지 종류가 있어 확실히 깊고 얕은 차이가 있다고 하였네.- 결국 주자(朱子)가, 사물마다 개별적으로 그 이치의 극처에 도달하는 것을 먼저 말하고 모든 사물의 이치를 시원스레 관통하는 것을 나중에 말하여 말이 순하고 이치가 분명했던 것만 못하였네. 어떻게 생각하는가?

내가 젊었을 적에 문원공(文元公 김장생(金長生)) 김 선생에게서 율곡(栗谷)의 논설을 듣고 이분의 견해가 제유(諸儒)보다 훨씬 뛰어나다고 생각했으나, 그 후에 경문(經文)과 장구(章句), 《대학혹문(大學或問)》을 읽으면서 문리(文理)로 뜻을 탐구해 보니, 경문 그 자체가 이미 명백하였고 장구와 《대학혹문》의 뜻은 더 이해하기가 쉬웠네. 다만 제가(諸家)가 이것을 탐구하지 않고 어지럽게 논설을 내세워 올바른 뜻을 어지럽혔을 뿐이었네. 그렇다면 율곡의 견해가 스스로 뛰어난 것이 아니고 다만 문리에 의거한 견해일 뿐이었네. 장구에 "온갖 사물의 표리와 정조가 이르지 않음이 없다.〔衆物之表裏精粗無不到〕"라고 말했으니 지(之) 자 하나가 이미 스스로 분명하여 다른 설명이 없어도 알 수 있고, 《대학혹문》에 "사물의 이치를 각기 그 지극한 곳에 도달한다.〔事物之理各有以詣其極〕" 하였으니 그 기(其) 자의 의미가 분명하여 정말 자네의 말과 같은 것이네. 이 두 가지 설을 합쳐서 본다면 문리가 조금만 통하는 사람이라도 잘못 이해하지는 않을 텐데 무엇 때문에 이렇게까지 이견들이 분분한지 모르겠네.

퇴계(退溪) 이 선생은 한평생을 성리학(性理學)에 정력을 기울인 분으로 이 격물설에 대한 강론은 완전히 익숙했는데, 항상 "사람이 궁구하고 사람이 도달한다.〔人格人到〕"라고 말하다가 만년에 가서는 마음이 변하여 앞의 견해가 잘못되었다 하고 비로소 "사물의 이치가 스스로 이른다.〔物自到〕"라고 말하였으니, 정성스럽게 노력하여 알아내지 못하면 그만두지 않는 자세를 볼 수 있네. 그러나 "사물의 이치가 스스로 이른다."라는 말은 그 뜻이 주자의 설과는 다른 점이 있는 듯하네. 주자의 뜻은, 대체로 이(理)의 성격이란 정의(情意)도 없고 조작도 없으며 이른바 "이르지 않음이 없다.〔無不到〕"라는 것은 이곳에서 저곳에 이르러 그 지극한 곳에 도달한다는 것이 아니고 다만 사람이 이치를 궁구할 적에 궁구한 것이 지극한 곳에 이르면 이 사물의 이치는 다시 더 궁구할 여지가 없다고 말한 것이네. 퇴계의 설은 그렇지 않아서 "이(理)의 본체는 비록 정의와 조작이 없더라도 그 작용의 묘는 밖으로 드러나서 이르지 않음이 없다." 하였고 또 "이 이(理)는 지극히 신묘한 작용이다." 하고 또 "지난날에는 신묘한 작용이 현행(顯行)하는 것을 몰라 하마터면 죽은 것으로 오인할 뻔했다.……" 하였는데, 그 뜻은 대개 이(理)의 작용은 살아 있는 것이므로 능히 사람의 마음을 따라 이곳에서 저곳으로 가는 것이라고 말한 것이네. 그렇다면 이른바 '물도(物到)'라고 한 것은 주자와 말은 같을지라도 뜻은 크게 다른 것이네.

대체로 체용(體用)은 근원이 하나이고 현(顯)과 미(微)가 간격이 없는 것은 본디 바꿀 수 없는 도리인데, 어찌 본체는 정의와 조작이 없고 작용은 정의와 조작이 있을 수 있겠는가. 이른바 "밖으로 드러나서 현행한다."라는 것은 대개 이 이(理)가 기를 타고 유행(流行)하여 작용하는 것이 주자가 논한 연비어약(鳶飛魚躍)의 뜻과 같은 경우를 말한 것일 뿐이고, -《주자어류(朱子語類)》〈중용 12장(章) 염록(炎錄)〉에 나와 있네.- 이 이(理)가 본체는 정의와 조작이 없으나 작용에 이르러서는 정의와 조작이 있어 스스로 그 지극한 곳에 도달할 수 있는 것을 말한 것은 아니네. -이 이에 정의와 조작이 없는 것은 본체와 작용에서 차이가 없네.-

그리고 퇴계의 이른바 "이(理)의 작용이 사람의 마음에서 벗어나지 않으므로 지극한 곳에 도달할 수 있다."라고 한 것으로 본다면 격물을 할 적에 이 마음으로 이 마음을 벗어나지 않는 이치를 궁구하는지, 아니면 그 마음과 그 마음을 벗어나지 않는 이치를 가지고 사물에 있는 이치를 궁구하는지 모르겠네. 만약 이 마음을 가지고 이 마음을 벗어나지 않는 이치를 궁구한다고 하면 이는 마음으로 마음을 궁구하는 것이니 한 입으로 같은 말을 거듭하는 것과 다를 게 없고, 만약 그 마음을 벗어나지 않는 이치를 가지고 사물에 있는 이치를 궁구한다고 하면 이는 이치로 이치를 궁구하는 것이니 또한 말이 되지 않네.

주자가 "이(理)가 비록 만물에 분산되어 있으나 그 작용의 미묘함은 실로 한 사람의 마음에서 벗어나지 않는다."라고 한 것은 혼연일치하여 내외(內外)와 정조(精粗)의 간격이 없음을 통틀어 말한 것이니, 부자와 군신은 사물이나 효도하고 공경하는 이치는 마음속에 있다고 하는 것과 같네. 그러므로 일찍이 물아(物我)가 한 이치로서 내외를 합하는 도리를 논하기를 "만물이 모두 같은 기(氣)이며 같은 체(體)이므로 살아 있는 것을 보고 차마 그 죽음을 보지 못하며 애절하게 우는 소리를 듣고 차마 그 고기를 먹지 못하는 뜻을 터득한다면 이것이 곧 내외를 합하는 도리이다." 하였네. 그렇다면 이른바 "작용이 마음에서 벗어나지 않는다."라는 말은 격물이나 물격을 논한 뜻은 아니네.

또 퇴계의 뜻으로 볼 경우, 만일 이 이치의 작용으로 사물에 있는 이치를 궁구한다고 하면 이 이치의 작용은 또 무엇으로 궁구할 것인가. 만일 사물에 있는 이치만을 궁구한다고 하면 이는 이 사물의 이치에 대하여 그 본체만 얻고 작용은 잃을 것이니, 정조와 내외를 빠짐없이 궁구하는 뜻이 아니네. 이러한 논의는 사실 다 후학이 어리둥절한 부분

일세. 그러나 퇴계 학문의 정밀함으로 보아 반드시 착오가 있을 리 없고, 분명히 미숙한 나의 학문에다 우둔한 나의 머리로 그 본뜻을 깨닫지 못하여 그럴 것이므로 자네의 소견을 듣고 싶을 뿐이네.

내가 일찍이 우인(友人)인 이유능(李幼能 이단상(李端相))과 격물설에 대하여 논하기를,

"물(物)은 비유하자면 길과 같고, 격(格)은 사람이 이 길을 가는 것과 같다. 그리고 길이 인가(人家)의 문 앞에서부터 동해(東海)에까지 이르는 것은 물의 이치가 본디 시종(始終)과 본말(本末)이 있는 것과 같고, 사람이 이 길을 따라 동해에까지 이르는 것은 사람이 이 물의 이치를 궁구하여 그 밑바닥까지 알아내는 것과 같다. 사람이 이 길을 따라가는 것을 가지고 말한다면 이는 격물이고, 길을 따라가 동해에 도착하여 더 갈 곳이 없는 것을 가지고 말한다면 이는 물격이라 할 수 있다. 대체로 길은 그 자체가 원래부터 존재한 것이니, 어찌 오늘에야 비로소 만들어져 동해까지 뻗었겠는가."

하였는데, 이 말이 약간 정밀한 듯하네. 어떻게 생각하는가?

또 경문(經文)에 "물에는 본말이 있고 일〔事〕에는 종시(終始)가 있다."라고 하였는데, "일에는 종시가 있다."라는 것을 격물로 보고 "물에는 본말이 있다."라는 것을 물격으로 보면 매우 간단하네.

○ 명덕(明德)과 신민(新民)을 상대시키면 명덕은 본(本)이고 신민은 말(末)이며, 명덕을 가지고 말하면 격물과 수신(修身)이 상대하여 본과 말이 되고 신민을 가지고 말하면 제가(齊家)와 평천하(平天下)가 상대하여 본과 말이 되네. 여기에 또 그것을 세분하면 격물 속에 나름대로 본과 말이 있고 성의(誠意) 속에도 본과 말이 있으며, 정심(正心)과 수신에도 각각 나름대로 본과 말이 있고, 제가·치국·평천하에도

또한 각각 나름대로 본과 말이 있는 것이네. 본으로부터 말에 이르면 이것이 곧 물(物)이 다한 곳으로서 일 또한 끝나고, 또 말에서부터 돌이켜 탐구하면 본이 또 궁극처가 되는 것이네. 이와 같이 미루어 궁리한다면 분명하게 환히 트인 길을 어디서나 만나게 될 것이네.

장구(章句)나 《대학혹문》 가운데 '이른다〔到〕', '나아간다〔詣〕'고 말한 것만 있고, '스스로 이른다.〔自到〕', '스스로 나아간다.〔自詣〕'라는 설은 없으니 그 말을 만든 정밀함이 이와 같네. 자네가 이른바 "움직여 옮겨 가서 이곳에서 저곳으로 이르는 것은 아니다."라고 한 것은 십분 정당(精當)하다고 할 만하지만 그래도 '스스로 이른다.'라는 말이 있으니 이는 아직도 운용하여 가서 이르는 뜻을 벗어나지 못했네. 이는 비록 언어의 사소한 병통이기는 하나 역시 아주 좋지는 않은 듯하네.

〔문〕 "명덕(明德)에 관하여 셋을 통합하여 하나로 만든다는 것과 하나로써 둘을 통합한다."에 대하여

〔답〕 세 가지 중에서 하나라도 빠뜨리면 명덕이 될 수 없을 것이니 이것은 곧 셋을 통합하여 하나로 만든다는 뜻이네. 그러나 장구에서 '불매(不昧)' 밑에 '이(以)' 자를 쓴 것으로 보면 빈주(賓主)의 구분이 약간 있으니 이것이 곧 '함께 행하여도 어그러지지 않는다.〔竝行而不悖〕'라는 것이네. 하필 이것을 가지고 정력을 허비하며 조목조목 나누어 설명할 필요가 있겠는가. 그러나 반드시 세분하려 한다면 허령불매(虛靈不昧)는 명(明) 자를 가리키고, 구중리응만사(具衆理應萬事)는 덕(德) 자를 가리키는 것이니, 대개 마음의 밝은 것으로 이치의 진실함을 얻은 다음에야 명덕이라고 할 수 있네. 그러므로 빈주를 논한다면 심(心)이 주가 되고 이(理)가 빈이 되며, 허실을 논한다면 이가 실이

되고 심이 허가 되는 것이네. 이와 같으니 또한 오로지 심을 주(主)로 삼아 지나치게 그 경중을 구분해서는 안 되네.

〔문〕 "심이 발하여 의가 되고 성이 발하여 정이 된다.〔心發爲意, 性發爲情.〕"에 대하여
〔답〕 이것도 꼭 너무 정력을 허비하며 조목조목 나누어 설명할 것이 없네. 다만 인심(人心)은 지각이 있고 도체(道體)-성(性)-는 작위가 없는 것이네. 성은 작위가 없는 것이고 정 또한 불의에 불쑥 나와 인위로 말미암지 않으므로 "성이 발하여 정이 된다."라고 하였고, 심은 지각하고 운동하는 것이고 의는 계교하고 상량하는 것이므로 "심이 발하여 의가 된다."라고 한 것이니, 대체로 본디 맥락과 조리가 나누어져 있는 것이네. 그러나 그 실상은 정 또한 심의 발로이므로 주자가 또 "정이란 심이 움직이는 것이다."라고 말하였네. 이 정과 의 두 가지가 다 심의 작용이라면 비록 그것을 같은 것이라고 하더라도 되겠으나, 반드시 먼저 정이 있은 다음에 이른바 의라는 것이 이 정을 가지고서 주장하고 계교하는 것이니 분명히 선후의 차이가 있는 것이네. 그러므로 이몽선(李夢先)이 정과 의의 구별에 대해 묻자 주자가 "의는 정이 있은 다음에 작용한다."라고 하였고 또 "정이 있은 다음에 의를 쓴다."라고 하였으니, 어찌 범칭하여 같은 것이라고 할 수 있겠는가.

대체로 심이 성과 정을 통합하면 정을 심에서 발한다고 해도 좋고 의 가운데 선한 것이 실로 성에 근본을 두고 있으면 비록 의를 성에서 발한다고 해도 좋네. 그러나 마땅히 같은 부분에서 다른 점을 구별하거나 다른 부분에서 같은 점을 논하는 게 좋을 것이네.

〔문〕 "몽몌집구(蒙袂輯屨)"[19]에서 이하 운운한 데까지에 대하여

〔답〕 이것은 오로지 선정(善情)과 선의(善意)만 가지고 말한 것이므로 두 가지가 아니라고 생각하네. 그러나 몽몌하고 집구한 사람을 처음 보았을 때는 측은한 정(情)이 생겨서 구제하여 살려 주고 싶은 뜻〔意〕이 있다가도 재용(財用)이 아깝다는 생각이 한구석에서 일어나 결국 그 측은한 정을 실현하지 못하는 경우도 혹 있을 것이니, 이것은 정과 의가 분명히 다르다는 사례이네.

그리고 주자(朱子)가 이미 정은 배와 수레라 하고 의는 배와 수레를 부리는 사람이라고 하였는데, 지금 자네가 말한 내용으로 보면 배와 수레 자체에 물에 뜰 수 있고 육지를 달릴 수 있는 이치가 본디 있어 사람이 그것에 간여하지 못한다는 뜻으로 말하였으니, 이와 같다면 배와 수레는 스스로 뜨고 스스로 달려야 할 것인데 어찌 반드시 사람의 부림을 기다려서 움직인단 말인가. 이런 점들은 너무 깊이 생각하고 너무 정밀하게 축약하다가 그렇게 된 듯하네. 또 배가 스스로 물에 뜰 수 있는 이치가 있다고 하더라도 요(澆 하(夏)나라 때의 역사(力士))가 육지에서 배를 밀고 수 양제(隋煬帝)가 기장쌀 위에서 배를 운행했던 경우에도[20] 배가 스스로 물에 뜨는 이치가 있어서 사람의 힘을 필요로 하지 않는다고 말할 수 있겠는가.

○ 이 문제는 몽몌하고 집구한 사람을 보고 재물 쓰기를 아까워하는

19 몽몌집구(蒙袂輯屨) : 몽몌는 소매로 얼굴을 가리는 것이고, 집구는 발을 제대로 내딛지 못하는 것이니, 굶어서 기운이 없는 것을 말한다. 《禮記 檀弓下》

20 수……경우에도 : 수 양제가 배를 타고 가다가 가뭄으로 물길이 마른 곳에 이르자 백성들에게 기장쌀을 물길에 살포하고 배를 끌게 했다는 전설이 있다.

경우와 참조하여 보는 것이 좋겠네.

〔문〕 "정(情)과 의(意)가 같은 것이라면 그중 어느 것이 타는 것이고 어느 것이 싣는 것인지 모르겠다."에 대하여

〔답〕 정이 발하여 나온 다음에 의가 곧 이 정을 가지고서 주장하고 상량하는 것이니, 정은 의 속에 실려 있는 것인데 또 무엇을 의심하는가.

○ 퇴계(退溪)의 도표에 나타난 뜻은 성은 심 속에 갖추어진 이치라고 여긴 것에 지나지 않네. 그러므로 또한 정을 의 속에 배치하여, 성이 발한 것은 또 심이 발한 것에 실려 있음을 나타낸 것이니, 너무 깊은 뜻을 찾을 필요가 없을 듯하네.

자네가 말단에서 한 말은 자네가 결국 실언한 것이라고 할 수밖에 없네. 대체로 이론을 세워 후세에 전하는 것이 얼마나 중대한 일인가. 이는 마치 어린아이에게 오획(烏獲 춘추 시대의 역사(力士))의 힘을 쓰도록 요구하는 것과 같네. 또 생각건대 주자 이후로는 어떤 이치도 밝혀지지 않은 것이 없고 어떤 문자라도 해석되지 않은 것이 없으므로 설령 주자와 같은 사람이 다시 나오더라도 다시는 스스로 내세울 말은 없고 그저 주자의 설을 고수할 뿐인 것이네. 만일 이와 같이 하지 않는다면 분명히 주자와 같은 사람이 아닐 것이고 육상산(陸象山)이나 왕양명(王陽明) 같은 무리가 되고 말 것이네.

나 같은 사람은 타고난 자질이 우둔하고 식견도 정밀하지 못하여, 퇴계나 율곡이 주자의 설을 발명해 놓은 뜻에 대해서도 의아스럽고 캄캄하여 깨닫지 못하겠는데, 위 조항의 물격설(物格說)이 바로 그것이네. 그런데 더구나 감히 자네가 기대하는 것을 내가 스스로 기대할 수 있겠는가. 그리고 학문을 하는 사람이 이것을 염두에 둔다면 이는

이미 자신을 위하는 일이 아니니, 내가 감히 하지 못할 뿐만 아니라 벗들에게도 그것을 원하지 않네.-나는 요즘 스스로 고상한 척 표방하는 자는 못하는 짓이 없다는 사실을 잘 알았네.-

김중고에게 답함 신유년(1681, 숙종7) 5월 8일

答金仲固 辛酉五月八日

먼 길을 온 백씨(伯氏)를 통해서 자네의 근황을 잘 알았으니, 위로됨을 형언할 수 없네. 더구나 이 일에 대해 운운한 말은 정신이 흐릿하고 기력이 쇠약한 나에게 깨우쳐 주는 바가 깊네.

민간의 자제는 손으로 서책을 잡은 이래로 누군들 성현의 일이 있는 줄 모르겠는가마는 오직 명예와 이익 속에 빠져 살거나 그렇지 않으면 게으르고 태만하게 살다가 세상을 떠나니, 매우 애석하네.

자네의 경우는 어린 나이에 서책에 종사하였고 정신과 체력이 한창 강성하니, 어찌 그럭저럭 세월만 보낼까 걱정하여 이러한 가르침이 있었겠는가. 나 자신을 경계한 뒤에 또한 망연자실하여 어찌할 바를 몰랐네.

백씨가 부탁한 두 가지 일은 본래 내가 할 수 있는 바가 아니네. 게다가 내 병이 더 심해져서 또 모양새를 이루지 못하여 이처럼 작은 일도 오히려 처리하지 못하니, 그 나머지는 또 무슨 말을 하겠는가. 그저 스스로 불쌍히 여길 뿐이네. 진상첩(眞像帖)을 받들어 완상함에 싫증이 나지는 않으나 발문(跋文)은 병 때문에 지을 수 없으니, 후일을 기다려야 하겠네. 대필시킨 탓에 이만 줄이네.

김사긍[21] 구 에게 답함 임술년(1682, 숙종8) 11월 20일

答金士肯 構○壬戌十一月二十日

지난번 산속에 있을 때 회포를 다 털어놓지 못하여 항상 한스러워하던 중에 자네의 편지를 받아 보니 정중한 깨우침이 남다른 정성에서 나왔음을 알겠네. 서한을 읽어 보고 간직하매 고맙고 다행스럽기 그지없네.

가르쳐 준 말 가운데 상책(上策)은 오직 정주(程朱) 이상의 수준이어야 이를 완성할 수 있고, 여기에 한 등급만 미치지 못하더라도 이는 난쟁이에게 천균(千勻)의 무게를 지우는 것이라 하였는데, 더구나 나처럼 용렬한 사람에게 그 일을 기대한다면 어찌 식자(識者)의 웃음거리가 되지 않겠는가. 중책(中策)에 대해서는 예정한 지가 오래이네. 이미 귀향길로 머리를 돌렸지만 견마(犬馬)의 정성을 스스로 끊어 버리지 못하여 한강 너머 교외에 당도해서 짧은 상소로 하직을 고하고 고개 돌려 바라보니 눈물만 하염없이 흐를 뿐이었네. 하책(下策)에 있어서는 내가 아무리 이와 같이 하고 싶더라도 근력이 미치지 못하니 자연히 자네에게 걱정을 끼치지는 않을 것이네. 그러나 상책 속에 있는 절목이 비록 나 같은 사람이 쓸 수 있는 것은 아니라 하더라도 그렇다고 감히 쓸 곳이 끝내 없다고 말할 수 있겠는가.

이른바 초야의 현인이란, 오늘날 징소(徵召)된 사람을 제외하고 따

21 김사긍(金士肯) : 김구(金構, 1649～1704)로, 본관은 청풍(淸風), 자는 사긍, 호는 관복재(觀復齋)이다. 김징(金澄)의 아들이다. 노론(老論)과 소론(少論)의 대립을 완화하기에 힘썼다.

로 지적해서 말할 만한 사람은 누구인가? 한 세상의 인재가 한 세상의 일을 담당하기에 충분한 법인데, 나는 시골구석 미천한 사람으로 전혀 들은 바가 없으니 매우 부끄럽네. 주자가 일찍이 환온(桓溫)이 경략(景略)[22] 같은 인물을 앞에 대하고서 호걸이 이르지 않은 것을 이상히 여긴 일을 기롱한 적도 있으니, 쓸 만한 인물을 어찌 꼭 초야에서 구할 것이 있겠는가. 혹시 알고 있는 인물이 있으면 귀종(貴宗)의 명류(名流 김우명(金佑明))에게 말해 주지 않겠는가? 주자의 단전(丹田)과 기해(氣海)에 관한 말[23]은 정말 오늘날의 급선무라고 하겠는데, 자네도 그렇게 생각하는가? 유선(儒先)의 화첩(畫帖)은 천천히 손자 주석(疇錫)과 토의해 보고 말한 대로 따르겠네. 직경(直卿 김간(金榦))과 사직(士直 김유(金楺))은 다 잘 있는가? 바빠서 따로 편지를 쓰지 못하니 한스럽네. 자리에 누워 대필시키네. 이만 줄이네.

22 경략(景略) : 진(晉)나라의 호걸 왕맹(王猛)의 자이다. 일찍이 동진(東晉)의 대장(大將) 환온을 알현하는 자리에서 방약무인한 태도로 이〔蝨〕를 더듬어 잡으면서 거침없이 천하의 일을 담론했다는 고사가 있다. 《晉書 王猛列傳》

23 주자의……말 : 주희(朱熹)가 "예를 들어 수척하고 병이 난 사람을 침이나 약으로 고칠 수 없는 경우에 단전과 기해에 뜸을 뜨면 기혈(氣血)이 근본에 모이게 되어 이목(耳目)과 수족(手足)에 이로운 것과 같다."라고 하였다. 《晦庵集 卷37 與籍溪胡先生》

이군보[24] 세필 에게 답함
答李君輔 世弼

〔문〕 〈대학장구서(大學章句序)〉의 “규모의 크기를 극대화한다.〔極其規模之大〕”의 주석에 동양 허씨(東陽許氏 허겸(許謙))가 말하기를 “다만 팔조목(八條目)을 가지고 말한다면 평천하(平天下)는 규모가 되고 칠조목(七條目)은 절목(節目)이 된다.” 한 데 대하여

○ 저의 생각으로는, 평천하는 규모가 되고 칠조목은 절목이 된다면 뜻이 통하지 않는 점이 있습니다. 대개 수신(修身)은 체(體)이고 평천하는 용(用)이며, 수신은 본(本)이고 평천하는 말(末)입니다. 체와 본을 절목으로 삼고 용과 말을 규모로 삼는 것이 과연 어떻겠습니까? 대체로 《대학》은 평천하를 최고의 공으로 삼는다고 한 허씨의 뜻은 대개 천하를 평정하는 공은 나머지 다른 칠조목 속에서 나온다고 여겨 그와 같이 말한 것이니, 아마도 깊이 고찰하지 못한 듯합니다. 팔조목 속에서 만약 규모와 절목을 꼭 나누고자 한다면 수신은 규모가 되고, 격물(格物)·치지(致知)·성의(誠意)·정심(正心)은 수신의 절목이 되며, 평천하는 규모가 되고, 제가(齊家)·치국(治國)은 평천하의 절목이 된다고 하겠는데, 어떻습니까?

24 이군보(李君輔) : 이세필(李世弼, 1642～1718)로, 본관은 경주(慶州), 자는 군보, 호는 구천(龜川), 시호는 문경(文敬)이고, 이항복(李恒福)의 증손이다. 송시열과 박세채의 문인으로 예학(禮學)에 밝았다. 형조 좌랑, 사복시 정 등을 역임하였다. 저술로는 《악원고사(樂院故事)》가 있다.

〔답〕 자네의 설이 맞는 듯하네. 주자(朱子)가 규모의 거대함을 논하기를 "사람들이 학문을 할 때는 마땅히 명명덕(明明德)·신민(新民)·지지선(止至善)과 명덕을 천하에 밝히는 것〔明明德於天下〕을 일삼아야 한다." 하였고, 또 "명덕과 신민은 절목이고 지지선은 규모의 거대함이다." 하였네. 나중에 한 말을 놓고 보면 명덕·신민도 규모의 거대함이 되지 못하는데 하물며 평천하이겠는가. 평천하는 그 일은 비록 크지만 다만 신민 가운데 한 절목일 뿐이네. 보내온 편지에 이른바 "팔조목 가운데서 만약 규모와 절목을 나눈다면……" 한 것은 온당치 못한 듯하네. 수신과 평천하는 그것이 바로 절목인데 어떻게 규모가 되겠는가. 나는 "명명덕은 격물·치지·성의·정심·수신의 규모이고, 신민은 제가·치국·평천하의 규모이고, 지지선은 또 명명덕·신민의 규모이다."라고 고쳐서 말하고 싶네.

〔문〕 옥계 노씨(玉溪盧氏 노효손(盧孝孫))가 말하기를 "허는 거울의 텅 빈 것과 같고, 명은 거울의 비치는 것과 같다.〔虛猶鑑之空, 明猶鑑之照.〕" 한 데 대하여

○ 저의 생각으로는 허령(虛靈)하기 때문에 밝은 것이니 명(明)은 곧 허령입니다. 명 자가 이미 허령의 뜻을 내포하고 있으므로 명은 곧 허령의 총칭인 것입니다. 허와 명을 나누어서 상대적으로 말할 수 없을 듯한데 노씨는 허를 거울의 텅 빈 것에 비유하고, 명을 거울의 비치는 것에 비유하였으니 과연 온당한지 모르겠습니다. 다시 생각해 보건대 "명유감(明猶鑑)"의 '명(明)' 자는 '영(靈)' 자의 잘못인 듯합니다. 왜냐하면 노씨의 이 주석은 장구(章句)의 허령을 풀이하는 것이기 때문입니다. 그러므로 그 위 구절에 "허란 마음의

고요함이고 영이란 마음의 느낌이다.〔虛者心之寂, 靈者心之感.〕" 하였는데, 유독 여기에만 '허' 자를 들고 '영' 자는 빠뜨렸으니 어찌 그럴 리가 있겠습니까. 이로 미루어 보면 '영' 자인 듯합니다.

〔답〕 자네의 말이 맞네. 나의 견해도 항상 그와 같았네. 세상 사람들은 다만 '명명덕(明明德)'의 '명(明)' 자에 의해 교란되어 그것을 살피지 못한 것이네. 자네의 이른바 "명은 곧 허령이다."라고 한 것은 어세(語勢)가 맞지 않는 듯하네. 나는 "허령은 곧 밝은 까닭이다."라고 고쳐 말하고 싶네. 대개 허령하기 때문에 밝은 것인데, 지금 곧장 명을 허령이라고 한다면 너무 자상함이 없는 것이네.

〔문〕 치지장(致知章)에 "나의 지식을 미루어 궁구하여 천하의 사물에 대해 아는 바가 미진함이 없게 하고자 하는 것이다.〔推極吾之知識, 欲其所知無不盡也.〕" 한 데 대하여

○ 저의 생각으로는 "나의 지식을 미루어〔推吾之知識〕"의 '지(知)' 자는 내가 이미 알고 있는 것을 가지고 말한 것이니 곧 보망장(補亡章)[25]에서 이른바 "인기이지(因其已知)"의 '지'이며, "아는 바가 미진함이 없다.〔所知無不盡〕"의 '지' 자는 아는 것을 미루어 넓히는 것을 가지고 말한 것이니 곧 보망장에서 이른바 "지지(知至)"의 '지' 자입니다. 그러나 이 두 '지' 자는 다만 '이미 알고 있다.〔已知〕'라는 것과 '더욱 알아간다.〔益知〕'라는 구별이 있을 뿐입니다. 그렇다면 '추오지(推吾知)'의 '지' 자는 곧 '진소지(盡所知)'의 단서이고 '진소지'의

25 보망장(補亡章) : 주희(朱熹)가 《대학장구(大學章句)》 구본(舊本)의 착간(錯簡)을 바로잡고, 《대학장구》의 격물치지장(格物致知章)인 전(傳) 5장을 보충한 것이다.

'지' 자는 곧 '추오지'를 미루어 넓힌 것이 아닙니까?

〔답〕 자네의 설이 맞네. 그러나 자네가 인용한 보망장 '이지(已知)'의 '지' 자는 그 뜻이 무엇인가? 보망장 소주(小註)에 "'이지'는 곧 윗글에 있는 '인심지령막불유지(人心之靈莫不有知)'의 지(知)이다." 하였으나, 나는 항상 이 주석이 타당하지 않다고 생각하였네. 여기서 이른바 '이지'는 대개 '격물로 인하여 이미 알고 있다.〔因格物而已知〕'라는 '지'이고, 이른바 '인심지령막불유지'의 '지'는 곧 '지각(知覺)'의 '지'로서 두 '지' 자는 본디 다르네. 대개 이 지각의 '지'로써 사물의 이치를 아는 것이며, 이미 아는 바가 있은 다음에는 이 '이지'의 '지'를 인하여 더 궁구하는 것이네. 자네의 설이 매우 분명하기는 하나 도리어 이 부분에 대해서는 깊이 설파하지 못했으므로 감히 물어보는 바이네.

〔문〕 퇴계 선생이 고봉(高峯 기대승(奇大升)) 선생에게 답한 물격설(物格說)에서 "그 용(用)은 비록 인심(人心)에서 벗어나지 않으나 용의 신묘함이 되는 그 까닭은 실로 이 이치의 발현하는 것이 인심이 이르는 바를 따라 닿지 않은 데가 없고 극진하지 않은 것이 없기 때문이다." 하였고, 또 이르기를 "정의(情意)와 조작(造作)이 없는 것은 이(理)의 본연의 체(體)이고, 경우에 따라 발현하여 이르지 않은 데가 없는 것은 이의 지극히 신묘한 용(用)이다." 하였는데, 퇴계의 이 설이 어떻습니까? 고봉이 퇴계에게 답한 편지에는 "작위가 없는 체니 지극히 신묘한 용이니 하는 등의 말은 깊은 이치를 밝힌 것으로 매우 정밀하다. 다만 자세히 보면 그 사이에 자재(自在)하지 못한 하자가 있는 듯하다.……" 하였는데, 고봉의 이 말은 비록 간단한 한마디 말이지만 그 '자재'라는 글자를 보면 참으로 《대학혹

문(大學或問)》의 '사물의 이치가 그 극치에 이른다.〔理詣其極〕'라는 뜻과 부합되어 이 말이 정밀하고 타당한 듯합니다. 마땅히 이 말을 바르다고 해야 하지 않겠습니까?

〔답〕 퇴계가 말하기를 "경우에 따라 발현하여 이르지 않는 데가 없는 것은 이 이(理)의 지극히 신묘한 용(用)이다." 하였는데, 나는 참람되이 이 설이 타당하지 않다고 여기네. 이미 이(理)라고 말하였다면 체와 용을 막론하고 다 정의(情意)와 조작이 없는 것이니, 어찌 지각이 있어서 유전(流轉)하고 운용(運用)하여 이곳에서 저곳으로 옮겨 가는 인심과 같을 리가 있겠는가. 주자의 이른바 "사물의 이치가 각각 그 극치에 이르러 남음이 없다.〔各有以詣其極而無餘〕"라는 것은, 대개 사람이 이 사물의 이치를 궁구하여 극처에 이르게 되면 이 사물의 이치는 더 궁구할 여지가 없다고 말한 것이네. 이는 마치 사람이 길을 걸어갈 때 걸음이 목적지에 이르러 길이 끝난다고 말하는 경우와 같으니, 이 길이 어찌 사람이 발을 내디디는 곳으로부터 사람의 발걸음을 따라 사람이 발을 멈추는 곳에 이르는 것이겠는가. 퇴계가 일생 동안 격물설을 논한 것은 다만 이 '지지(知至)'의 뜻이었는데, 만년에 고봉과 편지를 주고받음으로 인해 스스로 그의 지난날 견해가 잘못되었음을 크게 깨달았다고 말하였네. 그러나 '이르지 않은 데가 없다.〔無不到〕'를 논한 것은 또 이와 같이 타당하지 않으니, 경의(經義)를 밝히기 어려움이 이 지경에 이를 줄은 몰랐네.

길을 걸어가는 것에 대한 설을 끝낼까 하네. 성안에 있는 길이 동문에서 남문까지 10리를 가로 뻗은 것은 길의 체이고 사람이 그 위를 걸어가는 것은 길의 용이니, 사람이 아무리 끊이지 않고 오고 가더라도 길이 어찌 사람을 따라 왕래하여 이곳에서 저곳으로 갈 이치가 있겠는

가. 일찍이 유능(幼能 이단상(李端相)), 화숙(和叔 박세채(朴世采))과 이 문제를 논변하여 이 두 사람의 인정을 받았네.

〔문〕 "하늘의 밝은 명을 돌아본다.〔顧諟天之明命〕"의 소주에 쌍봉 요씨(雙峯饒氏 요로(饒魯))가 말하기를 "정(靜)할 때 존양(存養)하고 동(動)할 때 성찰(省察)하는 것이 다 돌아보는〔顧〕 일이다. 정할 때는 소리가 없는 데서 소리를 듣고 형상이 없는 데서 형상을 보는 것이다." 하였는데, 율곡이 그 말을 논박하여 "소리가 없는 데서 듣고 형체가 없는 데서 보는 것은 정 속의 기상(氣像)이 아니다." 하였습니다. 율곡의 말은 《중용혹문(中庸或問)》에 있는 설과 같지 않은 듯한데, 어떻습니까?

〔답〕 그 말은 《중용혹문》과 다르네. 율곡의 생각은 이미 보고 듣는다고 했으면 정 속의 기상이 아니라는 것이니, 이는 보고 듣는 것을 위주로 말한 것이고, 《중용혹문》에서는 보이지 않고〔不覩〕 들리지 않는 것〔不聞〕을 위주로 말한 것이니, 말이 각각 합당한 바가 있네. 그러나 주자가 일찍이 "보고 듣기만 한다면 정(靜)이라 하기에 뭐가 해롭겠는가." 하였는데, 율곡의 설은 이와 다르네.

〔문〕 《대학》 정심장(正心章)의 전문(傳文)에는 용(用) 한쪽만으로 되어 있으므로 《변의통고(辨義通考)》에서 주극리(朱克履 주공유(朱公儒))가 말하기를 "전(傳)에서 말한 정심(正心)하는 도는 오로지 용(用)으로 말했다." 하였는데, 퇴계가 바로 그 뜻을 터득했다고 하였습니다. 그러나 《주자어류(朱子語類)》 경문(經文) 성정조(誠正條)에 이미 "심(心)은 또 동정(動靜)을 겸한 것이다." 하였고, 전문

(傳文) 정심조(正心條)에 또 "심은 체용(體用)을 포괄해서 말한 것이다." 하였습니다. 그리고 《대학》 전문의 명덕장(明德章) "하늘의 밝은 명을 돌아본다.〔顧諟天之明命〕"의 소주에 주자는 "마음이 아직 사물을 접하지 않았을 때는 이 이치가 참으로 잠잠하여 청명하다가 사물을 만나 수응할 때는 이 이치도 그에 따라 나타난다." 하였고, 노옥계(盧玉溪)는 "일상생활하는 사이에 어느 것인들 밝은 명〔明命〕을 돌아보는 일이 아니겠는가." 하였으며, 동양 허씨(東陽許氏)는 "돌아본다〔顧諟〕는 것은 동정을 다 살피는 뜻이다." 하였습니다. 그런데 주극리의 설은 《주자어류》와 주자주(朱子註), 노씨와 허씨 두 사람의 설과 다 같지 않은데, 퇴계가 그를 옳다고 한 것은 무엇 때문입니까?

〔답〕 자네의 설이 대강은 맞았네. 다만 전(傳)은 경(經)을 해석한 것이네. 자세하고 소략한 차이가 있다고 말하면 괜찮지만 다른 점이 있다고 말한다면 온당하지 못할 듯하네. 그러나 나도 이 부분에 대해 사색하다가 해결하지 못하여 벗들에게 물으려 한 지 오래되었네.

《대학강의(大學講義)》에 "심(心)의 본체는 그 허(虛)를 이룰 수 있어서 바르지 않음이 없다." 하였고, 《대학혹문》에는 "심의 본체는 외물이 그를 움직이지 못하여 바르지 않음이 없다." 하였는데, 이는 체를 가리켜 말한 듯하고, 《대학장구》에 "욕(欲)이 움직이고 정(情)이 우세하여 용의 행해짐이 더러는 그 바름을 잃지 않을 수 없다." 한 것은 분명히 용을 위주로 하여 말한 것이네. 나의 생각에는 《대학강의》, 《대학혹문》, 《대학장구》가 각기 일부분의 뜻이므로, 이를 굳이 끌어다 합쳐서 하나로 해서는 안 될 듯하네. 그런데 자네는 경문에는 체용을 겸하여 말했고 전문에는 용만을 들어 말했다고 하니, 매우 믿을 수 없네.

주자가 일찍이 "오직 자사(子思)는 희로애락(喜怒哀樂)이 발하기 이전을 중(中)이라고 말했는데, 공맹(孔孟)은 사람을 가르칠 때 흔히 그것이 발한 곳을 가지고 말하였다." 하였네. 이 말에 의거하면 경과 전의 본의(本義)는 다 용을 위주로 하였고 《대학강의》와 《대학혹문》은 아마도 그 근본을 미루어서 말한 뜻인 듯하니, 체가 그 바름을 얻지 못하면 용이 어떻게 그 바름을 얻을 수 있겠는가. 그러나 발하기 이전의 체는 바르다, 바르지 않다를 말할 수 없을 듯한데 이것은 알 수 없는 점이 있네.

〔문〕 "즙희경지(緝熙敬止)" 소주에 절재 채씨(節齋蔡氏 채연(蔡淵))가 "즙희경지란 지지선(止至善)을 하는 근본이다." 한 데 대하여

○ 저의 생각으로는 '즙희'는 지지선의 공부이고, '경지'는 지지선이니 곧 즙희의 공효인 것입니다. 만일 경지를 지지선의 근본이라 한다면 지(止)를 지(止)의 근본으로 삼은 것이 되니, 전문(傳文)과 장구의 뜻을 상실한 듯한데, 어떻습니까?

〔답〕 자네의 설이 맞네. 경지와 지지선을 나누어 둘로 한 것은 과연 온당하지 않은 듯하네. 그러나 채씨의 뜻은, 혹 경지는 다만 일에 따라 하는 것으로 지(止)의 일부분이고, 지지선은 경문의 명덕(明德)과 신민(新民)을 모두 가리켜 말한 것으로 지의 전체라고 생각했기 때문에 나누어 둘로 한 것이 아닌지 모르겠네.

〔문〕 정심장(正心章) 장구에 "한 가지라도 있는데 능히 살피지 못한다.〔一有之而不能察〕" 한 것과 장하주(章下註)에 "능히 이 올바른 마음이 있는지 없는지를 꼼꼼히 살피지 못한다." 한 것에 대하여

〔답〕 주자가 이 선생(李先生 이동(李侗))의 설을 인용하여 "대단한 악념(惡念)은 도리어 제재하기가 쉬우나 언뜻언뜻 드나드는 대단치 않은 생각들을 몰아내기가 무엇보다도 어렵다. 이것을 꼼꼼히 살피지 않는다면 해됨이 적지 않을 것이다." 하였네.

이군보에게 답함
答李君輔

〔문〕《심경(心經)》의 "명을 이목에 부치다.〔寄命于耳目〕"에 대하여

○ 교본(校本)[26]에 "명(命)은 성명(性命)이니, 이목(耳目)의 욕심을 성명의 바름으로 삼음을 이른다." 하였습니다.

○ 제 얕은 소견으로는 성명의 이치는 듣고 보는 데에만 부쳐 마음에서 체득하지 못한다고 생각하는데, 어떻게 생각하십니까?

〔답〕 자네의 생각도 좋기는 하나 그 밑에 보면 "이치를 입과 혀로만 구사한다.〔騰理口舌〕"라는 말이 있네. 자네의 말대로 한다면 뜻이 매우 중첩되네. 황돈(篁墩 정민정(程敏政))의 글을 보니 대체로 말이 정당하긴 하나, 아마 나의 설로 보는 것이 그 본뜻을 얻을 수 있을 듯하네.

〔문〕《심경》의 "인심은 무엇인가? 형기에서 나온다.〔人心伊何? 生於形氣.〕"에 대하여

○ 교본은 《심경석의(心經釋疑)》 구본(舊本)을 따른 것인데 "생(生)은 혈기(血氣)가 작용할 때 비로소 생긴다." 하였습니다. 이는 바로 호운봉(胡雲峯 호병문(胡炳文))의 설로서 퇴계(退溪)가 그것을 정당하다 하였고 율곡(栗谷)의 의견도 이와 같았습니다. 저의 견해로는 여기에 석연치 못한 점이 있으니 삼가 분명하게 가르쳐 주시기를 바랍니다.

26 교본(校本) : 송시열이 교정한 《심경석의(心經釋疑)》를 말한다.

〔답〕 율곡 선생이 말하기를,

"발할 때에는 기(氣)가 이미 용사(用事)한 것이니 이것이 인심(人心)이다. 칠정(七情)에는 선악(善惡)이 함께 있는데 그 기가 용사하는 것을 알고 정밀히 살펴서 올바른 이치로 나간다면 인심이 도심(道心)의 지시를 따를 것이고 정밀히 살피지 못하여 그의 향하는 대로 방치한다면 정(情)이 우세하고 욕(欲)이 강하여 인심이 더욱 위태로워질 것이다."

하였는데, '용사'라는 글자에 대해서는 율곡이 논한 것을 바꿀 수 없을 것이네. 자네의 "인심이 발할 때 이(理)가 주가 되고 기가 용사하지 않는다면 이것 또한 도심이다."라는 말은 곡진한 면은 없고 지나치게 통쾌한 것이 흠인 듯하네. 만약 그렇다면 순(舜) 임금이 왜 반드시 두 갈래로 설을 세워 도심과 서로 상대되도록 하였겠는가. 인심이 처음에는 비록 형기(形氣)에서 발했더라도 반드시 도심의 지시를 따른 다음에야 인심이 바르게 되는 것이네. 그러나 만약 바르게 된 그것을 바로 도심이라고 한다면 다시 인심이라는 명칭은 붙일 곳이 없고 이른바 인심이라는 것은 결국 다 좋지 않은 마음이 될 것이니 '위태롭다〔危〕'고만 말할 뿐이 아니네. 그렇다면 인심 또한 도심이라는 설은 특히 선유(先儒)가 순 임금의 언외(言外)의 뜻을 발명한 말로서 마땅히 융통성 있게 보아야 할 듯하네. 〈중용장구서〉에 "아무리 상지(上智)라도 인심이 없을 수 없다." 하였네. 대개 상지의 인심은 본디 안정되어 위태롭지 않은데 만약 이를 가리켜 도심이라 한다면 상지에게는 끝내 인심이라는 명칭이 없을 것이네.

자네의 설에 또 "기가 막 용사할 듯 말 듯한 경계에 있을 때 좋지 않은 데로 흐르기 쉬운 것이 곧 인심 본연의 모습이다."라고 하였는데,

이는 언어상 하자가 있을 뿐만 아니라 논리상으로도 대단히 맞지 않네. 대체로 눈으로 아름다운 빛깔을 보고 싶고 귀로 아름다운 소리를 듣고 싶은 것은 인심이네. 바라야만 하는 것을 바라는 것은 인심 본연의 모습이고 바라서는 안 되는 곳으로 흐르는 것은 인욕(人欲)이니, 인심은 인욕으로 흐르기 쉽다고 말한다면 괜찮지만 장차 인욕으로 흐르려는 것을 가리켜 인심 본연의 모습이라고 한다면 매우 옳지 않네.

〔문〕 "욕은 흐르기 쉽다.〔惟欲易流〕"에 대하여

○ 교본에는 "인심을 인욕이라 한다." 하였는데 〈중용장구서〉와 다릅니다.

〔답〕 서산(西山 진덕수(眞德秀))이 "이 욕(欲) 자를 만약 칠정의 욕으로 본다면 크게 잘못된 점은 없을 듯하다." 하였으므로, 이 뜻으로 《심경석의(心經釋疑)》에서 고쳤네.-다음과 같이 고쳤네. "여기서 이른바 욕의 뜻을 《예기(禮記)》의 애오욕(愛惡欲)의 욕과 《맹자》의 과욕(寡欲)의 욕으로 보면 잘못이 없으나, 주자의 '인욕은 성이 아니다.〔人欲非性〕'의 욕으로 보면 맞지 않을 듯하다."-

〔문〕 "허령지각(虛靈知覺)"에 대하여

○ 교본에서 《심경석의》 구본의 내용을 따라 "허령은 심(心)의 체이고 지각은 심의 용이며, 허(虛)는 심의 고요함〔寂〕이고 영(靈)은 심의 느낌〔感〕이다." 하였습니다.

○ 저의 생각으로는 느낌은 곧 심의 용인데, 이미 영을 체라고 했다면 이를 다시 용이라고 해서는 안 될 듯합니다. 어떻습니까?

〔답〕 느끼게 되는 까닭이 영인데 만일 바로 영을 느낌이라 한다면 참으

로 곡진한 면이 부족하네. 《심경석의》 초본(初本)은 퇴계의 설을 그대로 채용한 것인데 그 후에 그 온당치 못한 점을 조금 깨닫고 이미 소급해서 고치고 옥당(玉堂)의 제현(諸賢)에게 통지하였네.-고친 내용은 다음과 같네. "허령은 심의 체이고 지각은 심의 용이다. 허는 능히 받아들이게 하는 까닭이고 영은 능히 감응하게 하는 까닭이다. 능히 받아들여서 감응하기 때문에 지각의 이치가 있다."-

〔문〕 "머지않아서 되돌아온다.……〔不遠復云云〕"에 대하여
〔답〕 자네의 설이 진실로 또한 일리가 있네. 그러나 《주역》 〈계사전(繫辭傳)〉에서 "거의 도에 가깝다.〔殆庶幾〕"를 먼저 말하고 "머지않아서 되돌아온다. 뉘우치는 일이 없을 것이다.〔不遠復, 無祇悔.〕"를 나중에 말하였네. 성인의 뜻은, 대개 안자(顏子)에게 "선하지 못한 일이 있으면 일찍이 모른 적이 없었다.〔有不善, 未嘗不知.〕" 이하의 일[27]이 있었기 때문에 거의 도에 가깝다고 말한 것이네. 만일 머지않아서 되돌아오는 일에 거의 가깝다고 한다면 문세(文勢)가 도치되네. 더구나 안자의 학문은 성인에 가까울 것이고, 머지않아서 되돌아오는 일에는 다만 거의 가까울 뿐만이 아닐 것이므로 주자가 '도에 가깝다.〔近道〕'라는 것으로 말하였으니, 그 당시에 평가한 바가 반드시 더 자세할 것이네.

27 안자(顏子)에게……일 : 이하의 일이란, 그것을 알고 나서는 반복해서 행하는 일이 없는 것을 가리킨다. 공자가 〈복괘(復卦) 초구(初九)〉를 해설하면서 "안씨의 아들은 도의 경지에 거의 도달하였다. 선하지 못한 일이 있으면 일찍이 모른 적이 없었고, 그것을 알고 나서는 반복해서 행하는 일이 없었다.〔顏氏之子, 其殆庶幾乎! 有不善未嘗不知, 知之未嘗復行也.〕"라고 언급한 말이 《주역》 〈계사전 하(繫辭傳下)〉에 나온다.

〔문〕 "그 뜻을 성실히 한다.〔誠其意〕"에 대하여

○ 교본에 "정(情)은 자연히 나오는 것이므로 노력을 가할 만한 곳이 없고, 의(意)는 헤아리고 운용하는 것이라 사람의 노력을 수용한다. 그러므로 성정(誠情)이라 말하지 않고 다만 성의(誠意)라고 말하는 것이다." 하였습니다.

○ 생각건대 대개 의란 곧 정심(正心)과 수신(修身)을 하는 데 중요한 것으로서 선을 하고 악을 하는 것이 다 이것에 달려 있습니다. 《증전(曾傳)》[28]에서 이곳에 반드시 의 자를 먼저 집어내어 그것을 성실하게 하는 노력을 가지고 되풀이해서 경계한 것은 이 의에 하나라도 성실하지 못한 바가 있으면 마음을 바루고 몸을 닦을 수 없다는 뜻이니, 이것은 대개 선악이 나뉘는 관문이자 시발점이기 때문입니다.

"정은 노력을 가할 곳이 없고, 의는 사람의 노력을 수용한다.〔情無施功, 意可容人力.〕"라는 말에 있어서는 전(傳)을 쓴 사람의 본의가 아닌 듯합니다. 만약 "정은 노력을 가할 곳이 없다."라고 말한다면, 《예기(禮記)》의 "군자는 정으로 복귀한다.〔君子反情〕"와 정자(程子)의 "깨달은 자는 정을 단속한다.〔覺者約情〕"라고 한 데의 반(反) 자와 약(約) 자가 어찌 정(情)에 관한 공부가 아니겠습니까.

〔답〕 이 단락에서 자네의 설은 전혀 옳지 않네. "군자는 정으로 복귀한다."라고 한 정과 정자의 "정을 단속한다."라고 한 정은 다 의(意)를

28 증전(曾傳) : 《대학》을 가리킨다. 증자(曾子)가 공자가 말한 것을 기술하고 증자의 문인들이 전술하였기 때문에 《증전》이라 한 것이니, 증자가 공자의 가르침을 전하였다는 의미가 담겨 있다.

뜻한 것이네.

〔문〕 "조조가 유언한 일[29]……〔曹操遺令事云云〕"에 대하여

〔답〕 처음에 퇴계의 뜻대로 약간 윤색을 가했다가 나중에 온공(溫公 사마광(司馬光))이 본래 한 말로 이미 고쳤네.-고친 내용은 다음과 같네. "온공이 일찍이 조조가 유언한 일을 논하기를 '이것은 조조의 은밀한 뜻이다. 유언은 세상에서 이른바 유촉(遺囑)이다. 유촉하는 일은 반드시 긴요한 문제를 가려서 하므로 언어가 매우 섬세하며, 긴요하지 않은 일은 언급할 겨를이 없다. 그런데 지금 조조는 세밀히 수많은 말을 하고 심지어 부인들에게 향(香)을 나눠 주는 일과 신을 만들어 파는 일까지 언급하였다. 그의 속셈은 대개 천자의 지위를 물려받는 일은 자신이 그렇게 하라고 시킨 적이 없다는 것인데, 사실은 천하를 자손에게 물려주면서 자신은 한(漢)나라 신하라는 이름을 누리려고 한 것이다.' 하였다. ○ 살펴보건대 주자의 이른바 '귀를 막고서 종을 훔친 일은 그 죄가 더욱 크다.' 한 경우라 할 수 있는데, 온공은 '은밀한 뜻이다.' 하였으니 지나치게 관용을 베푸는 잘못을 범했다고 할 수 있다."-

〔문〕 "사람은 사단을 지니고 있다.〔人之有是四端也〕"에 대하여

○ 교본(校本)에,

"내가 살펴보니, 문순공(文純公 이황(李滉))과 문성공(文成公 이이

29 조조(曹操)가 유언한 일 : 조조가 죽기 전에 궁인들을 불러 향과 신발을 나눠 주면서 자신이 죽은 뒤에 때때로 동작대(銅雀臺)에 올라 무덤을 향해 절하고 춤을 춰 준다면 만족할 것이라고 한 일이 있는데, 이에 대하여 사마광은 조조가 참람되이 천자의 권한을 행사했던 죄를 덮기 위해 죽기 전에 이와 같이 겸양한 체하는 유언을 남긴 것이라고 하였다. 《心經釋疑》

(李珥))은 다 사단(四端)을 순수한 선(善)이라 하였다. 그러나 주자의 설을 고찰해 보면 '측은(惻隱)과 수오(羞惡)는 절도에 맞는 것과 맞지 않는 것이 있다.' 하였고, 또 '측은은 선한 것이지만 측은히 해서는 안 되는 경우에 측은해하는 것은 곧 악(惡)이다.' 하였다. 여기에 의거하면 두 사람의 말 또한 정론(定論)은 아니다."

하였습니다.

〔답〕 측은과 수오에 선악이 있는 것은 왜인가? 성(性)에 선악이 있는 것을 따라 그러한 것이네. 맹자가 말한 성선(性善)은 선 한쪽만을 취해서 말한 것이므로 측은과 수오에도 선 한쪽만을 가리켜 말하였고, 정장(程張 정이(程頤)와 장재(張載))은 공자(孔子)의 성상근설(性相近說)[30]에 따라 선도 있고 악도 있는 성을 겸해서 말하였네. 그러고 보면 주자가 말한 "측은과 수오에 선악이 있다."라는 것 또한 "성에 선악이 있다."라는 것에 따라 말한 것이네. 그러나 맹자와 정자가 성을 말한 것 가운데 주자가 이미 정자를 정밀하다고 하였으니 지금 정자가 말한 "측은과 수오에 선악이 있다."라는 것 또한 정밀하다는 것을 알 수 있네. 그러나 《심경석의》에서 '신우안(臣又按)' 이하는 다시 더 수정할 생각이네.

자네가 한 말은 기(氣)를 타고 유행하는 이(理)만을 가리켰고 이의 본연(本然)은 가리키지 않았네. 기를 탄 이와 본연의 이가 같다고 생각하는가, 다르다고 생각하는가? "이가 기를 탔으나 혹 선하지 않은 데도 유행한다."라고 말하면 옳지만 "기를 탄 것은 본연의 이가 아니다."라고 한다면 이는 본말(本末)이 달라진 것이니 어찌 옳겠는가. 또 이른바

30 성상근설(性相近說) : 공자가 이르기를 "성은 서로 가까우나 습관에 따라 서로 멀어지는 것이다.〔性相近也, 習相遠也.〕"라고 한 것을 말한다. 《論語 陽貨》

"본래 순수한 선이 될 수 없다."라는 것은 내가 본디 이 말을 한 적이 없네. 이는 율곡의 이른바 "스스로 원고(原告)와 피고(被告)가 된다. 〔自作元隻〕"[31]라는 것과 비슷하지 않겠는가.

〔문〕 "잠에서 한 번 깨어나는 것과 같다.……〔如睡一覺來云云〕"에 대하여

〔답〕 "꿈속에서 보는 것이다."라는 말은 너무 심도가 깊은 듯하네. 그것을 고쳐서 "잠에서 깨어나 다시는 잠들지 않는 것과 같다.……〔如睡起來無復有睡云云〕"라고 하고 싶은데 어떻게 생각하는가?

〔문〕 "동정의 사이와 호리의 차이를 정밀히 살핀다.〔精察於動靜之間毫釐之差〕"에 대하여

○ 교본에 "동정은 몸을 가지고 말한 것이고, 호리는 일을 가지고 말한 것이다." 하였습니다.

○ 저의 생각에는 동정은 마음의 동정을 말한 것이고 호리는 마음의 세밀한 점을 말한 것으로 봅니다. 어떻게 생각하십니까?

〔답〕 만약 자네의 말대로 동정과 호리를 마음이라 한다면 이른바 '살핀다'는 것은 무엇을 살피는 것인가? 결국 마음으로 마음을 살피는 병통을 면치 못할 것이네.

31 스스로……된다 : 이이(李珥)가 성혼(成渾)에게 보낸 편지에서 한 말이다. 이이가 자신이 전에 보낸 편지 내용을 성혼이 오해하고 논쟁을 벌이려 하는 태도를 보이기에 이렇게 말한 것이다. 《栗谷全書 卷10 與成浩原》

〔문〕 "인심은 무엇인가.……〔人心伊何云云〕"에 대하여
〔답〕 형기(形氣)와 성명(性命)을 나누지 않고 그것을 치우치게 인심에만 붙인다면 과연 맞지 않을 듯하네.

〔문〕 "도심은 은미하다.……〔道心惟微云云〕"에 대하여
〔답〕 이것은 마땅히 〈중용장구서〉의 '미묘(微妙)'를 기준으로 삼아야 할 것이네. 그러나 이른바 미매(微昧)와 세소(細小)가 각각 한 가지 설이기는 해도 이 또한 같이 보아도 될 것이네. 대개 도심은 미묘하기 때문에 보통 사람은 이것에 대해 미매한 점이 없지 않을 것이고, 미세(微細)는 본래 추대(麤大)와 서로 반대되는 뜻이니, 이 또한 미묘의 뜻과 같이 보아도 될 것이네. 진서산(眞西山 진덕수(眞德秀))이 이른바 "불이 타기 시작하고 물이 흐르기 시작한다.〔始然始達〕"라는 것도 세소의 뜻이네.

〔문〕 "성색취미를 위해 일어난다.……〔聲色臭味而發云云〕"[32]에 대하여
〔답〕 그것을 인심(人心)이라고 한다면 마땅히 '정밀히 한다.〔精之〕', 또는 '명을 듣는다.〔聽命〕'라고만 말해야 될 것인데, 지금 '힘을 써서 이겨 다스린다.〔用力克治〕'라고 말했으니 분명히 인욕(人欲)을 가리켜 말한 것이네.

32 성색취미를 위해 일어난다 : 성색취미는 소리, 빛깔, 냄새, 맛 등 사람의 감각기관인 눈, 귀, 코, 입과 밀접한 것들이다. 《심경부주(心經附註)》 권1에 "하나의 생각이 어디에서 일어나는가를 살펴 그것이 성색취미를 위해 일어난 것임을 알면 있는 힘을 다 들여 다스려 자라나지 않도록 해야 한다." 하였다.

〔문〕 "《대학》의 정심장……〔大學正心章云云〕"에 대하여

〔답〕 정심장은 다만 바르지 않은 병통만을 말했고 바로잡는 법은 없네. 주자가 그 병통을 논한 것 중에는 이른바 "몸은 이곳에 있는데 마음은 저곳으로 치달려서 혈육의 신체를 주관하는 게 없을 것이니, 고개를 들면 마음이 나는 새에게 가 있고 머리를 돌리면 또 다른 사람에게 가 있게 되지 않을 자가 적다."라는 말보다 더 간절한 것이 없는데, 이는 다 용(用)을 가지고 말한 것이네. 이른바 "마음의 본체가 허를 이룰 수 있다.〔心之本體可致其虛〕"라는 말은 진정 체를 가리킨 것이지만 "바르지 않음이 없다.〔無不正〕"라고 한 것이 어찌 용을 가지고 말한 뜻이 아니겠는가. 그 아래에 이른바 "마음이 그 올바름을 얻는다.〔心得其正〕"라는 것은 바로 전문(傳文)에서 이른바 '사부득기정(四不得其正)'[33]을 반대로 쓴 말이네. 경문과 전문에는 실로 체를 말한 곳은 없으나 주자가 사람을 일깨우기에 급급한 나머지 반드시 먼저 본원부터 말한 것이네. 그러나 전문이나 《대학혹문》에는 그 바른 뜻을 밝히고 싶었으므로 용만을 들어 말하였고 체는 언급하지 않았으니, 그 뜻을 알 수 있을 것이네.

이런 유의 편지 왕복은 주 선생(朱先生)이 그르게 여기지 않았네.

33 사부득기정(四不得其正) : 《대학장구》 전(傳) 7장의 "마음에 화나는 바가 있으면 마음이 그 올바름을 얻지 못하고, 두려워하는 바가 있으면 그 올바름을 얻지 못하고, 좋아하는 바가 있으면 그 올바름을 얻지 못하고, 걱정하는 바가 있으면 그 올바름을 얻지 못한다.〔身有所忿懥, 則不得其正; 有所恐懼, 則不得其正; 有所好樂, 則不得其正; 有所憂患, 則不得其正.〕"에서 말한 '마음이 올바름을 얻지 못하는 네 가지 경우'를 가리킨다.

지금 내가 답한 말들을 탓하지는 않을는지 모르겠네. 그중에 옳지 않은 것은 다시 지적해 준다면 더욱 고맙겠네. 다만 부탁할 말이 있네. 이런 의리(義理)를 말거리로만 삼고 마음속에 얻은 것이 없으면 그저 한담설화와 마찬가지이니 무슨 도움이 있겠는가. 이것은 우리가 마땅히 깊이 살펴야 할 점이네. 내 말이 너무 주제넘고 경솔하여 매우 황공하네.

송자대전

제 105 권

書서

심명중[1] 세희 에게 답함 정사년(1677, 숙종3) 2월

答沈明仲 世熙○丁巳二月

지난해 1월 10일과 12월 16일 및 지난달 16일에 보내 준 3통의 편지를 지금 정우(鄭友) 편에 모두 받았네. 편지 내용 중에는 대개 내가 감당하지 못할 말들이 있었으나 또한 빙긋이 웃으며 흡족하게 생각하는 것도 있었고 이어서 마음에서 경계하고 반성할 것이 있었으니 반복하여 읽으며 오랫동안 손에서 놓지 못했네.

세 번째 편지에서 자네가 한 말에는 매우 걱정스럽고 마음 아픈 점이 있네. 무릇 선비가 이 세상에 태어나서 진실로 매우 용렬한 자가 아니라면 누군들 자신을 유속(流俗)에서 건져 내려 하지 않겠는가. 그러나 결국 구애되고 얽매이는 데 이르러 생계에 골몰하여 미적거리다 세상을 마치는 자가 많네. 지금 문학과 덕행을 숭상하는 자네도 오히려 편지에서 그렇게 말하고 있으니, 이것이 어찌 개연히 길게 탄식할 일이 아닌가. 이런 상황에 이르면 다시 다른 계책은 없고 단지 부모를 도(道)로써 깨우쳐 주는 한 가지 의리만 있을 뿐이네. 이렇게 했는데도 힘을 얻지 못한다면 자네가 인용한 두 분 선생의 말씀은 비록 후순위로 전락하더라도 준행하지 않을 수 없을 것이네. 그러나 그 사이에서도 의리를 헤아리고 짐작하여 선택하는 바가 있어야 하니, 절대로 줄곧 세월을 허비하면서 요행을 바라는 지경에 이르러서는 안 되네. 참으로 나를 비루하게 여기지 않는 자네의 성대한 뜻을 받아 경도됨이 이에 이르렀

1 심명중(沈明仲) : 심세희(沈世熙)로, 명중은 그의 자이다. 송시열의 문인이다.

으니, 매우 송구하네. 그 밖의 별지에도 주제넘은 것을 잊고 답하였네. 만약에 믿을 만한 인편이 있으면 그중에 옳지 못한 곳에 대해 회답해 주는 것이 어떻겠는가.

나는 독한 안개에 손상을 입자 온갖 병이 서로 공격하고 있네. 그러나 이것은 나의 분수로서 기꺼이 받아들이고 내버려 두었으니 탄식할 것도 없네. 말하고 싶은 것을 일일이 말하지 못하네.

별지

〔문〕 "기(夔)에게 명하여 말하기를 '너에게 명하여 음악을 맡게 하니…… 귀신과 사람이 화합하게 될 것이다.〔命汝典樂……神人以和〕' 하였다."[2]에 대하여

○ 주(註)에서 "체용의 공효가 광대하고 깊다.〔體用功效, 廣大深切.〕"라고 하였는데, 어떤 것이 체용이고 어떤 것이 공효입니까? 일찍이 이것을 현석(玄石 박세채(朴世采)) 어른에게 물었는데, 답하기를 "성정(性情)을 기르고 인재를 교육하는 것이 체이고 공(功)이며, 신기(神祇)를 섬기고 상하를 화합하는 것이 용이고 효

2 기(夔)에게……하였다 : 《서경》 〈순전(舜典)〉에 "기야, 너를 명하여 음악을 맡게 하니, 귀한 집 자제들을 모아 가르치거라. 곧으면서도 온화하며, 너그러우면서도 엄하며, 강하되 사나움이 없으며, 간략하되 오만함이 없게 해야 할 것이다. 시(詩)는 마음속의 뜻을 드러낸 것이요, 가(歌)는 그 말의 장단을 길게 읊는 것이요, 성(聲)은 길게 읊는 데 따라 높낮이와 소리의 청탁(淸濁)이 달라진 것이요, 율(律)은 그 읊는 소리를 조화시키는 것이니, 이를 연주하는 팔음의 악기가 잘 어울려 서로 차례를 빼앗는 일이 없어야 귀신과 사람이 화합하게 될 것이다."라고 하였는데, 이것을 《소학(小學)》 〈입교(立敎)〉에서 인용하였다.

(效)이다."라고 하였습니다. 또 묻기를 "효(效)라는 것은 행동의 자취이니, 신기를 섬기는 것을 효라고 이를 수 없을 듯합니다."라고 하니, 또 대답하기를 "다시 살펴보니, 성정을 기르고 신기를 섬기는 것은 체이고 용이며, 인재를 교육하고 상하를 화합하는 것은 공이고 효이다."라고 하였습니다. 대개 '교육〔育〕'과 '화합〔和〕'이라는 글자는 이미 그렇게 되어 버린 것으로써 말한 듯하며 또한 저의 뜻과 전혀 서로 일치하지 않습니다. 현석 어른의 논설에 대해 어떻게 생각하십니까?

〔답〕 음악의 대본(大本)으로 말하자면 하늘과 땅이 유행하면서 그치지 않고 융합하여 변화하는 것은 체이고, 금석(金石)에 전파되고 사죽(絲竹)에 펼쳐진 것은 그 용이며, 천하화중(天下化中)[3]은 공효이네. 순서대로 말하자면, 인심의 화(和)는 체이고, 노래와 시에 발현되는 것은 용이고, 귀신과 사람이 화합하게 되는 것은 공효이네. 작은 것으로 말하자면 악기(樂器)는 체이고, 악기를 치고 연주하는 것은 용이며, 인심이 음악을 느끼는 것은 공효라네. 이것은 분명하여 알기 쉬운데, 무슨 까닭에 몹시 어려워 막히는 데로 돌아 들어가는가.

〔문〕 "모든 내외의 사람들은 첫닭이 울면…… 각자 일에 종사한다.〔凡內外鷄初鳴……各從其事〕"[4]에 대하여

3 천하화중(天下化中) : 주돈이(周敦頤)가 예악(禮樂)으로 세상을 다스려야 하는 것을 강조한 대목에 "천하의 화중이 정치의 극치이다.〔天下化中, 治之至也.〕"라는 말이 나온다. 《近思錄集註 卷9》

○ 《소학집주(小學集註)》에 이르기를 "이것은 내외의 비복을 말한 것이다.〔內外婢僕〕"라고 하였습니다. 그렇다면 '명부자지친(明父子之親)' 속에 있는 것이 마땅하지 않은 듯한데, 어떻습니까?

〔답〕 이것은 예(禮)를 기록하는 자가 한집안의 일을 통괄하여 말한 것이나 자제(子弟)의 일을 주로 삼았으므로 주 선생(朱先生)이 채택하여 '명부자지친'에 넣은 것이네. '비복'이라는 글자가 있으나 서로 방해되지 않네. 마치 아래의 "군주가 병에 걸려 약을 드실 적에는 신하가 먼저 맛을 본다."라는 문장도 "부모가 약을 드실 적에는 자식이 먼저 맛을 본다."라는 문장과 같이 '명부자지친'에 들어갔으니, 이러한 곳은 절절하게 나누어 쪼갤 필요는 없네. 그러나 진씨(陳氏)가 "여자는 안에서 섬기고 남자는 밖에서 섬긴다.〔女服事于內, 男服事于外.〕"라고 한 것은 바로 내외라는 글자를 겸하여 해석한 것이니, 굳이 비복을 말하지 않는 것도 좋겠네.

〔문〕 "임금이 명을 내리지 않거든 감히 즉시 타거나 입지 못한다.〔君未有命, 弗敢卽乘服.〕"[5]에 대하여

4 모든……종사한다 : 《예기(禮記)》 〈내칙(內則)〉에 "집안의 모든 남녀는 첫닭이 울면 모두 일어나서 세수하고 양치질하고 옷을 입은 다음에 베개와 잠자리를 걷어치운다. 그리고 방과 마루와 뜰을 물로 닦으며 소제하고 자리를 펴 놓고서 각자 자기의 일에 종사한다."라고 하였는데, 이것을 《소학》 〈명륜(明倫) 명부자지친〉에서 인용하였다.

5 임금이……못한다 : 《예기》 〈옥조(玉藻)〉에 "임금이 수레와 말을 하사하시거든 타고서 하사에 절하고, 의복을 하사하시거든 입고서 하사에 절한다. 임금이 명을 내리지 않으시거든 감히 즉시 타거나 입지 못한다."라고 하였는데, 이것을 《소학》 〈명륜 명군신지의(明君臣之義)〉에서 인용하였다.

○ 임금이 비록 거마와 의복을 하사했더라도 만약 직접 하사받은 것이 아니라면 거마를 타거나 의복을 입고서 하사받은 것에 대하여 절을 올리지 못합니까? 만약 삼품(三品)은 응당 자복(紫服)을 입는데 반드시 임금이 하사한 뒤에야 자복을 입는다는 말로 보자면, 여기서 '거마와 의복'이라 한 것은 아마도 임금이 하사한 것을 가리켜 말한 것이 아닌 듯한데, 어떻습니까?

〔답〕《소학집주》의 설은 《소학집설(小學集說)》의 설과 같지 않네. 《소학집주》의 뜻은 대개 "위 문장에서 '거마를 타고서 하사받은 것에 대하여 절을 올린다.〔乘以拜賜〕'라고 하거나 '의복을 입고서 하사받은 것에 대하여 절을 올린다.〔服以拜賜〕'라고 한 것은 임금이 하사한 것을 가리켜 말한 것이다."라고 말한 것이고, 여기서 "감히 즉시 타거나 입지 못한다."라고 한 것은 비록 품계에 해당하는 의복을 입어야 마땅하나 임금의 하사를 직접 받지 못한 경우에는 감히 즉시 타거나 입지 못한다는 것을 말한 것이네. 대개 위 문장에서 호언(互言)[6]하여 서로 발명한 뜻과 합해 하나의 설로 만들어서는 안 되네. 만약 그 문장을 바꾸어 "비록 거마가 있을지라도 임금이 타라는 명을 내리지 않으면 감히 즉시 타거나 입지 못한다."라고 하고, 그 아래에서 이어서 "임금이 거마를 하사하면 거마를 타고서 하사한 것에 대하여 절을 올리고, 의복을 하사하면 의복을 입고서 하사한 것에 대하여 절을 올린다."라고 말하면 그 뜻을 알기 쉬울 것이네.

6 호언(互言) : 글을 지을 적에 뜻이 같은 다른 말을 교차해서 사용함으로써 같은 글자가 중복되는 것을 피하는 수법을 말한다.

〔문〕 "남자는 안의 일을 말하지 않고 여자는 밖의 일을 말하지 않으며…… 남자가 그릇을 땅에 놓은 뒤에 여자가 가져간다.〔男不言內, 女不言外……奠之而後取之.〕"[7]에 대하여

〔답〕《정오(正誤)》[8]의 설에는 세 단계가 있네. 남녀 간에 직접 주고받지 않는 것은 평상시에 서로 그릇을 주고받지 않는 것이네. '유상제(惟喪祭)'부터 '불혐야(不嫌也)'까지는 상례와 제례 때는 그릇을 서로 주고받는 것을 말한 것이네. '상례와 제례가 아닌 때〔非喪祭之時〕' 이하는 또 남녀 간에 상례와 제례 때가 아닌데 주고받을 일이 있으면 직접 주고받지 않고 광주리에 넣어 주고받거나 남자가 꿇어앉아 그릇을 땅에 놓으면 여자도 꿇어앉아 물건을 가져가는 것이네. 생각건대 선사(先師)의 설의 경우에는 두 단계로 보아, 상례와 제례 때가 아니면 일절 서로 주고받지 않았고 상례와 제례 때에 이른 뒤에야 곧 서로 주고받았으나 오히려 또 그릇을 광주리에 담아서 주고받거나 땅에 무릎을 꿇고 앉아 그릇을 놓았다고 한 것이네. 《정오》와 선사의 설은 분명히 같지 않으니, 자네 말이 맞네.

〔문〕 "어른에게 어떤 일을 문의할 적에는 반드시 안석과 지팡이를 가지고 따라간다.〔謀於長者, 必操几杖以從之.〕"[9]에 대하여

7 남자는……가져간다 : 《예기》 〈내칙〉에 "남자는 안의 일을 말하지 않고 여자는 밖의 일을 말하지 않으며, 제사(祭祀)나 상사(喪事)가 아니면 서로 그릇을 주지 않는다. 서로 그릇을 주게 되면 여자는 광주리로써 받고, 광주리가 없으면 남녀가 모두 앉아서 남자가 그릇을 땅에 놓은 뒤에 여자가 가져간다."라고 하였는데, 《소학》 〈명륜 명부부지별(明夫婦之別)〉에서 인용하였다.

8 정오(正誤) : 진조(陳祚)의 《소학집해정오(小學集解正誤)》를 가리킨다.

○ 주에서 "어른에게 안석과 지팡이가 없음을 말하는 것이 아니다.〔非謂長者所無〕"라고 한 것은 무슨 뜻입니까? 혹자는 "스스로 안석과 지팡이를 만들어서 따라간다."라고 하였는데, 이런 이치는 없을 듯합니다. 현석(玄石) 어른이 "응씨(應氏)의 설로 보자면 혹자의 설이 근사한 듯하다."라고 했는데, 이 말은 어떻습니까?

〔답〕 젊은 사람이 스스로 안석과 지팡이를 어른에게 바치고 가르침을 청하는 것을 말한 것이지, 이 물건이 어른에게 없을 것이라고 여겨 바치는 것은 아니네. 그 뜻이 매우 분명하니 의심할 필요 없네.

〔문〕 〈경신(敬身)〉의 "'나눔에 많은 것을 가지려 하지 마라.〔分無求多〕'의 '분(分)' 자는 거성(去聲)이다."에 대하여

○ 운서(韻書)에서 '구별하여 나누다.〔區分〕'의 '분' 자는 평성(平聲)에 속하고 '분량을 정하다.〔定分〕'의 '분' 자는 거성에 속합니다. 그렇다면 이 '분' 자는 평성으로 읽어야 할 듯합니다.

〔답〕 남과 '나눔〔分〕'-거성-을 하여서 '이미 나눈 것〔已分〕'으로 여기므로 이 '분' 자는 거성이 되네. 만약 단지 나누어서 남에게 주는 것일 뿐이라면 평성이 되어야 하므로 《맹자》의 "남에게 재물을 나누어 준다.〔分人以財〕"의 '분' 자는 거성이 되지 않네.

〔문〕 "〈사상견례(士相見禮)〉에 '…… 관직에 있는 자와 이야기를 할 때는 충신에 관한 이야기를 한다.〔……與居官者言, 言忠信.〕'

9 어른에게……따라간다 : 《예기》 〈곡례 상(曲禮上)〉에 나오는데, 《소학》 〈명륜 명장유지서(明長幼之序)〉에서 인용하였다.

하였다."[10]에 대하여

○ 관직에 있는 자와는 단지 충신에 관한 이야기를 하고, 뭇사람과 이야기를 할 때는 충신과 자상(慈祥)에 관한 이야기를 하는 것은 무슨 뜻입니까?

〔답〕《의례(儀禮)》의 본래 주석에서는 "이렇게 조정에 있는 선비[11]와 이야기를 할 때는 충신을 위주로 한다. 뭇사람과 이야기를 하는 곳은 향리에서 어른과 젊은이가 함께 모여 있는 곳이며, 그들로 하여금 충신과 자상의 일을 행하게 하는 것이다."-주석의 말이 여기까지이네.-라고 하였네. 가만히 생각건대 어른과 젊은이가 함께 모여 있어 사람의 숫자가 더욱 많고 말하는 내용도 더욱 갖춰진 것이므로 관직에 있는 자에 대한 것과는 다르네.

〔문〕"《예기(禮記)》에 '옛날의 군자는…… 왼쪽에는 궁, 우 소리가 나는 옥을 찼다.〔古之君子……左宮羽〕' 하였다."[12]에 대하여

○ 오른쪽은 음(陰)이고 치(徵)와 각(角)은 양(陽)입니다. 그

10 사상견례(士相見禮)에……하였다 : 《의례》 〈사상견례〉에서 "뭇사람과 이야기를 할 때는 충신과 자상에 관한 이야기를 하고, 관직에 있는 자와 이야기를 할 때는 충신에 관한 이야기를 한다."라고 하였는데, 이것을 《소학》 〈경신(敬身) 명위의지칙(明威儀之則)〉에서 인용하였다.

11 선비 : 대본에는 '事'로 되어 있다. 두주에 근거하여 '士'로 바로잡아 번역하였다.

12 예기(禮記)에……하였다 : 《예기》 〈옥조(玉藻)〉에 "옛날의 군자는 반드시 옥을 찼다. 오른쪽에는 치, 각 소리가 나는 옥을 차고, 왼쪽에는 궁, 우 소리가 나는 옥을 찼다. …… 이렇게 한 후에야 옥소리가 아름답고 맑게 울린다. 그러므로 군자가 수레에 타고 있을 때는 수레에 단 방울소리를 듣고, 걸어갈 때는 허리에 찬 옥이 울린다."라고 하였는데, 이것을 《소학》 〈경신 명위의지칙〉에서 인용하였다.

런데 오른쪽에 치와 각을 찼습니다. 왼쪽은 양이고 궁(宮)과 우(羽)는 음입니다. 그런데 왼쪽에 궁과 우를 찼습니다. 이것은 무슨 뜻입니까? 또 오른쪽은 동작하는 방위가 되고 왼쪽은 일이 없는 방위가 되니, 또한 '음은 정하고 양은 동한다.〔陰靜陽動〕'라는 뜻과 같지 않습니다.

〔답〕 오른쪽은 동작하는 방위가 되므로 치와 각의 양이 속하고, 왼쪽은 일이 없는 방위가 되므로 궁과 우의 음이 속하네. 보통 왼쪽을 양으로 오른쪽을 음으로 나누는 설과는 같지 않으니, 그 뜻이 각각 있네.

〔문〕 "〈사관례(士冠禮)〉에 처음으로 관례를 치를 때…… 삼가〔始加……三加〕"[13]에 대하여

○ 관례는 반드시 삼가에 이르는데, 그 뜻이 무엇입니까? 무릇 예는 대부분 세 번을 한도로 삼는데, 그 뜻을 잘 모르겠습니다.

〔답〕 예는 세 번에서 이루어진다는 옛말은 삼재(三才)[14]의 의리를 취한 것이네.

〔문〕 "세 번 백규 시를 외우다.〔三復白圭〕"[15]와 "승낙한 일을 묵혀

13 사관례(士冠禮)에……삼가 : 《의례》 〈사관례〉에 나오는데, 이것을 《소학》 〈경신명의복지제(明衣服之制)〉에서 인용하였다.

14 삼재(三才) : 천(天), 지(地), 인(人)을 말한다.

15 세……외우다 : 《논어》 〈선진(先進)〉에 "남용이 백규의 글을 세 번씩 되풀이하여 읽거늘, 공자가 형의 딸을 그의 아내로 삼아 주었다.〔南容三復白圭, 孔子以其兄之子妻之.〕"라고 하였는데, 이것을 《소학》 〈계고(稽古) 경신〉에서 인용하였다.

두는 일이 없었다.〔無宿諾〕”[16] 두 문단에 대하여

○ 이 두 장에 대하여 이씨(李氏)는 위의(威儀)라고 했는데, 이 문장의 뜻을 살펴보면 위의지칙(威儀之則)과는 관계되지 않는 듯합니다. 심술지요(心術之要)에 속해야 할 듯하며 위의지칙으로 의심할 만한 것이 한 가닥도 없습니다.

〔답〕 이 두 조목은 언어의 절도에 관한 것이고 언어의 절도는 실로 중대한 위의이네. 그러므로 심술지요의 아래에 놓인 것이니 어찌 위의가 될 만한 것이 한마디도 없다고 하겠는가. 만약 경신편(敬身篇)의 분류 방식을 고찰하면 이 두 조목이 위의지칙이 됨을 분명하게 알게 될 것이네.

〔문〕 “이천 선생(伊川先生)이 ‘병들어 침상에 누워 있을 적에…… 의술을 알지 않으면 안 된다.〔病臥於床……不可不知醫〕’ 하였다.”[17]에 대하여

○ 이 장의 개주(改註)에서 말한 것은 누가 정한 것입니까? 사계(沙溪 김장생(金長生)) 선생도 반드시 본주(本註)를 함부로 개정하고 자신의 설을 붙인 것은 아닌데, 그 까닭을 잘 모르겠습니다.

〔답〕 이것은 실로 사계 선생이 정정한 바이네. 본주가 실로 잘못되었으므로 선생이 《이정서(二程書)》의 본문에 의거하여 저술하였는

16 승낙한……없었다 : 《논어》 〈안연(顔淵)〉에 “자로(子路)는 승낙한 일을 묵혀 두지 않았다.〔子路無宿諾〕”라고 하였는데, 이것을 《소학》 〈계고 경신〉에서 인용하였다.

17 이천……하였다 : 정이(程頤) 선생이 “병들어 침상에 누워 있을 적에 용렬한 의원에게 내맡기는 것은 자식을 사랑하지 않고 어버이에게 효도하지 않음에 비견되나니, 어버이를 섬기는 자는 또한 의술을 알지 않으면 안 된다.”라고 하였다. 《小學 嘉言》

데, 어찌하여 자기의 의견을 붙였다고 말하는가. 또한 본주를 고스란히 남기고 다만 고찰하여 정정하는 중에 자기의 의견을 드러내 보였는데, 어찌하여 함부로 본주를 개정했다고 말하는가. 이러한 곳은 모름지기 자세히 살펴보고 말을 해야 하네.

〔문〕 "사마 온공(司馬溫公)이 '관모는 성인의 도리이다. …… 성인의 도를 알지 못하기 때문이다.〔冠, 成人之道也. ……不知成人之道故也〕' 하였다."[18]에 대하여

○ 주(註)에서 "혹은 교사(郊祀)를 지내고 은전을 내리거나 유표(遺表)를 올려 은택을 청한다."라고 했는데, 그 뜻을 모르겠습니다.

〔답〕 "교사를 지내고 은전을 내린다."라는 것은 천자가 하늘에 제사를 올리면 큰 경사로 여기고 신하에게 은전을 내리는 것을 말하네. 예를 들어 우리나라 조정에 경사스러운 일이 있으면 사대부의 자손에게 대가(代加)하는 것과 같네. "유표를 올려 은택을 청한다."라는 것은 대신(大臣)이 임종할 때 으레 유표를 올려 자신의 아들과 손자에게 관직을 수여할 것을 청하는 일이 있네. 주 선생(朱先生)이 〈고묘문(告廟文)〉에서 "손자 주감(朱鑑)이 집안일을 계승하였으니, 훗날 조정에서 저의 유충(遺忠)을 살펴 혹 은택을 내리실 의리가 있다면 또한 그로 하여금 먼저 은전을 받게 하소서."라고 하였네.

18 사마……하였다 : 《예기》〈관의(冠義)〉의 내용을 《소학》〈가언〉에서 사마 온공이 인용하고 주석하였다.

〔문〕 "여 형공의 장부인은…… 신국 부인의 자매이다.〔呂滎公張夫人……申國夫人姊也〕"[19]에 대하여

〔답〕 중국의 경우는 동성(同姓)에 대하여 비록 백대의 먼 친척 간이라도 혼인을 통하지 않으나 이성(異姓)에 대하여는 비록 친속(親屬)일지라도 혼인을 피하지 않네. 주 선생의 외손 황로(黃輅)는 실로 선생의 손녀에게 장가들었으니, 역시 내외형제(內外兄弟)였네.

19 여(呂)……자매이다 : 《소학》 〈선행(善行) 실입교(實立敎)〉에 보인다. 여 형공은 송(宋)나라의 학자 여희철(呂希哲)을 말하는데, 그의 봉호(封號)가 형공(滎公)이다.

심명중에게 답함 정사년(1677, 숙종3) 2월
答沈明仲 丁巳二月

〔문〕 관례(冠禮)는 고조묘(高祖廟)에서 행해야 하나 거리가 멀거나 사정이 있으면 예묘(禰廟)[20]에서 행하는 것도 이치에 해로운 것은 아니지 않겠습니까? 《의례문해(疑禮問解)》에서는 정자관(程子冠)으로 복건(幅巾)을 대신하였으나 심의(深衣)가 없을 때 무슨 의복을 대신 입어야 하는지 말하지 않은 것은 어째서입니까? 심의의 경우에는 다른 의복으로 대체할 수 없습니까? 만약 어찌 할 수 없어서 대신 입어야 한다면 무슨 의복을 입어야 합니까? 이산(尼山) 윤장(尹丈 윤선거(尹宣擧))은 "초가(初加)에는 치관(緇冠)과 복건을 써야 하지 정자관을 써서는 안 되고, 재가(再加)의 조삼(皁衫)[21]과 삼가(三加)의 공복(公服)은 한결같이 《가례(家禮)》에 의거해야지 다른 것을 찾아서는 안 된다."라고 하였습니다. 이 논설이 비록 올바르나 향촌의 가난한 선비가 결코 두루 갖추기 어렵고 더구나 조삼의 제도는 세상에 드물게 전해지는 것이니 의복을 갖추지 못하여 예를 폐하는 데 어려움이 없을 것입니다. 삼가 참작하여 가르쳐 주십시오.

〔답〕 고조를 계승한 종자에게 일이 있을 경우에는 차종자(次宗子)에게 명하거나 그 부친이 스스로 주관하네. '차종자'는 증조를 계승하거나

20 예묘(禰廟) : 돌아가신 아버지의 신주(神主)를 모신 사당이다.

21 조삼(皁衫) : 공복의 일종인 검은 저고리이다. 사대부가에서 제사, 혼례, 관례 때 처사(處士)가 입는 옷이다. 《宋史 輿服志》

조부를 계승한 종자를 말하고, '그 부친'은 부친을 계승한 종자를 말하네. 여기에 근거하면 예묘에서 행하는 것을 《가례》에서 이미 말한 것이니, 다시 무엇을 의심하겠는가.

만약 부친을 계승한 자의 아우라면 또한 마땅히 그 예묘에 고하고 스스로 그 아들의 머리에 관을 씌워야 하네. 노선생(老先生)이 말씀하신 정자관의 설은 어쩔 수 없는 데서 나온 것이네. 대개 복건이 없어서 예를 폐하기보다는 차라리 이것을 써서 예를 이루는 것이 오히려 낫다는 뜻일세. 대개 선현이 탄식한 바 "작은 것이 구비되지 못한 것에 구애되어 큰 것을 구비하지 못함으로 돌아간다."[22]라는 말에 근본을 둔 것이네.

이산은 반드시 치관과 복건을 써야 한다고 여겼으니, 이것은 어찌 고기죽을 먹지 않느냐고 한 말과 같네.[23] 조삼은 지금의 흑단령(黑團領)과 같으니, 무릇 상의(上衣) 중에 검게 물들인 것은 모두 쓸 수 있네. 초가에 만약 심의가 없다면 조복(朝服)을 써도 괜찮네. 대개 고례(古禮)에는 초가 때 현단(玄端)을 입었는데, 현단은 조복이네. 《예기(禮記)》에 "아침에는 현단을 입고 저녁에는 심의를 입는다."라고

22 작은……돌아간다 : 주희(朱熹)가 〈발삼가예범(跋三家禮範)〉에서 "지금은 교만하고 방종함을 편안하게 여겨서 미리 예를 실천하는 것의 어려움을 꺼리고, 작은 것이 구비되지 않았다는 이유로 도리어 큰 것을 구비하지 못함에 나아가니, 어찌 잘못이 아니겠는가."라고 한 말을 원용한 것이다. 《晦庵集 卷83》

23 이것은……같네 : 윤선거가 가난한 선비가 의복을 두루 갖출 수 없음을 생각하지 못하고 한 말이라는 뜻이다. 진(晉)나라 혜제(惠帝) 때 천하에 흉년이 들어 어지러운 상황에 백성들이 굶어 죽게 되자, 혜제가 이르기를 "어찌 고기죽을 먹지 않느냐."라고 한 데서 나온 말이다. 《晉書 惠帝紀》

하였으며, 현단과 심의를 서로 대립시켰으니, 오늘날의 조복이 또한 현단에 가까운 것이네.

〔문〕 어떤 사람이 아들이 없어서 형제의 아들을 데려와 친아들처럼 잘 돌보아 키우며 장차 종사(宗事)를 전하려고 했는데, 시일을 끌다가 미처 관아에 보고하기 전에 양자는 죽고 양손자는 있는데 소후조(所後祖)[24]가 또 죽었습니다. 이미 관아에 보고하지 못했으니 승중복(承重服 대상(代喪))을 대신 집행할 수 없을 듯하나 소후조가 살아 있을 때 한 가문의 사람들이 모두 모여서 이름을 나란히 적어 문서를 만들어 조부와 손자의 관계를 정하였으며, 소후조가 죽자 양손자로 하여금 상례를 집행하게 하고 제주(題主)에서도 조손(祖孫)이라 일컬었습니다. 당시에는 양손자의 나이가 아직 어려서 스스로 판단하지 못하고 오직 어른의 말만을 따랐는데, 성장하자 자못 그것이 온당치 못함을 깨달았습니다. 그러나 양육해 준 은혜는 본생(本生)의 부조(父祖)와 다를 것이 없을 뿐만 아니라 제부(諸父)와 제형(諸兄) 및 내외의 여러 친족이 이름을 나란히 적어 문서를 이루었는데 하루 아침에 갑자기 등진다면 실로 이것은 인정으로 차마 하지 못할 바입니다. 어찌하면 예의 뜻을 잃지 않으면서 정리를 펼 수 있겠습니까?

〔답〕 부자지간은 하늘이 명하는 것이네. 임금만이 하늘을 대신하여 만물을 다스리므로 타인의 아들에게 아들 없는 사람을 계승하도록 명하였네. 그러므로 《중용》에서 "끊어진 대를 이어 준다."라고 말한 것도

24 소후조(所後祖) : 후사가 되어 들어간 가계의 할아버지를 가리키는데, 여기서는 '어떤 사람'이다.

임금의 입장으로 말한 것이네. 본조(本朝)는 끊어진 대를 이어 주는 법이 매우 엄하네. 반드시 양가(兩家)의 부모가 소장을 관청에 올린 뒤에, 심문(審問)으로 그 허실을 살피고 또 양가의 문장(門長)을 심문하여도 이의가 없어야 하네. 그런 뒤에 해당 조(예조)가 입계(入啓)하고 성상이 윤허해야 하네. 그런 뒤에 승지가 책임지고 맡아서 다시 해당 조에 내리고, 해당 조에서 비로소 전후 사실을 빠짐없이 다 갖추어 공문을 만들어 발급하네. 그런 뒤에야 부자(父子)가 되니 그 엄하고도 신중함이 이와 같은데, 그것을 임금의 명을 받지 않고 사사로이 할 수 있겠는가. 고례(古禮)는 살펴보지 못했으나 《주자대전(朱子大全)》에 관아에 보고한 글이 있는데, 또 어찌 어길 수 있겠는가. 그렇다면 오늘 모씨(某氏) 집안의 일은 여러 부형(父兄)이 이름을 나란히 적고 문서를 만들었다는 이유로 갑자기 부자와 조손을 정할 수 없는 것이 분명하네.-족인(族人) 이삼귀(李三龜)가 임금의 재가를 받지 않고 먼저 숙부의 삼년복을 입었다가 이윽고 그것이 옳지 않음을 깨닫고 숙모의 상에는 복을 입지 않았으니, 바로 '지금이 옳고 지난날은 잘못되었다.'[25]라는 뜻을 얻은 것이네. 그러나 당시의 유명한 인물들은 그의 행동을 패륜이라고 여기고 유적(儒籍)에서 그의 이름을 삭제하였네. 주자와 국법(國法)을 따른 것을 어찌하여 패륜이라 하는가.-

25 지금이……잘못되었다 : 도잠(陶潛)의 〈귀거래사(歸去來辭)〉에 "실로 길을 헤맸으나 아직 멀리 가진 않았으니, 지금이 옳고 어제가 잘못되었음을 깨달았노라.〔實迷途其未遠, 覺今是而昨非.〕"라고 한 데서 온 말로, 지난날의 잘못과 지금의 옳음을 깨닫는다는 뜻이다.

심명중에게 답함 무오년(1678, 숙종4) 9월

答沈明仲 戊午九月

〔문〕 "음악의 체용과 공효〔樂之體用功效〕"에 대하여

○ 이른바 체용과 공효는 양성정(養性情) 등 네 가지[26] 가운데서 찾아야 할 듯한데, 어떻습니까?

〔답〕 이전의 설에서 뭐라고 했는지 기억을 하지 못하겠네. 음악이 이미 완전하지 못하니 깊이 토론할 수 없네. 정자(程子)는 "음악은 단지 하나의 화(和)이다."라고 했으니, 성정 위에서 그 근본을 찾아야 할 듯하네.

〔문〕 "직접 하사받은 것이 아니라면 감히 곧바로 거마를 타거나 의복을 입지 못한다.〔非經賜, 不敢輒乘服.〕"에 대하여

○ 보내 주신 편지에서 "임금의 하사를 직접 받지 못한 경우에는〔未經君賜〕"이라 하신 말씀이 있습니다. 그렇다면 경(經) 자는 단지 '경력(經歷)'의 뜻입니다. 어떻습니까?

〔답〕 경 자는 단지 경력의 뜻이니, 자네 말이 맞네.

〔문〕 "병들어 자리에 누웠을 적에〔病臥於牀〕" 장의 개주(改註)에 대

26 양성정(養性情)……가지 : 여기서 네 가지는 성정을 기르고, 인재를 육성하고, 천지신명을 섬기고, 상하를 화합함을 말한다. 채침(蔡沈)은 성인이 음악을 만들어서 이 네 가지를 실행했다고 하였다. 《書經 舜典》

하여

○ 일찍이 《소학(小學)》 전주본(全州本)을 얻어서 읽다가 이 조목에 이르러서 보니, 구설(舊說)을 버리고 개주를 기록한 것을 알게 되었습니다. 마음으로 적이 의심하며 '이것은 비록 사계(沙溪) 선생의 설이기는 하나 이미 고정(考訂)[27]에서 따로 드러냈으니 반드시 구주(舊註)를 깎아 낼 이치는 없다. 분명히 후인이 한 것이나 누가 한 것인지 모르겠다.'라고 여겼으므로 감히 전일에 여쭈었던 것이지, 애초에 고정의 설을 의심스럽게 여긴 것은 아닙니다. 지금 편지를 살펴보니 말씀이 엄하고 가르침이 간절하며 "자세히 살펴보고 말을 하라."라고 말씀하기까지 하였습니다. 감격하여 읊조리다가 황공함과 부끄러움이 모두 지극하였습니다.

〔답〕 이 주의 곡절을 자네는 알지 못하였네. 당초에 전주에서 목판에 새길 때 사우(士友)들의 논변이 준엄하여 반드시 사계 선생의 설로 구주를 대체하려 하였으므로 담당자가 따른 것이네. 그 뒤에 또 한 종류의 의론이 있어 "구주는 본래 율곡(栗谷) 선생이 정정한 것이니 경솔하게 깎아 내서는 안 된다. 만약 사계의 주를 옳게 여긴다면 마땅히 고정에서 별도로 드러내는 것이 옳다."라고 하였는데, 이 설이 완전히 갖추어졌으므로 바로 다시 따랐던 것이네. 내가 전일에 보낸 답장에서 뭐라고 했는지 기억하지 못하나 대략 기억하건대, 당시에 자네의 말이 매우 공손하지 못한 듯하여 감히 어리석은 나의 설을 말한 것이네. 지금 와서 생각하니 주제넘은 짓이었음을 스스로 알겠네.

27 고정(考訂) : 소학집주고정(小學集註考訂)의 약칭으로 김장생(金長生)이 지은 《경서변의(經書辨疑)》의 일부이다. 《沙溪全書 卷11》

〔문〕《대학》의 독법(讀法)에 대하여

○ 혹자는 "《대학》의 독법은 9개의 문단으로 나뉜다."라고 하였습니다.

〔답〕 책을 편집한 자가 스스로 9개 마디로 나누었으니, 수절(首節) 및 8개의 '우왈(又曰)'을 보면 또한 알 수 있네. 그러나 이러한 곳은 곧 주 선생(朱先生)이 이른바 "묻는 자는 본래 의심한 것이 없고, 답하는 자도 본 것이 없다."라는 것이네. 이와 같은 문답은 한갓 말을 소비할 뿐이네.

〔문〕"《논어》와 《맹자》를 읽으면 쉽게 들어간다.〔却讀語孟便易入〕"에 대하여

○ 혹자는 "《논어》와 《맹자》에 쉽게 들어간다."라고 하였고, 혹자는 "성현의 도에 쉽게 들어간다."라고 하였는데, 어떤 설이 나은 것입니까?

〔답〕《대학》을 위주로 말한 것이니, 그 아래 문장으로 보면 알 수 있네.

〔문〕"다른 책은 잡설로서 그 속에 들어 있다.〔他書雜說在裏許〕"에 대하여

○ '그 속〔裏許〕'은 곧 '《대학》의 속'이니, 다른 책에서 논한 바는 그 도리가 모두 《대학》을 벗어나지 않는다고 말한 것입니까? 혹자는 '그 속'은 곧 '다른 책의 속'이라고 하였는데, 글의 뜻이 순조롭지 못한 듯합니다. 어떻습니까?

〔답〕'그 속'은 곧 '《대학》의 이면(裏面)'인데, 어째서 의심을 하는가. '다른 책의 이면'이라 말한 것은 문리에 통달하지 못한 사람의 말이네.

〔문〕 "학문의 수말과 차례〔爲學首末第次〕"에 대하여

〔답〕 자네가 말한 격치(格致)·성정(誠正) 등의 차례는 옳네. 《대학혹문(大學或問)》 서문(序文)에서 "그 같지 않음을 보지 못했다."라고 말한 것과 《대학혹문》의 "먼저 명덕(明德)과 신민(新民)이 있으니 이것이 곧 차례의 당연한 것이다."라는 말과 서문의 "먼저 궁리(窮理)와 정심(正心)이 있고 수기(修己)와 치인(治人)을 한다."라는 말이 있는데, 지금 도리어 이러한 것을 다 버리고 오로지 《대학》과 《소학》의 선후를 말한다면 본래의 뜻이 아닌 듯하네.

〔문〕 "문리를 연결하여도 방해되지 않는다.〔令文理連屬, 却不妨.〕"[28] 에 대하여

〔답〕 위에서 이미 "문단을 따라 자세히 강론한다."라고 말했고, 여기에서 또 "두 번째 문단을 읽고 앞 문단을 생각하고 헤아린다."라고 말했으니, 두 설이 서로 장애가 되네. 그러므로 "이 두 가지 일은 비록 서로 다르나 서로 방해되지 않는다."라고 말한 것이지, 앞뒤의 뜻을 융통하여 서로 장애가 되지 않게 함을 말한 것이 아니네.

〔문〕 "무릇 독서할 때 첫 번째 항에…… 공부〔凡讀書第一項……工夫〕"에 대하여

〔답〕 다른 책을 두루 가리켜 말한 것이니, 다른 책을 많이 본 뒤에 오로지 《대학》만을 강론하는 것이네. 대개 독서하는 방도는 마땅히

28 문리를……않는다 : 《대학장구》 〈독대학법〉에는 "문의를 연결하여도 방해되지 않는다.〔令文意連屬, 却不妨.〕"라고 되어 있다.

이와 같아야 하네. 그러나 다른 책에는 이 공부를 많이 할 수 없고, 오직 《대학》을 읽은 뒤에만 이 공부를 많이 할 수 있네.

〔문〕 "내가 했던 많은 공부를 하지 않으면 나의 공부의 깊이를 보지 못할 것이다.〔不用某許多工夫, 亦看某底不出.〕"에 대하여

〔답〕 비록 나의 흉중에 절로 있는 경문과 같은 것을 얻고자 하여도 얻지 못할 것임을 말한 것이네. 간(看) 자는 힘써 풀 필요 없네.

〔문〕 〈대학장구서(大學章句序)〉의 '장구'[29]에 대하여

〔답〕 장구는 곧 '문장을 나누고 구절을 쪼갠다.〔分章析句〕'라는 뜻이네. 《중용》과 《대학》은 《예기》 가운데 있는, 단지 단락이 없는 한 편의 글이었네. 그러므로 주 선생(朱先生)은 이미 문장을 나누고 또 구절을 쪼개고서 그것을 장구라 하였으며, 이어서 그 아래에 주설(註說)을 붙였네. 《논어》와 《맹자》에도 '장구'라는 글자가 있네. 예를 들어, "마땅히 붙여 1장을 만들어야 한다.〔當合爲一章〕"와 "따로 1장을 만들어야 한다.〔別爲一章〕"라고 할 때의 '장'이 이 '장'이네. 구절을 쪼갠 것도 《중용》, 《대학》과 같네. 《논어》와 《맹자》도 '장구'라 칭하였는데, 자네는 우연히 이것을 보지 못하였는가.

〔문〕 인의예지(仁義禮智)의 주(註)에 "주자(朱子)가 '분별과 시비의 도리이다.〔分別是非底道理〕' 하였다."에 대하여

29 대학장구서(大學章句序)의 장구 : 이하의 문답들도 〈대학장구서〉의 문장과 주석에 대한 것들이다.

〔답〕 상문(上文)의 문세(文勢)로 보건대 '분별 및 시비'의 뜻인 듯하니, '그 시비를 분별한다.〔分別其是非〕'라는 뜻과는 같지 않네. 대저 문자를 보면서 같은 의견을 좋아하고 다른 것을 싫어하는 것은 본래 큰 병이라고 주 선생이 누차 말씀하였네.

〔문〕 "운봉 호씨(雲峯胡氏 호병문(胡炳文))가 '모두 체용을 겸한다.〔皆兼體用〕' 하였다."에 대하여

〔답〕 자네가 "성정(性情)의 체용으로 말한 것이 아니다."라고 말한 것은 옳지 않은 듯하네. 인의예지는 성(性)의 체가 아니면 무엇인가? 애(愛)와 제사(制事)와 의칙(儀則)은 정(情)의 용이 아니면 무엇인가? 또 자네가 "포괄적으로 말하는 것과 부분적으로 말하는 것으로 체용을 나눈다."라고 말한 것은 옳지 않은 듯하네. 포괄적으로 말하는 것에도 절로 체용이 있고 부분적으로 말하는 것에도 절로 체용이 있네. 이것이 의·예·지와 서로 마주하니, 부분적으로 말하는 것으로 말한 것이네.

〔문〕 소주(小註)의 "마음의 신명…… 만물을 주재하는 것이다.〔心之神明……宰萬物〕"에 대하여

○ 지(知)와 지(智)는 체와 용으로 나뉘어야 합니다. 그렇다면 중리(衆理)를 묘용(妙用)하고 만물을 주재하는 것은 지(知)이고, 중리를 묘용하게 하고 만물을 주재하게 하는 것은 지(智)입니까?

〔답〕 자네가 '중리를 묘용하고 만물을 주재하는 것'을 지(知)로 여기고 용(用)으로 여기며, '중리를 묘용하게 하고 만물을 주재하게 하는 것'을 지(智)로 여기고 체(體)로 여기는 것은 맞지 않은 듯하네. '중리를 묘용

한다.'라는 것은 지(智)의 체이고, '만물을 주재한다.'라는 것은 지(智)의 용이네.

〔문〕 "그러나 그 타고난 기질〔然其氣質之稟〕"에 대하여

○ 전적으로 기질만을 말하고 인욕(人欲)을 말하지 않은 것은 근원상에 나아가서 말했기 때문입니까?

〔답〕 전적으로 기질만을 말하고 인욕을 말하지 않은 것은 《대학혹문》의 말과 각각 상세함과 소략함의 차이가 있을 뿐이네.

〔문〕 "한 사람이라도 총명예지하여 그 본성을…… 자가 있다면〔一有聰明睿智……性者〕"에 대하여

○ '총명예지'는 위의 '기질이 일정하지 않다.〔氣質不齊〕'에 대응하고 '그 본성을 다할 수 있다.〔能盡其性〕'는 위의 '알아서 온전히 한다.〔知而全之〕'에 대응하니, 대개 본성을 다하는 것은 절로 지행(知行)을 겸하기 때문입니다. 진씨(陳氏)는 이것으로 생지(生知 태어나면서부터 앎)와 안행(安行 편안한 마음으로 행함)을 나누어서 '알아서 온전히 한다.'라는 한 구절에 짝을 지웠습니다. 여기에서 나누고 짝을 지운 것이 두루 주밀하지 못했을 뿐만 아니라 《중용집주(中庸輯註)》에서 자기가 "본성을 살펴 아는 것을 '생지'라 하고 본성을 말미암아 행하는 것을 '안행'이라 한다.〔察之謂生知, 由之謂安行.〕"라고 말한 것과 크게 서로 어긋나니, 따라서는 안 될 듯합니다. 다만 '본성을 다한다.'라고 한 것이 만약 '이치를 궁구하다.〔窮理〕'와 대가 되게 말한 것이라면 오로지 행(行) 쪽에만 속하는 듯하니, 율곡(栗谷)이 기고봉(奇高峯)에게 답한 편지를 보면 알 수 있습니다. 어떻게 생각

하십니까?

○ 율곡이 기고봉에게 답하기를 "명명덕(明明德)의 조목에 격물(格物)과 치지(致知)가 있는데 이것은 이치를 궁구하는 것이고, 성의(誠意)·정심(正心)·수신(修身)이 있는데 이것은 본성을 다하는 것이다."라고 하였습니다.

〔답〕 자네가 나누어서 귀속시킨 것이 옳네. 학자가 알아서 온전히 하는 것과 성인이 그 본성을 다할 수 있는 것은 비록 깊이는 다를지라도 지(知)와 행(行)이 서로 돕는 것은 똑같았네. 지를 본성을 다하는 것 밖에 따로 귀속시켜 별도로 하나의 일로 삼아서는 안 되네. 그러나 오로지 본성을 다하는 것만을 말하면 본성을 다하는 것은 지행을 겸하고, 본성을 다하는 것을 궁리에 대가 되게 하면 본성을 다하는 것은 오로지 행에 속하니, 말에 각각 해당하는 바가 있네.

〔문〕 "왕궁과 국도〔王宮國都〕"에 대하여

○ 왕궁은 왕의 궁궐이고, 국도는 제후(諸侯)의 도읍입니다. 왕자(王者)의 도읍에 학교가 없지 않은데 특별히 궁궐이라 말하고, 제후의 궁궐에도 학교가 없지 않은데 단지 도읍이라고 말한 것은 어째서입니까? 호문(互文)하여 그런 것입니까?

〔답〕 왕자의 궁궐과 도읍에 모두 학교가 있고, 제후의 도읍과 궁궐에도 모두 학교가 있으나 여기에서 그렇게 말한 것은 서로 대비하여 함께 드러낸 것이니, 깊은 뜻은 없는 듯하네.

〔문〕 쇄소응대(灑掃應對)의 주(註)에서 "파양 제씨(番陽齊氏 제몽룡(齊夢龍))가 말하기를 '…… 방안과 마루와 뜰에 물을 뿌리고 청소한

다.' 하였다.〔……灑掃室堂及庭〕"에 대하여

○ 혹자는 "이것은 본래 안팎의 비복(婢僕)이 할 일을 이른 것이니 인용하여 증거로 삼아서는 안 된다."라고 하였는데, 혹자의 말이 그럴듯합니다. 다만 이미 《소학》에 실려 있으니, 그것을 인용해도 무방합니다. 어떻습니까?

〔답〕 혹자가 비복의 일이라고 한 것은 무슨 책에 나온 말인지 모르겠네. 집 안과 마루와 뜰에 물을 뿌리고 청소하는 일이 자제(子弟)의 일이 아님을 보지 못했네.

〔문〕 "지는 것은 등에 놓는 것이고, 찬다는 것은 옆에 끼는 것이다. 〔負置之於背, 劍挾之於傍.〕"[30]에 대하여

○ 이것은 《소학》의 주와 다릅니다.

〔답〕 《소학》의 주에도 두 가지가 있네. 하나는 장자가 서서 아이를 안기를 마치 아이 등에 짐을 지듯이 한다는 것이고, 다른 하나는 옆에 끼기를 마치 칼을 차듯이 한다는 것이네. 지금 '등에 놓는다.'라고 말한 것이 반드시 옳은지는 모르겠네.

30 지는……것이다 : 〈대학장구서〉의 소주에서 파양 제씨가 본문의 '응대(應對)'에 대해 설명하기를 "응대는 〈내칙(內則)〉의 이른바 '부모가 계신 곳에 있을 때 부모가 명령하는 일이 있으면 즉시 「예」하고 나서 공손히 대답한다.'나 〈곡례(曲禮)〉의 이른바 '장자가 칼을 등에 진 듯, 칼을 찬 듯 입가에 대고 말씀하시거든, 입을 가리고 대답한다. 〔負劍辟咡詔之, 則掩口而對.〕' 따위가 이것이다."라고 하고, 다시 부검벽이(負劍辟咡) 아래에 정현(鄭玄)이 "부(負)는 등에 지는 것이고, 검(劍)은 옆에 차는 것이다."라고 풀이한 것을 인용하였다.

〔문〕 "중을 가르치는 것〔所以教之中〕"[31]에 대하여

○ 중(中) 자는 온당하지 않은 듯합니다.

〔답〕 중만을 말하면 체용(體用)을 겸하여 말한 것이니, 오히려 혹 도수(度數)의 절문(節文)[32]에서 말할 수 있네. 만약 화(和)와 비교하여 말하면 이 중은 미발지중(未發之中)이니 도수의 절문에서 말해서는 안 되네. 자네 말이 매우 합당하네.

〔문〕 《집주(輯註)》의 "문이라는 것은 명물을 이른다.〔文者, 名物之謂.〕"에 대하여

○ 육예(六藝)는 비록 어린아이가 하나하나 행할 만한 일이 아니나 그중에 알기 쉽고 행하기 쉬운 것은 익힐 만하지 않은 것이 없으니, 어찌 15년 동안 그저 명물만을 깨우치며 한 가지 일도 익히지 않을 수 있겠습니까. 소주(小註)의 설은 틀린 듯합니다.

〔답〕 문원(文元 김장생(金長生)) 노선생(老先生)의 설이 바로 자네의 뜻과 같네. 계곡(谿谷 장유(張維))이 선생에게 답하며 "소주의 설이 옳은 듯합니다."라고 하였네.

〔문〕 "학교를 세우고…… 또 이와 같다.〔學校之設……又如此〕"에 대

31 중을 가르치는 것 : 〈대학장구서〉의 소주에서 파양 제씨가 본문의 "소학에 입학시켜서 그들에게 물 뿌리고 쓸며 응하고 대답하며 나아가고 물러나는 예절과 예, 악, 사, 어, 서, 수에 관한 글을 가르쳤다.〔入小學, 而教之以洒掃應對進退之節、禮樂射御書數之文.〕"에 대해 설명하며, "예는 도수의 절문을 익히는 것이고, 중을 가르치는 것이다.〔禮, 習於度數之節文, 所以教之中也.〕"라고 하였다.

32 도수(度數)의 절문(節文) : 예(禮)를 뜻한다.

하여

○ 학교 운운한 것은 학교를 널리 세워 응당 학교가 있지 않은 곳이 없어야 함을 가리키고, 차례는 소인과 대인의 차례를 가리키며, 절목은 쇄소(灑掃), 응대(應對), 궁리(窮理), 정심(正心)의 항목을 가리킵니까? 혹자는 "학교를 널리 세우는 것은 학교에서 인재를 널리 취하는 것을 가리킨다."라고 하는데, 옳지 않은 듯합니다.

〔답〕 자네 말이 맞네. 혹자의 설은 매우 괴상하네.

〔문〕 "몸소 행하고 마음속으로 터득한 나머지〔躬行心得之餘〕"에 대하여

○ 서문 가운데에서 모두 지(知)와 행(行)을 아울러 말하였으나 여기서는 '지'를 언급하지 않았습니다.

〔답〕 몸소 행하고 마음속으로 터득함은 그 가운데 격물치지를 포함하고 있는데, 어찌 '지'를 언급하지 않았다고 말할 수 있겠는가.

〔문〕 "정씨 두 부자께서 나오셨다.〔程氏兩夫子出〕"에 대하여

○ 주염계(周濂溪)가 끊어진 학문을 가장 먼저 이었으나 《중용》 서문과 이 《대학》의 서문 중에서 모두 염계를 언급하지 않은 것은 무엇 때문입니까?

〔답〕 염계가 비록 끊어진 학문을 이었으나 《중용》과 《대학》의 도(道)를 언급한 것이 없네. 비록 중(中) 자의 뜻을 대략 말하였으나 또한 매우 소략하였네.

〔문〕 "사이사이에 나의 뜻을 붙였다.〔間亦竊附己意〕"에 대하여

〔답〕 이 간(間) 자는 '간극(間隙)'의 뜻이니, 그 뜻이 '중간(中間)'과 같고, 《고금운회거요(古今韻會擧要)》에서 '간극'이라 풀이한 것이 평성(平聲)과 거성(去聲)에 두 번 나오네. "삼가 정자의 뜻을 취하였다.〔竊取程子之意〕"[33]라고 한 것은 선생이 정자의 격치(格致)의 뜻을 취하여 설을 만든 것이니, 이것은 격치만을 가리켜 말한 것이네. "사이사이에 나의 뜻을 붙였다."라고 한 것은 한 편(篇) 전체를 들어서 말한 것이네.

〔문〕 "자정자왈〔子程子曰〕"의 주에서 "주자(朱子)가 '그 드러낸 것을 살핀다.〔以觀其發越〕' 하였다."[34]에 대하여

〔답〕 의론(議論)과 의리(義理)와 기상(氣象)을 겸하여 가리켜 말한 것이네.

〔문〕 "명덕이라는 것은…… 일에 응하는 것이다.〔明德者……應事者也〕"에 대하여

○ 근래에 사우(士友)들 간에 전하는 이야기를 들으니, 선생께서 '득호천(得乎天)'으로 덕(德) 자를 해석하고 '허령불매(虛靈不昧)'로 명(明) 자를 해석하며 '구중리응만사(具衆理應萬事)'로 덕의 체용

33 삼가……취하였다 : 《대학장구》 전(傳) 6장에서 주희(朱熹)가 "근자에 삼가 정자의 뜻을 취해 다음과 같이 보충하였다.〔間嘗竊取程子之意以補之〕"라고 하였다.

34 주자(朱子)가……하였다 : 《대학장구》의 소주에 인용된 주희의 말은 다음과 같다. "먼저 《대학》을 읽어서 규모를 정하고, 다음으로 《논어》를 읽어서 근본을 세우며, 다음으로 《맹자》를 읽어서 발월함을 관찰하고, 다음으로 《중용》을 읽어서 고인의 미묘함을 찾아야 한다."

(體用)을 분석하셨다고 하는데, 이것은 과연 전한 사람의 잘못이 없는 것입니까? 어리석은 제가 보건대 논하신 바 '구중리' 이하는 정당(精當)한 듯하나 위의 두 구절은 의심이 없을 수 없으니, 이에 대략 아룁니다. 대저 사람이 하늘에서 얻은 바의 것은 명덕(明德)을 어디에서 말미암아 얻은 바를 미루어 말한 것이지 이것으로 곧바로 명덕을 해석한 것은 아닙니다. 허령불매의 경우에도 이것은 바야흐로 명덕의 전체(全體)를 해석한 것이고, 또 '구중리응만사'로 체용을 분석한 것입니다. 만약 전해 들은 이야기와 같다면 말뜻이 전도될 뿐만 아니라 명(明)과 덕(德)이 판연히 두 물건이 되는데, 그것이 되겠습니까. 현석(玄石 박세채(朴世采)) 어른의 경우에는 '하늘에서 얻은 바'를 성(性)이라 하였습니다. 대개 사람이 하늘에서 얻은 것은 심성(心性)에 지나지 않으나 명덕은 곧 심성 전체를 일컫는 명칭입니다. 그렇다면 하늘에서 얻은 것을 말했으나 명덕이 절로 그 속에 있는 것입니다. 그러나 이것을 들어서 덕이라 새기고 성이라 새기니 후학의 의심이 없지 않은데, 어떻게 생각하십니까? 이것은 구두(口讀)와 문의(文義)와는 비교도 되지 않는 것입니다. 삼가 바라건대 밝은 가르침을 내려 저의 몽매함을 깨뜨려 주신다면 매우 다행이겠습니다.

〔답〕 주 선생(朱先生)이 항상 배우는 이들에게 말씀하신 것은 먼저 자의(字義)를 알아야 하고, 그런 뒤에 그것을 따라서 의리를 찾아야 한다는 것이네. 대저 덕(德)의 뜻은 득(得)이네. 주 선생이 덕 자를 설명하기 위하여 먼저 득 자를 말한 것이네. 명(明)은 허령불매의 뜻이네. 명 자를 말하기 위하여 먼저 허령불매를 말한 것이네. 그 정당(精當)하고 촘촘함은 보통 사람이 미칠 바가 아니라네. 그러나 단지 득

자로 덕 자를 해석할 뿐만이 아니었으니, 하늘에서 얻어서 자기에게 있는 것을 덕이라 부른 것이네. 이야기를 전한 사람이 내 뜻을 자세히 알지 못한 듯하네. 자네는 편지에서 허령불매를 명덕의 전체라고 말했는데, 이것은 그렇지 않네. '허령불매'는 심(心)이고, '구중리'는 성(性)이며, '응만사'는 정(情)이네. 심·성·정을 다 열거한 뒤에야 바야흐로 전체라고 말할 수 있네. 화숙(和叔 박세채)이 "하늘에서 얻은 바는 성(性)이 된다."라고 한 것은 내 생각에 약간 온당치 않은 것이 있네. 만약 성만을 가리켜 하늘에서 얻은 바라고 한다면 심과 정은 홀로 하늘에서 얻은 것이 아니란 말인가.

〔문〕 소주(小註)의 "한 몸을 주재하는 것…… 명덕이라고 한다.〔主於一身……謂之明德〕"[35]에 대하여

○ 심과 명덕은 본래 두 가지 물건이 아니나 나누어 말한 것입니다. 대개 심은 한 몸을 통솔하는 것을 가지고 말하였기 때문에 선(善)과 악(惡)을 모두 심이라고 말하고, 명덕은 심의 광명(光明)하고 진실(眞實)한 것을 가지고 말하였기 때문에 순수하고 잡됨이 없습니다. 명덕이 곧 의리를 충분히 갖춘 본심(本心)입니까?

〔답〕 심은 광명한 물체이나 성정을 통솔하니, 그것은 사실 하나일 뿐이네. 그러나 나누어서 말하는 경우가 있고 합쳐서 말하는 경우가 있으니 한쪽을 고집하여 볼 필요는 없네.

35 한……한다 : 《대학장구》의 소주에 인용된 주희의 말로, "일신을 주재하는 것을 '심'이라 하고, 하늘에서 얻어 광명정대한 것을 '명덕'이라고 한다.〔主於一身者謂之心, 有得於天而光明正大者謂之明德.〕" 하였다.

〔문〕 소주의 "심은 오행 중에 불에 속한다.〔心屬火〕"[36]에 대하여

○ 원형이정(元亨利貞)은 원(元)이 실제로 그것들을 통솔하고, 인의예지(仁義禮智)는 인(仁)이 실제로 그것들을 포함합니다. 그러나 목화금수(木火金水)의 오행(五行)에 짝을 지우면 원과 인은 목(木)이고, 형(亨)과 예(禮)는 화(火)이며, 오행을 오장(五臟)에 짝을 지우면 간(肝)은 목이 되고 심(心)은 화가 됩니다. 간은 진실로 통솔해야 하나 그것을 심으로 통솔하는 것은 어째서입니까?

〔답〕 사덕(四德)을 사행(四行)에 짝을 지우는 것과 오장을 오행에 짝을 지우는 것은 각각 하나의 설이 되나 지금 억지로 끌어다 하나로 합친다면 참으로 이른바 "나는 같기를 바라나 저들은 저대로 다르다."라고 하는 것이네. 이것은 독서할 때 가장 금지하고 방지해야 할 것이네.

〔문〕 소주의 "북계 진씨(北溪陳氏 진순(陳淳))가 '사람이 천지의 이치를 얻어…… 허령하다.〔人得天地之理……虛靈〕' 하였다."[37]에 대하여

〔답〕 진씨가 이른바 '우득(又得)' 두 글자는 선후(先後)를 두는 혐의가 없지 않은 듯하므로 이 선생(李先生 이이(李珥))이 그르게 여기셨네.

36 심은……속한다 : 《대학장구》의 소주에 나온다. 혹자가 "'명덕'은 심입니까, 성입니까?"라고 묻자, 주희는 "심과 성은 절로 구분이 있으니, 허령한 것이 심이고 진실한 것이 성이다. 성은 바로 저 이치이고, 심은 바로 성을 담고 실어서 베풀고 운용하는 것이다. 심은 오행 중에 불에 속하니, 광명이 발동하는 물건이기 때문에 허다한 도리를 갖추는 것이다."라고 하였다.

37 북계……하였다 : 《대학장구》의 "명덕을 밝히는 데 있다.〔在明明德〕"의 소주에 "북계 진씨가 말하기를 '사람이 태어나면서 천지의 이를 얻고 또 천지의 기를 얻으니, 이와 기가 합한 것이 허령하게 된 까닭이다.' 하였다.〔北溪陳氏曰: "人生得天地之理, 又得天地之氣, 理與氣合, 所以虛靈."〕"라고 하였다.

〔문〕 소주의 "허하므로 모든 이치를 갖추고 영하므로 모든 일에 응한다.〔惟虛故具衆理, 惟靈故應萬事.〕"[38]에 대하여

○ 허와 영은 비록 나누어서 말할 수 없으나 무릇 물체는 허한 뒤에야 능히 수용(受容)할 수 있고 영한 뒤에야 감통(感通)할 수 있습니다. 이것은 더욱 긴요하고 절실한 경우에 나아가서 말한 것이니 해로울 것이 없을 듯한데, 어떻게 생각하십니까?

〔답〕 옥계 노씨(玉溪盧氏 노효손(盧孝孫))의 설도 본래 좋다네. 그러나 〈중용장구서〉에서는 허령을 지각(知覺)과 대(對)가 되게 말을 하였고 소주에서 "허령은 심의 체(體)이고 지각은 심의 용(用)이다."라고 하였으니, 이것과 같지 않네.

〔문〕 소주의 "운봉 호씨(雲峯胡氏 호병문(胡炳文))가 '반드시 여기에 이르러서…… 마쳐야 할 곳을 알고 마친다.〔必至於是……知終終之〕' 하였다."[39]에 대하여

○ 살피건대 《역(易)》의 주(註)에서 "이를 데를 알아 이르는 것은 지(知)의 일이고, 마쳐야 할 곳을 알아 마치는 것은 행(行)의 일이다."라고 하였으나,[40] 여기서는 '반드시 이른다.'와 '옮겨가지 않는

38 허하므로……응한다 : 《대학장구》의 주 "명덕이라는 것은 인간이 하늘에서 얻은 것으로, 허령불매하면서 뭇 이치를 갖추고 만사에 응하는 것이다.〔明德者, 人之所得乎天, 而虛靈不昧, 以具衆理而應萬事者也.〕"에 대한 소주에서 인용한 옥계 노씨의 말이다.

39 운봉……하였다 : 《대학장구》의 경문 "지극한 선에 그치는 데에 있다.〔在止於至善〕"의 주 "지라는 것은 반드시 여기에 이르러서 옮겨가지 않는다는 뜻이다.〔止者, 必至於是而不遷之意.〕"에 대한 소주에서 인용한 운봉 호씨의 말이다.

40 역(易)의……하였으나 : 《주역》 〈건괘(乾卦) 문언(文言) 구삼(九三)〉에 "이를 데

다.'가 각각 지와 행을 겸하였으니, 호씨의 설은 친절하지 않은 듯합니다.

〔답〕 이것은 호씨가 다만 시종(始終)의 뜻을 취한 것이네. 만약 지와 행의 뜻까지 겸하여 취하기를 과연 자네의 말처럼 했다면 온당하지 않은 것 같네.

〔문〕 소주의 "쌍봉 요씨(雙峯饒氏 요로(饒魯))가 '…… 지선은 이치가 사물에 나타난 것을 가지고 말한 것이다.〔……至善以理之見於事者言〕' 하였다."에 대하여

○ 이것은 단지 지선의 용(用)을 말한 것인 듯합니다. 주자가 《대학혹문》 가운데에서 또한 용은 말하고 체(體)는 말하지 않았는데, 옥계 노씨에 이르러 비로소 체를 말하였습니다. 어떨지 모르겠습니다.

〔답〕 "이치가 사물에 나타난 것을 가지고 말한 것이다."에 대한 자네의 말과 요씨의 설은 서로 관련이 없는 듯한데, 어찌 우매한 나의 식견이 거기에 도달하지 못하여 그런 것이 아니겠는가. 한탄스럽네.

를 알아 이르므로 더불어 기미를 알 수 있고, 마칠 데를 알아 마치므로 더불어 의를 보존할 수 있다.〔知至至之, 可與幾也; 知終終之, 可與存義也.〕"라는 경문이 나오는데, 정전(程傳)에 "이를 데를 알아 이르는 것은 치지이니, 이를 데를 알기를 구한 뒤에 이르고 보면, 지(知)가 행(行)보다 앞에 있으므로 '더불어 기미를 안다.'라고 한 것이다. …… 마쳐야 할 곳을 알아 마치는 것은 역행이니, 이미 마쳐야 할 곳을 알았으면 힘써 나아가 마쳐야 하며, 지키는 것〔守〕이 지(知)보다 뒤에 있으므로 '더불어 의(義)를 보존한다.'라고 한 것이다."라고 해설하였다.

〔문〕 "고요하게 할 수 있다.〔能靜〕"에 대하여

○ 주자(朱子)는 "긴요한 점은 능(能) 자에 있다."라고 하였습니다.

〔답〕 이 구절 가운데 만약 능 자가 없다면 정(靜)이라 말하는 것은 진정한 고요함이 아니고, 안(安)이라 말하는 것도 진정한 편안함이 아니네. 반드시 진정으로 그 고요함을 얻고 진정으로 그 편안함을 얻은 뒤에야 비로소 "고요하게 할 수 있다."라고 말할 수 있네. 선생의 뜻이 여기에서 나온 듯하네. 아래의 "생각할 수 있다.〔能慮〕"도 같네.

〔문〕 주(註)의 "안은 처한 바에 편안함을 말한다.〔安謂所處而安〕"에 대하여

○ 이것은 비록 몸의 측면에서 말하였으나 행사(行事)에는 미치지 않으므로 지(知)에 속하는 것입니까?

〔답〕 이것은 안(安)뿐만이 아니네. 비록 여(慮)에 이르더라도 마땅히 지에 속해야 하네. 모름지기 득(得)에 이른 뒤에야 비로소 행(行)에 속하게 되네.

〔문〕 "여는 일 처리가 정밀하고 자세함을 말한다.〔慮謂處事精詳〕"에 대하여

○ 처(處) 자에 대하여 혹자는 여(慮) 자의 잘못이라고 하였습니다. 살피건대 주자는 "사물이 다가오면 생각하고 살핀다."라고 하고, 율곡(栗谷)은 "다시 모름지기 기미를 연구하고 처리할 것을 살펴야 한다."라고 하였습니다. 그렇다면 처 자에는 잘못된 점이 없는 듯합니다.

〔답〕 처 자는 제재하고 헤아린다는 뜻이니, 아직까지는 행에 이르지

않은 것이네.

〔문〕 소주의 "득 자의 위치와 거리가 비록 매우 가까우나 다만 나아가기 어려운 것이다.〔去得字地位雖甚近, 只是難進.〕"에 대하여

○ 여(慮)에서 득(得)까지의 거리는 비록 가까우나 나아가기 어려움을 말한 것입니까? 단지 생각을 잘하는 것을 어렵게 여긴 것이니, 생각할 수 있으면 득이 그 가운데 있을 듯합니다. 어떻게 생각하십니까?

〔답〕 여에서 득까지의 사이는 그 거리가 매우 가까움을 말한 것이네.

〔문〕 "의는 심이 발한 것이다.〔意者, 心之所發.〕"에 대하여

○ 의(意)는 정(情)에 따라 계교하는 것입니다. "성이 발한 것〔性之發〕"이라고 말하지 않고 "심이 발한 것〔心之發〕"이라고 말한 것은 성은 하는 것이 없으나 심은 하는 것이 있기 때문입니까?

〔답〕 성은 도모하거나 조작하는 일이 없는 물건이고 심은 운용하거나 주재하는 물건이네. 그러므로 그 발한 바의 의는 따지거나 헤아릴 수 있네.

〔문〕 "격은 이른다는 것이다.〔格至也〕"에 대하여

○ 율곡이 "격(格) 자는 궁(窮)과 지(至) 두 가지 뜻이 있는데, 격물(格物)의 격은 궁 자의 뜻이 많고, 물격(物格)의 격은 지 자의 뜻만 있다."라고 하였습니다.

〔답〕 옛날 사람이 글자를 쓸 때는 각각 편안한 바에 나아가 썼네. 이를테면 치(致)와 지(知) 두 글자를 만약 하문(下文)에서 '지치(知致)'라

고 했다면 문세와 의리가 모두 타당하지 않으니, 반드시 '지지(知至)'라고 고친 뒤에야 명백하고 온당하네. 지금 '궁지(窮至 궁구하여 이름)' 두 글자도 그렇다네. 대개 격물은 사람을 위주로 하여 말한 것이고, 물격은 사물을 위주로 하여 말한 것이네. 만약 물(物) 자에 곧 궁지 자를 놓는다면 사물이 어찌 스스로 궁구하여 이르는 이치가 있겠는가. 바라건대 자네는 이곳에 정신을 바짝 차리시게. 이것은 《대학》을 공부할 때 가장 처음 해야 할 공부이나, 주자와 율곡 이외에는 설명을 매우 적절하게 한 이를 보지 못하여 항상 적이 개탄할 뿐이네.

〔문〕 소주의 "운봉 호씨(雲峯胡氏)가 '구라는 것은 그 체가 서서…… 체가 섰다.〔具者其體之立……體立〕' 하였다."[41]에 대하여

〔답〕 호씨의 설은 서문 첫머리의 주(註)의 설에서 이미 '중리를 묘용하고 만물을 주관한다.〔妙衆理宰萬物〕'를 체용을 겸한 것으로 여기면서 "적이 주자의 뜻을 취하였다."라고 말하였으니, 저 사람이 어찌 주자의 뜻을 잘못 알았겠는가. 우리의 식견이 도달하지 못하여 그런 것이 아니겠는가. 다시 살펴보아야 하네.

〔문〕 장하주(章下註)의 "심천(深淺)과 시종(始終)"에 대하여

○ 심천과 시종에 대하여 혹자는 "10장 전체에서 그것을 찾는다."라고 하고, 혹자는 "각기 1장의 안에 나아가 그것을 찾는다."라고

41 운봉……하였다 : 운봉 호씨가 "구라는 것은 그 체가 선 것이니, 그것으로 묘용하면 그 용이 행해지고, 응이라는 것은 그 용이 행해지는 것이니, 그것으로 주재하면 그 체가 선다."라고 하였다.

하였습니다. 저는 '두 가지 설이 모두 있어야 그 뜻이 비로소 갖추어진다.'라고 생각합니다. 대개 격물(格物)부터 평천하(平天下)까지 사업이 더욱 넓어지고 지위가 더욱 높아져 절로 천심과 시종이 되나, 전문(傳文)은 1장마다 얕은 곳에서 시작하여 깊은 곳을 말하며 처음부터 끝까지 조리가 있지 않은 곳이 없기 때문입니다. 어떻게 생각하십니까?

〔답〕 자네 말이 맞네.

〔문〕 "표리 정조(表裏精粗)"의 소주에 "주자(朱子)가 '표는 사람과 사물이 함께 말미암는 것이고, 이는 내 마음이 홀로 얻는 것이다.〔表者人物所共由, 裏者吾心所獨得.〕' 하였다."에 대하여

〔답〕 함께 말미암는 바는 부모의 사랑〔慈〕과 자녀의 효성〔孝〕 같은 것이니, 일로써 말한 것이네. 홀로 얻는 것은 곧 부자(父慈)와 자효(子孝)의 이치를 마음으로 깊이 이해한 것이네.

〔문〕 "신기독(愼其獨)"에 대한 주 '독지(獨知)'의 아래 있는 소주에 "신안 진씨(新安陳氏 진력(陳櫟))가 '지는 곧 곳이니…… 홀로 거처하는 곳을 가리켜 말한 것이지〔地卽處也……獨居而言〕' 하였다."[42]에 대하여

42 신안……하였다 : 《대학장구》의 경문 '신기독'의 주 "독은 남들은 알지 못하는 것이면서 자기는 홀로 아는 곳이다.〔獨者, 人所不知而己所獨知之地也.〕"에 대하여 신안 진씨는 "'기소독지지지(己所獨知之地)'의 지(地)는 곧 곳〔處〕이다. 이 독 자는 마음으로 홀로 아는 것을 가리켜 말한 것이지, 자신이 홀로 거처하는 것을 가리켜 말한 것이 아니다."라고 하였다.

○ 자기가 홀로 알고 있는 바는 실로 '홀로 거처하는 것'과 '여러 사람을 마주하는 것'을 겸하여 말한 것입니다. 진씨가 단지 홀로 거처하는 것만을 말했으므로 율곡이 취하지 않은 것입니까?

〔답〕 하문(下文)에 "한거는 혼자 거처하는 것이다.〔閑居獨處也.〕"라는 말이 있으므로 여기에서 먼저 이 말을 하여 두 독(獨) 자가 다름을 밝힌 것이지 다른 뜻이 있었던 것은 아니네.

〔문〕 소주의 "주자가 '사전을 주조하여 가짜 관회[43]를 만든다.〔如鑄私錢做官會〕' 하였다."[44]에 대하여

〔답〕 가(假)와 주(做) 모두 뜻이 통하네. 가는 관회를 가짜로 만든다는 뜻이네.

〔문〕 "한가히 있을 때 못된 짓을 한다.〔閑居爲不善〕"의 소주에 "쌍봉 요씨(雙峯饒氏)가 '…… 이 성 자는 선악을 겸하여 말한 것이다.' 하였다.〔……此誠字兼善惡說〕"에 대하여

○ 이 성(誠) 자는 오로지 악(惡)이 마음속에 가득한 것을 말한 것인데, 쌍봉 요씨의 말이 이와 같으니 온당하지 않은 듯합니다.

43 관회 : 관청에서 발행한 회자(會子)로, 송(宋)나라 화폐 이름이다. 지전(紙錢)과 같다.

44 주자가……하였다 : 《대학장구》의 경문 "이른바 뜻을 성실히 한다는 것은 자기함이 없는 것이다.〔所謂誠其意者, 毋自欺也.〕"의 '자기'에 대한 소주에서 주희의 말을 다음과 같이 인용하였다. "이를테면 사전을 주조하여 가짜 관회를 만드는 것은 대단히 형편없는 소인의 짓이니, 어찌 '자기'라고 말할 수 있겠는가.〔如鑄私錢做官會, 此是大故無狀小人, 豈自欺之謂耶?〕"

〔답〕 요씨가 말한 것은 모두 악 한쪽만을 말하였는데, 선악을 겸한 것으로 결론지었으니, 자네 말처럼 정말 의심스럽네.

〔문〕 "열 개의 눈이 지켜본다.〔十目所視〕"의 소주에 "옥계 노씨(玉溪盧氏)가 '실로 이에는 현은의 차이가 없다. …… 이것이다.〔實理無顯隱……此也〕' 하였다."에 대하여

○ 옥계 노씨는 선악을 겸하여 설명을 하며 비록 선악을 덮을 수 없는 점에 힘을 쏟았지만 아마도 언외(言外)의 뜻을 미루어 말한 것으로, 이 구절만을 논한 것은 아닌 듯합니다.

〔답〕 노씨가 앞뒤 구절의 뜻을 미루어 말하였으니, 아마도 자네의 말과 같은 듯하네.

〔문〕 "덕은 몸을 윤택하게 해서…… 몸을 펴지게 한다.〔德潤身……體胖〕"[45]에 대하여

○ "마음이 넓어진다.〔心廣〕"는 덕을 거듭 말한 것이고, "몸을 펴지게 한다.〔體胖〕"는 몸을 윤택하게 하는 것을 거듭 말한 것입니까?

〔답〕 자네 말이 그럴듯하네. 또 여기에서 반드시 신(身) 자를 말한 것은 장차 그것으로 하장(下章)의 "마음을 바르게 하고 몸을 닦는다.〔正心修身〕"를 일으키려고 말한 것이네. 그렇다면 이른바 덕은 이미 암암리에 정심(正心)의 뜻을 띠고 말한 것이니, 이것은 몰라서는 안 되네.

45 덕은……한다 : 《대학장구》 전(傳) 6장에 인용된 증자(曾子)의 말로, "부(富)는 집을 윤택하게 하고 덕은 몸을 윤택하게 하니, 덕이 있으면 마음이 넓어지고 몸이 펴진다. 그러므로 군자는 그 뜻을 반드시 성실하게 하는 것이다." 하였다.

〔문〕 "정심(正心)"에 대하여

○ 혹자는 "정심은 단지 동(動)할 때의 공부이다."라고 말하고, 혹자는 "《대학》은 동(動)과 정(靜)을 겸하여 말하였다."라고 말하였는데, 모두 틀렸습니다. 만약 정심 공부를 전체적으로 논하자면 진실로 동과 정을 겸하는데, 《대학》에 이르러서는 단지 동할 때의 공부라고 말하였습니다. 대개 정할 때의 공부가 상면(上面)에 포함되어 있기 때문입니다.

〔답〕 《대학장구(大學章句)》에서는 오로지 동만을 말하였고, 《대학혹문》에서는 정을 겸하여 말하였네. 경(經) 1장에서 "심의 본체는 외물이 움직이지 못하여 바르지 않음이 없게 된다.〔心之本體, 物不能動而無不正.〕"라고 한 것이 이것이네. 한 가지만을 고집하여 논할 수 없을 듯하네. 자네가 "상면에 포함되어 있다."라고 말한 것은 어폐가 있는 듯하네. 만약 '이미 움직이기 전에 있었다.〔已在動前〕'라고 고친다면 조금 나을 듯하네.

〔문〕 "이른바 그 집안을 가지런히 함…… 편벽된다.〔所謂齊其家……辟焉〕"에 대하여

○ 다섯 가지의 편벽[46]은 그 시말이 마음에 있는데, 마음이 이미 바르면 이 편벽들이 없을 듯합니다. 그러나 이 편벽들이 수신(修身)에 관계되는 것은 다만 몸과 사물이 접할 때의 일이기 때문입니까?

〔답〕 만약 자네의 말과 같다면 성인이라도 제대로 생각하지 못하면

46 다섯 가지의 편벽 : 《대학장구》 전 8장에 나오는 친애함, 천오(賤惡)함, 외경함, 애긍(哀矜)함, 오타(敖惰)함을 말한다.

광인(狂人)이 될 수 있다는 것은 헛된 말이 될 것이네. 《대학》의 공부는 일절(一節)이 앞의 일절보다 점차 쉬워지나 그 경계하는 뜻은 처음부터 끝까지 한결같으니, 제10장을 보면 알 수 있네. 옛사람이 이것은 믿고 저것은 폐해서는 안 된다고 말한 것은 참으로 격언이네.

〔문〕 "이른바 나라를 다스리려면 반드시 먼저 그 집안을 가지런히 해야 한다.〔所謂治國必先齊其家〕"에 대하여

○ 이 장(章)의 머리 및 하장(下章)의 결어(結語)가 다른 예(例)와 같지 않은 것은 경문(經文) 끝 부분의 본말(本末)과 후박(厚薄)에 호응하여 그런 것입니까?

〔답〕 자네가 "장의 머리 및 하장의 결어"라고 말한 것은 견강부회하는 병통이 있는 듯하네. 대개 전(傳) 10장의 수말(首末)에 한 가지 예를 다 쓸 필요는 없네. 이를테면 "이것을 일러 근본을 안다고 하는 것이다.〔此謂知本〕"는 그 아래 "이것을 일러 몸을 닦는 것이 그 마음을 바르게 하는 데 있다고 하는 것이다.〔此謂修身在正其心〕"의 예를 쓴 것이나 그 위 3개 전(傳)의 경우에는 이 예를 쓰지 않았네. 전(傳)의 수장(首章)부터 5장의 머리까지는 모두 '이른바〔所謂〕'라는 글자가 없네. "이것을 일러 몸이 닦이지 않으면 그 집안을 가지런히 할 수 없다고 하는 것이다.〔此謂身不修不可以齊其家〕"는 또 별도의 한 가지 예를 쓴 것이네.

〔문〕 "나라에 교화를 이룬다.〔成教於國〕"에 대하여

○ 혹자가 "치국(治國)은 제가(齊家)의 뜻을 벗어나지 않는다."라고 말했습니다. 그러나 하문(下文)의 "한 집안이 인하면 한 나라에서 인을 일으킨다.〔一家仁, 一國興仁.〕" 등의 말로 미루어 보건대, 혹자

의 설과 같지 않은 듯합니다.

〔답〕 나라에 교화를 이루면서도 집을 벗어나지 않는다는 것이니, 《역》에서 이른바 "군자가 집에 있으나 그 말이 선하면 천 리 밖에서도 호응한다."라는 뜻과 같네. 혹자의 설은 옳지 않은 듯하네.

〔문〕 "갓난아이를 보호하듯이 한다.〔如保赤子〕"의 소주에 "주자(朱子)가 '이 또한 동화가 근본이 됨을 말한 것일 뿐이다.〔此且只說動化爲本〕' 하였다."에 대하여

○ 율곡은 이것을 한 장의 뜻을 통론(通論)한 것으로 여겼습니다. 그러나 이 장의 중간에서도 미루어 나가는 것을 많이 말하였습니다. 소주의 '주자왈일가인(朱子曰一家仁)' 이상은 그 집을 미루어서 나라를 다스리는 것입니다. 《대학혹문》의 마지막 장에서도 "수장(首章)은 오로지 자신이 미루어 나감으로써 다른 사람이 교화되는 것이다."라고 하였습니다. 그렇다면 "미루어 나가는 것에 대하여는 말하지 않았다.〔未說到推上〕"라고 말해서는 안 될 듯합니다. 그러나 주장하여 말한 것은 교화에 있지 미루어 나가는 데 있지 않기 때문입니까?

〔답〕 통론하면 모두 교화를 말한 듯하나 세분(細分)하면 그 가운데 교화하는 것이 있고 또한 미루어 나가는 것이 있네.

〔문〕 "차위치국재제기가(此謂治國在齊其家)"의 소주에 "운봉 호씨(雲峯胡氏)가 '…… 처음에는 부인이 집안 식구에게 합당함을〔……首以婦人之宜家人〕'이라고 하였다."에 대하여

○ 이것은 비록 시(詩)를 빌려서 말한 것이나 그 뜻은 실로 군자가 그 집안 식구에게 합당함을 가리킨 것입니다. 그러나 호씨가 이와

같이 말하였으니 온당하지 못한 듯합니다.

〔답〕 호씨도 '나의 아내에게 모범이 된다.〔刑于寡妻〕'라는 것으로 말하였으니 또한 전적으로 부인만을 가리켜 말한 것은 아니네. 만약 전적으로 부인만을 가리켜 말하였다면 바로 주자가 기롱한 바 '이남(二南)[47]을 논하는 자가 문왕(文王)의 몸에 근본을 두지 않는다.'라는 것이니, 그래서야 되겠는가.

〔문〕 평천하장(平天下章)에 대하여

○ 이 장은 세분하면 비록 8개의 절이 되지만 대체로 4개의 절로 나누어 보는 것도 좋습니다. 제1절은 혈구(絜矩)의 뜻을 통틀어서 말하였고, 제2절은 재용(財用)을 말하였고, 제3절은 용인(用人)을 말하였고, 제4절은 재용과 용인을 겸하여 말하면서 의리를 중시하였으며, 그 사이의 매 절에는 각각 혈구의 뜻이 있습니다. 그러나 '초서(楚書)'로 시작하는 절과 '구범(舅犯)'으로 시작하는 절[48]은 정말 의심할 만한 점이 있습니다. '초서'로 시작하는 절은 용인을 논하였으니, '진서(秦誓)'로 시작하는 절과 합하여 한 절로 삼아야 할 듯합니

47 이남(二南) : 《시경》의 편명인 〈주남(周南)〉과 〈소남(召南)〉을 가리키는데, 〈주남〉은 주 문왕(周文王)의 후비가 수신제가한 일을 노래한 것이고, 〈소남〉은 남국(南國)의 제후(諸侯)가 후비의 덕화(德化)를 입은 것을 읊은 것이다.

48 초서(楚書)로……절 : 《대학장구》 전 10장의 "〈초서〉에 이르기를 '초나라는 보배로 삼을 것이 없고 오직 선인(善人)을 보배로 삼는다.' 하였다.〔楚書曰: "楚國無以爲寶, 惟善以爲寶."〕"라는 구절과, "구범이 말하기를 '도망 온 사람은 보배로 여길 것이 없고 어버이를 사랑하는 것을 보배로 여긴다.' 하였다.〔舅犯曰: "亡人無以爲寶, 仁親以爲寶."〕"라는 구절을 가리킨다.

다. '구범'으로 시작하는 절은 이미 혈구의 뜻과 같지 않고 또 '초서'로 시작하는 절의 말과 부합하지 않는데, 《대학장구》에서는 합하여 한 절로 삼았습니다. 어떻게 해야 할지 모르겠습니다.

〔답〕 주자가 절을 나눈 것이 저절로 분명한데, 어찌 다시 다른 뜻을 일으킬 필요가 있겠는가. 무릇 구설(舊說)을 고치는 자는 반드시 구설이 의심할 만한 뒤에야 바야흐로 다른 뜻으로 고쳐 볼 수 있네. '초서'로 시작하는 절과 '구범'으로 시작하는 절은 모두 보배가 없음을 말하였는데, 보배는 곧 재물이니, 위의 "먼저 덕을 삼간다.〔先謹乎德〕"라는 한 절을 받아서 말하고, 또한 그것으로 "재물을 생산하는 데 큰 방법이 있다.〔生財有大道〕"라는 한 절의 뜻을 드러내었네. 대개 이 한 장은 '공사(公私)' 두 글자를 번번이 거듭 드러내어 자상히 반복하는 뜻을 이루었네. 주 선생이 여기에서 그것을 처리한 바는 이미 제유(諸儒)가 미칠 수 있는 바가 아니네. 두 정자(程子)가 개정한 것을 가지고 비교하여 보니, 주 선생이 천년 뒤에 옛 성인의 마음을 혼자 알아보았음을 더욱 알았네.

심명중에게 답함 무오년(1678, 숙종4) 9월

答沈明仲 戊午九月

〔문〕 관아에 보고하지 않으면 후사로 삼을 수 없다는 것은 이미 가르침을 들었습니다. 그렇다면 마땅히 성인(成人)으로서 후사가 없는 자는 대종(大宗)의 사당에 부묘해야 한다는 것을 따라야 합니까? 이것은 아무리 예율(禮律)이 어떤지 알지 못하더라도 참으로 신도(神道)와 인정(人情)이 편치 않은 바이니, 세상에서 하는 시양자(侍養子)의 사례를 따르고 이어서 그 제사를 봉행하며 신주(神主)에 개제(改題)하는 것이 어떨지 모르겠습니다.

〔답〕 후사가 없는 사람을 종가의 사당에서 부식(祔食)하는 것은 본래 정례(正禮)인데 무슨 불안한 마음이 있겠는가. 예가 바르면 마음이 편안하네. 양육을 받은 사람이 차마 모른 체할 수 없어서 제사 지낼 때 물건으로 돕는다면 그 정을 스스로 펼 수 있을 것이네.

심명중에게 답함
答沈明仲

〔문〕《가례(家禮)》〈선조(先祖)〉에 대하여

○ 주자(朱子)가 "선조는 시조(始祖) 이하 제2세 및 자신 이상 제6세의 조상이다."라고 하였습니다. 그렇다면 제2세 조상 이하 제위(諸位)를 아울러 제사를 지내는 것입니까?

〔답〕 '선조'에 대한 본주(本註)에서 이미 "초조(初祖) 이하"라고 말하였으니, 제위를 모두 가리켜 말하였네.

〔문〕 "풍쇄(豐殺)와 소삭(疏數)"[49]에 대하여

○ 정자(程子)는 "비록 서인(庶人)일지라도 고조(高祖)에게까지 제사를 지내는데, 천자와 제후에 비하여 단지 소삭이 있을 뿐이다."라고 하고, 주자는 "〈제법(祭法)〉에는 달마다 지내는 제사와 봄 제사〔享〕, 가을 제사〔嘗〕의 구별이 있으니, 옛날에는 멀고 가까움에 따라 소삭을 정했음을 또한 볼 수 있다."라고 하여, 정자와 주자의 설이 같지 않습니다. 정자는 소삭으로 천자와 서인을 구별하였고, 주자는 소삭으로 멀고 가까움을 구별하였습니다. 《퇴계집(退溪集)》

49 풍쇄(豐殺)와 소삭(疏數) : 풍쇄는 묘제(廟祭)에서 희생(犧牲)을 쓸 적에 군(君)은 태뢰(太牢), 대부(大夫)는 소뢰(少牢), 사(士)는 특생(特牲)을 쓰는 것과 같이 차등이 있는 것을 말하고, 소삭은 사당의 많고 적음에 따라서 제사를 자주 지내고 드물게 지내는 차이가 있는 것을 말한다.

에도 "고조(高祖) 한 위에만 성글게 거행한다.〔疏擧於高一位〕"라는 글이 있는데, 이것은 주자의 설을 따른 것입니다. 그러나 이 글의 문세(文勢)를 살펴보고 인정으로 보건대 정자의 설을 바른 것으로 여겨야 할 듯합니다. 어떻습니까?

〔답〕 풍쇄와 소삭에 대한 정자의 설은 귀천(貴賤)으로 말한 것 같고 주자는 멀고 가까움으로 말하였네. 그러나 모두 고례(古禮)가 이와 같음을 논한 것이네. 고례는 세대마다 각기 사당을 달리하였으므로 이와 같을 수 있네. 지금 세상에서는 한 사당에 같이 있으니, 이 예는 행할 수 없을 듯하네.

〔문〕 "반부(班祔)"[50]에 대하여

○ 고조의 신주를 봉사(奉祀) 대수(代數)가 다하여 조천(祧遷)하면 그 부위(祔位)[51]도 그에 따라서 조천합니까, 혹은 매안(埋安)합니까? 만약 그 부위의 형제나 형제의 아들이 있다면 갑자기 매안해서는 안 되는데, 장차 어떻게 해야 합니까?

〔답〕 고조의 신주를 최장방(最長房)에게 조천하면 그 부위는 마땅히 그 묘에 매안해야 하네. 그 형제 및 조카는 비록 차마 못 할 바가 있더라도 분수에는 한계가 있으니, 어찌할 수 없네. 혹 그 기일(忌日)에 지방(紙榜)으로 대략 그 정을 편다면 무방할 듯하네.

50 반부(班祔) : 대를 잇는 아들이 없는 사람의 신주를 사당에 모실 때 별도로 안치하지 않고 곧바로 조부의 신주와 합쳐 모시다가 대수가 차서 땅에 묻을 때 역시 조부의 신주와 같이 묻는 것을 말한다.

51 부위(祔位) : 부식(祔食)하는 신위(神位)를 이른다. 부식은 조고(祖考)를 제사할 때에 결혼하기 전에 일찍 죽었거나 후사가 없는 망자를 함께 모시는 것이다.

〔문〕 "증조의 형제는 제사를 주관할 사람이 없으면 제사 지내지 않는다.〔曾祖兄弟無主者不祭〕"에 대하여

○ 이것은 합사(合祀)할 수 있는 신위가 없으므로 비록 제사 지내지 못하더라도 형제의 아들과 손자가 있다면 제사 지내지 않을 수 없을 듯합니다. 혹 별실(別室)에서 제사 지내는 것은 어떻습니까?

〔답〕 증조의 형제가 부할 곳이 없는 경우에는 상(喪)을 마친 뒤에 그 신주를 매안해야 할 듯하네. 그러나 이미 "성인으로서 후사가 없는 자는 그를 위한 제사가 형제의 손자 대에서 끝난다."라고 하였으니, 그 형제의 아들과 손자가 어찌 차마 제사를 지내지 못하겠는가. 만약 종가의 사당에 부식(祔食)하는 경우라면 5대조(代祖)를 조천할 때 역시 매안했을 것이네.

〔문〕 "질의 부친이…… 따라간다.〔姪之父……從之〕"[52]에 대하여

○ 한강(寒岡 정구(鄭逑))의 설이 비록 인정에 가까우나 이미 소목(昭穆)의 순서를 잃었으니 마땅히 구봉(龜峯 송익필(宋翼弼))의 설을 따라야 합니까? 《가례문해(家禮問解)》에서도 취사(取捨)의 말이 없으니, 장차 어떻게 정하고 행해야 합니까?

〔답〕 질의 부친이 스스로 사당을 설치한 것이 만약 정한강(鄭寒岡)의 설과 같다면 이것은 손자를 조부에게 합사하는 의리를 잃은 것이네. 《가례문해》는 구봉의 설 아래에서 "《가례정형(家禮正衡)》의 설도 그

52 질의……따라간다 : 《가례》 권1 〈통례(通禮)〉 반부(班祔)의 주(註)에서 "질의 부친이 스스로 사당을 설치했을 경우에는 그쪽으로 옮겨서 따라간다.〔姪之父自立祠堂, 則遷而從之.〕"라고 하였다.

러하다."라고 하였으니, 취사의 뜻을 알 수 있네.

〔문〕 "백숙부를 증조에 부하고…… 동쪽 편에 안치한다.〔伯叔父祔于曾祖……東邊安〕"[53]에 대하여

○ 일찍이 생각건대 백숙부모(伯叔父母)가 모두 사망했으면 마땅히 합하여 모두 증조의 사당에 합사해야 합니다. 이것은 혹 한 분은 생존하고 한 분은 사망한 경우에 근거하여 말한 것입니다. 다만 무릇 부위(祔位)는 모두 동쪽 편에 안치하는데, 여기서는 남녀를 동서로 나누었습니다. 그러므로 본주(本註)의 "모두 서향한다.〔皆西向〕"라는 글과 저절로 서로 방해가 되며, 늘 그 의리를 깨닫지 못하였습니다. 지금 보건대 사계(沙溪 김장생(金長生))가 동춘(同春 송준길(宋浚吉))의 질문에 답한 것을 보니 "오른쪽에 자리 잡게 하는 것은 또한 서쪽을 위로 삼는 뜻이다."라고 하였습니다. 그러나 부부의 신주를 나누는 것은 온당치 않습니다. 그렇다면 이 설은 남녀를 동서로 나누는 것일 뿐만 아니라 아무리 부부라도 마땅히 나누어서 각각 합사하는 것입니다. 이와 같다면 동서의 부위가 하나는 앞에 있고 하나는 뒤에 있게 되니 온당하지 못한 것 같습니다. 《상례비요(喪禮備要)》의 여러 그림은 모두 서쪽에 부위가 없으니, 실로 모두 동쪽에 합사한 것인 듯합니다. 어떻게 해야 할지 모르겠습니다.

53 백숙부를……안치한다 : 《가례》 권1 〈통례 사당(祠堂)〉 '방친지무후자이기반부(旁親之無後者以其班祔)'의 부주(附註)에 "선생께서 말씀하기를 '만일 백숙부에 대해 부제(祔祭)를 지내면 증조의 곁 한쪽 가의 위패 서쪽 편에 부(祔)하여 안치하고, 백숙모는 증조모 동쪽 편에 부하여 안치한다.' 하였다."라고 한 유해손(劉垓孫)의 설이 있다.

〔답〕 부위는 동서에 위치하네. 적이 생각건대 정위(正位)의 고(考)는 서쪽이므로 남자도 서쪽이고, 정위의 비(妣)는 동쪽이므로 여자도 동쪽이네. 그러나 이미 '백숙부(伯叔父)'라고 말했으니 백숙모(伯叔母)가 그 가운데 있는 것이네. '백숙모'라고만 말한 것은 백숙부는 생존해 있으나 백숙모가 먼저 사망한 경우이네. 시제(時祭) 때의 부위는 또한 "양쪽 서에서 서로 마주한다.〔兩序相向〕"라는 글을 따라야 할 듯하네. 만약 모두 동쪽 서(序)에 안치한다면 혹 수숙(嫂叔)을 잇닿아 안치하는 경우가 있을 것이니, 매우 온당하지 않네. 《상례비요》의 그림에 서쪽 서의 위치가 없는 것은 "모두 동쪽 서에 안치한다.〔皆於東序〕"라는 글을 따른 것이네.

〔문〕 "고모친(故某親)"에 대하여

○ 황(皇) 자와 현(顯) 자를 쓰지 않은 것은 어떤 뜻입니까?
〔답〕 제주(題主)할 때에 이미 현 자를 쓰지 않았으니, 고사(告事)할 때에 어찌 현 자를 쓸 수 있겠는가. 구본(舊本) 《가례》에서 황 자를 썼으니 고사할 때에도 황 자를 써야 하는데 고(告) 자로 고쳐 쓴 것은 이해할 수 없는 점이 있네.

〔문〕 "모씨(某氏)"에 대하여

○ 향관(鄕貫)을 적지 않습니까? 모씨라고 말하였으니 향관은 그 가운데 있습니까?
〔답〕 비위(妣位)는 단지 모씨라고 적고 향관을 적지 않으며, 명정(銘旌)으로부터 신주(神主), 지석(誌石), 석비(石碑)에도 모두 그렇게 하네. 본조(本朝)의 경우에는 이씨(李氏) 성이 이씨 성에게 장가들고

김씨(金氏) 성이 김씨 성에게 장가들었으므로 어쩔 수 없이 향관을 적어서 구별하였네. 중국인이 한음(漢陰 이덕형(李德馨)) 이공(李公)의 부인 이씨의 정문(旌門)을 보고 매우 놀라며 "그대의 나라가 비록 예의의 나라라고 하나 오히려 오랑캐 풍속을 면치 못하였다."라고 하였네. 중국의 경우에는 왕망(王莽)의 처가 왕씨(王氏) 성이었는데, 왕망이 왕위를 찬탈하고서 유씨(劉氏)를 모두 왕씨로 고쳤으나 그 며느리 유씨는 왕씨로 고치지 않았네. 이것은 왕망도 오히려 동성끼리 혼인하는 것을 혐의로 여길 줄 안 것이네. '현고(顯考)'는 일찍이 나라의 법령을 만들어 금지하였네. 지금 듣건대 시배(時輩)가 천신(賤臣)이 건의한 바를 쓰지 않는다고 하네. 그렇다면 향관을 쓰는 것을 면치 못할 것이네.

〔문〕 "심의(深衣)"에 대하여

○ "띠를 꿰맨다.〔綴帶〕"라는 글이 없으니 의심스럽습니다.

〔답〕 심의에는 "작은 띠를 꿰맨다.〔綴小帶〕"라는 글이 없으나 방령(方領)의 주석[54]에서 "옷깃이 겨드랑이 아래에 있다.〔衽在腋下〕"라고 하였으니, 작은 띠 없이 할 수 있겠는가.

〔문〕 "좁은 쪽 너비는 넓은 쪽 너비의 반이 되도록 한다.〔狹頭當廣頭之半〕"[55]에 대하여

54 방령(方領)의 주석 : 주희(朱熹)의 《가례》 권1 〈통례 심의제도(深衣制度)〉의 방령에 대한 주를 말한다.

55 좁은……한다 : 《가례》 〈통례 심의제도〉에 "치마는 비스듬하게 열두 폭으로 자르고 위로는 윗옷에 이으며 그 길이는 발꿈치에 이르게 한다.〔裳交解十二幅, 上屬於衣, 其長及踝.〕"의 본주에 "베 6폭을 사용하여 매 폭을 잘라 두 폭으로 만드는데, 한쪽 끝은

○ 여기서는 비록 저렇게 말하였으나 그 실제는 좁은 쪽 너비가 넓은 쪽 너비의 반을 넘습니다. 만약 이에 의거하여 재단한다면 좁은 쪽 너비는 전체의 길이가 8자 8치이고, 넓은 쪽 너비는 전체의 길이가 1장 7자 6치이니, 각기 바느질로 봉합하는 2자 4치를 제외하면 좁은 쪽 너비는 겨우 6자 4치이고 넓은 쪽 너비는 1장 5자 2치에 이르러, 위쪽은 너무 좁고 아래쪽은 너무 넓어 법도에 맞지 않을 것입니다. 이제 반드시 좁은 쪽 너비는 넓은 쪽 너비의 반이 되게 하면서 2치를 더 길게 하고 넓은 쪽 너비는 좁은 쪽 너비의 갑절이 되게 하면서 2치를 더 짧게 해야 비로소 남거나 부족할 걱정이 없습니다. 어떻습니까?

〔답〕 심의 제도에 대하여 자네는 "좁은 쪽 너비는 전체의 길이가 8자 8치이고, 넓은 쪽 너비는 전체의 길이가 1장 7자 6치이다.……"라고 하였는데, 여전히 자세하지 못한 듯하네. 만약 계산하는 법으로 헤아려 보면 좁은 쪽 너비는 마땅히 8자 7치 9푼 6리 남짓이 되어야 하고, 넓은 쪽 너비는 마땅히 1장 7자 5치 9푼 2리 남짓이 되어야 할 것이네. 그러나 《가례》에서는 이 방법을 쓰지 않고, 단지 좁은 쪽 너비 9자 6치에서 양쪽 변의 봉합하는 부분 1치를 제외하여 7자 2치를 만들고, 넓은 쪽 너비 1장 6자 8치에서 양쪽 변의 봉합하는 부분 1치를 제외하여 1장 4자 4치를 만들었네. 만약 '상(裳)'의 본주(本註)를 살펴보면

넓고 한쪽 끝은 좁게 하되, 좁은 쪽 너비는 넓은 쪽 너비의 반이 되도록 한다. 좁은 쪽 끝을 위로 향하도록 연이어 꿰매서 상의에 이으면, 상의에 이은 부분의 둘레가 대략 7자 2치이다. 치마 세 폭마다 상의 한 폭에 잇는다. 그 아래 가장자리가 발꿈치에 닿는 곳은 대략 둘레가 1장 4자 4치이다."라고 하였다.

알 수 있을 것이네.

〔문〕 "비스듬하게 열두 폭으로 자르고…… 윗옷에〔交解十二幅……於衣〕"[56]에 대하여

○ 비스듬하게 열두 폭으로 자르고 봉합하여 하나로 만들면 위쪽 너비는 둥근 곡선이고, 윗옷의 가지런한 폭에 꿰맬 때 그 형태가 하나는 곧고 하나는 둥글어서 연결하여 꿰매기에 합당하지 않습니다. 만약 치마의 머리 부분을 곧게 재단하려 한다면 폭이 그에 따라서 넓어집니다. 만약 윗옷의 몸판을 치마를 따라 둥글게 재단하려 한다면 앞뒤의 길이뿐만 아니라 좌우도 짧아서 또한 4자 2치의 법과 맞지 않습니다. 어떻게 해야 법도에 맞을지 모르겠습니다.

〔답〕 치마 열두 폭을 연결하여 꿰매서 하나로 만들면 그 치마는 둥글게 두른 형태가 되네. 그러므로 《가례보주(家禮補註)》에서는 몸의 길이 2자 2치 이외에 또 1치를 더하고 또 그것을 둥근 모양으로 점점 줄이고 그것을 치마의 둥글게 두른 형태에 맞게 하였네. 그림을 살펴보면 알 수 있을 것이네.

〔문〕 "방령(方領)"[57]에 대하여

○ 옷깃에 해당하는 곳에서 3치를 잘라 내고 겁(袷)[58] 2치를 꿰매면 치마의 양쪽 옆이 각기 1치씩 남아 들쭉날쭉 가지런하지 않습니

56 비스듬하게……윗옷에 : 145쪽 주55 참조.

57 방령(方領) : 목 부분을 두르는 옷깃의 모양이 네모진 옷을 말한다.

58 겁(袷) : 옷깃에 덧대어 달아 장식하는 헝겊을 말한다.

다. 만약 치마의 옆을 2치 제거하면 7자 2치라는 수치를 채우지 못하고 폭의 광협(廣狹)에도 차이가 납니다. 《가례》에서 척도(尺度)를 말하지 않았는데 혹시 옷깃의 너비는 3치이고 가선의 너비는 2치입니까? "3치를 잘라낸다.〔裁去三寸〕"라는 글이 《가례보주》에서 나왔으니 혹 다 믿을 필요는 없습니다. 단지 2치를 잘라 내면 남거나 부족함이 없을 듯하나 다만 옷깃이 매우 좁아 착용하기에 불편합니다. 어떻습니까?

〔답〕 치마의 좁은 쪽 너비는 7자 2치이네. 윗옷의 전체 4폭에서 6변의 각 1치씩을 제거하고, 또 전면의 양쪽 변을 재단하여 3치씩을 넣고 다시 옷깃을 2치 꿰매면 전체 4폭이 8자가 될 것이네. 이 8자를 치마 7자 2치에 합하면 윗옷은 여유가 있고 치마는 부족하므로 윗옷에 꿰맬 치마 부분을 윗옷 몸판에 주름을 잡는 것이네. 그림을 살펴보면 알 수 있을 것이네.

〔문〕 "구변(鉤邊)"59에 대하여

○ 《가례》에서는 재차 접어서 꿰매는 것을 구변으로 여겼습니다. "접어서 꿰맨다."라고 한 것은 두 폭을 꿰맨 나머지를 좌우로 나누어 열고 다시 바느질을 더 하는 것입니까? 그렇다면 비록 '재차 꿰맨다.' 라고 하나 실은 세 번 꿰매는 것이고, 꿰매기를 더 하는 노력이 전혀

59 구변(鉤邊) : 《예기(禮記)》 〈심의(深衣)〉의 '속임구변(續衽鉤邊)' 즉 치마폭을 잇고 깃단을 겹으로 접어 꿰매는 것을 말한 것으로, 주희(朱熹)의 《가례》 권1 〈통례 심의제도〉 '곡거(曲裾)'의 주석에서 인용하였다. 속임구변의 제도에 대해서는 여러 가지 설이 분분하다.

없으니 도리어 한 변을 주름지게 접고 꿰매는 것이 견고함만 못합니다. 보는 이가 "서로 교차시킨다.〔交鉤〕"라는 글에 집착한 것입니다. 그러나 이것은 앞뒤가 서로 다르지 않고 서로 끌어당기는 것을 가리킨 것입니다. 어찌 꿰매고 남은 것을 좌우로 나누어 꿰매는 것을 가리키는 것이겠습니까.

〔답〕 구변을 '양쪽 옷깃을 서로 교차시키는 것〔兩衽相鉤〕'으로 여겼네. 앞뒤가 다르지 않다는 것은 문세가 매우 순조롭네. 그러나 그 위에서 이미 '속임(續衽)'이라 말했으니 그것이 앞뒤가 다르지 않다는 것은 뜻이 이미 충분하네. 그 아래에서 그 뜻을 중첩하여 말해서는 안 되므로 설명하는 자가 구변을 '접어서 꿰매는 것'으로 여긴 것인가? 이것은 대의(大義)에 관계된 바가 아니니 이렇게 절절하게 논할 필요가 없네.

〔문〕 "대대(大帶)"의 "두 번 둘러 두 귀를 만든다.〔再繚之爲兩耳〕"[60]에 대하여

○ 듣건대 선생께서 '두 번 둘러'를 '두 번 허리에 둘러'로 여기셨다고 하던데, 과연 그러셨습니까? 이 글의 문세를 자세히 보면 '두 번 둘러'부터 이하는 두 귀를 만드는 방법을 말한 것일 뿐입니다. 어찌 두 번 허리를 두르는 것을 말하였겠습니까. 더구나 여러 그림에는 모두 "두 번 두른다.〔再圍〕"라는 글이 없고 착용하기에도 불편합

60 두 번……만든다 : 《가례》 권1 〈통례 심의제도〉의 대대에 "띠는 백증(白繒)을 사용하며 너비는 4치인데 접어서 재봉한다. 그 길이는 허리를 둘러 앞에서 묶은 다음 두 번 둘러 두 귀를 만들고 그 남은 부분을 드리워서 신(紳)을 삼아 아래로 상(裳)과 나란히 하고 검은 깁으로 그 신을 꾸민다."라고 하였다.

니다. 어떻습니까?

〔답〕 '두 번 둘러'에 대하여, 〈옥조(玉藻)〉의 '대대'를 논한 곳에 "대부(大夫)는 4치이고 사(士)는 2치인데 두 번 허리에 둘러서 역시 4치가 된다." 하였으니, 《가례》의 '두 번 둘러'는 여기에서 나온 듯하네. 그러나 다만 그 글이 "앞에서 맨다.〔結於前〕"의 아래에 있으니, 문세가 매우 순조롭지 못하여 늘 의아하게 여기며 아는 사람에게 질문하려 했으나 아직 하지 못했네. 부디 널리 상고하여 알려 주는 것이 어떻겠는가?

〔문〕 "복건(幅巾)"에 대하여

○ 여기에는 건액(巾額)[61]이라는 글이 없어, 《주자대전(朱子大全)》의 설과 같지 않은 것은 어째서입니까?

〔답〕 복건에는 건액이라는 글이 없네. 《가례》와 《주자대전》은 서로 자세하고 소략함의 차이가 있으니, 두 책을 겸하여 보며 서로 보완하는 것이 좋겠네.

〔문〕 "치관(緇冠)"[62]에 대하여

○ 관(冠)의 제도는 방형(方形)입니까, 원형(圓形)입니까? 원형은 비록 착용에는 편리하나 5개의 골〔梁〕을 꿰매는 데는 불편하고, 방형은 이미 너비와 길이의 구별에서 밝혔으나 5개의 골에는 또한 주름이 잡힐 걱정이 없습니다. 어떻습니까? 또한 5개의 골의 높이가

61 건액(巾額) : 두건 앞부분의 이마를 덮는 곳을 말한다.

62 치관(緇冠) : 선비들이 평상시에 쓰던 검은 베로 만든 관이다. 《가례》 중 치관에 대한 설명은 권1 〈통례 심의제도〉에 실려 있다.

매우 짧아서 상투를 가릴 수가 없으니, 이것이 더욱 의아합니다.
〔답〕 치관은 머리 부분이 원형이네. 그러므로 머리에 착용한 것은 둥글지 않은 것이 없네. 자네가 "원형은 5개의 골을 꿰매는 데 불편하다."라고 한 것은 이해하지 못하겠네. 무(武)[63]가 이미 원형이면 골도 그 원형에 따라 붙이는 것이니, 그 불편한 점을 보지 못하겠네. 상투가 높은 경우는 8치의 골에 들일 수 없으니 참으로 자네의 말과 같네. 이와 같은 경우에는 8치라는 문자에 구애되어서는 안 되네.

〔문〕〈관례(冠禮)〉 조항의 "부모가 기년(期年) 이상의 상이 없어야〔父母無期以上喪〕"에 대하여

○ 관례에는 어머니가 할 일이 없으니 비록 복(服)이 있더라도 행하지 못할 이유가 없을 듯한데, 어떻습니까? 또한 〈혼례(昏禮)〉에서는 '자신과 혼례를 주관하는 사람〔身及主昏者〕'이라고 말하고 '부모'라고 말하지 않았는데, 여기에서 '부모'라고 말하고 '자신과 주관하는 사람'이라 말하지 않은 것은 어째서입니까? 이것은 대종(大宗)을 위주로 말하였으니 관혼(冠昏)의 예를 치르는 사람의 부모가 주인이 됩니다. 이것은 전체적으로 봐야 할 듯하나 '자신〔身〕'을 말하지 않은 이유는 끝내 의아스러운 점이 있습니다.

〔답〕 관례는 진실로 부모가 인하여 주인이 되는 경우가 있고, 또 혹 그렇지 못한 경우가 있네. 아들이 관례를 치를 때 "어머니가 절한다.〔母拜〕"[64]라는 글이 있는데, 어찌 '어머니가 전혀 할 일이 없다.'라고 말할

63 무(武) : 관권(冠卷)을 말한다. 관의 아랫부분 테두리로서 이마를 둘러 감싸는 부분이다. 《禮記 玉藻》

수 있겠는가. 관례와 혼례에서 비록 '자신'을 말하거나 '자신'을 말하지 않은 차이가 있을지라도 나는 늘 서로 참작해서 보아야 한다고 여겼으나 여러 사람의 의견은 그렇게 여기지 않는 경우가 있었네. 바야흐로 화숙(和叔 박세채(朴世采)) 노우(老友)와 편지를 주고받고 있으나 아직 의견의 일치를 보지 못하였네.

〔문〕 "차종자나 그 아버지가 스스로 주관하도록 명한다.〔命其次宗子若其父自主之〕"에 대하여

○ 아마도 이것은 대종자(大宗子)에게 일이 있으면 차종자에게 명하거나 그 아버지가 대종의 사당에서 행하는 것을 말하는 것이지, 소종(小宗) 및 그 아버지의 집에서 행하는 것을 말하는 것이 아닙니다. 그 축사(祝辭)에서 "개자를 시켜……〔使介子云云〕"라고 하였는데, 만약 소종의 사당에서 행한다면 대종자는 주인이 되지 못하여 대신 고하는 일이 없을 듯합니다. 어떻습니까?

〔답〕 "명기차종자……(命其次宗子云云)"라고 한 것은 비록 스스로 그 아들에게 관례를 할지라도 반드시 대종의 사당에 고해야 하네. 그러므로 그 축판(祝板)에서도 종자를 주인으로 삼았네.

〔문〕 소주(小註)의 "남북의 거리는 당의 깊이로 헤아린다.〔南北以堂

64 어머니가 절한다 : 《의례(儀禮)》 〈사관례(士冠禮)〉에 "관자(冠者)가 포(脯)와 해(醢)의 왼쪽에 술잔을 놓고 자리에서 내려와 북향하여 앉아 포를 잡고 서쪽 계단으로 당을 내려와 동쪽 벽으로 가서 북향하여 어머니를 뵙고 포를 드린다. 어머니가 배수례(拜受禮)를 행하고 아들이 배송례(拜送禮)를 행하면 어머니가 또 절한다."라고 하였다.

深〕"[65]에 대하여

○ 동쪽 계단의 남쪽에서 처마에 해당하는 곳에 세(洗)를 설치하나 북쪽으로 당과 떨어진 원근은 당의 천심(淺深)으로 헤아리는 것입니까?

〔답〕 당은 남단(南端)에서 북쪽 벽에 이르기까지 그 깊이가 3장이니, 세를 설치하는 것도 당의 남단에서 남쪽으로 뜰에 이르는 것이 또한 3장이네.

〔문〕 "북쪽을 끊어 실로 삼는다.〔截其北爲室〕"[66]에 대하여

○ 서쪽을 실(室)로 삼고 동쪽을 방(房)으로 삼는데, 이 설은 이와 같으니 의아합니다. 북(北) 자 위에 혹 서(西) 자가 빠진 것입니까?

〔답〕 무릇 당실(堂室)의 제도는 북쪽을 방실(房室)로 삼고 남쪽을 당으로 삼는 것이네. 지금 청사(廳事)도 없고 방실도 없으므로 장막을 임시로 설치하여 방으로 삼은 것이니, 옛 제도를 본뜬 것이네.

〔문〕 "중자는 관을 쓰는 위치의 조금 서쪽에서 남쪽을 향한다.〔衆子冠位少西南向〕"[67]에 대하여

○ '조금 서쪽'은 장자(長子)의 위치를 피한 것인데, 남쪽을 향하

65 남북의……헤아린다 : 《가례》 권2 〈관례〉의 진설조(陳設條)의 소주에 나오는데, 당의 깊이는 당의 모서리 북쪽으로부터 방의 벽까지를 이른다.

66 북쪽을……삼는다 : 《가례》 권2 〈관례〉의 진설조의 소주에서 "실도 없고 방도 없으면 잠시 장막으로 북쪽을 끊어 실로 삼고 동북쪽을 방으로 삼는다."라고 하였다.

67 중자(衆子)는……향한다 : 《가례》 권2 〈관례〉의 "그다음 날 일찍 일어나 관과 의복을 진열한다."에 대한 주석에 보인다.

는 것은 무슨 뜻입니까?

〔답〕 장자가 서쪽을 향하므로 차자(次子)가 피하여 남쪽을 향하는 것이네.

〔문〕 "모자를 벗긴다.〔徹帽〕"[68]에 대하여

○ 위에서는 "관과 건을 벗긴다.〔徹冠巾〕"라는 글이 없는데, 여기에 이르러 그것을 말한 것은 어째서입니까?

〔답〕 재가(再加)에서 관과 건을 벗긴다고 말하지 않은 것은 아마도 글이 빠진 듯하네.

〔문〕 "좋은 음식 향기롭다.〔嘉薦令芳〕"에 대하여

○ 《가례》에는 "포와 해를 진설한다.〔設脯醢〕"라는 글이 없으나 축사(祝辭)에서 이렇게 말하였으니, 아마도 진설하지 않을 수 없을 듯합니다. 어떻습니까?

〔답〕 축사에 이미 좋은 음식이라는 글이 있는데, 어찌 진설하지 않을 수 있겠는가.

〔문〕 "동쪽을 향하여 답배한다.〔東向答拜〕"에 대하여

○ 무릇 빈(賓)과 주인에게 절할 때에는 반드시 정면을 보고 서로

68 모자를 벗긴다 : 《가례》 권2 〈관례〉의 "삼가에 복두를 쓰고, 공복을 입고, 혁대를 두르고, 가죽신을 신고, 홀을 든다. 또는 난삼을 입고, 가죽신을 신는다.〔三加幞頭, 公服、革帶、納靴、執笏. 若襴衫、納靴.〕"에 대한 주석에서 "찬자가 모자를 벗기면, 빈이 복두를 씌운다.〔贊者徹帽, 賓乃加幞頭.〕"라고 하였다.

절해야 하나 지금은 관자(冠者)가 남쪽을 향하여 빈에게 절을 하며, 빈도 동쪽을 향하여 답배하니, 그 의미는 무엇을 취한 것입니까?

〔답〕 각자 그 위치에서 향하는 바를 따라서 그렇게 한 것이네.

〔문〕 〈혼례(婚禮)〉의 "처가가 한 곳에 나와 있으면…… 예를 이룬다.〔妻家出至一處……成禮〕"[69]에 대하여

○ 처가가 와서 부가(夫家) 근처에 이르면 사위가 맞이하여 돌아와 집에서 예를 행하는 것을 말한 것입니까? 이와 같다면 일이 많이 불편할 뿐만 아니라 또한 남자가 여자를 앞서서 인도하는 의리가 없습니다. 혹 처가가 근처에 나가 우거하면 사위가 우소(寓所)에서 맞이하여 부인의 본가로 돌아가 예를 이루는 것을 말한 것입니까?

〔답〕 이것은 두 가지 일인데, 자네가 자세하게 보지 못하고 말한 듯하네. 또한 사위가 여자의 숙소에 나아가서 맞이하여 신부의 수레를 앞서서 오는데, 이것이 남자가 여자를 앞서서 인도하는 의리가 아닌가.

〔문〕 "포방(鋪房)"[70]에 대하여

○ 혹은 '방에 벌여 놓는다.'라고 하는데, 뜻이 통하는 듯합니다.

69 처가가……이룬다 : 《가례》 권3 〈혼례 친영(親迎)〉의 주석에서 "이제 처가가 먼 곳에 있는데 예를 행해야 한다면, 하나의 경우는 처가로 하여금 근처에다 한 곳을 마련하게 하고 도리어 그곳으로 갔다가 처가로 가서 맞이하여 관사로 돌아와 예를 행한다. 또 하나의 경우는 처가가 한 곳에 나와 있으면, 신랑이 그곳으로 가서 맞이하여 집으로 와서 예를 이룬다."라고 하였다.

70 포방(鋪房) : 신방 차림을 말한다. 신방에 소용되는 의복과 기물을 벌여 놓는 것을 말한다.

〔답〕 포방은 속어(俗語)이니, 지금 서방(書房)이라 말하는 것과 같네. 어찌 잠자리를 펴 놓는 것 때문에 이름을 얻었겠는가.

심명중에게 답함
答沈明仲

〔문〕 "무극이 태극이다.〔無極而太極〕"[71]에 대하여

○ '무극(無極)'의 극은 궁극(窮極)을 말한 것이고 '태극(太極)'의 극은 지극(至極)을 지칭한 것인데, '무궁극(無窮極)' 속에 '지극'의 이치가 들어 있다는 말입니까?

〔답〕 '무(無)'는 형상이 없는 것을 말한 것이네. 주자(朱子)의 이른바 "소리도 없고 냄새도 없다.〔無聲無臭〕" 한 것이 너무도 분명한데, 왜 이를 버려두고 무궁의 의미로 보는가. 육씨(陸氏 육구연(陸九淵))가 무궁으로 무극을 논하자 주자가 극력 배격하였네.

〔문〕 주(註)의 "당초에는 원래 아무것도 없고 다만 이 이치만이 있을 뿐이다.〔當初元無一物, 只是有此理而已.〕"[72] 한 것에 대하여

○ 평소에 이 대문의 뜻을 몰라서, 이미 아무것도 없다면 이치는 어디에 붙었을까 의심했습니다. 이제 다시 생각해 보니, 음(陰)과 양(陽) 두 기운이 혼륜(混淪)하여 청탁(淸濁)의 구별은 없으나 그래

71 무극이 태극이다 : 《근사록집해(近思錄集解)》 권1 〈도체(道體)〉에 인용된 염계(濂溪) 주돈이(周敦頤)의 말이다.

72 당초에는……뿐이다 : 《근사록집해》 권1 〈도체〉에 인용된 주돈이의 말에 대한 주석에서 채연(蔡淵)이 주희(朱熹)의 말을 인용하였는데, 다음과 같다. "무극이란 다만 이 도리를 말한 것이다. 당초에는 원래 아무것도 없었고 다만 이 이치만 있을 뿐이었다. 이 도리가 있으면 곧 동(動)하여 양을 낳고 정(靜)하여 음을 낳을 수 있다."

도 사라져 멈추는 때가 없기 때문에 이치가 곧 그 가운데 존재하여 동(動)할 수 있고 정(靜)할 수가 있는 것이니, 이른바 '원래 아무것도 없다.'라는 뜻은 혼륜한 이 기운까지도 다 남김없이 사라진 것을 말한 것이 아니었습니다. 어떻습니까?

〔답〕 이 항목은 대강 맞았네. 그러나 혼융(混融)한 때에 어찌 음양이 없다고 할 수 있겠는가. 혼융은 마땅히 음에 소속되고 개벽(開闢)은 양에 소속되는 것이네. "당초에는 원래 아무것도 없다."라고 한 것은 음양을 포함하지 않고 이 이치만을 가리켜 말한 것이나 사실은 본디 음양이 없는 때가 없네.

〔문〕 주(註)의 "동하여 양을 낳을 수 있다.〔便會動而生陽〕"에 대하여

○ 《근사록석의(近思錄釋疑)》의 '소승지기(所乘之機)'[73] 주에는 "태극은 본디 스스로 움직일 수 없다.〔太極却不自會動〕"라고 하여 이것과 다르니, 의심스럽습니다.

〔답〕 "동하여 양을 낳을 수 있다."라는 말은 근본적인 입장에서, 이 이치가 있은 다음에 이 기운이 있다는 것을 논한 것이고, 그 아래의 '소승지기'는 유행하는 입장에서, 이 이치가 형상이나 조작이 없고 다만 이 기운을 타고 운행한다는 것을 논하였으니, 두 말이 각기 해당하는 바가 있네. 대개 이(理)와 기(氣)는 하나이면서 둘이고 둘이면서 하나인 것이니, 이(理)를 가지고 말한 경우도 있고 기를 가지고 말한 경우

73 소승지기(所乘之機) : 《근사록집해》 권1 〈도처〉에서 "대개 태극은 본연의 묘용이고 동정은 올라타는 작용이다.〔蓋太極者, 本然之妙也; 動靜者, 所乘之機也.〕"라고 하였다.

도 있으며, 근본적인 입장에서 말한 경우도 있고 유행하는 입장에서 말한 경우도 있네. 만일 넓은 안목으로 보지 않으면 마디마디가 걸릴 것이네.

〔문〕 주의 “음양의 측면에서 본다.〔從陰陽處看〕” 한 것에 대하여

○ 일반적으로 선악(善惡)과 귀천(貴賤)을 말할 때는 언제나 선을 먼저 말하고 악을 나중에 말하며 귀를 먼저 말하고 천을 나중에 말하는데, 음양을 말할 때는 반드시 음을 먼저 말하고 양을 나중에 말하는 것은 무슨 까닭입니까? 음은 정하고 양은 동하므로, 정은 체(體)가 되고 동은 용(用)이 되기 때문입니까?

〔답〕 음양의 측면을 말할 적에 반드시 음을 먼저 말하고 양을 나중에 말하는 것은, 혹은 음이 양의 체가 되기 때문에 그렇게 말하는 경우도 있네. 그러나 순환하는 것으로 말하면 양도 음의 체가 되는데 ‘양음’이라고 말한 경우는 없네. 그리고 태극의 동정을 가지고 논하면 양이 음에 앞서는 것이니, 반드시 음을 먼저 말하고 양을 나중에 말한다고 말할 수는 없네. 내 생각에는 이런 문제는 큰 뜻이 없다고 보네. 이를테면 사생(死生), 살활(殺活), 한서(寒暑), 냉난(冷煖), 귀신(鬼神) 등은 모두 음을 먼저 말하고 양을 나중에 말하였으니, 어찌 꼭 한편으로 집착해서 볼 필요가 있겠는가.

〔문〕 주의 “일양이 동하지 않았을 때를 음양이 생하지 않았다고 말해도 옳다.〔一陽未動之時, 謂之陰陽未生亦可.〕” 한 것에 대하여

○ 일양(一陽)이 동하기 이전은 곧 음이니 양이 생하지 않았다고 말하면 옳으나 음양이 생하지 않았다고 한다면 옳지 않습니다. 어떻

습니까?

〔답〕 올해를 두고서, 해가 시작되는 근원을 소급하여 말한다면 동지(冬至)는 올해의 최초이기 때문에 이렇게 말한 것이네. 만약 지난해까지 합쳐서 말한다면 양이 생하기 이전은 바로 음인데, 어찌 음양이 모두 생하지 않았다고 말할 수 있겠는가. 하지(夏至)도 그와 같네. 대체로 글을 볼 때는 모름지기 주장하는 뜻이 어디에 있는가를 보아야 하네.

〔문〕 "동하여 양을 생한다.〔動而生陽〕"에 대하여

○ '생(生)' 자의 뜻으로 본다면, 당초에는 음양이 갖추어져 있지 않고 태극만이 있다가 태극이 동(動)하여 양을 생하고 정(靜)하여 음을 생하는 것이니, 그렇다면 태극과 음양은 선후의 구분이 있을 뿐만 아니라 또한 서로 분리되는 시기가 있는 것이며, 또 이른바 "동하여 양을 생한다."라는 것은 이발(理發)의 뜻과 다르다고 볼 수 없습니다. 어떻습니까? 이기(二氣)는 비록 청탁(淸濁)의 구별은 없지만 또한 사라져 멈추는 때도 없습니다. 그렇다면 이른바 동하여 양을 생하고 정하여 음을 생한다는 것은 원래는 이 기(氣)는 없고 태극만이 있다가 동할 때에야 양이 비로소 생하고 정할 때에야 음이 비로소 생한다는 것을 말한 것이 아니고, 비록 양의(兩儀)가 넓고 크나 이 기는 본디 충만하여 끝이 없다는 것입니다. 그리고 다만 음양의 구분이 없을 뿐 태극이 이 혼륜(混淪)한 기를 타고 서로 떨어지지 않아서, 동하면 기는 곧 양에 속하고 정하면 기는 곧 음에 속하여, 태극이 동하는 곳에는 곧 기가 동하고 태극이 정한 곳에는 곧 기가 정하니, 사실 앞서거나 뒤처지거나 떨어지거나 합쳐지는 일은

없는 것입니다. 이른바 "먼저 이가 있고 나중에 기가 있다.〔先有理後有氣〕"라는 것은 바로 본원(本源)에 나아가 말한 것이며, 이 또한 이가 기를 떠나 먼저 존재한다는 것을 말한 것이 아니라고 봅니다. 어떻게 생각하십니까?

〔답〕 "이 기는 본디 충만하여 끝이 없다."라고 한 그 이하는 다 주자의 설에 바탕을 둔 말이므로 고칠 수 없는 것이네. 다만 이른바 '혼융(混融)'이라는 것은 개벽(開闢)과 서로 동정·음양이 되어 혼융한 때에는 바로 태극의 정이요 음이고, 개벽한 때에는 바로 태극의 동이요 양이며, 개벽한 때에는 또 스스로 동정과 음양이 있는 것이니, 지금 혼융을 가지고 동정과 음양이 없는 때라고 한다면 크게 옳지 않네. 만약 개벽한 처음으로부터 말한다면 '동하여 양이 비로소 생한다.'라고 말할 수 있으니, 이는 마땅히 위 조항에서 말한 "동지에 양이 아직 생하지 않았다."라는 뜻과 서로 참조해 보아야 할 것이네. 자네의 글에 "두 기는 비록 청탁의 구별은 없지만〔二氣雖無淸濁〕"이라고 한 무(無) 자는 아마도 유(有) 자의 잘못인 듯한데 과연 그런지 모르겠네.

〔문〕 "오행은 하나의 음양이다.〔五行一陰陽〕"의 주에 "정조와 본말이 피차가 없다.〔精粗本末無彼此〕" 한 것에 대하여

○ 《근사록석의》에서 사계(沙溪 김장생(金長生))가 웅씨(熊氏)의 설을 그르다고 하였는데, 그 아래 "건은 하늘이다.〔乾, 天也.〕"의 주를 보면 주자가 "묘용(妙用)은 그 이(理)를 말한 것이다." 하였고, 또 "묘용은 그 정(精)을 말한 것이다." 하였으니, 태극을 정(精)이라 한 것은 근거가 있는 듯하므로 그것을 그르다고 할 수 없을 것 같습니다. 어떻습니까?

〔답〕 "정조와 본말이 피차가 없다."라는 것은 대개 기(氣)의 본말과 정조에 이(理)가 존재하지 않음이 없음을 말한 것이네. 그 정(精) 자 또한 기에 속하는데 웅씨가 이(理)에 붙였으니 선사(先師)께서 그르다고 하신 것이 옳네. 그 아래 건천조(乾天條)에 주자의 이른바 '정(精)'은 이(理)로써 음양의 조(粗)한 자취에 대응하여 말한 것이니, 이 대문과 합해서 같이 보아서는 안 되네.

〔문〕 "만물이 생하고 생하여 끝없이 변화한다.〔萬物生生而變化無窮〕"의 주에 "성이 그것의 주재가 되고 음양과 오행이 씨와 날이 되어 서로 뒤섞이었다.〔性爲之主, 而陰陽五行, 經緯錯綜.〕" 한 데 대하여

○ 인물(人物)이 하늘에서 이(理)를 품부받은 뒤에 성(性)이라는 이름이 있는 것이니, 이는 마땅히 이라 해야 하는데 성이라고 한 것은 무슨 까닭입니까? 《근사록석의》에 주자가 "기가 이를 의존하여 같이 운행하므로 기가 모이는 곳에는 이도 존재한다. 이는 정의(情意)도 없고 조작도 없다." 하였습니다. 그렇다면 기만 작용을 하고 이(理)는 다만 기에 매달려 있을 뿐이니 주재한다는 의미가 어디에 있습니까? 그리고 이미 '물을 생하는 마음〔生物之心〕'이라 했으니 정의가 없다고 할 수 없으며, 동하게도 하고 정하게도 하니 조작이 없다고 할 수도 없습니다. 어떻습니까?

〔답〕 "성이 그것의 주재가 된다.〔性爲之主〕"라고 한 그 성(性) 자는 윗글의 "오행이 생할 때 저마다 그 성을 지니고 있다.〔五行之生也, 各一其性.〕"라고 한 성을 가리킨 것이니, 그 주에 이른바 '인 · 의 · 예 · 지 · 신의 이치〔仁義禮智信之理〕'라는 것이 바로 그것이네. 그리고 이른바 "이가 주재가 되어 동하게도 하고 정하게도 한다.〔理之主宰, 使動

使靜.〕"라는 것 또한 '스스로 그러하다.'라고 말하는 데 지나지 않을 뿐이니, 음양오행이 운용하고 조작하는 것과는 다르네. 그러나 이 음양오행이 능히 운용하고 조작할 수가 있는 까닭은 어찌 이가 아니겠는가. 그러므로 주자가 말하기를 "만약 이가 동정이 없다면 기가 어찌 스스로 동정이 있겠는가." 하였네. 《중용》 주에도 "하늘이 음양오행으로 만물을 화생한다.〔天以陰陽五行, 化生萬物.〕" 하였는데, 그 하늘은 또한 이일 뿐이네. 대체로 근원적인 측면에서 본다면 이가 있은 다음에 기가 있는 것이므로 '이가 주재가 된다.' 하였고 또 '동하게도 하고 정하게도 한다.' 한 것이며, 유행하는 측면에서 본다면 이가 곧 기 속에 존재하여 청탁과 선악이 기가 조성하는 대로 따를 뿐이네. 이런 곳은 반드시 자세히 이해하여야 하네.

〔문〕 주의 "남녀는 저마다 그 성을 하나씩 갖추었다. …… 하나의 태극〔男女各一其性……一太極〕"에 대하여

○ 남녀가 저마다 그 성을 하나씩 갖추었으니 남녀가 저마다 하나의 태극이고, 만물이 저마다 그 성을 하나씩 갖추었으니 만물도 저마다 하나의 태극인데, "남녀가 하나의 태극이고 만물이 하나의 태극이다.〔男女一太極, 萬物一太極.〕"라고 한 것은 무슨 까닭입니까?

〔답〕 "남녀가 하나의 태극이다." 한 것은 남자와 여자가 저마다 하나의 태극을 갖췄다는 것이지 남자와 여자가 하나의 태극을 같이 갖췄다는 것이 아니네. 만물도 마찬가지여서 소가 하나의 태극이고 말도 하나의 태극이며 소나무도 하나의 태극이고 잣나무도 하나의 태극인 것이네. 그러므로 그 아랫글에 또 "한 물건이 저마다 하나의 태극을 갖추었다.〔一物各具一太極〕"라고 하였네.

〔문〕 "오직 사람만이…… 만사가 나오는 것이다.〔惟人也……萬事出〕"에 대하여

○ 《중용》의 "사람이 음식을 먹지 않는 자는 없지만〔人莫不飮食也〕"의 소주(小註)에 신안 진씨(新安陳氏 진력(陳櫟))가 말하기를 "총명한 사람은 기(氣)는 맑은데 순수한 질(質)이 부족하고, 재간이 있는 사람은 질은 순수한데 맑은 기가 부족하다." 하였습니다. 이 말은 비록 '기로써 알고 질로써 행한다.〔氣以知質以行〕'라는 뜻에서 나온 것이기는 하지만, 저의 의견은 이렇습니다. 인물(人物)이 태어날 적에 기로써 질을 형성하여 질이 기 밖에서 얻어진 것이 아니므로, 맑은 기를 타고난 사람은 질도 그 때문에 순수하니 이것은 맑은 물이 얼면 그 얼음도 맑지 않을 수 없는 경우와 같고, 혼탁한 기를 타고난 사람은 질도 따라서 잡박(雜駁)하니 이것은 흐린 물이 얼면 그 얼음도 흐리지 않을 수 없는 경우와 같습니다. 이 두 가지가 구분되는 것은 마치 음양·강유(剛柔)와 같지만, 그 근원을 추구해 보면 모두가 한 기(氣)인 것입니다.

"총명한 사람이라 해서 누구나 행할 수 있는 것이 아니고 행하는 사람이라 해서 누구나 총명할 수 있는 것이 아니다.〔知者未必能行, 行者未必能知.〕"라는 말에 있어서는 기와 질이 서로 좋거나 나쁜 점이 있어서가 아니고 타고난 기가 제각기 풍부하거나 부족한 점이 있어서 그런 것입니다. 대체로 굳세고 과감한 것은 금기(金氣)에서 나온 것이고, 너그럽고 인자한 것은 목기(木氣)에서 나온 것이니, 사람들 가운데 굳세고 과감하면서 인애하는 마음이 없는 사람은 금기는 많고 목기가 적어서이며, 너그럽고 인자하면서 굳세고 과감한 면이 없는 사람은 목기는 많고 금기가 적어서입니다. 이런 방법으로

미루어 나가면 통하지 못할 것이 없을 것입니다. 그런데 만약 진씨 설대로라면 기는 기대로 질은 질대로 떨어져 서로 관련이 없어 끝내 '기로써 질을 형성한다.'라는 뜻이 없게 되기 때문에 일찍이 현호(玄湖)에게 질문해 보았지만 끝내 서로 의견의 일치를 보지 못했습니다.

지금 이 도표(圖表)의 주설(註說)에 이른바 "형은 음에서 생기고 신은 양에서 나온다.〔形生於陰, 神發於陽.〕"라는 것을 보니, 기질에 서로 청탁과 수박(粹駁)의 원인이 있는 듯하였으나 그래도 시원하게 이해되지 않았으므로 설명하지 못하고 우선 그 대강만을 말씀드리겠습니다. 사람이 태어날 때 기를 양에서 받고 질을 음에서 받는데, 음양의 청수한 기를 함께 타고난 사람은 기도 맑고 질도 순수하며 맑은 양과 탁한 음을 타고난 사람은 기는 맑으나 질은 순수하지 못하며 맑은 음과 탁한 양을 타고난 사람은 질은 순수하나 기는 맑지 못합니다. 양은 본디 맑고 음은 본디 탁한 법인데 '음이 맑다.' 하고 '양이 탁하다.' 하는 까닭은, 양은 본디 맑지만 맑은 가운데도 탁한 것이 있고 음은 본디 탁하지만 탁한 가운데도 맑은 것이 있기 때문입니다. 기에도 음과 양이 있는데 다 같이 양이라고 말하는 것은 어째서이겠습니까? 기 가운데 음이 있기는 하나 이는 양 속에 있는 음이기 때문에 통틀어서 양이라고 말한 것입니다. 어떻게 생각하십니까?

〔답〕 음양의 측면으로 말하자면 '기로써 형을 이룬다.'라고 하지만, 일단 형을 이루고 나면 그 형 속에 또 기와 질이 저절로 구분되네. 대개 기는 양이고 질은 음이네. 그러나 기 속에도 음양이 있으므로 기에 청탁이 있고, 질 속에도 음양이 있으므로 질 또한 수박이 있는 것이니 '기가 맑으면 질도 순수하다.'라고 말할 수 없네. 그리고 음양과 오행에 기도 있고 질도 있어서, 사람이 그 기만을 타고나 기만 되는

것이 아니라 그 질을 타고나 질도 되기 때문에 《중용》 주에 비록 '기로써 형체를 이룬다.' 하였지만 그 실상은 질을 포함하여 말하는 것이네. 그 기와 질은 각기 좋은 것도 있고 나쁜 것도 있으므로, 이것을 받아 타고난 사람도 또한 기와 질이 서로 좋기도 하고 나쁘기도 한 것이네.

자네가 이른바 "맑은 물이 얼면 그 얼음도 맑고, 흐린 물이 얼면 그 얼음도 흐리다."라는 말을 여기에 비유하면 알 수 있으나 "기가 맑으면 질도 순수하다."라는 것에 비유한 것은 잘못이네. 또 자네가 "목기를 많이 타고나면 인자하고 부드러우며 금기를 많이 타고나면 굳세고 과감하다."라고 말한 것은 옳네. 그러나 목(木)의 질을 많이 타고나면 그 질도 인자하고 부드러우며, 금(金)의 질을 많이 타고나면 그 질도 굳세고 과감한 것이네. 그러나 기는 인자하고 부드러우면서 질은 굳세고 과감한 자의 경우는 바로 기는 많은 목기를 얻었고 질은 많은 금질(金質)을 얻은 사람이네. 이와 같이 미루어 나간다면 나머지를 다 알 수 있네.

자네가 인용한 "형(形)이 일단 생하면 신(神)이 지(知)를 발동한다."라는 것은 기와 질이 형성된 뒤에 또 형과 신으로 대를 맞추어서 한 말이고, "형은 음에 속하고 신은 양에 속한다."라는 것은 각기 해당되는 곳이 있음을 말한 것이네. 대체로 글을 볼 때 무엇보다도 다른 설을 억지로 끌어다 붙여서 하나로 얼버무리는 일을 가장 꺼리는 법이네. 그러므로 주자가 일찍이 "나는 같이 하려고 하지만 저쪽은 저쪽대로 다르다." 하였으니 이 말씀을 마땅히 깊이 체득해야 하네.

〔문〕 주(註)의 "사람의 극이다.〔人之極也〕"에 대하여

○ 심(心)이 사람의 표준(表準)이 된다는 말입니까?

〔답〕 "사람의 극이다."라는 것은 심과 성(性)을 합하여 말한 것이고, 이른바 극(極)이란 태극(太極)을 말한 것이네.

〔문〕 주의 "양은 선이고 음은 악이다.〔陽善陰惡〕"에 대하여

○ 《근사록석의》에 주자가 "상류(象類)로 말한다면 양은 선이고 음은 악이다." 하였는데 무엇을 말한 것입니까?

〔답〕 "양은 선이고 음은 악이다."에 대해서는 그 설이 몹시 장황하네. 주자가 일찍이 말하기를,

"음양은 조화의 근본으로서 서로 없을 수도 없고, 소장(消長)이 상도(常度)가 있어서 또한 사람이 덜거나 보탤 수 있는 것도 아니다. 그러나 양은 생(生)을 주장하고 음은 살(殺)을 주장하니, 그 유(類)가 숙특(淑慝)의 구별이 있기 마련이다. 그러므로 성인이 서로 없을 수 없는 것에 대해서는 이미 건순(健順)과 인의(仁義) 등으로 그것을 밝혀 한쪽만 주장하는 점이 없도록 하였고, 소장의 사이와 숙특의 구별에 있어서는 양을 부축하고 음을 억제하는 뜻을 지극히 하지 않은 적이 없었다. 이것은 성인이 천지의 화육(化育)을 도움으로써 천지의 조화에 참여하는 것이니 그 뜻이 깊다고 하겠다."

하였네. 이 말을 깊이 연구하여 스스로 체득해야 하네.

〔문〕 "중정인의(中正仁義)"에 대하여

○ 이는 윗글에서 말한 "음양이 오행을 생한다.〔陰陽生五行〕"라는 순서에 짝지어서 말한 것인데, 오행의 순서는 수목(水木)은 양이 되고 화금(火金)은 음이 되니, 중의(中義)는 마땅히 정(靜)에 속하고 정인(正仁)은 동(動)에 속해야 합니다. 그런데 도설(圖說)의 본

주(本註)에는 정의(正義)를 정(靜)에 붙였고 여기서는 오행의 상생(相生)으로 말하였으니 서로 모순이 되지 않습니까? 그리고 중(中) 자는 《중용》에서 말한 중 자와 같은 뜻입니까? '행하는 것이 법도에 맞는다.〔行之也中〕'라는 뜻으로 본다면 '시중(時中)'의 '중'과 같은 듯한데, 어떻습니까?

〔답〕 윗글에서는 음양이 오행을 생하는 것을 위주로 말하였기 때문에 '수·화·목·금·토'라고 말하며 수목은 양에 붙이고 화금은 음에 붙였네. 그러나 그 아래에서 곧 "오기가 순하게 배치되어 사시가 행해진다.〔五氣順布, 四時行焉.〕" 하였으니, 이것은 한 기운〔一氣〕이 순환하는 순서로 말하여 목화(木火)는 양에 붙이고 금수(金水)는 음에 붙인 것이네. 그러므로 여기서는 중인(中仁)을 목화와 짝지어 동에 붙이고 정의를 금수와 짝지어 정에 붙인 것이니 모순되는 것을 볼 수 없네. 그리고 이 '중' 자는 이미 "행하는 것이 법도에 맞는다."라고 말하였으니, 이것은 분명 중용(中庸)을 덕행으로 말한 뜻인데 '시중'의 '중' 자임에 또 무슨 의심할 것이 있겠는가.

대체로 도설(圖說)을 보면, 하나-태극-에서 둘-음양-로, 둘에서 넷-수·화·금·목이고 토는 중앙에 위치한다.-으로, 넷에서 만(萬)-만물-으로 분리되고, 또 만-만사(萬事)-에서 넷-중·정·인·의-으로, 넷에서 둘-중·인은 동(動)이고 정·의는 정(靜)이다.-로 되었다가 다시 하나-사람의 극〔人極〕을 세우다.-로 돌아오게 되어 있어서 제정한 말과 붙인 뜻이 매우 정밀하니, 주자가 아니면 누가 이처럼 분석할 수 있겠는가.

〔문〕 "주정(主靜)"에 대하여

○ 중정인의(中正仁義)의 미발(未發)을 정(靜)이라 하고 이발(已

發)을 동(動)이라 하므로, 이른바 '주정'이라는 것은 중정인의의 미발을 근본으로 삼는 것입니다. 학자(學者)의 일로 말한다면 곧《중용》의 계신(戒愼)과 공구(恐懼)의 의미인데,《근사록석의》에서는 "주정이란 정(正)과 의(義)를 주장한다."라고 하였습니다. 만약 그와 같이 일체 정의(正義)를 주(主)로 삼고 중인(中仁)을 빈(賓)으로 삼는다면 이것은 사덕(四德)에 경중의 구별이 있게 될 뿐 아니라 심(心)의 체(體) 또한 절반은 지니고 있고 절반은 유기하게 되는 것이므로, 결국 인의중정이 제각기 체와 용이 되는 때가 없을 것입니다. 어떻습니까?

〔답〕 정의를 정(靜)에 붙이고 중인을 동(動)에 붙인 것은《근사록석의》에서 두찬(杜撰)한 것이 아니라 바로 주자의 정론(定論)이네. 남헌(南軒 장식(張栻))의 견해가 바로 자네가 말한 뜻과 같았는데, 주자와 여러 차례 편지를 주고받았지만 남헌은 끝내 자기의 견해를 고수했네. 주자가 처음에는 중인을 정에 붙이고 정의를 동에 붙였다가 나중에는 정의를 정에 붙이고 중인을 동에 붙였네. 그러나 그 넷을 양단(兩段)으로 만들어 동과 정에 나누어 붙인 것은 마찬가지였네. 대체로 오행은 비록 저마다 음양이 있지만 목화는 양에 속하고 금수는 음에 속하는 것이며, 사덕(四德)은 비록 저마다 동정이 있으나 정의는 정에 속하고 중인은 동에 속하는 것이네. 이 이치는 매우 분명하니 다시 무엇을 의심할 것이 있는가. 오행은 그 다섯 가지에 나름대로 음양이 있어서 목(木)에는 양목(陽木)과 음목(陰木)이 있는데, 납갑(納甲)[74]을 가지

74 납갑(納甲) : 한대(漢代)의 역학(易學)에서 육갑(六甲) 중의 십간(十干)을《주역》팔괘(八卦)에 분납(分納)시킨 것을 말한다. 즉 건(乾)은 갑임(甲壬)에, 곤(坤)은

고 말한다면 갑(甲)은 양목이고 을(乙)은 음목이네. 나머지도 이와 같네.

〔문〕《근사록석의》에 "동(動)은 정(靜)의 도움을 받지만 정은 동의 도움을 받는 것이 없다." 하였는데 그 뜻을 알고 싶습니다.

〔답〕 동정이 어찌 서로 돕지 않은 적이 있는가. 《논어》를 가지고 말한다면 "취사(取舍)의 구분이 분명한 다음에 존양(存養)의 공부가 정밀해지는 것이니, 존양의 공부가 정밀해지면 취사의 구분이 한층 더 분명해진다."라고 하였는데, 이것으로 보면 정이 도리어 동에 도움을 받는 것이네. 그러나 모든 사물의 이치는 반드시 먼저 배양을 한 다음에 비로소 발달하는 것이니, 정이 동의 도움을 받는 것은 항상 적고 동이 정의 도움을 받는 것은 항상 많다고 하겠네.

〔문〕 이과재(李果齋 이방자(李方子))가 말한 "오성(五性 인의예지신(仁義禮智信))에 모두 동(動)이 있고 정(靜)도 있다."에 대하여

○ 오성이 발하기 이전은 비록 혼연(渾然)한 일체(一體)이더라도 이미 발하여서는 각기 따로 하나씩을 주장하는 것이니, 이 설이 이치에 잘못되지는 않은 듯합니다. 더구나 주자가 "인의중정은 각기 체용이 된다."라고 하였으니, 또한 이 뜻이 있는 듯합니다.

〔답〕《근사록석의》에서 과재의 설을 의심한 것은 '오성에 동정이 있

을계(乙癸)에, 진(震)은 경(庚)에, 손(巽)은 신(辛)에, 감(坎)은 무(戊)에, 이(离)는 기(己)에, 간(艮)은 병(丙)에, 태(兌)는 정(丁)에 각각 분납시켰는데, 이 법은 경방(京房)에게서 비롯되었다고 한다.

다.'라는 설을 가리킨 것이 아니네. 대체로 과재의 설을, 오성이 정(靜)할 때 이미 구조가 있어 각자 나오는 것처럼 여긴 것으로 의심하였으므로 그 설을 온당하지 않다고 했던 것뿐이네. 그러나 주자가 진기지(陳器之 진식(陳埴))에게 답한 편지에 "혼연한 전체 속에 있으나 환하게 조리가 있다."라고 하였네. 이것으로 보면 《근사록석의》의 설이 아마도 지나치게 깊이 따진 듯하네.

〔문〕 "대재역야(大哉易也)"의 주에, "채절재(蔡節齋 채연(蔡淵))가 '역에 태극이 있다. …… 알 수 있을 것이다.〔易有太極……可識矣〕' 하였다."에 대하여

○ 절재의 이 설은 "그러므로 주자가〔故周子〕"부터 그 이하는 아마도 옳지 않은 듯합니다. 그러나 윗글에서 이른바 "변역하여 일정한 체가 없다.〔變易無體〕"라고 한 것은 바로 '역에 태극이 있다.'를 해석한 뜻이지 〈태극도(太極圖)〉에서 이른바 '무극이태극(無極而太極)'을 논한 것은 아닌데 수몽(守夢 정엽(鄭曄))은 이것까지 틀렸다고 하였습니다. 어떻습니까?

〔답〕 절재가 부자(夫子)의 이른바 '일정한 체가 없는 역〔無體之易〕'을 인용하여 주자(周子)의 '무극이태극'을 밝힌 것은 그 문리(文理)와 맥락이 매우 명백한데, 왜 '무극이태극'을 논한 것이 아니라고 하는가. 절재가 "변역함에 일정한 체가 없으나 지극한 이치가 있다.〔變易無體, 而有至極之理也.〕"라는 말 아래 하나의 '고(故)' 자를 놓은 다음 주자(周子)의 설을 들어 무극이 무체(無體)임을 밝혔고, 그 아래 또 "무극(無極)의 진(眞)은 실로 부자의 《주역》의 한 말씀에서 얻은 것인데 어떤 사람은 '주자(周子)가 망녕되이 덧붙인 것이다.'라고 말하니, 이는 잘

못이다."라고 하였으며, 또 그 아래 결론짓기를 "성현의 말씀임을 단연코 알 수 있다."라고 하였는데, 이른바 성현의 말씀이란 대개 부자의 무체의 역과 주자의 무극이라 한 말을 가리킨 것이네. 이곳에 다시 의심할 것이 없으니 수몽이 잘못 보고 말했다고 할 수 없네.

심명중에게 답함
答沈明仲

〔문〕 "양변음합(陽變陰合)" 주석의 "천오생토(天五生土)"에 대하여

○ 토(土)가 있고 나서 사행(四行)이 이루어지므로 토는 마땅히 우선이 되어야 할 것인데 그 순서가 도리어 사행의 밑에 있는 것은 무슨 까닭입니까?

〔답〕 주자(朱子)가 말하기를 "지(地)는 그 전체를 말한 것이고 토(土)는 바로 지의 형질(形質)이다."라고 하였네. 그렇다면 사행은 토를 기다리지 않고 이미 지의 위에 있는 것이네. 그러나 황면재(黃勉齋 황간(黃榦))의 설은 오행(五行)이 순서에 따라 앞뒤로 생(生)한다는 설을 매우 그르다 하고 "동시에 같이 생한다."라고 말하였네. 이 설대로라면 더욱 자네가 물어 온 것은 의문이 없어질 것이네.

〔문〕 저번에 여쭈었던 "정조(精粗)와 본말(本末)이 피차(彼此)가 없다."라는 구절은 위의 문구와 서로 대칭되므로 가르쳐 주신 말씀과는 다른 듯합니다. 일찍이 현석(玄石 박세채(朴世采)) 어른과 변론했던 내용을 아래에 덧붙여 말씀드리겠습니다.

○ 이 두 문구는 본 도해(圖解)를 풀어서 설명한 것 가운데 있는 말인데 섭씨(葉氏)가 이 문단에 집어넣은 것입니다. 대체로 서로 다른 오행과 각기 충만한 음양이 모두 하나의 이치이므로 남거나 부족함이 없다 하고, 음양은 조말(粗末)의 도(道)이고 태극은 정본(精本)의 본연으로서 본디 피차의 구분이 없으므로 피차가 없다고

한 것입니다. 아랫글의 "성취(聲臭)도 없고 가차(假借)도 없다." 한 것을 풀어서 설명한 것으로 미루어 보면 그 뜻이 매우 분명합니다. 또 도해의 양변음합(陽變陰合)의 말단에 이른바 "휴흠간격(虧欠間隔)"이라 한 것은 곧 남거나 부족함도 없고 피차도 없다는 말이며 바로 음양의 도와 태극의 본연을 가리켜 말한 것이니, 그 뜻이 더욱 분명합니다. 그런데 지금 "하나의 이치는 정(靜)도 없고 조(粗)도 없는 데 통하여서 본말과 피차의 사이가 없다."라고 한 것은 글 뜻이 아랫글과 연관되지 않을 뿐만 아니라 '오행이 하나의 음양이다.'라는 대의까지도 어두워져 불분명하게 되었습니다. 여기서는 태극이 하나의 음양임을 논한 것이지 음양이 하나의 태극임을 논한 것은 아니라고 봅니다. 웅씨(熊氏)의 도설은 천착한 점이 많기는 하나 이 말은 그르다고 할 수 없을 듯합니다. 어떻습니까?

〔답〕 "남거나 부족함도 없고 피차도 없다.〔無餘欠無彼此〕"의 본주(本註)에 "오행은 각기 질(質)을 달리하고 사시(四時)는 기(氣)를 달리하나 모두가 음양을 벗어나지 못하고, 음양은 자리를 달리하고 동정(動靜)은 때를 달리하나 모두가 태극을 떠나지 못한다."라고 하였네. 이 말이 매우 간결하고 명백한데, 섭씨가 도체(圖體)를 풀어서 설명한 두 문구를 이 두 구절 아래에 붙여 놓았기 때문에 지루하고 중복되는 병폐가 있게 된 것이네.

그러나 현석의 이른바 "서로 다른 오행과 각기 충만한 음양은 모두 하나의 이치이므로 남거나 부족함이 없고, 음양은 조(粗)와 말(末)의 도(道)이고 태극은 정(精)과 본(本)의 본연(本然)으로서 본디 피차의 구분이 없으므로 피차가 없다고 한다."라는 것은 본주의 뜻을 잃은 듯하고 또 몹시 타당하지 않네. 대체로 '남거나 부족함이 없다.'라는 것은 음양이 오행에 있어서 남거나 부족함이 없음을 말한 것인데 지금 "오행과 음양이 사실 다 하나의 이치이므로 남거나 부족함이 없다고 한다." 라고 하고, '피차가 없다.'라는 것은 태극이 음양에 있어서 피차가 없음을 말한 것인데 지금 "음양은 조와 말의 도이고 태극은 정과 본의 본연이므로 피차가 없다고 한다."라고 하니, 아마도 다 본주의 뜻이 아닌 듯하며, 태극을 정본이라고 한 것은 더욱 타당하지 않네. 태극이 음양의 본(本)이라고 한다면 그런대로 괜찮지만, 음양을 조(粗)라 하고 태극을 정(精)이라고 한 것은 매우 옳지 않네.

주 선생(朱先生)이 이미 이오(二五 음양과 오행)의 정(精)을 기(氣)로써 말하였는데 여기에서 다시 정(精) 자를 태극에 붙인다면 이것은 위아래의 정 자가 서로 상충되는 것이니, 주설(註說)의 본뜻은 이와 같이 어긋나지 않을 듯하네. 내 생각에는, 본주의 뜻은 "오행의 질(質)과 기(氣)는 다 음양에서 벗어나지 못하니 이것이 '음양은 남거나 부족함이 없다.'라는 것이고, 음양의 정조와 본말은 다 태극을 떠나지 못하니 이것이 '피차가 없다.'라는 것이며, '피차가 없다.'라는 것은 음양의 정조와 본말에 태극이 존재하지 않음이 없다."라는 것이네. 지금 음양과 태극을 대칭으로 들어서 본말과 정조로 구분한다면 이른바 태극이 어찌 낮고 잡스러워지지 않겠는가. 저번에 말했다는 나의 설은 어떤 내용인지 기억하지 못하겠으나, 만약 이 설과 어긋난다면 잘못 말했음을 의심할 여지가 없네. 다음 기회에 기록해서 보여 주는 것이 어떻겠는가?

그리고 현석이 인용했다는 "어찌 휴흠과 간격이 있겠는가.〔豈有虧欠間隔〕"라는 말은 내 입장에서 본다면 더욱 나의 설의 증명이 될 수 있네. 이른바 '어찌 휴흠이 있겠는가.'라는 것은 오행이 비록 질이 다르고 기도 다르더라도 음양은 부족한 점이 없이 완전하게 갖추어졌음을 말한 것이고, '어찌 간격이 있겠는가.'라는 것은 태극이 음양의 자리를 달리하고 때를 달리하는 것에 대하여 간격이 없이 관통한 것을 말한 것이네. 나의 의견은 이와 같으니 부디 이것을 현석에게 물어보고 다시 가르쳐 주는 것이 어떻겠는가?

〔문〕 저번에 여쭈었던 '유인야조(惟人也條)'는 베풀어 주신 가르침을 곰곰이 살펴보니 말씀은 간단하면서 조리가 분명하여 저의 어리석음을 깨우쳐 주신 것이 지극했습니다. 다만 그 가운데 의심스러운 것이 없지 않아 대략 말씀드립니다.

대개 질(質)이란 이미 모양을 이룬 것이고, 품부(稟賦)받은 이후로 말하면 마땅히 기(氣)와 질을 마주 들어 말해야겠지만, 품부받는 처음으로 말하면 마땅히 기만을 말하고 질은 말할 필요가 없다고 봅니다. 그 까닭을 말씀드리겠습니다. 사람은 다만 음양오행의 기를 타고나는데 양(陽)의 맑은 기운은 기가 되고 음(陰)의 탁한 기운은 질이 됩니다. 질은 곧 기가 응집되어 형체를 이룬 것으로 본디 기를 받아서 기가 되거나 질을 받아서 질이 된 것은 아닙니다. 그러므로 주자가 《대학혹문》에서 품부받는 때를 말할 경우에는 기만을 말하고 질은 말하지 않았으며 품부받은 이후를 말할 경우에는 질만을 말하고 기는 말하지 않았으니, 그 뜻을 알 만합니다. 이로 미루어 본다면 질을 받아서 질이 된다고 말하지는 못할 듯합니다.

저의 의견은 이렇습니다. 음양 두 기운이 천지에 충만하여 오르내리고 날아 움직이는데 양기(陽氣)는 청탁(淸濁)의 구별이 있고 음기(陰氣)는 수박(粹駁)의 구분이 있습니다. 그러다가 물(物)을 생(生)

할 때에는 양은 기가 되고 음은 질이 되는데, 만물은 음양 가운데 가장 혼탁하고 가장 잡박(雜駁)한 기운을 얻었기 때문에 어떤 것은 완전히 막혀 통하지 못하고 어떤 것은 겨우 한쪽 길만을 통하고 말며, 성인(聖人)은 음양 가운데 가장 맑고 가장 순수한 기운을 얻었기 때문에 나면서부터 도를 알아서 편안히 실행하고, 중인(衆人)에 이르러서는 어떤 자는 양의 맑은 기운에다 음의 잡박한 기운을 받기도 하고 어떤 자는 음의 순수한 기운에다 양의 혼탁한 기운을 받기도 하므로 그 사람됨이 혹은 기는 맑은데 질은 순수하지 않고 혹은 질은 순수한데 기가 맑지 않은 것입니다. 이와 같이 말하면 또한 막히는 곳이 없지 않겠습니까?

〔**답**〕 기질과 음양의 설에 대한 자네의 의견은 결국 문의(文義)에 얽매여 시원스럽지 못하네. 대체로 음양과 기질에 대한 설은 말에 따라서 각각 다르나 이치는 실로 서로 관계가 있는 것이니, 사람이 품부받는 처음에 또 어찌 음은 놓아두고 양만을 타고나는 이치가 있겠는가. 대개 이때는 음양이 같이 뒤섞인 상태이나 기가 우선이 되므로 그것을 기와 양에 붙일 수 있네. 그러나 이른바 남녀가 정(精)을 교합하는 것은 실로 음이 작용하는 것이네. 그리고 일단 태어나면 혈육이 이미 형성되었으므로 비록 질과 음에 붙이더라도 그 가운데 호흡하고 운동하는 것은 실로 양이 작용하는 것이네. 대체로 기와 질을 갈라서 말한다면 기는 양이고 질은 음이지만, 기질 가운데 또 제각기 음양이 있으므로 어느 하나를 고집하여 논할 수는 없네.

인(人)과 물(物)의 현(賢)과 우(愚)를 가지고 말하더라도 또한 마찬가지여서 인과 현은 양과 맑은 것에 속하고 물과 우는 음과 탁한 것에 속하네. 그러나 인과 현, 물과 우에도 제각기 음양과 청탁이 있네. 이것으로 미루어 보면 명철하게 파고들어야 전후좌우 어디든 통하지 않는 곳이 없을 것이네.

자네가 이른바 "성인은 음양 가운데 가장 맑고 가장 순수한 기를 얻었다."라는 말은 사실 그렇네. 그러나 가장 맑은 가운데에도 음식과 남녀의 욕심이 없지 않고 가장 순수한 가운데에도 콧물, 침, 가래, 똥 같은 더러운 것들이 있으니, 이는 음양의 맑고 흐리고 순수하고 잡박한 기운이 어디든 존재하지 않은 곳이 없다는 증거이네. 또 주자(朱子)가 논한바 "공자(孔子)는 타고난 기가 요순(堯舜)보다 못했기 때문에 요순은 귀하면서 장수하였지만 공자는 천하면서 수명도 그에 미치지 못했다."라는 등의 말에서도 알 수가 있네.

〔문〕 "중정인의(中正仁義)"에 대하여

○ '존심제사(存心制事)'로 말하면 인은 체(體)이고 의는 용(用)입니다. '중정인의로 정하는 것〔定之以中正仁義〕'은 진실로 존심제사하는 도(道)인데, 반대로 음양과 동정을 분배하여 인을 용으로 하고 의를 체로 한 것은 무슨 까닭입니까?

〔답〕 주자가 초년(初年)에는 중(中)과 인(仁)을 정(靜)에 붙이고 정(正)과 의(義)를 동(動)에 붙였는데, 내가 저번에 한 말은 주자가 만년에 정한 것을 인용한 것이네. 1년으로 말하면 춘하(春夏)가 먼저이고 추동(秋冬)이 나중이며, 하나의 기(氣)로 말하면 추동에 수렴하고 춘하에 발생하는 것이니, 정과 의가 체가 되고 중과 인이 용이 되는 것이 어찌 분명하지 않은가.

〔문〕 저번에 여쭈었던 '주정(主靜)' 한 조목을 가지고 말씀드리겠습

니다. 저의 생각에는 학문의 도는 진실로 동정을 관통해야 하나 항상 동(動)에서 잘못되기 쉬우므로 성현의 심법(心法)이 다 동할 때의 공부를 말했으니, 이를테면 요순의 정일(精一)과 안자(顔子)의 사물(四勿)과 증자(曾子)의 삼귀(三貴)[75] 등이 바로 그것입니다. 이 도설(圖說)에서 동은 말하지 않고 오로지 정만을 말한 것은 성인을 위주로 말한 까닭이 아니겠습니까. 다만 주정(主靜) 공부가 실로 배우는 사람에게도 통하는 것은 무슨 까닭입니까?

〔답〕 도설에서 "정신이 지각을 발하고 오성이 외물에 감촉되어 동한다.〔神發知矣, 五性感動.〕"라고 했는데, 자네는 무엇 때문에 "오로지 정만을 말하고 동을 언급하지 않았다."라고 말하는가. 그리고 자네가 인용한 정일, 사물, 삼귀는 본디 다 동을 위주로 말한 것이기는 하나 《주역》에 이른바 "고요히 움직이지 않는다.〔寂然不動〕"라는 것과 《예기(禮記)》에 이른바 "사람이 태어나서 고요한 것〔人生而靜〕"[76]이라는 것과 《중용(中庸)》에 이른바 "계신공구(戒愼恐懼)"와 "그대가 홀로 집에 있을 때를 보니〔相在爾室〕"[77]라는 등의 말은 다 정을 위주로 말한

75 요순의……삼귀(三貴) : 정일은 요 임금과 순 임금이 서로 수수(授受)한 심법(心法)이고 사물은 공자가 안연에게 가르쳐 준 네 가지 경계이다. 삼귀는 증자가 말한 군자가 도를 닦는 데 귀중히 여겨야 하는 세 가지이다.

76 사람이……것 : 《예기》 〈악기(樂記)〉에 "사람이 태어나서 고요한 것은 하늘의 성이고 사물에 감응하여 동하는 것은 성의 욕구이니, 사물이 이르면 지각이 이를 안다.〔人生而靜, 天之性也; 感於物而動, 性之欲也. 物至知知.〕"라는 내용이 보인다.

77 그대가……보니 : 《시경》 〈대아(大雅) 억(抑)〉에 "그대가 군자를 사귈 때의 용모를 보면, 얼굴빛을 온화하게 하면서, 무슨 잘못이 있지나 않을까 조심한다마는, 그대가 홀로 집에 있을 때에 보더라도, 방의 모퉁이에 부끄러움이 없게 해야 할 것이다.〔視爾友君子, 輯柔爾顔, 不遐有愆. 相在爾室, 尙不愧于屋漏.〕"라는 말이 나온다.

것들이네. 이러한 곳에 있어서도 어느 하나만 고집하여 논해서는 안 될 것이네.

송자대전

제106권

書서

박대숙[1] 심 에게 답함 갑인년(1674, 숙종 즉위년) 9월 15일
答朴大叔 鐔○甲寅九月十五日

지난번 객과 주인 사이에 말이 서로 어긋난 일이 있어서 불민(不敏)함을 사죄하였네. 비록 아량을 베풀어 곧바로 너그러이 용서해 주었으나 내심 죄스러운 마음은 오늘날까지도 깊다네. 뜻밖에 편지를 보내 안부를 물어 주었는데, 말뜻이 근후(勤厚)하여, 편지를 펼쳐 반복하여 읽고는 부끄러움과 감격함을 형언하기 어려웠네.

천붕지통(天崩之痛)[2]이 만백성을 감싸고 있으나 나처럼 늙은 신하의 경우는 죽음이 더디 찾아오는 것이 한스러울 뿐이네. 이를 어쩌면 좋단 말인가. 엄명에 못 이겨 죽을힘을 다해 길에 올랐으나 앓고 있는 병 때문에 매우 괴롭네. 어제 겨우 강안(江岸)에 닿아서 바야흐로 이렇게 골골거리고 있으니, 끝내 관직에 임용하신 성상의 뜻을 저버리지나 않을까 두려울 따름이네.

자네가 "터무니없이 공연한 것에 천착하며 문득 경솔히 자신을 대단하다고 여기는 폐단[3]"이라고 말했는데, 좌우(左右)가 어찌 혹시라도

1 박대숙(朴大叔) : 박심(朴鐔, 1652~1707)으로, 본관은 고령(高靈), 자는 대숙, 호는 지포(芝浦)이다. 구당(久堂) 박장원(朴長遠)의 아들로, 처음에 박세채(朴世采)에게 배우다가 송시열이 장기(長鬐)로 유배 갔을 때 찾아와 제자가 되었다.

2 천붕지통(天崩之痛) : 하늘이 무너지는 듯한 슬픔으로, 1674년 8월에 현종(顯宗)이 승하(昇遐)하였다.

3 문득……폐단 : 대본에는 '忽經自大之弊'로 되어 있다. 문맥에 근거하여 '經'을 '輕'으로 바로잡아 번역하였다.

이와 같겠는가. 나를 깊이 경계하고 반성하게 하네. "수많은 비방이 시끌시끌하다."라는 말에는 매우 두려워 숨을 죽이게 되네. 집안의 아이들이 나의 행적을 감추고 남의 행적을 알리려 경솔히 혀를 놀려서 그렇게 된 것이 아니겠는가. 만약 그렇다면 노부(老夫)가 어디로 죄를 피하겠는가.

다만 보건대 좌우는 도를 너무 조급하게 구하고 실효를 너무 성급하게 거두려 하나 노부와 같은 자는 한평생 이것 때문에 자신을 그르치고 남을 그르친 것이 매우 많았네. 오직 바라건대 이제부터 좌우와 함께 책을 보는 데 정력을 기울이며 마음을 보존하고 기운을 배양하는 공부에 종사하여 도리를 조금이나마 깨달았으면 하네. 하고 싶은 말은 매우 많지만 병든 심정이 괴로워 일일이 쓰지 못했네.

박대숙에게 보냄 병진년(1676, 숙종2) 10월

與朴大叔 丙辰十月

산으로 둘러싸인 원악지(遠惡地)에 산을 넘고 물을 건너 찾아오는 것은 이미 쉽지 않은 일인데, 더구나 10여 일을 머물며 먼지 낀 책을 강설하기를 게을리하지 않고 더욱 부지런히 하여 이렇게 거칠고 졸렬한 나로 하여금 갑자기 곤궁한 객지 생활의 괴로움을 잊게 하였으니, 이것은 바닷가 구석의 한 가지 고사(故事)가 되기에 충분하네. 다만 자네를 보낸 뒤에 느낀 아득한 심회는 이루 다 말할 수 없는 점이 있네.

또 스스로 생각건대 나는 엉성하고 경솔하여 찾아와 준 성의에 부응할 수 없었으니, 이것이 더욱 부끄러울 따름이네. 그러나 배움은 폭넓게 하고자 하지 잡다하게 하고자 하지 않으며, 지킴은 간략하게 하고자 하지 비루하게 하고자 하지 않으니, 이것은 실로 주 부자(朱夫子)가 항상 사우(士友) 간에 경계한 것이네. 이러한 지론(至論)은 비록 누차 고명(高明)에게 고하더라도 또한 무슨 모독한다는 혐의가 되겠는가. 바라건대 이것을 항상 스스로 체험하여 한쪽으로 치우치는 병통을 제거한다면 이른바 대중지정(大中至正)의 도가 장차 우뚝 앞에 보일 것이네. 나를 깊이 인정해 주므로 주제넘고 경솔하게 언급하였네. 황송하고 황송하네.

박대숙에게 답함 병진년(1676, 숙종2) 12월

答朴大叔 丙辰十二月

지난번 천 리를 멀다 않고 이 거칠고 외딴곳에 와서, 도깨비들의 야유와 수리부엉이〔鵂鶹〕의 시끄러운 울음소리를 싫어하지 않고 열흘 동안이나 머물며 지체를 낮추어 학문을 강론하였으니, 이는 마땅히 역사상에서나 찾아볼 일이지 어찌 요즘 세상에서 들어 볼 일이겠는가. 작별한 뒤로 돌아가는 도중에 보낸 두 통의 편지를 다시 받았는데, 사의(辭意)가 정중하여 항상 잊지 못하던 차에 뜻밖에 받은 긴 별지(別紙)와 짧은 편지는 말과 뜻이 매우 성의가 있었네. 그중에서도 일깨워 나무라는 것에서 더욱 어진 이가 사람을 사랑해 주는 마음을 볼 수 있었네. 비열(鄙劣)한 내가 어떻게 이런 어진 벗을 얻게 되었는지 모르겠네.

나는 그저 전일과 똑같으나 다만 피 섞인 가래가 나오는 증세가 갈수록 심해져 하룻밤 사이에도 거의 타구(唾口)가 넘칠 지경이네. 이러고서도 어떻게 죽지 않을 이치가 있겠는가. 그러나 이도 운명일 것이니 편안히 받아들일 뿐이네.

운어(韻語 시(詩))는 반복하여 읊조리다가 매우 아름다운 뜻이 있음을 갑자기 깨달았네. 별지는 조그마한 종이에 써 보내니, 그중 옳지 않은 곳은 다음 인편에 바로잡아 보내 주는 것이 어떻겠는가? 보내온 편지는 더럽혀 돌려보내나, 거기에 쓴 말들은 진학(進學)과 함양(涵養) 공부에 도움이 있을 만하다고 할 것이네.

보내 준 시에 대해 화답의 시를 보내고 싶은 마음은 간절하지만, 시배(時輩)들이 남을 비웃고 헐뜯는 시를 위작(僞作)하여 이를 내가 지었다고 모함한다는 말[4]을 들은 뒤로는 일절 다시 시를 읊조리지 않기로 하였기에 지금 감히 파계(破戒)하지 못하겠네. 병을 무릅쓰고 겨우 이렇게 엮네. 한 해가 바뀌려 하네. 학업이 날로 새로워져 사문(斯文)을 돕기 바라네. 이만 줄이네.

별지

"만물의 봄뜻[5]을 음미함으로 기약한다.〔以其玩物之春意〕"에 대하여

○ 이는 명도(明道 정호(程顥))의 자질(資質)이 매우 높아 자연히 안자(顔子)의 춘생(春生)[6]과 같았으므로 풀이 돋아나려는 모양을 보자 우연히 마음이 안자의 마음과 맞았던 것이지, 특별히 이를 음미하고 나서야 비로소 춘생의 기상을 깨달은 것은 아니네. 그런데 이제 여기에서 도(道)를 구하려 한다면 아직 명도의 지위에 이르지 못한 사람으로서는 다만 완물상지(玩物喪志)[7]하기에 딱 알맞아 도리어

4 남을……말 : 《송자대전(宋子大全)》 부록 권18 〈이경수록(李敬秀錄)〉에 의하면, 조현기(趙顯期)가 "송시열이 '사직은 물거품과 같고, 조정은 크게 취해 있다.〔社稷浮漚上, 朝廷大醉中.〕'라는 시를, 위리안치된 죄인의 신분으로 지어서 세상을 조롱하였다."라고 하였는데, 송시열은 그 말을 듣고 이런 시는 지은 일이 없다고 부인하였다.

5 만물의 봄뜻 : 《근사록(近思錄)》 권4에 "마음을 고요하게 한 다음에 만물을 보면 자연히 봄뜻이 있게 된다.〔靜後見萬物, 自然皆有春意.〕"라고 한 데서 온 말인데, 즉 살고자 하는 뜻〔生意〕과 같은 의미이다.

6 안자(顔子)의 춘생(春生) : 춘생은 곧 봄에 만물이 자라나는 것이다. 《근사록》 권14에서 안연(顔淵)의 덕을 표현한 말이니, 봄볕이 따스하여 만물을 자라게 하는 데에 비유한 것이다.

7 완물상지(玩物喪志) : 쓸데없는 물건을 완상하는 데 마음이 팔려 자기의 본심(本心)을 잃는 것이다.

조그만 우리에 갇히는 꼴이 될 것이네. 이런 것이 모두 등급과 차례를 뛰어넘으려는 데서 오는 병폐이니 또한 살피지 않아서는 안 되네.

"선(禪)에 들어 세상을 잊어버리고 터무니없이 공연한 것에 천착하여 광망하고 추솔함에 스스로를 맡겨 버리려고 한다."에 대하여

○ 이는 모두 글을 읽어 이치를 궁구하지 않고 경솔하고 조급하게 하는 데에서 생긴 병폐이네. 그러나 이러한 줄을 알았다는 것은 이미 그 병폐를 고칠 수 있는 길이니, 그저 입으로만 말하지 말고 착실히 병폐에 알맞은 약을 쓰는 것이 좋을 것이네.

"서사(書肆) 공부"[8]에 대하여

○ 이는 그저 책만 읽고 그 이치는 알지 못하는 것을 지칭한 것이네. 옛 현인들이 기롱하던 바인데 지금 왜 이렇게 하지 못하는 것을 병통으로 여기는가.

"살펴 단속하면 얽매이게 되고 너무 느긋하게 하면 옛 버릇이 이어진다."에 대하여

○ 이는 참으로 학자들의 공통된 병폐이네. 오직 잊지도 않고 조장하지도 않은 뒤에야 이를 면할 수 있을 것이네. 그러나 잊지 않고 조장하지 않는다는 것도 꼭 깊이 구하려 해서는 안 되네. 오직 그 일삼음이 있는 바를 그치지 않으면서 급박하게 구해 얻으려는 마음

8 서사(書肆) 공부 : 서사는 책방, 즉 책방 주인은 책만 팔 뿐 그 내용을 모르듯이, 글만 읽고 그 내용을 체득하지 못하는 공부를 비웃는 말이다.

이 없어야 옳은 것이네.

"분발하여 먹는 것도 잊는다."[9]에 대하여

○ 이 말이 비록 성인(聖人)의 겸사(謙辭)이기는 하지만 성인이 아니고서는 능히 할 수 없는 것이네. 어떻게 갑자기 이러한 경지에 오르겠는가. 아무리 주 부자(朱夫子)일지라도 늘 "한 눈금을 보태고 한 마디를 쌓는다." 하고, 또 "1푼 1치를 더위잡고 오른다." 하였네. 죽을 때까지 그치지 않고 이렇게 한 다음에야 이 글의 뜻을 분명히 알 수 있을 것이네.

"백성을 진작시키고 덕(德)을 기르라."에 대하여

○ 맹자(孟子)가 말하기를 "옛날에는 자기의 밝고 환한 것으로 남을 밝고 환하게 하였는데, 지금은 자기의 어둡고 컴컴한 것으로 남을 밝고 환하게 하려 한다." 하였네. 지금 나는 자신이 어둡고 컴컴한 속에 앉아 있는데 어떻게 감히 남에게 미칠 뜻을 갖겠는가. 맹자가 "자신이 도(道)를 행하지 않으면 처자에게도 행하여지지 않는다."라고 한 말이 나를 속인 말이 아님을 너무도 잘 알았네. 자네는 왜 자치(自治)의 도리를 나에게 가르쳐 주지 않는가.

"충고하는 도리에 흠이 있다."에 대하여

9 분발하여……잊는다 : 춘추 시대 섭공(葉公)이 공자의 제자인 자로(子路)에게 공자의 사람됨을 물었는데 자로가 대답하지 못하자, 공자가 자로에게 한 말이다. 《論語 述而》

○ 모장(某丈)[10]과는 입설(立雪)의 교의[11]가 있어 정의(情義)의 깊이가 참으로 형제나 마찬가지이니 절차탁마하는 도리에 대해 어찌 조금이라도 게을리하였겠는가. 나는 오히려 절차가 너무 지나쳐서 혹 그 사람이 싫증을 느끼지나 않을까 생각했는데, 지금 도리어 준엄한 꾸지람을 들으니, 매운 여뀌를 먹였는데 도리어 매우 달다는 평가를 얻은 격이라 하겠네. 그러나 자네의 가르침이 이와 같으니 감히 더더욱 힘써 자네의 뜻에 부응하지 않겠는가.-매번 모장과 서로 경계할 때에는 비록 그의 부자 사이에서는 하기 어려운 말일지라도 하지 않은 말이 없었으니, 우리 집 아이들은 혹 그가 감당하지 못할까 염려하였네. 그런데 이제 자네가 이렇게 말하였으니 어찌 그렇게 서로 반대가 되는가.-

욕심을 경계하라는 깨우침은 참으로 절실하다 하겠네. 이른바 얻는다는 것은 반드시 재리(財利)만을 말하는 것은 아니네. 아름다운 이름을 얻고자 하고 구차하게 살기를 얻고자 하고 논변(論辨)에서 자기가 이기기를 얻고자 하는데, 이것들이 재리와는 비록 청탁(淸濁)의 차이가 있다 할지라도 이치를 해치기는 마찬가지이네. 감히 자세히 살펴서 빨리 다스리지 않을 수 있겠는가.

10 모장(某丈) : 초려(草廬) 이유태(李惟泰)를 가리키는 듯하나 자세하지 않다. 《宋子大全隨箚 卷10》

11 입설(立雪)의 교의 : 동문수학(同門修學)의 뜻으로 쓰인다. 송(宋)나라 때 유작(游酢)과 양시(楊時)가 정이(程頤)를 처음 뵈러 갔을 때, 정이는 눈을 감고 조용히 앉아 있었다. 두 사람은 그대로 시립(侍立)한 채 정이가 눈을 뜨기만을 기다렸는데, 얼마 후 정이가 눈을 뜨고서는 "아직까지 있었는가. 우선 나가서 쉬라." 하므로, 문을 열고 나오니, 밖에는 그사이 눈이 한 자나 쌓여 있었다는 고사에서 나왔다.

"벗들 사이에 할 말을 다한다."에 대하여

○ 벗들 중에 혹 평소에는 바름으로 자신을 지키던 사람들도 요즘에 와서는 마음을 바꾸어 시론(時論)에 붙기도 하고 혹은 천하고 비굴한 노비의 행동을 하여 녹리(祿利)를 구하기까지 하네. 이는 주부자가 일찍이 민망히 여겨 탄식하며 누차 편지 속에 언급한 것이네.

나는 본래 치지(致知)의 공부가 없으므로 처한 위치가 주 부자와는 다른 줄을 알지 못하겠고, 또 함양(涵養)의 힘이 없으므로 격동하는 것이 있으면 나도 모르게 말하는 사이에 충고하는 말이 튀어나오곤 하네. 비록 이렇게 해도 죽고 이러지 않아도 죽는다고는 하지만, 군자가 말을 공손하게 해야 하는 의리로 따진다면 이렇게 해서는 안 되네.

오늘 그대가 깨우쳐 주었으니 앞으로는 삼가 마땅히 점검하여 그런 일을 줄여 가겠네. 또 듣건대 벗들 중에서 변하지 않은 사람이 아주 적다고 하니, 다시는 말을 나누고자 하더라도 아마 그럴 만한 사람도 없을 듯하네. 매우 한탄스럽네.

무릇 이 몇 가지 일들은 모두 자네가 나를 비루하게 여기지 않아 이러한 깨우침을 준 것일세. 이는 평소 다른 사람에게서는 별로 들어보지 못하던 것이네. 만일 일찍 그대의 경계를 얻었더라면 반드시 끝내 세상에 알려짐이 없는 데에는 이르지 않았을 것이네. 그러나 위 무공(衛武公)은 나이 90에도 오히려 경계될 말을 구하기를 게을리하지 않았네.[12] 나 또한 어찌 늙었다고 하여 자포자기하는 것을

12 위……않았네 : 위 무공은 춘추 시대 위나라 임금으로, 95세 때 조정에 포고문을

달게 여기겠는가. 다행히 앞으로도 편지를 보내어 더더욱 부지런히 나의 잘못을 꼬집어 줄 것을 자네에게 바라는 바이네. 보내 준 편지에 편지를 되돌려 보내 달라는 말이 있었으나 현위(弦韋)[13]의 도움에 탐닉한 나머지 이를 조석으로 보고 반성할까 하여 감히 명(命)을 따르지 못하겠네.

공자가 말한 '수사입기성(修辭立其誠)'에 대해, 횡거(橫渠 장재(張載))는 수사(修辭)의 사(辭)를 문사(文辭)라고 하였네. 성인(聖人 공자)도 "사(辭)란 자기의 뜻을 전달할 뿐이다."라고 하였네. 가만히 자네의 편지를 보니 글이 어렵고 깊으며 험하고 괴벽한 데가 있는 듯하여 이해하기가 매우 어려웠네. 그래서 매우 눈여겨보고 정력을 많이 낭비한 다음에야 겨우 그 뜻의 맥락을 짐작할 수 있었네. 만일 언사(言辭) 자체만 이럴 뿐이라면 그래도 해가 없겠지만 선유(先儒)가 "말이란 마음에서 우러나온 것이다."라고 하였네. 그러니 만일 우러나오는 그 마음에 먼저 이러한 병폐가 있다면 어찌 급히 서둘러서 고치는 것을 도모하지 않겠는가. 나의 생각에는, 반드시 옛글 중에서 명백하고도 평이한 것을 가려 읽고 또 읽노라면 자연히 심기

내려 "모든 벼슬하는 사람은 내가 늙었다고 여기지 말고 번갈아 나를 규간(規諫)하라." 하여 거처하는 곳마다 경계하는 말을 붙였고, 또 억시(抑詩)를 지어 그때의 천자인 유왕(幽王)을 풍자함과 동시에 스스로를 경계하기도 하였다.

13 현위(弦韋) : 활시위와 무두질한 가죽으로, 완급을 비유하는 말로 쓰인다. 전국시대 서문표(西門豹)는 성질이 너무 급해 성질을 느슨하게 하기 위해 부드러운 가죽을 차고 다녔고, 진(晉)나라 때 동안우(董安于)는 성질이 너무 느슨하여 이를 바로잡기 위해 팽팽한 활시위를 차고 다녔다는 데서 온 말인데, 전하여 자신의 단점을 보충하는 자료가 됨을 뜻한다. 《韓非子 觀行》

(心氣)가 화평해져서 겉으로 나오는 언사도 역시 명백하고 평이해질 것이라고 여겨지네. 이러한 책을 구하자면 《논어》가 가장 적절할 것이네. 자네는 어떻게 생각하는지 모르겠네.

보내 준 두 별미(別味)에 대해서는 나를 불쌍히 생각해 주는 지극한 뜻을 또한 느낄 수 있었네. 옛사람들이 예(禮)를 닦는 것은 물품으로 하는 것이 아니라고 하였으나, 물품이 아니고서는 역시 예의(禮意)를 펼 수가 없네. 주 부자도 붕우 사이에는 차〔茶〕나 떡을 보내었으니 이 또한 조그만 일에도 정성을 다하는 일단인 것이네. 나 같은 사람은 아무것도 없어 보답하지 못하니 매우 부끄럽고 죄송하네.

학문이란 반드시 이치를 밝히는 것을 우선으로 삼아야 하는데, 이치를 밝히는 요점은 반드시 글을 읽는 것이 우선이네. 글을 읽을 때 마음과 뜻을 전일하게 하여 사물에 흔들리지 않으면 이는 마음을 잡아 간직하는 공부까지 겸해서 하게 되는 것이네. 마음이 간직되면 이치는 더욱 밝아지고 이치가 밝아지면 간직됨이 더욱 견고해지네. 이렇게 하여 그것으로 몸을 단속하고 그것으로 실천한다면 저절로 힘이 얻어질 것이네. 어려서부터 사우(師友)에게서 들은 것이 이와 같고 옛글에서 상고해 보아도 역시 이와 같네. 그러므로 누구고 묻는 사람이 있으면 언제나 이 말로 고해 주네.

자네가 전날 여기에 왔을 때 가만히 자네가 간직한 바를 엿보았더니, 늘 '욕심 줄이는 것〔寡欲〕'을 첫째 화두(話頭)로 삼으려 했네. 대체로 욕심을 줄이는 것이 어찌 마음을 기르는 지극한 요점이 아니겠는가. 그러나 욕심이란 맹목적으로 줄일 수만은 없는 것이네. 반드시 글을 읽고 이치를 궁구하여 모든 일상생활 속에서 무엇이 인욕

(人欲)이고 무엇이 천리(天理)인가를 알고, 인욕 가운데도 무엇은 형기(形氣)에서 나온 것으로 전혀 없어서는 안 되는 것이고 무엇은 천칙(天則)에 어긋난 것으로 조금도 있어서는 안 된다는 것을 분별하여야 하네. 이와 같이 착실하게 노력해 가노라면 욕심을 줄이려고 애쓰지 않아도 저절로 줄어들 것이네. 지금 자네는[14] 시비와 경중을 따지지 않고서 곧바로 모두를 제거해 버리고자 하였으므로 심지어 오릉 중자(於陵仲子)[15]를 옳다고 여기기까지 하였네. 중자(仲子)에 대해서는 맹자(孟子)가 벌써 "지렁이가 된 뒤에야 그렇게 할 수 있을 것이다." 하고, 또 그가 지렁이만도 못하였음을 책망하였네. 이것은 의당 경계해야 할 것인데도 오히려 사모하여 본받으려 하는 것은 글을 읽고 이치를 궁구하지 않은 탓이네.

또 가만히 살펴보건대 그대는 읽은 책 중에서 자기 마음에 맞는 것에만 뜻을 기울이고 맞지 않는 것들은 모두 소홀히 하고 있었네. 이와 같이 하면 끝내 의리를 관통하지 못하여 치우치고 불안정해져서 이것을 얻으면 저것을 잃게 되어 끝내 투명하게 환히 트인 경지를 보지 못하고서 혹은 색은행괴(索隱行怪)에 빠져들게 될 것이네. 정성껏 물어 왔기에 감히 어두운 소견을 남김없이 말하였네. 살펴봐 주기를 바라네.

14 지금 자네는 : 대본에는 없다. 두주에 근거하여 '今吾友則'을 보충하여 번역하였다.

15 오릉 중자(於陵仲子) : 전국 시대 제(齊)나라 오릉에 살았던 진중자(陳仲子)이다. 사회의 집단생활을 떠나 직접 신을 삼고 베를 짜 생활용품을 조달함으로써 철저한 독립생활을 하였다. 그에 대해 맹자는 "나는 제나라 인물 중에서 중자를 으뜸으로 꼽는다. 하지만 중자를 어찌 청렴하다 할 수 있는가. 중자가 견지하는 지조를 유감없이 지키자면 물만 먹고 사는 지렁이가 되어야 할 것이다."라고 하였다. 《孟子 滕文公下》

자네가 보여 준《근사록(近思錄)》의 세 조항은 모두《주역》에 대한 말이네. 시기와 형세를 안다는 것은《주역》을 배우는 큰 방법이네. 어찌 한 가지 뜻에만 얽매일 것인가. 옛사람들로 말하여 보더라도 명도(明道 정호(程顥)) 선생은 원풍(元豐 송 신종(宋神宗)의 연호) 말기에 장돈(章惇), 채경(蔡京)의 무리와 함께 국사(國事)를 같이 해 보려고 생각하였네. 그 당시에는 선인황후(宣仁皇后)[16]가 위에 있고, 명도와 사마공(司馬公) 등 여러 현인(賢人)이 군자들의 영수가 되었기에 그 지위와 시세가 큰일을 할 만하였고 또 그들의 역량도 소인들을 교화하여 복종시키기에 충분하였네. 그러므로 그 말이 이와 같았던 것이네.

회옹(晦翁 주희(朱熹)) 선생 때에 이르러서는 영종(寧宗)이 벌써 소인의 참소에 빠져, 한탁주(韓侂冑)가 권세를 부려 조상(趙相 조여우(趙汝愚))은 쫓겨났고 선생도 따라서 내침을 당했는데 선생을 참(斬)하기를 청하는 상소가 연이어 나왔으니, 이때는 큰일을 할 수가 없었기에 단지 사도(斯道)만을 스스로 담당하였네. 그러므로 한갓 자기 자신만 소인에게 매우 엄격하게 대한 것이 아니라, 붕우나 문인 중에 조금이라도 더러워진 행적이 있는 자에게는 엄한 말로 준열히 꾸짖거나 붙잡아 인도해서 구출하여 마치 얼음과 숯이나 향내 나는 풀과 악취 나는 풀이 서로 용납되지 않는 듯하였네. 이것이 어찌 시세가 다르고 처지가 달라서 그런 것이 아니겠는가.

16 선인황후(宣仁皇后) : 송(宋)나라 신종(神宗)의 비(妃)로, 어린 철종(哲宗)을 도와 섭정하면서 사마광(司馬光) 등 어진 이를 등용하는 데 힘써 여중요순(女中堯舜)으로 일컬어졌다.

박대숙에게 답함 정사년(1677, 숙종3) 10월

答朴大叔 丁巳十月

병고(病苦)로 거의 죽게 된 가운데 멀리서 특별히 보내 준 편지를 받고 어버이를 모시면서 공부하는 기거가 모두 평안함을 알았으니, 기쁘고 위안되는 마음을 어찌 형언할 수 있겠는가.

나는 여름과 가을에 무더위와 장마로 거의 죽다가 다행히 살아났는데, 갑자기 이달부터 치루가 발작하여 괴로운 마음에 죽여 달라고 빌고 있네. 죽는 것은 한스럽지 않으나 세상에 알려지지 못하고 죽는 것만은 한스러울 따름이네. 자네가 편지에서 자세하게 말해 주었으니, 나를 깊이 사랑해 주는 마음 매우 감사하네. 붕우 사이에 절차탁마하는 도리가 어찌 이와 같지 않겠는가.

전날 망녕되이 나의 어리석은 견해로써 나를 일깨워 준 자네의 뜻에 대략 사례하였네. 그러나 불손한 말이 없지 않아 곧바로 송구하였네. 이제 하나하나 포용하고 또 말을 듣고 기뻐하는 뜻이 있으니, 이것으로 식견이 높고 도량이 커진 실질을 볼 수 있네. 이미 절로 화해하여 위안되었는데, 또 학문의 조예가 나날이 증익되어 기쁘네.

그러나 오히려 중자(仲子)에 비기는 것을 영광으로 여기는 것은 호승(好勝)의 뜻이 있음을 면치 못하네. 호승이 비록 게으름과는 차이가 있으나 병통이 되는 것은 차이가 없네. 이것은 또한 마땅히 극복하여 제거하는 공부를 지극히 더하여 대중지정(大中至正)한 법에 따라 행해야 하는 것인데, 어떻게 생각할지 모르겠네.

지금 《논어》와 《맹자》를 읽고 있다고 하였는데, 매우 잘하고 있네.

진실로 이 두 책에서 힘을 얻으면 무릇 성현의 글 중에 읽지 못할 것이 없네. 또 평소 생각 중에서 적은 소득에 만족하고 하나를 고집하며 백 가지를 폐하는[17] 편벽됨을 끊어 버린다면 나날이 고명(高明)하고 광대(廣大)하며 돈후하게 예를 높이는 영역으로 나아갈 것이네.

그리고 가르쳐 준 말에 대하여는 비록 내가 늙고 병들었으나 삼가 마땅히 마음을 가다듬고 힘써 기운을 내어 기필코 기대하는 성대한 뜻을 저버리지 않겠네. 이 이후로 보내는 편지에서는 썩은 흙이라 경시하지 말고 더욱더 채찍질하여 사람을 덕으로 사랑하는 하나의 단서를 실현하기 바라네. 구구하게 기대하는 마음 견디지 못하네.

면포(綿布) 한 단에서 또한 옛사람의 풍모를 볼 수 있었네. 삼가 감사히 받아서 열흘 동안 솥에 이끼가 생긴 괴로움[18]을 면할 수 있었네. 말하고 싶은 것은 매우 많으나 괴로움이 몹시 심하여 말을 잇지 못하겠네. 입으로 불러 주다 보니 말에 몹시 조리가 없네. 양해해 주기 바라네.

○ 병이 조금 잦아들면 보내온 편지에서 언급한 것을 다시 토론하여 자네에게 교정을 부탁하겠네. 보내온 편지는 우선 머물러 두었다가 병이 조금 덜할 때 부탁한 대로 할 계획이네.

17 폐하는 : 대본에는 '廣'으로 되어 있다. 두주에 근거하여 '廢'로 바로잡아 번역하였다.

18 솥에……괴로움 : 밥을 지을 양식이 없어 불을 때지 않아 솥에 이끼가 생길 정도로 배고픈 괴로움을 말한다.

박대숙에게 답함 무오년(1678, 숙종4) 2월
答朴大叔 戊午二月

천 리 길에 특별히 편지를 보내어 지극히 정성스레 위로해 주었는데, 진실로 깊은 인애와 높은 의리가 아니면 어찌 이에 미치겠는가. 나의 감격함은 이루 말할 수 없을 정도네. 이어서 어버이를 모시는 여가에 학문하는 기거가 경사스럽고 복됨을 살펴 알았으니, 또 매우 기쁘고 위안되네. 그리고 별지에서 자네가 한 말은 실로 충심으로 선도(善道)를 도모하고 나를 불쌍히 여겨 미혹됨을 깨우쳐 주려는 자네의 성대한 뜻에서 나왔으니, 세상에서 명색이 붕우가 되어서 한갓 체면만 일삼는 자들과 비교하면 어찌 하늘과 연못의 격차뿐이겠는가.

나의 성품은 속 좁고 꽉 막혀 내 마음을 스승으로 삼아 남을 거스르면서 친구들을 비루하게 여겨 멀리하며 그들을 이끌어서 바로잡아 주려 하지 않았네. 그러므로 근심 걱정이 산처럼 쌓이고 죄과(罪過)가 나날이 늘어났는데, 거의 죽게 된 나이에 그대를 한 번 만나 유익한 가르침을 받았으니 얼마나 다행인가. 오직 바라건대 아직 죽기 전에 더욱더 격려하여 만에 하나라도 젊을 때 실패한 것을 노년에 만회하게 하여 큰 은혜를 입게 해 주게. 구구한 이 말은 실로 진심에서 나온 것이니, 부디 말로만 하는 것으로 여기지 말기 바라네. 나머지는 치루증이 매우 고통스러워 겨우 이렇게 쓰고 줄이네.

○ 가만히 보건대 그대는 타고난 자질이 고명하고 품행이 독실하네. 고명하므로 고상한 것을 좋아하고 비천한 것을 싫어하며, 독실하므로 적은 소득에 만족하네. 성인(聖人)의 도는 차분하고도 얽매임이 없으

며 대소와 본말을 온전하게 갖추지 않음이 없는데, 이와 같이 추구하면 해로움은 있으나 얻는 데는 도움이 없을 듯하네. 바라건대 조석지간(朝夕之間)에 주자(朱子)의 글을 정독하게. 여기에서 그 의미를 깨달으면 구습(舊習)의 병통이 제거되기를 바라지 않아도 절로 제거될 것이네. 어떻게 생각할지 모르겠네.

박대숙에게 답함 기미년(1679, 숙종5) 9월
答朴大叔 己未九月

앞뒤로 보내 준 두 통의 편지는 한꺼번에 잘 받았네. 이 시기 이 처지로서 어찌 이런 대우를 받는단 말인가. 매우 감격하여 거의 밥 먹는 것도 잊었네. 더구나 서로 간절히 아끼고 서로 깊이 도와주는 것이 참으로 남달랐네. 이것은 고인(古人)에게 견주더라도 비길 만한 사람을 찾기 어려우니, 더욱 사람을 기쁘고 위안되게 하였네.

결친(結親)의 소원은 오늘날 존가(尊家)만이 이 말씀을 올릴 수 있으므로 감히 추천한 것인데, 어찌 둘이 서로 맞지 않은 것이 마치 서로 보복하는 자들 같을 줄 생각이나 했겠는가. 다만 숙원(宿願)이 마음에 있으면 오늘 이루지 못하더라도 틀림없이 훗날 이룰 것이네. 우리 가문에는 증손자와 증손녀가 많이 있네. 다행히 덕문(德門)에서 비루하게 여기지 않고 몸을 굽히고서 취한다면 주진(朱陳)의 교분[19]이 홀로 앞 시대에서 아름다움을 독차지하지 못할 것이네.

자네는 무슨 책을 읽고 있으며, 공부에는 날로 새로워지는 증험이 있는가? 매번 가만히 생각건대 자네는 정자(程子)가 이른바 "고심하고 온갖 힘을 다 쏟는 모습은 있으나 너그럽고 온후한 기운은 없다."라고 한 경우와 유사한 듯하네. 이 병을 제거하지 않으면 배움에 해로움이

19 주진(朱陳)의 교분 : 혼인하는 것을 말한다. 옛날에 중국 서주(徐州) 고풍현(古豐縣) 어느 마을에 주씨(朱氏)와 진씨(陳氏) 두 성씨만이 살면서 대대로 두 집안끼리 통혼(通婚)하며 정의가 두텁게 살았다고 한다.

있을 뿐만 아니라 또한 몸을 보전하는 도리에 장애가 있으니, 자주 성찰하여 속히 되돌리기를 바라네. 오늘날에 와서는 단지 이러한 일을 말할 수 있을 뿐이니, 자네의 기한(飢寒)과 나의 곤궁은 모두 놔두고 말할 것도 없네. 이제부터는 아무리 가르침을 받들려 해도 방법이 없을 것이니, 걱정하지 않을 수 없네. 오직 바라건대 어버이를 모시면서 하는 학문을 더욱 증진하여 먼 곳에 있는 나의 정성에 부응해 주게.

박대숙에게 답함 경신년(1680, 숙종6) 7월
答朴大叔 庚申七月

바다 가운데서 가끔 자네 편지를 받았네. 나는 안부를 이미 사람에게 받지 못할 자인데, 더구나 적심(赤心)에서 나온 충고에서 사람을 사랑하는 군자의 성대한 마음을 알았네. 그러나 스스로 생각해도 형편없는 내가 자네에게 이런 대우를 받을 까닭이 없으니 부끄러운 마음을 또 말할 수 없네.

성인(聖人)이 "몸으로 가르치면 따라오나 말로 가르치면 송사한다." 라고 말하고, 또 "자신이 도를 행하지 않으면 그 도는 처자에게 행해지지 않는다."라고 하였네. 평소에 아이들을 책망하는 것은 실로 '극기(克己)' 두 글자를 벗어나지 않으나 이 두 글자에 대하여 자신에게 조금도 근사함이 없는 자가 아무리 혹 간곡하게 거듭 충고하더라도 어찌 그 효과가 있겠는가. 이것은 실로 사리의 형세가 그러한 것이네. 그러나 자네의 지극한 뜻을 헛되이 저버릴 수 없어 삼가 마땅히 게으른 성품을 면려(勉勵)하여, 자기에게 선(善)이 있은 뒤에 남에게 선을 요구하라는 교훈에 조금이나마 힘을 써서 만일 진지한 가르침을 저버리지 않는다면 실로 자네의 성대한 덕 덕분이네. "내가 늙었다 하여 나를 버리지 말라."라고 한 위 무공(衛武公)의 바람[20]이 진심에서 나온 것임을 여기에 와서 깊이 깨달았네.

내가 갑자기 살아 돌아오게 된 것은 성덕(聖德)이 지극해서이니,

20 내가……바람 : 191쪽 주12 참조.

망극한 감격을 어찌 다시 말할 수 있겠는가. 집 떠난 지 7년 만에 돌아오자 친구들이 기쁘게 맞이하였으니, 이것이 인정(人情)이네. 지난달 열흘 사이에 서로 이어서 나를 찾아와 준 것은 과연 자네가 말한 것과 같았네. 깊은 곳에 들어온 뒤에는 찾아오는 이들이 점점 드물어지고 있네. 그러나 또 먼 곳에서 오는 자가 없지 않아 고요한 정취가 매우 부족하나 한두 달이 지나면 이것도 면할 수 있을 것이네. 이후에 과연 자네가 찾아와 준다면 적막한 물가에서 맑은 가르침을 받들 수 있을 것이니, 얼마나 다행스럽겠는가.

둘째 손자 아이가 마침 여기에 없네. 바다로 들어가던 때 그 아이가 달갑게 여기지 않는 가르침[21]을 받들었으니, 매우 감격하였네. 계속 깨우쳐 주어 그 아이가 소인으로 전락하지 않게 해 준다면 온 집안의 감사한 마음을 어찌 다 말할 수 있겠는가. 한창 복통이 고통스럽고 편지를 대필하다 보니 이만 줄이네.

21 달갑게……가르침 : 가르치는 것을 탐탁지 않게 여김으로써 도리어 그 사람에게 교훈을 주는 불설지교(不屑之敎)를 말한다. 《맹자》 〈고자 하(告子下)〉에 "가르침에 또한 방법이 많으니, 내 좋게 여기지 아니하여 거절함으로써 가르침은 이 또한 가르치는 것일 뿐이다."라고 하였다.

박대숙에게 답함 경신년(1680, 숙종6) 7월

答朴大叔 庚申七月

오로지 대죄(待罪)하기 위하여 이렇게 재차 벼슬길에 나간 것이나 자네에게 웃음거리가 될 것을 스스로 알고 있었네. 도리어 안부 편지를 보내 기뻐하는 뜻을 보여 주었으니, 많은 보물을 선물로 받는 것도 이에 비할 수 없네. 그러나 '경상(卿相)'이라는 말은 나를 붕우로 보지 않는 것이니 부끄럽고 송구하기 그지없네. 이것은 틀림없이 절교를 보이는 뜻이 마음에 있어 우선 이렇게 완곡하게 말한 것이니, 더욱 송구하네. 과연 나를 찾아와 준다면 내 마음이 편안할 것이네.

지난번 편지를 받고 곧 답장을 써서 책망하는 두터운 보살핌에 사례하였는데, 무슨 까닭에 편지를 받지 못했는지 모르겠네. 그중에서 "극기(克己)를 자손에게 가르치지 못했다."라고 한 것은 참으로 병에 맞는 약석(藥石)으로 지금까지 명심하고 있네.

박대숙에게 답함 신유년(1681, 숙종7) 1월

答朴大叔 辛酉正月

지난번에 비록 함께 잤으나 이야기를 나누지 못하여 아직도 이렇게 한스럽네. 지금 이 편지를 받드니, 가르침이 간절하여 고마운 마음 한이 없네.

《동호문답(東湖問答)》은 지금 시세(時勢)와도 조금 다른 점이 있네. 그러나 모두 절실하고 긴요한 말씀이므로 한번 진달하고 싶었으나 겨를이 없었네. 면포(綿布)를 변통하는 것은 참으로 평민들에게는 큰 이익이 되나 요행을 바라는 백성에게는 큰 원망이 되네. 그래서 대신(大臣)이 돈으로 포(布)를 대신 내게 하려 한 것이네. 단지 이와 같은 작은 이해(利害)가 백성이 곤궁하고 재정이 다한 시기에 무슨 이익이 되겠는가. 반드시 대경장(大更張)한 뒤에 회생할 가망이 있으나 대경장을 하면 틀림없이 큰 소요가 일어날 것이니, 이것이 정말 어렵네.

술과 차를 보내 준 정성에 진실로 감사하네. 이만 줄이네.

박대숙에게 답함 신유년(1681, 숙종7) 6월 2일
答朴大叔 辛酉六月二日

이곳에 올 때 인자(仁者)의 증언(贈言)[22]을 얻지 못하여 지금까지 한스럽네. 오늘 인편을 통해 자네의 서찰을 받으니, 마치 다시 직접 만난 것 같네. 어떤 위안이 이만하겠는가.

나는 나이도 이미 많은데 또 시사(時事)에 조금도 도움을 준 것 없이 그저 성상의 총애를 그르쳤네. 이것이 밤낮으로 황송하고 부끄러워 편치 못한 것이네. 그러므로 상엿줄을 마련한 뒤에 하루가 다하기를 기다리지 않고 돌아왔네. 이밖에 단연코 다른 마음은 없는데, 자네는 오히려 의심하는가?

현재 어디에서 무슨 책을 읽고 있는가? 반드시 사서(四書)를 정밀하고 익숙하게 공부하여 마치 자기 말을 외우는 것처럼 하되 기이한 것을 좋아하거나 찾으려 하지 말게. 나는 빈 골짜기에 혼자 살고 있어 병든 상태가 무료한데, 자네와는 가장 멀리 떨어져 있으니, 허물을 누가 경계해 주고 병통에 누가 침을 놓아 주겠는가. 이 때문에 항상 유쾌하지 못하다네.

22 증언(贈言) : 헤어질 때 서로 격려하는 뜻으로 주고받는 좋은 말이다. 《순자(荀子)》 〈비상(非相)〉에 "떠나는 사람에게 좋은 말을 선물하는 것은 금석이나 주옥을 주는 것보다도 더 귀중하다.〔贈人以言, 重於金石珠玉.〕"라는 말이 나온다.

박대숙에게 답함

答朴大叔

지난번에 바삐 작별하느라 조용하게 맑은 가르침을 받지 못하여 마냥 한스러웠네. 갑자기 인편으로 지난달 12일에 보낸 편지를 받고 삼가 어버이를 모시는 기거가 좋고 편안함을 잘 알았으니, 위안과 기쁨을 말할 수 없네.

다만 자네가 거취(去就)에 대하여 한 말은 의리가 높고 사리가 정밀하고, 또한 인용한 "주자(朱子)가 운운했다."라는 것은 천박하고 졸렬한 내가 감히 들을 수 있는 것이 더욱 아니었네. 내가 처음에 온 뜻은 단지 이름이 한평생 소명(召命) 가운데 들었기 때문에 황송한 마음이 밤낮으로 더욱 더하였으므로 나의 늙고 병들어 다 죽게 된 신세를 한번 드러내어, 성상께서 불쌍하게 여겨 영원히 치사(致仕)를 허락해 주실 것을 바란 것이네.

뜻밖에 처음 주상을 대면하던 날에 병이 발작하여 정성을 바치지 못했네. 장차 물러나려고 소장으로 간청했으나 끝내 윤허를 받지 못하였으므로 상소를 남기고 물러가려 하였네. 그런데 갑자기 사람들의 비난 때문에 낭패하여 달려 나와 깊은 골짜기에 칩거한 지 이미 여러 날이 되었네. 그러나 승지와 사관이 날마다 내려오니 황송한 심정 더욱 절실하여 장차 며칠 내로 행장을 꾸려 멀리 떠날 것이네. 선대인(先大人)의 묘지명은 소란스러움이 이렇게 극심하여 붓을 들지 못하였으니, 모름지기 고요한 곳에서 주변이 잘 정돈되기를 기다린 뒤에야 이 일을 할 수 있을 것이네.

일찍이 한 통의 편지로 중씨(仲氏)를 번거롭게 했는데, 지금 이미 그 편지를 받았다고 들었네. 이 일을 이룬다면 우리 가문의 행운이네.

박대숙에게 답함
答朴大叔

지난번 섬계(剡溪)의 흥취[23]는 지금까지 잊을 수 없는데, 이렇게 자네의 서찰을 받으니 매우 위안되고 그립네.

'존엄(尊嚴)'이라는 글자는 붕우가 허여하는 의리가 전혀 아니며, 뜻밖에 의심을 받는 것이 이에 이르렀으니, 이것은 악정자춘(樂正子春)의 근심을 오히려 풀지 못하여 밤낮으로 죄를 뉘우칠 뿐이네.[24]

문장을 짓는 일은 어제 대략 마쳤네. 그러나 이후로는 자못 곡절이 있으니, 문장을 다듬어 정리하는 것은 다시 며칠이 지나서야 할 수 있네. 민망함을 말할 수 없네.

성교(聖教)에서 외람스럽게도 은근하고 간절한 뜻을 받았으니, 송구함에 어찌 끝이 있겠는가. 그러나 편지에서 운운한 것은 참으로 난쟁이에게 무거운 짐을 억지로 지게 하는 것이네. 평소에 스스로 '깊이 알아줌을 받았다.'라고 생각했는데, 지금 도리어 너무도 모른다는 것을 알았네. 다만 시대를 걱정하는 간절한 마음은 그렇다고 말할 수 있네. 그러나 부질없는 걱정이 무슨 도움이 되겠는가. 단지 늙어 갈 뿐이네.

23 섬계(剡溪)의 흥취 : 친구가 방문했을 때의 흥취를 뜻한다. 진(晉)나라 왕휘지(王徽之)가 폭설이 내린 밤에 술을 마시다가 갑자기 섬계에 있는 친구 대규(戴逵)가 생각이 나서 밤새 배를 저어 그 집을 찾아갔던 고사에서 유래한 것이다. 《世說新語 任誕》

24 악정자춘(樂正子春)의……뿐이네 : 같은 잘못을 또 저지르지 않으려 한다는 뜻이다. 증자(曾子)의 제자인 악정자춘이 당을 내려오다가 발을 다치고는 완쾌되었는데도 근심하며 몇 달을 문밖에 나오지 않은 일이 있었다. 《禮記 祭義》

박대숙에게 답함

答朴大叔

보내온 편지의 자세한 내용을 통해 부지런히 가르쳐 주는 정성에 깊이 감사하네. 거취의 의리는 중씨(仲氏)에게 보내는 서신에 상세히 써 놓았네. 만약 이곳으로 오는 인편이 있어 다시 가르쳐 준다면 매우 다행이겠네.

'용량(容量)' 운운한 것에 대해 말하자면, 이것은 참으로 대군자(大君子)나 세도(世道)를 주관하는 자의 일이네. 나 같은 자는 비록 혹여나 흉중에 운몽택(雲夢澤) 여덟아홉 개를 집어삼키고 있더라도[25] 누가 기꺼이 돌아보려 하겠는가. 사람들은 장차 나와 거리를 두는 데 겨를이 없을 것이네.

사람의 처한 바에는 각각 마땅한 바가 있네. 바라건대 자네는 시내의 두둑이나 산의 언덕에 나를 처하게 하여 사슴 떼와 놀고 나무와 돌과 살게 하면 될 것이니, 세도의 책임은 절로 떠맡아서 할 자가 있을 것이네. 언제나 다시 만나 이 회포를 펴겠는가. 과자(果子)는 아이들과 나누어 먹었네. 무척 고맙네.

25 흉중에……있더라도 : 포부가 매우 큰 것을 뜻한다. 한(漢)나라 사마상여(司馬相如)의 〈자허부(子虛賦)〉에 "운몽과 같은 것 여덟아홉 개를 한꺼번에 집어삼키듯, 그 흉중이 일찍이 막힘이 없었다."라고 하였다.

박대숙에게 답함 계해년(1683, 숙종9) 7월
答朴大叔 癸亥七月

《가례(家禮)》에서는 좌차(坐次)와 독(櫝)이라는 글만 있고 그 제도를 말하지 않았네. 단지 권수(卷首)의 그림에 좌식(坐式)과 개식(蓋式)[26] 및 양창독(兩窓櫝)[27]의 제도가 있을 뿐이네. 이 그림은 원(元)나라 때 사람이 만든 것인데, 요즘 사람이 주자(朱子)에게서 나온 것이라 잘못 인용하며 하나하나 높이고 믿으므로 선유(先儒) 중에는 설을 세워서 변론한 자가 있으니 《가례집람(家禮輯覽)》 중에 자세히 보이네.

그림에서 이른바 '좌식', '개식'이라 한 것은 좌식은 신주의 몸체를 안치하는 하체(下體)이고, 개식은 위에서부터 아래를 덮는 상체(上體)이니, 모름지기 하체와 상체를 겸비한 뒤에야 비로소 한 독(櫝)의 제도가 온전하네. 이른바 '식(式)'은 제(制) 자나 법(法) 자의 뜻이니, '좌의 방식〔坐之式〕', '개의 방식〔蓋之式〕'이라 말하는 것과 같은데 요즘 사람이 잘못 연이어 읽은 것이네.

양창독에 대한 겸용(兼用)과 각용(各用)의 설은 《의례문해(疑禮問解)》에 보이네.

시제(時祭)를 고비(考妣)에게 각각 차리는 것은 이미 《가례》에 분

26 좌식(坐式)과 개식(蓋式) : 좌식은 한 위(位)의 신주를 모셔 두는 좌대(坐臺)로, 좌자(坐子)라고도 한다. 개식은 좌대를 덮는 물건으로, 뚜껑 역할을 한다.

27 양창독(兩窓櫝) : 신주를 모셔 두는 궤로, 전면에 두 쪽의 문을 단 것이다. 양창독에는 부부(夫婦) 양위(兩位)의 신주를 모신다.

명한 글이 있으니, 그릇에 구애되어 합설(合設)할 수는 없네. 《예기(禮記)》에서 "제기를 갖추지 못하면 일상 용기〔燕器〕를 만들지 않는다."라고 하였으니, 사람이 아무리 가난하더라도 어찌 일상 용기를 만들지 않는 자가 있겠는가. 무릇 사람은 조상을 받드는 것을 어버이를 봉양하는 것보다 소홀하게 하므로 선후의 순서를 잃게 되는 것이네. 삭망(朔望)에는 그 의식이 매우 소략하여 제례(祭禮)를 이루지 못하므로 한 감실(龕室)에 모두 한 쟁반의 과일을 차리는 것이 아니겠는가.

박대숙에게 답함 갑자년(1684, 숙종10) 11월
答朴大叔 甲子十一月

옛날 분암(墳菴)에 있을 적에 서울 아이들이 파발 편으로 안부 편지를 보냈으니, 지금 친구의 편지 한 통이 어찌 천금의 가치일 뿐이겠는가. 다만 늙은 내가 명이 박하여 걸핏하면 남에게 누를 끼치므로 감히 성명을 스스로 왕도(王都)에 통하지 못하였네. 그러나 틀림없이 사정을 헤아려 양해해 주리라 생각하였네.

지금 편지를 받아 보니, 도리어 "멀리 외면한다."라는 말이 있어 매우 놀랍고 두려웠네. 이렇게 형편없는 내가 만약 멀리 외면하지 않는 친구의 은혜를 받는다면 큰 영광일 것이네. 매번 편지를 가지고 산옹(山翁)과 야로(野老)에게 자랑하였는데, 자네의 편지와 같은 경우는 거의 종이가 해지고 먹빛이 변할 지경이네. 지금 자네가 도리어 이 말을 하였으니, 어찌 이것을 가지고 멀리 외면하는 단서로 삼고자 하는가. 하하!

여기서 나는 질병이 심해지고 아이의 병도 낫지 않으니, 옛날에 '동병상련(同病相憐)'이라 한 것은 실로 참말이네. 나를 찾아오겠다는 편지를 받았으니, 어찌 매우 다행한 일이 아니겠는가. 다만 근일에 비록 찾아오더라도 병 때문에 이야기를 나눌 수 없으니, 잠시 쉬었다가 남쪽으로 돌아가는 날을 기다려 길가에 있는 민가에서 서로 만나 함께 자고 싶네. 이것이 회옹(晦翁 주희(朱熹))이 고요함을 취한 뜻이네. 다만 조화옹이 장난을 치는 일이 없지나 않을지 모르겠네. 오늘 아침에 승지가 와서 성상의 유지를 전하였으니, 황공하여 감히 편안히 있지 못하네.

박대숙에게 답함 갑자년(1684, 숙종10) 11월

答朴大叔 甲子十一月

여러 날 동안 함께 있다가 어느새 각자 고향으로 돌아갔으니, 나그네의 회포 더욱 아프네. 오늘 안부 편지를 받으니, 송별 후의 그리움이 조금 위안되네. 이곳의 괴로운 형편은 이전에 비하여 더하네. 고해(苦海)를 벗어나는 것은 예로부터 어려웠으니, 어떻게 하겠는가.

서로 못 만날 때는 으레 의문점이 한없이 많으나 막상 서로 만나면 아득히 질문할 것을 몰라 단지 한바탕 웃는 모임이 되어 버리네. 이것은 옛날의 현자가 병통으로 여겼던 것이니, 더구나 우리에게 있어서겠는가.

이제 중씨(仲氏)의 편지에 대하여 여쭐 것이 있는데, 밝게 가르쳐 주면 매우 다행이겠네. 보내 준 쌀은 시렁 위에 두고 허기를 달래는 데 쓰려 하네. 만약 내가 죽으면 그 쌀로 첫 전(奠)을 올릴 것이니, 끝내 친구가 정으로 준 것을 헛되이 하지 않을 것이네. 우습네. 할 말은 많으나 이만 줄이네.

박대숙에게 답함 갑자년(1684, 숙종10) 12월 1일
答朴大叔 甲子十二月一日

보내 준 편지는 몹시 위로가 되었네. 두 가지 별미(別味)도 정중히 받았네. 이번 편지의 수많은 말들은 실로 모두 겸양(謙讓)하는 말이어서 도리어 내 마음이 멍하였네. 자네의 연이은 편지에서 이 세상을 아주 잊지 못하는 인인(仁人)의 마음을 느낄 수 있었네. 옛 성현들은 천하를 마치 한집안처럼 보았는데 더구나 지금 부모의 나라가 당파(黨派)의 논쟁으로 이처럼 기울어졌으니 어찌 마음이 몹시 상하지 않겠는가. 그러나 어떻게 해 볼 도리가 없네.

전에 율곡(栗谷) 선생이 지극히 공정한 진심에서 나오는 정성으로 양편을 조정하려다가 한쪽 사람들의 공격 대상이 되었고, 세 사람이 귀양 가는 지경에 이르러서는 더욱 깊이 결렬되었네.[28] 율곡 같은 대현(大賢)으로도 이와 같았는데 더구나 다른 사람이겠는가. 그러므로 오늘날에 할 수 있는 일은, 깊은 산골에 문을 닫아걸고 들어앉아 사람들

28 세……결렬되었네 : 이이(李珥)가 병조 판서로 있을 때 이탕개(尼湯介)의 침범을 막기 위해 급한 대로 우선 일을 처리한 다음 임금께 아뢴 일이 있었는데, 하루는 이이가 부름을 받고 들어가다 현기증이 나서 내병조(內兵曹)에 누워 쉬며 들어가지 못하자, 선조는 의원을 보내 병을 치료하게 하였다. 그런데 이 일을 트집 잡아 동인(東人) 박근원(朴謹元), 송응개(宋應漑), 허봉(許篈) 등이 상소를 올려, 이이가 임금을 쉽게 알고 권력을 제멋대로 휘둘렀다고 탄핵하였다. 그러나 선조는 "내가 이이의 마음을 잘 알고 있다." 하고는 이 세 사람을 귀양 보냈다. 나중에 이이가 이조 판서가 되어 서인(西人)을 등용하자 동인 측에서는 자기들을 거세하는 것으로 알고 더욱 세차게 이이를 탄핵하였다. 《黨議通略 宣祖朝》

과 상관하지 않는 것이 조금은 온편한 도리가 될 듯하네.

오늘날 떠나거나 머무름은 본래 출처(出處)와 관계되는 바가 아니어서 떠나거나 머무르는 것은 별로 대단할 것은 없네. 그런데도 여러 친구의 말이 제각기 다르기에 앞서의 편지에서 자네에게 물었던 것이네. 그런데 국련(國練)[29]의 날짜가 박두하자 병으로 신음하는 아이가 굳이 청하기를 "손자의 일로 서울에 가까이 오셨다가 이렇듯 시끄럽게 되었습니다. 만일 자손의 병에 급급하여 군부(君父)의 일을 늦추시다가 시론(時論)에 죄를 얻게 되면 저의 병은 더욱 어찌할 수 없게 될 것입니다." 하였네. 그래서 손자 아이를 사랑하는 마음에 차마 그 말을 어기지 못하고서 어제 비로소 길을 나섰으나 걸어서 들판에 당도하자 벌써 근력이 부쳐 더 걸을 수가 없었네. 형편상 가며 쉬며 하다가 적당한 곳에 이르러 탈복(脫服)의 예를 행하려 하네. 그러고서는 그대로 남쪽으로 돌아갈 것인지, 아니면 우선 지협(砥峽)의 우사(寓舍)로 돌아갈 것인지는 아직 예정할 수가 없네. 잠깐 고향을 나왔다가 이토록 낭패하였으니 이 또한 운명이네.

자네의 "율곡께서는 당신으로 인해 죄를 얻은 사람은 반드시 풀어주었다."[30]라는 말에 대해서는 자네의 뜻이 어디에 있는지를 알겠네. 도리상 이와 같이 해야 할 것이네. 그러므로 지난해 유생(兪生)[31]이

29 국련(國練) : 현종(顯宗)의 비(妃) 명성왕후(明聖王后)의 소상(小祥)을 말한다.

30 율곡께서는……주었다 : 이이가 병조 판서 때 박근원, 송응개, 허봉 등의 탄핵을 받고 물러났으나, 다음에 이조 판서가 되어 사은하는 날 제일 먼저, 자기를 탄핵하다 귀양 간 세 사람을 방면하여 줄 것을 주청하여 허락을 받았던 사실을 가리킨다.《宣祖實錄 16年 10月 22日》

31 유생(兪生) : 당시 장흥고 봉사(長興庫奉事)로 있던 유신일(兪信一)을 말한다.

논박을 받았을 때는 곧 상소를 올려 그를 구원하였네. 그러나 오(吳)와 조(趙)가 죄를 얻었을 때[32]는 대신(大臣)이 주로 그들의 사람됨을 논박했고 나로 인한 일은 단지 대강만을 말하였네. 그러니 내가 밖에 있는 신하로서 어떻게 감히 대신과 그 잘잘못을 다투겠는가. 이는 일의 체모가 그러하네.

무공(武公) 운운한 말에 대해서도 또한 그대의 뜻이 윤(尹 윤증(尹拯))의 사건에 있음을 알겠네. 실로 나에게 잘못이 있어 그가 나를 깊이 배척하였는데 배척한 말이 모두 옳았기 때문에 그가 어떻게 말했는지는 따지지도 않고 모두 벌써 답변하였고, 내 자신도 반성하였네. 그 일의 시초는 실로 내가 부질없이 그의 아버지가 윤휴(尹鑴)를 편들어 도운 것을 배척한 데서 기인하였네. 윤휴의 다른 일에 대해서는 설령 편들어 도와주어도 무방하겠지만 주자를 공격하여 배척하는 일에까지 편들어 돕는 것은 참으로 알 수 없는 노릇이었네. 그러므로 내 힘의 모자람을 헤아리지 않고서 힘을 다해 배척하다 보니 말이 혹 지나친 것도 있었네. 그러니 그의 자식 된 사람으로서야 노여워하는 것이 당연하지 않겠는가.

유신일이 여러 사람이 있는 데서 하인을 나무라면서 "네가 하는 짓이 꼭 송시열과 다를 것이 없다."라고 하였다가 사헌부의 탄핵을 받아 사판(仕版)에서 삭적(削籍)되는 중벌을 받았다. 《肅宗實錄 9年 5月 16日》

32 오(吳)와……때 : 오는 오도일(吳道一)을 말하고, 조는 조지겸(趙持謙)을 말한다. 《연려실기술(燃藜室記述)》 권34 효종(孝宗)과 인조(仁祖)의 세실(世室)과 태조(太祖)의 추시(追諡)에 대한 의논에 의하면, 김석주(金錫胄)가 청대(請對)하여 "근래 사람들이 겉으로는 송시열을 높이면서도 속으로는 그를 배척하는데 그중에서도 조지겸과 오도일 같은 사람이 가장 심합니다.……"라고 하여, 부제학 조지겸은 파직되고 사간 오도일은 울진 현령(蔚珍縣令)으로 쫓겨난 사실을 가리킨다.

그러나 이것은 내가 오늘날이 있을 줄을 모르고서 망녕되이 사설(邪說)을 물리치는 의리에 스스로 따른 것은 아니네. 비록 분서갱유의 화를 당한다 할지라도 후회하지는 않을 것이네. 내가 후회하지 않음으로써 그의 노여움은 더욱 심해져 가는데, 그의 노여움 또한 인정상 부득이한 것이네. 이후로는 다시 어찌할 수가 없게 되었네. 자네는 내가 의당 어떻게 하여야 한다고 생각하는가? 다시 분명하게 가르쳐 주기를 천만번 바라는 바이네. 나를 깊이 아껴 주는 마음을 받고 있기에 이와 같이 모든 것을 털어놓았네. 다른 사람에게는 보이지 않는 것이 어떻겠는가? 병을 참고 편지를 쓰다 보니 말이 조리가 없네. 양해해 주기를 바라네.

○ 나는 일찍이 윤(尹 윤증)의 아버지를 배척하여, "모(某 윤휴)가 주자(朱子)를 공격하여 배척하니 사문(斯文)의 난적(亂賊)이네. 《춘추(春秋)》의 법에 난신적자(亂臣賊子)는 먼저 그의 당여(黨與)부터 제거하게 되어 있네. 성인이 다시 나면 존형(尊兄)이 먼저 큰 벌을 받을 것이네." 하니, 윤의 아버지는 그만하라고만 말하였네.

박대숙에게 보냄 정묘년(1687, 숙종13) 2월

與朴大叔 丁卯二月

주자(朱子)는 "예문(禮文)의 뜻을 너무 갖추면 근심을 막는 뜻이 부족하다."라고 했으니, 명기(明器)가 그중 하나이네. 무릇 거마(車馬) 등 30가지가 썩은 뒤에는 텅 빈 구덩이가 되어 벌레와 뱀이 살고, 또 굳건하게 하는 형세에 방해가 될 것이네. 주자가 사용하지 않은 것은 여기서 나온 듯하네.

복령(茯苓)과 호박(琥珀)이 된다고 한 것은 정자(程子)의 설이고, 남방에서는 개미집이 된다고 한 것은 주문(朱門)의 말이네. 그렇다면 그 이해(利害)는 땅에 따라 다른 것이네. 내 생각에는 사람이 흙에 덮이면 흙이 되는 것은 본래 도리이네. 과연 만약 골육과 송진이 녹아서 복령과 호박이 되어 천만년 뒤에 사람에게 채취되어 약재로 쓰인다면 매우 온당하지 않네. 내가 눈으로 직접 본 바로는 선사(先師)이신 문원공(文元公 김장생(金長生))의 장사에 송진을 썼는데, 관(棺)과 송진의 사이가 1, 2치쯤이었고 그 사이에는 삽선(翣扇)을 넣었네. 이장(移葬)할 때 보니, 송진이 진하게 변하여 삽선을 머금고 관장(棺墻)에 붙었으므로 문경공(文敬公 김집(金集))이 송진을 다시 쓰지 않았네.

거상(居喪)의 제도는 고금에 다른 것이 많은데, 주자가 줄이기도 하고 보태기도 해서 그 중도를 취하여 《가례(家禮)》를 만들었네. 그러나 주자가 거행한 바는 또 《가례》와 다른 것이 있으니, 이것은 한 가지 논의만 고집할 수 없네. 주자는 위재(韋齋)[33]의 장사를 지내기 전에 스승의 문하에 취학하였고, 내상(內喪)을 당했을 때는 늘 한천(寒泉)

에서 살았으니, 또한 《가례》와 다르네. 이것은 틀림없이 상황을 저울질하여 중도(中道)를 얻은 것으로 후학이 감히 알 수 없으니, 단지 삼가 《가례》의 글을 지켜야 하네. 주자가 한천에 있을 때 묘(墓)에 곡했는지는 비록 알 수 없으나 남헌(南軒 장식(張栻))이 평상시에 묘에 올라가 통곡했다는 글로 보건대 3년 동안 묘에 곡한 것은 의심할 것이 없네. 문인이 기록한 것 중에 심상한 작은 절목에는 특별히 마음을 기울일 필요는 없네.

빈객이 오면 비록 아주 말을 하지 않을 수 없으나 널리 외부의 일까지 언급할 필요는 없네. 이를테면 조정의 일은 더욱 말해서는 안 되네. 상인(喪人)이 말을 하지 않는 것을 보고 교만한 사람이라고 하는 자는 도리를 알지 못하는 사람이네. 도리를 알지 못하는 사람이 비록 운운하더라도 어찌 혐의로 삼을 것이 있겠는가. 정자(程子)가 부친을 장사지낼 적에 빈객이 술을 달라고 하여 주공숙(周恭叔)이 그 일을 선생에게 아뢰니, 선생이 "사람을 악에 빠뜨리지 말라."라고 하였네. 그 엄하기가 이와 같았네. 그러나 공자는 안연(顔淵)의 상(喪)에 상육(祥肉)을 먹었네.[34] 이런 일은 아마도 한 가지 논의를 고집하기 어렵네. 지금 세상은 예법이 크게 무너졌으니 상례(喪禮)는 더욱 말할 수 없네. 믿는 바는 여러 상주가 사람들이 보고 감동하는 바가 되어 공허한 데 이르지 않는 것이네. 단지 걱정되는 것은 너무 엄격하게 상례를 지키다가 생명

33 위재(韋齋) : 주희(朱熹)의 부친 주송(朱松, 1097~1143)의 호이다.

34 공자는……먹었네 : 상육은 대상(大祥)을 지낸 제사 고기이다. 《예기(禮記)》 〈단궁 상(檀弓上)〉에 "안연의 상에 상육을 보내왔는데, 공자가 나가서 받고 들어와서 거문고를 연주한 뒤에 먹었다."라고 하였다.

을 상하는 데 이르는 것이네.

부모의 상은 비록 참최(斬衰)와 자최(齊衰)라는 다른 이름이 있으나 슬픔을 지극히 다하는 도리는 똑같네. 《가례》의 침점침괴(寢苫枕塊)[35]는 단지 참최에 근거하여 말한 것인데. 그러나 그 하문(下文)의 "때로 모친을 뵙는다."라는 것으로 보건대, 다만 부친상에 근거하여 말하였으므로 단지 참최를 들었네. 그 아래에서 이른바 자최는 5개월, 3개월, 장기(杖期), 부장기(不杖期)를 가리켜 말한 것이지 모친상을 말한 것이 아니네. 대저 자최는 전적으로 모친만을 가리켜 말한 경우가 있고, 5개월과 3개월을 모두 가리켜 말한 경우가 있으며, 혹 장기와 부장기를 모두 가리켜 말한 경우가 있으니, 마땅히 문세(文勢)와 사리(事理)를 따라서 보아야 하네. 우제(虞祭)와 부제(祔祭) 뒤에 비록 이미 귀신으로 여기더라도 신주를 정침(正寢)으로 되돌리면 다시 산 사람을 섬기는 예로 섬기네.

주자가 3년 안에 사당에 천신한 것은 절로 자신이 제정한 예와 같지 않네. 대개 각기 하나의 뜻이 있는 것이네.-주자가 모친상을 당했을 적에 수지(受之)[36]의 나이는 18세, 문지(文之)[37]는 16세였으니, 대행할 사람이 없었다고 말할 수 없네.-

제사 때 땅이 좁아 남녀의 자리가 너무 가까우면 마땅히 지세에 따라 자리를 미루어 변통해야 할 듯하네.

35 침점침괴(寢苫枕塊) : 거적을 자리로 삼고 흙덩이를 베개로 삼는다는 뜻으로, 거상(居喪)하는 예를 말한다. 《儀禮 喪服》

36 수지(受之) : 주희의 장남 주숙(朱塾, 1153~1191)의 자이다.

37 문지(文之) : 주희의 차남 주야(朱埜, 1154~1211)의 자이다.

생시(生時)에는 뜰에서 절하는 것이 없으나 제사 때 그렇게 하는 것은 제례는 엄격함을 위주로 하기 때문이네.

기년(期年)의 상은 11개월에 연제(練祭)를 지내고 연제를 지내면 남에게 조문 갈 수 있다는 것은 이미 기년복이며 또한 기년복의 말기(末期)이므로 남에게 조문 가는 것이네. 그러나 이때 가는 조문도 평범한 조문은 아닐 것이네.

공최(功衰)[38]의 주(註)는 여씨(呂氏)의 설과 같지 않네. 예경(禮經)에서 이와 같은 경우를 어찌 다 셀 수 있겠는가. 기년의 상은 글자를 바꾸어 소최(疏衰)라고 하였는데, 예경에서 이와 같은 곳이 어찌 끝이 있겠는가. 바로 부모의 상에 '부모'라고 말하지 않고 혹은 '참최'라 하고 혹은 '자최'라 한 것과 같네. 이제 이 소최의 주에서 '자최'라고 한 것은 조부모의 상도 그 가운데 있는 것이네. "자기가 직접 남을 만나 보기를 청하지는 않는다."[39]라고 한 것을 어찌 의심할 수 있겠는가.

고례(古禮)에는 비록 서인(庶人)일지라도 반드시 상제(祥祭)를 지낸 뒤에 역역지정(力役之征)[40]에 종사하게 하는데, 바로 "사람의 정(情)을 빼앗지 않는다."라고 한 것이네.

38 공최(功衰) : 삼년상을 입는 자가 소상(小祥) 이후에 갈아입는 상복을 말하는데, 그 등급은 대공(大功)과 같다. 《예기주소(禮記註疏)》 〈잡기(雜記)〉 정현(鄭玄)의 주에 보인다.

39 자기가……않는다 : 《예기》 〈잡기 하〉에 "소최의 상에는 이미 장례를 마친 다음 남이 만나 보기를 청하면 만나 보고, 자기가 직접 남을 만나 보기를 청하지는 않는다."라고 하였다.

40 역역지정(力役之征) : 부역(赴役)을 말한다. 《맹자》 〈진심 하(盡心下)〉에 나오는 말이다.

본조(本朝)의 제도는 군사(軍士)가 삼년상을 행할 것을 청하는 경우에도 허락하고 있네.

《중용》에서 '계술(繼述)'[41]이라 한 것은 반드시 3년 이내를 말하는 것이 아니고, 통틀어서 종신(終身)을 가리켜 말한 것이네. 만약 3년 이내로 말한다면 "반곡(反哭) 때 예를 행하던 곳에 돌아오고, 봉양하던 곳에 돌아온다."[42]라는 글이 있는데, 이것을 가리켜 '계술'이라 한다면 괜찮을 것이나 만약 상중(喪中)에 행해서는 안 되는 일을 행하면서 그것을 '계술'이라고 말한다면 옳지 않은 듯하네.

제사는 엄(嚴)함을 위주로 하는데, 이 '엄' 자는 엄경(嚴敬)의 뜻이네. 처음 재계하고 제수를 마련하는 것부터 마지막에 음복하고 귀조(歸胙)[43]하는 데 이르기까지 진실로 이 마음이 없으면 이른바 "예가 허식이 된다."[44]라는 것이네. 그러나 이것은 매우 어려운 일이니, 정자(程子)가 일찍이 "재계할 때 부모의 거처와 심지(心志)와 기욕(嗜欲)을 생각하니, 이미 첫째가는 사람이다."라고 하였네.

41 계술(繼述) : 계지술사(繼志述事)의 준말로, 계지는 어버이의 뜻을 잘 계승하는 것을 말하며 술사는 어버이의 일을 잘 따라서 하는 것을 말한다.

42 반곡(反哭)……돌아온다 : 《예기》 〈단궁〉에 "매장하고 돌아와서 조묘(祖廟)의 당(堂)에 올라가 곡하는 것은 예를 행하던 곳에 돌아오는 것이고, 주부(主婦)가 조묘의 실(室)에 들어가는 것은 봉양하던 곳에 돌아오는 것이다."라고 하였다.

43 귀조(歸胙) : 주인이 제사 지낸 음식을 빈객에게 보내 주는 절차이다.

44 예가 허식이 된다 : 공자가 이르기를 "내가 제사에 참여하지 않으면 제사를 지내지 않은 것과 같다.〔吾不與祭, 如不祭.〕"라고 한 대문의 집주(集註)에 의하면, 범씨(范氏)의 말에 "정성이 있으면 신(神)이 이르고 정성이 없으면 신도 없게 되나니, 삼가지 않을 수 있겠는가. 내가 제사에 참여하지 않으면 제사를 지내지 않은 것과 같다는 말은 곧 정성이 실(實)이 되고, 예가 허식이 된다는 뜻이다."라고 하였다. 《論語集註 八佾》

박대숙에게 답함 정묘년(1687, 숙종13) 8월 6일

答朴大叔 丁卯八月六日

조석으로 우러러 사모한다는 말은 참으로 빈말이 아니네. 뜻밖에 애써 가르치는 내용이 가득 찬 편지가 인편을 통해 도착했는데 경계하고 반성하게 하는 것이 많았네. 다만 전날 보낸 편지에 무슨 말을 썼는지 기억하지는 못하나, 책망해 주는 말들은 성심에서 나왔음이 분명하네. 아마 애시(哀侍)[45]가 나에게 비방이 집중되는 것을 보고서, '저 사람은 원래부터 편벽되기가 그지없으니 온갖 악담이 집중되는 것은 당연하다.'라고 여기리라 당시에 생각했기 때문에 망녕되이 가르침을 청하는 말을 하였던가 보네. 대체로 나는 늙고 병들어 거의 죽게 되었으니 잠자코 전야(田野)에 처박혀서 의당 입을 다문 채 죽기를 기다려야 할 터인데도 감히 그렇게 하지 못하는 것은 그럴 만한 이유가 있으니 대략 그 이유를 말해 보겠네.

우리 효종대왕(孝宗大王)께서 미천한 신하의 형편없음을 알지 못하시고 과분하게도 세도(世道)의 책임을 맡기셨네. 비록 영릉(寧陵 효종의 능(陵))의 송백(松柏)은 쓸쓸해진 지 벌써 오래이나 대왕의 말씀은 아직도 귀에 쟁쟁하니, 어떻게 감히 일각인들 잊겠는가.

"마침 율옹(栗翁)의 실수한 때를 당했다.……"라는 말은 그 말이 나올 곳에서 나왔네. 또 절개를 굽히지 않고 오랑캐에게 죽은 선비들에

45 애시(哀侍) : 이때 박심(朴鐔)이 어머니 상을 만나 상중(喪中)에 있었기 때문에 이르는 말이다.

대하여 꼭 죽어야 할 의리가 없었다고 하였으며, 이어서 갈수록 더욱 심한 말을 하였네. 이어서 머리를 깎았다는 말을 하였고 인하여 삼학사(三學士)까지 조롱하여 세도의 변이 극에 달하였으니, 근심하여 탄식하지 않을 수 없었네. 나는 성품도 경망한 데다 또 울면서 효묘(孝廟)의 성교(聖敎)를 생각하다가 그런 말이 혹 벗들과 대화할 때에 튀어나오기도 하고 혹은 장주(章奏) 속에 드러나기도 하여서 미워하고 원망하는 사람이 세상에 넘치게 되어 모두가 나더러 편당을 짓는다느니 부정하다느니 하고 지목하였네.

당시 편지를 쓰던 날, 애시도 그들의 말을 받아들였을 것이라고 망녕되이 의심하였으므로 감히 조잡한 말을 하였던가 보네. 노망들고 귀먹음이 특히 심하여 분명하게 기억하지 못하니 한탄스러울 뿐이네. 온 세상이 혼탁하여 억울하고 답답하지만 더불어 말할 사람이 없네.

금번 애시가 나를 비루하게 보지 않은 것이 감격스러워 또 나의 소회를 말하였네. 바라건대 나를 가르쳐도 안 될 자로 여겨 결국 편지 왕래를 중지하지는 말아 주게. 나머지는 다시 바라건대 효심으로 효도를 해치지 말아 먼 곳에서 바라는 정성에 부응해 주게.

박대숙에게 답함
答朴大叔

옛말을 잘못 인용하는 것은 옛날 사람도 역시 면치 못하던 것이었네. 이것이 어찌 깊이 자책할 만한 것인가. 다만 그 잘못을 알고서 스스로 잘못했다고 말하는 것은 그다지 어려운 일이 아닌데도 세상 사람들은 그렇게 하지 못하고 억지로 변명하거나 교묘히 꾸며서 기필코 잘못이 없는 것처럼 만들려다가 도리어 허물을 크게 확대하고야 마네. 그래서 일찍이 그 식견의 모자람과 도량의 협소함을 비루하게 여겨 왔었네. 그런데 자네는 선뜻 잘못을 깨닫고 자기를 굽히기를 꺼리지 않았네. 이는 비록 작은 일이지만 가슴속이 넓다는 것을 짐작할 수 있네. 이를 미루어 나간다면 무슨 일을 이루지 못하겠는가. 흠앙하여 마지않네.

그리고 옛날 영상(郢相 초(楚)나라의 정승)이 연(燕)나라 정승에게 편지를 쓰면서 촛불을 맡은 사람한테 "촛불을 들어라.〔擧燭〕"라고 하였는데 글씨를 쓰던 사람이 잘못 듣고 거(擧) 자를 써 버렸네. 그런데 연나라 정승이 이 편지를 보고 "이는 나에게 어진 사람을 천거(薦擧)하라고 권하는 뜻이다."라고 하고서는 바로 어질고 재주 있는 사람을 천거하여 등용해서 연나라가 크게 다스려졌네. 초나라 정승의 편지에 생긴 오류는 연나라에 이익이 된 것이네. 자네 편지의 오류도 나에게 유익함이 없지 않음이 그 경우와 무엇이 다르겠는가.

문장 연습은 젊었을 때 한때 뜻을 두었던 것이나 중년 이후로는 정력이 감퇴하여 일상 일에도 의욕이 떨어지면서 제멋대로 뒤틀렸는데, 하물며 여기에 생각이 미칠 수 있겠는가.

또 지난날 스승이나 벗들을 따라 정주(程朱)의 글을 배워 읽으면서는 기필코 조금이나마 소득을 얻고자 했던 까닭에 더욱 예전에 익히던 것에는 여가가 없었네. 자네가 들은 것은 혹 전한 사람이 젊었을 때의 일을 가지고 말한 것이 아닌가 하네. 그러나 익숙한 것을 잊기 어려움은 인지상정(人之常情)이네. 이번 자네의 규계로 인해서 버리고 또 버려 다시 연연하는 마음이 없게 된다면 받은 은혜가 크다 할 것이네.

박문약례(博文約禮)[46]는 부자(夫子)께서 안자(顏子)를 가르치신 큰 법이었네. 후학(後學)이 어찌 감히 이를 버려두고서 공부할 수 있겠는가. 그러나 자네가 나를 두고 말하면서 "박문으로만 사람을 가르치고 약례로는 가르치지 않는다."라고 하였는데 이는 크게 잘못된 것이네. 박문이 얼마나 큰일인가. 나 같은 사람이 어떻게 감히 털끝만큼인들 그것을 알아내어 감히 남을 가르칠 수 있겠는가.

호자(胡子 호굉(胡宏))가 말하기를 "학문은 박(博)을 지향해야지 잡스러운 것을 지향해서는 안 되고, 약(約)을 지향해야지 좁은 것을 지향해서는 안 된다."라고 하였네. 이른바 박이란, 여러 경전(經傳)을 전부 통하면서 한 글자를 빼놓지 않고 의리에 침잠하고 장구(章句)를 반복하여 충분히 관통하는 것이 박이네. 이른바 약이라는 것은 부자께서 말씀한 "예가 아니거든 보거나 듣거나 말하거나 움직이지 말라."라는 것이 그것이네. 대체로 이와 같으니 약례는 참으로 내가 감히 알 수 있는 것이 아니며 박문도 어찌 내가 함께할 수 있겠는가. 자네가 말한

46 박문약례(博文約禮) : 안연(顏淵)이 공자의 도덕을 우러러 감탄하면서 "선생께서 질서 있게 사람을 잘 지도하시되, 글로써 나를 넓혀 주시고 예로써 나를 요약하셨다.〔博我以文, 約我以禮.〕"라고 한 것을 두고 한 말이다. 《論語 子罕》

것은 아름다운 다리〔髢〕를 궁발(窮髮)의 사람에게 씌운 격이네.[47] 군자란 말 한마디에 지혜롭지 못하게 된다고 하였으니 앞으로 경계할 줄 아는 것이 좋을 것이네.

주 부자(朱夫子)가 지은 격치전(格致傳)[48]의 문체가 다른 전(傳)과 같지 않은 것은 부자의 문장 솜씨가 모자라서가 아니라 사실은 솜씨를 발휘하지 않은 것이네. 맹자는 공자를 배운 사람이지만 《맹자》 7편의 글은 《논어》와는 너무도 다른데, 이는 바로 정자(程子)가 이른바 "시대가 그러해서일 뿐이다."라고 한 것이네. 만일 주 부자에게 본래의 이치에 밝고 의리에 곧은 문장을 버리도록 하고서 억지로 다른 전의 체제를 본받게 하였다면 어찌 숙오(叔敖)가 된 우맹(優孟)[49]이 아니겠는가.

그리고 후세의 문장은 함축되었다고는 하나 의리가 어두워짐을 면치 못하고 간결하다고는 하나 어렵고 껄끄러움을 면치 못하는데, 깊고 절실하게 배우는 사람들을 위하는 주 부자로서 도리어 그것을 본받겠는가.

편지에, 선존장(先尊丈)께서 "염계(濂溪 주돈이(周敦頤)) 부자(夫子)는 자기 몸에 쓰는 것을 박하게 하였다."라는 10여 글자를 자리의 오른

47 자네가……격이네 : 박심(朴鐔)의 말이 송시열 자신에게는 과분하다는 뜻이다. 궁발은 《장자(莊子)》 〈소요유(逍遙遊)〉에 "초목이 없는 북쪽 지방 끝에 검푸른 바다가 있다.〔窮髮之北, 有冥海.〕"라고 한 데서 유래한 말로, 북극(北極)의 불모지를 말한다.

48 격치전(格致傳) : 《대학장구》 전(傳) 5장, 즉 보망장(補亡章)을 말한다. 주희가 격물치지장(格物致知章)이 빠졌을 것이라고 추측하여 정자의 뜻을 받들어 보충한 것이다.

49 숙오(叔敖)가 된 우맹(優孟) : 숙오는 전국 시대 초(楚)나라의 정승 손숙오(孫叔敖)이고, 우맹은 그 당시 이름난 배우(俳優)였다. 손숙오가 너무나 청렴했기 때문에 그가 세상을 떠난 뒤에 자식의 생계가 곤란하였다. 이에 우맹이 손숙오 차림을 하고 장왕(莊王)을 찾아가 깨우쳐 손숙오의 자식에게 땅을 봉해 주도록 하였다. 《史記 滑稽列傳》

쪽에 써 붙이고 경계를 삼았다는 말은 참으로 오늘날 세상에서 함께 준수해야 할 중요한 법도이네. 어찌 한 집의 모범만 되겠는가. 그러나 반드시 "주릴 때 읽는 글이 훨씬 그 맛이 있다."라고 한다면 이는 참으로 이상한 일이네. 옛날에 가친(家親)께서 소인배들에게 잡아매인 데다[50] 또 만력(萬曆 명 신종(明神宗)의 연호) 갑인년(1614, 광해군6)과 기미년(1619)의 큰 흉년을 만나 푸성귀조차도 먹지 못할 정도에 이르러 귀도 거의 들리지 않고 눈도 보이지 않게 되었네. 이런데도 어떻게 맑은 정신이 솟겠는가.

이른바 굶주림이라는 것에도 가볍냐 심하냐의 차이가 있고 배부름에도 역시 경중의 다름은 있네. 굶주림이 심하면 정신이 흐려지고 배가 몹시 부르면 숨을 헐떡이게 되니 이는 모두 혈기(血氣)에 부림을 당하여 그렇게 된 것이네. 굶주림이란 참으로 면할 방법이 없는 것이지만 음식을 절제하면 배불러 숨을 헐떡이는 데에는 이르지 않을 것이니, 이것은 참으로 양생(養生)과 양기(養氣)의 한 방법이네. 이는 내가 터득한 졸렬한 법인데 이 밖에는 감히 알 바가 아니네. 자네는 어떻게 생각하는지 모르겠네.

50 가친(家親)께서……데다 : 송시열의 아버지인 송갑조(宋甲祚)가 광해군(光海君) 때 사마시(司馬試)에 합격했는데, 이때 선조(宣祖)의 계비(繼妃) 인목대비(仁穆大妃)를 폐위하려고 사마시에 합격한 사람들에게 서명을 받으려고 하자 송갑조는 그것을 옳지 않게 여겨 서명하지 않고 남몰래 인목대비에게 배례(拜禮)를 올렸다. 그런데 이것을 시기한 사람들이 그 서명 명부에 송갑조의 이름을 몰래 기입하여 넣었다. 나중에 인목대비를 통해 송갑조의 결백한 사실이 밝혀지기는 하였으나 끝까지 이것이 말썽이 되어 광해군 때에는 미움을 받아 벼슬하지 못하였고, 인조반정 뒤로도 시빗거리가 되었다.《宋子大全 附錄 尹鳳九江上語錄》

경전(經傳)에서 말한 욕(欲) 자는 뜻이 한 가지가 아니네. 《맹자》에서 "욕심을 적게 해야 한다.〔寡欲〕"의 욕 자는 바로 식색(食色)에 대한 욕심이니 이는 없어서는 안 되는 것이고, 《논어》에서 "정은 욕심이 많다.〔棖也欲〕"의 욕 자는 바로 이욕(利欲)의 욕이니 이는 있어서는 안 되는 것이네. 주 선생(周先生)은 이 두 가지를 합하여 말했는데 지금 사람들은 이를 깨닫지 못하고 곧 식색을 없애야 할 것처럼 생각하네. 이는 주자(朱子)가 배척한 오랑캐의 가르침이니 이를 살피지 않아서는 안 될 것이네. 그러나 없어서는 안 되는 것이라도 많은데도 절제하지 않는다면 있어서는 안 될 욕심이 될 것이네. 이래서 군자의 도는 중용(中庸)을 귀히 여기는 것이네.

자네의 편지에서 이미 "이 욕 자는 식색의 유를 가리킨 것이 아니다."라고 말하고, 또 안자(顔子)의 위인(違仁)[51]에 대해서는 이 식색을 쉽게 떨쳐 버리지 못해서 그런 것처럼 보았으니, 그렇다면 안자는 끝내 아내도 두지 않아야 되고 도시락의 밥과 표주박의 물도 또한 버렸어야 할 것이네. 어찌 옳은 일이겠는가.

'정(棖)의 욕심'에 있어서는 바로 이른바 있어서는 안 될 욕심으로서 반드시 강인한 사람이라야 이에서 벗어날 수 있으며, 의지가 없는 사람은 또한 여기에 참여할 수 없네. 예로부터 의지가 있는 사람은 적었으니 부자(夫子)께서 보지 못한 것이 당연하지 않겠는가. 그러나 이미 적다고 말씀하신 바에야 어찌 전혀 없기까지야 하겠는가. 당시에 안자의 '단표누항(簞瓢陋巷)'이나 민자(閔子)의 "반드시 문수(汶水)에 가서

51 안자(顔子)의 위인(違仁) : 《논어》 〈옹야(雍也)〉에 "안자는 석 달 동안 인을 어기지 않았다.〔顔子三月不違仁〕"라고 한 데서 온 말이다.

살 것이다."[52]와 같은 경우가 어찌 강인하여 욕심이 없는 것이 아니겠는가. 그런데도 아직 보지 못하였다고 한 것은 그런 사람이 적다는 것을 말한 것이네. 이는 《논어》의 집주(集註)에 자세하게 말하였으니 말에 집착하여 본지를 흐려서는 안 되네.

편지에 또 "성(聲)·색(色)·취(臭)·미(味)는 순(舜) 임금의 이른바 인심(人心)이라는 것이다."라고 하고서 또 이어 "성인은 욕심이 없는 까닭에 밝고〔明〕, 통하고〔通〕, 공정하고〔公〕, 두루한다.〔溥〕"라고 하였는데, 성인에게 만일 이러한 성·색·취·미의 욕심이 없다면 하루도 살 수 없게 되어 인류가 멸종된 지 오래되었을 것이네. 어떻게 성인이 되겠는가. 이 점을 꼭 분명히 분석해 보기를 바라네.

편지에서 또 나를 두고 함영(涵泳)하는 사이에 인욕을 모두 제거했다고 하였는데, 여기에서 이른바 욕심은 어떤 욕심을 가리켜 한 말인가? 없어서는 안 되는 욕심이라면 나는 그것을 제거하여 오랑캐의 법을 본받고 싶지는 않으며, 만일 있어서는 안 될 욕심이라면 나처럼 기질이 치우치고 온전하지 못한 사람은 비록 열 배의 노력을 기울인다 하더라도 쉽게 만분의 일도 얻지 못할 것인데 하물며 애당초 하루의 힘도 기울여 보지 않고서 그것이 없어지기를 바랄 수 있겠는가. 이는 자네가 대단한 실언을 한 것이네.

자네가 말한 범 문정(范文正)의 "앞서 근심하고 나중에 기뻐한다."[53]

52 민자(閔子)의……것이다 : 공자의 제자인 민자건(閔子騫)이 벼슬을 사양하면서 "다시 나에게 벼슬을 시키려 한다면 나는 저 문수로 가서 살겠다.〔如有復我者, 則吾必在汶上矣.〕"라고 한 데서 온 말이다. 《論語 雍也》

53 범……기뻐한다 : 범 문정은 송(宋)나라의 명상(名相) 범중엄(范仲淹)을 말한다. 문정은 그의 시호이다. 그가 지은 〈악양루기(岳陽樓記)〉에 "천하가 근심하기에 앞서

라는 것도 자네가 잘못 해석한 듯하네. 이른바 '앞서 근심한다.'라는 것은 천하가 아직 다스려지지 못하였음을 근심하여 다스리는 도리에 먼저 힘을 다한다는 것이지 괜히 자기 몸을 괴롭히는 것을 이른 것이 아니네. 자네가 산에 들어가 굶주림을 참는 것으로 앞서 근심하는 뜻을 본받으려 한다면 아마 초(楚)나라 정승의 편지에 대한 연(燕)나라의 해석을 면하지 못할 것이네. 어떻게 생각하는가?

자네가, 주 부자는 후생이나 친구들에게 먼저 편지를 보내 성취하도록 권면하였는데 나는 그렇지 않다고 하였으니, 자네는 무엇 때문에 이런 엉뚱한 말을 하는가? 다만 나로 하여금 황공하여 몸 둘 곳을 없게 하였네. 주 부자는 공자나 맹자의 마음으로써 천하의 일을 자기의 책임으로 삼았기 때문에 이렇게 하지 않으면 안 되었지만 나 같은 사람이 어떤 인물이기에 감히 그것을 본받겠는가.

벗들 사이에 기후와 안부만 물어 오면 기꺼이 답장을 써 주되 역시 기후와 안부 따위를 말할 따름이네. 만일 어쩌다 의리를 물어 오면 부끄러워 얼굴에 땀이 날 정도이며 오랜 뒤에야 억지로 답변하는데, 이것도 잘 알아서라기보다는 이를 계기로 그 사람에게 가르침을 받아 의혹을 풀고자 해서일 따름이네. 그런데 또 어떻게 감히 먼저 편지를 써서 사람을 가르쳐 사도(斯道)를 담당한단 말인가.

맹자가 말하기를 "사람의 병통은 남의 스승 되기를 좋아함에 있다." 하였고, 퇴지(退之 한유(韓愈))도 "너는 그의 아버지도 아니고 너는 그의 스승도 아닌데, 청하지도 않은 것을 가르친다면 그 누가 속임이 아니라고 하겠는가." 하였네. 이것이 어찌 깊이 경계해야 할 일이 아니겠는가.

근심하고 천하가 즐거워한 뒤에 즐거워한다."라고 하였다.

"명성과 지위가 높은데 초야에서 오만하다."라는 말은 무얼 뜻하는지 모르겠네. 정신이 쇠약하여 혼자서 부끄러워하고 탄식할 따름이네.

자네가 말한 《논어》의 의의(疑義)는 생각건대 '나라에 도(道)가 있을 때 녹을 먹는 것은 부끄러운 것이다.'라는 말은 하는 일 없이 녹만 받을 줄 아는 것을 말한 것이네. 영무자(甯武子)에 대하여 이미 "나라에 도가 있을 때는 지혜로웠다."라고 하였으니,[54] 그가 그의 나라에 그의 지혜를 시행하였음을 알 수 있네. 어찌 녹만 받을 줄 알 뿐이었다고 말할 수 있겠는가.

그러나 또 "그 지혜는 따라잡을 수 있다."라고 하였으니, 그에게 큰 업적이 없어 성인(聖人)이 그를 대수롭지 않게 여긴 뜻을 볼 수 있네. 그러나 그가 도가 있을 때에는 큰 업적이 없었으나 도가 없을 때에는 도리어 군주를 편안케 하고 나라를 보존시킨 공로를 세운 것은, 대체로 사람이란 사실 여기에 밝으면 저기에 어둡고 저번에는 잘못하였으나 나중에는 훌륭했던 사람이 있기 때문이네. 이를테면 맹공작(孟公綽)이 조(趙)나라나 위(魏)나라의 노대부(老大夫)로는 훌륭하지만 등(滕)나라나 설(薛)나라의 대부에는 적합하지 않은 것[55]과 관중(管仲)이 자규(子糾)는 보호하지 못했으면서 능히 제후를 규합하여 천하를 바로잡아 다스렸던 경우[56]가 그 증거일 것이네. 영무자의 일이 괴이할 것이 뭐가

54 영무자(甯武子)에……하였으니 : 영무자는 춘추 시대 위나라 대부이다. 이 말은 《논어》〈공야장(公冶長)〉에 나온다.

55 맹공작(孟公綽)이……것 : 이 말은 공자가 맹공작을 평한 말이다. 《論語 憲問》

56 관중(管仲)이……경우 : 관중은 춘추 시대 제 환공(齊桓公)의 현상(賢相)으로, 환공을 도와 천하의 패주(霸主)로 군림하게 하였다. 그러나 그가 처음에 섬겼던 사람은 바로 환공의 아우인 공자 규(公子糾)였는데, 결국 환공과의 권력 다툼에서 공자 규가

있는가.

《소학(小學)》에 대해서 애초에 나의 생각을 말해 주고 싶지 않은 것은 아니었네. 그러나 가만히 자네의 뜻을 살펴보건대 단번에 성인의 경지에 훌쩍 뛰어오르려는 경향이 있었으니 이를 권해 보아야 어떻게 믿겠는가. 옛날에 진종산(陳鍾山)[57]이 뜻은 천하보다 크고 용기는 고금(古今)을 뛰어넘는 기상이 있었는데, 주 부자가 장사숙(張思叔 장역(張繹))의 좌우명을 써서 그에게 주자, 진종산은 무가치한 것으로 보아 곧 다른 사람에게 주어 버렸네. 그래서 자네도 《소학》을 이러지 않으리라고 보장하기 어려워 마음속으로 은근히 걱정하다가는 도로 그런 걱정은 잘못일 것이라고 생각했네. 이제 보내온 글을 보니 위로되고 다행스럽기가 그지없으며 앞서의 견해가 매우 잘못된 것이 스스로 부끄럽네. 비록 회초리를 지고 가서 사죄하고 싶지만 그러지 못하네.

지식과 행동을 함께 증진하는 것은 공자로부터 주자에 이르기까지 아직 이를 버리고서 사람을 가르친 자는 없네. 그러나 나의 경우는 아직 한 번도 사람을 가르쳐 보지 않았으니 무슨 지식과 행동의 선후(先後)를 말할 만한 것이 있겠는가. 다만 이른바 "요즘 사람은 지식은 부족하지 않은데 행동은 몹시 그 수준에 미치지 못한다."라는 말은 매우 마땅하지 못하네. 지식이 충분한데도 행동이 그 수준에 미치지 못하는 사람은 있지 않네. 정자(程子)의 호랑이에게 다친 이야기[58]를 보면

패하여 죽었다. 《史記 齊太公世家, 管晏列傳》

57 진종산(陳鍾山) : 주희(朱熹)의 친구인 진량(陳亮, 1143~1194)을 이른다. 《宋子大全隨箚 卷10》

58 호랑이에게 다친 이야기 : 정이(程頤)가 말하기를 "옛날 호랑이에게 다친 사람이

알 수 있을 것이네.

사양하고 받는 것에 대한 경계는 참으로 오늘날 절실하고 요긴한 약석(藥石)이네. 감히 가슴속에 새겨 담지 않겠는가. 다만 몇 년 전부터 평생의 친구들이 물이 들까 겁나는 사람처럼 나를 멀리하고 나도 남에게 폐를 끼치고 싶지 않았기 때문에 따로 떨어져 생소한 사람처럼 되니 안부를 묻는 사람도 거의 없다시피 되었네. 그러니 어찌 뉘우치거나 잘못될 염려가 있겠는가.

다만 편협한 성미에 대처하기 어려운 점이 있네. 지난번에 어떤 벼슬아치가 편지와 물건을 보내왔었네. 마음에 편치 못한 구석이 있어 그 물건을 돌려보내며 편지의 답장을 보냈는데, 이것을 계기로 절교를 당하였으니 하나의 강적을 만들어 낸 것이라 할 수 있네. 요즘 시대에는 이런 일도 크게 불편하네. 어떻게 해야 일을 하는 데 편리하고 의리에도 해롭지 않을는지 모르겠네. 자세히 가르쳐 주는 것이 어떻겠는가?

명년 봄에 오겠다는 말에 기다리는 마음 간절하네. 다만 고명(高明)이 멀리 유람할 때가 아니고 여기에는 정탐하는 사람이 있으니 아마도 후회하는 일이 없지 않을 것이네. 이것은 몰라서는 안 되므로 간략하게 언급하네.

있었는데 다른 사람이 호랑이 이야기를 하면 아무리 삼척동자(三尺童子)라도 다 호랑이가 무서운 줄을 알지만, 호랑이에게 일찍이 다친 경험이 있는 그 사람처럼 벌벌 떨며 절실하게 무서워하지는 않았으니, 이것은 곧 자신이 실지로 체험을 했기 때문이다."라고 한 것을 말하는데, 이것은 바로 진실하게 알면 자연히 행동으로 나타남을 뜻하는 말이다. 《二程全書 卷15》

이숙고[59] 대 에게 답함 기유년(1669, 현종10) 10월 1일

答李叔固 岱○己酉十月一日

일찍이 그대의 아들과 함께 화양(華陽)의 수석(水石)에 들어갔다가 어제 겨우 서쪽으로 돌아왔는데, 안부 편지를 받고 그리워하는 마음이 매우 위안되었네. 요즘 나는 아프지 않은 날이 없으니, 늘그막의 정경이 매우 가련하다네.

그대의 아들이 나를 따른 지 이미 오래되었으나 나는 멀리 찾아와 준 그의 뜻에 부응할 길이 없어, 그가 글공부할 때마다 주 부자(朱夫子)가 "급히 읽으려 하지 말고 많이 읽으려 탐하지 말며 정밀하고 익숙하게 읽으려 힘쓰라."라고 한 말 등을 외워 주면서 그를 권면하고 있네. 만약 이 절도를 준수하며 그치지 않는다면 진보가 있을 것 같네.

길보(吉甫 윤선거(尹宣擧))가 이미 구천 아래 있는 죽은 사람이 되었으니, 슬퍼하며 추모한들 무슨 소용이 있겠는가. 그쪽에서 그대로 내 집을 방문하겠다는 소식을 담은 편지를 받았으니 어찌 기대하고 바라는 마음을 견디겠는가. 그러나 감히 바랄 수 없을 뿐이네. 앞으로 더욱 보중하기 바라네.

59 이숙고(李叔固) : 이대(李岱, 1627～1703)로, 자는 숙고, 호는 방수와(傍隨窩)이다. 양녕대군(讓寧大君)의 후예이다.

이숙고에게 답함 신해년(1671, 현종12) 5월 19일

答李叔固 辛亥五月十九日

그리워하던 중에 멀리서 보내 준 편지를 받으니, 이 마음이 매우 위안되네. 다만 듣건대 전염병으로 종들이 죽기까지 하고 슬하에까지 미칠까 근심한다니, 참으로 나와는 노(魯)나라와 위(衛)나라의 정사처럼 비슷한 상황이네.[60]

편지에서 마치 군현(郡縣)에서처럼 별도로 진장(賑場)을 설치했다는 소식을 받았는데, 정 부자(程夫子)가 이른바 "말단 관리라도 사람들에게 이로움을 줄 것이다."라고 한 것[61]이니, 아름다운 덕에 감탄하네.

나는 한창 전염병이 치성한 가운데 있는데 신명(新命)이 홀연히 내려왔네. 이렇게 나라의 운명이 실낱같은 때를 당하여 비록 현덕(賢德)을 지닌 사람을 널리 구하여 보상(輔相)의 자리에 두더라도 구제하기 어려울까 두려운데, 더구나 어리석고 비루하며 형편없는 나로 그 자리를 채우니, 어찌 한심하지 않은가.

여기는 사람이 많이 죽어 셀 수 없을 지경이나 조정에서 얼마나 되는지 알지 못하는 것은 바로 이정(里正)이 두려워서 군현에 보고하지 못하여 상하가 서로 가려지게 된 것이네. 지금 보건대 130인이라는

60 노(魯)나라와……상황이네 : 서로 처지나 수준이 비슷하다는 뜻이다. 《논어》 〈자로(子路)〉에 "노나라와 위나라의 정사는 형제간이다."라고 하였다.

61 정……것 : 정호(程顥)가 "말단 관리라도 만물을 사랑하는 데 마음을 둔다면 사람들에게 반드시 이로움을 줄 것이다.〔一命之士, 苟存心於愛物, 於人必有所濟.〕"라고 하였다. 《小學 嘉言》

말은 어찌 성신(誠信)이 사람들에게 신뢰를 얻어 실상을 알아낼 수 있었던 것이 아니겠는가. 이후에 구제할 수 있는 곡식이 없으면 실로 "살릴 방법을 찾아보아도 찾을 수 없으니, 죽는 사람이나 내가 모두 여한이 없다."[62]라고 한 것이니, 어찌할 도리가 없네. 방금 근시(近侍)를 전송하느라 심신이 피곤하니 이만 줄이네.

62 살릴……없다 : 구양수(歐陽脩)가 부친 구양관(歐陽觀)의 무덤에 묘표를 세우고 지은 글 〈상강천표〉에 나온 내용으로, 구양관이 사형에 관련된 옥사를 처리하다가 장탄식을 하고 한 말이다. 《文忠集 卷25 瀧岡阡表》

이숙고에게 답함 을묘년(1675, 숙종1) 동지 전날

答李叔固 乙卯冬至前日

옥리(獄吏)가 되었다는 소식을 듣고 선조의 음덕(陰德)이 있었다고 생각했는데, 이어서 들으니 바닷가에 돌아가 쉬며 실컷 반찬 좋은 밥을 먹는다고 하며 예산(禮山) 어른도 고향으로 돌아갔다고 하였네. 일찍이 옛사람의 높은 절개가 한집에만 몰렸다고 했으니 아마 양제(讓帝)의 여풍(餘風)[63]인가 보네. 이번에 받은 편지는 온통 세세한 말들이 마음을 일깨우고 정신이 번쩍 들게 하는 내용으로 반복하여 읽다 보니 마치 공벽(拱璧 큰 보배)을 얻은 듯하였네.

구동(狗洞)이 나를 원성(元城)처럼 대하는 것[64]은 참으로 자네의 말과 같네. 그러나 원성은 끝내 병들지 않았는데 나는 중추(仲秋)부터 풍토병으로 몸이 상하여 손가락은 바짝 마르고 배는 부어올라 장차 돌아가지 못할 혼이 될 듯하네. 이 또한 어찌 운명이 아니겠는가. 다만 원성이 병들지 않았던 것은 단지 성(誠) 자 하나 때문이었으나 나는

63 양제(讓帝)의 여풍(餘風) : 양제는 당 현종(唐玄宗)의 형 이헌(李憲)을 이르는 말인데, 그가 아우인 현종에게 제위(帝位)를 양보하였다 하여 붙여진 말이다. 여기서는 이대(李垈)의 선조인 양녕대군(讓寧大君) 역시 아우인 세종(世宗)에게 양위하였기 때문에 이렇게 비유한 것이다.

64 구동(狗洞)이……것 : 구동은 윤휴(尹鑴)가 살던 마을 이름으로 윤휴를 가리킨다. 원성은 송(宋)나라 유안세(劉安世)의 관향(貫鄕)인데, 유안세가 간의대부(諫議大夫)로 있을 때 간신인 장돈(章惇)과 채경(蔡京)에게 배척되어 험난한 귀양지를 전전하였다.《宋史 劉安世列傳》 여기서는 윤휴를 장돈과 채경에, 송시열 자신을 유안세에 비유하였다.

효묘(孝廟)에게도 정성이 없어 스스로 비주이종(卑主貳宗)[65]의 죄를 지었으니 어찌 바닷가 유배지에서 병들어 죽는 것을 면할 수 있겠는가.

정로(鄭老)의 〈위리기(圍籬記)〉[66]는 어떤 일을 기록한 것인지 모르겠네. 이것에 대하여 전혀 편지를 해 주는 사람이 없었는데, 오늘 그대가 편지를 보내 주니 삼진 시후(三晉始侯)[67]의 일에 해당할 것이네.

시호(市虎) 글귀[68]는 여기에 오다가 소낙비를 만나 간성(杆城) 물치촌(勿緇村)의 양인(良人) 정립(鄭立)의 집에 뛰어 들어갔을 때 기둥에 쓰여 있었던 것이네. 정립의 말에 의하면, 지난해 5월에 승려도 아니고 세속 사람도 아니며 선비 같기도 하고 천인(賤人) 같기도 한 어떤 사람

65 비주이종(卑主貳宗) : 기해년(1659, 현종 즉위년) 예송(禮訟) 당시 송시열은, 인조의 비인 조 대비(趙大妃)는 이미 효종의 형이며 인조의 장자인 소현세자(昭顯世子)를 위해 참최 3년의 장자복(長子服)을 입었기 때문에 효종에게는 서자복(庶子服)인 기년복을 입어야 한다고 주장하였다. 여기에 대해 윤휴가, 효종은 인조의 자리를 이어받아 임금이 되었으니 당연히 장자복을 입어야 한다면서 송시열이 효종을 서자라 한 것은 군주를 낮게 보는 것이요, 또 종통(宗統)을 둘로 나누려는 것이라고 공격하였다. 《宋子大全 附錄 卷4 年譜》

66 정로(鄭老)의 위리기(圍籬記) : 동계(桐溪) 정온(鄭蘊)의 〈대정현동문내위리기(大靜縣東門內圍籬記)〉를 가리킨다. 정온이 1614년(광해군6) 8월에 제주 대정에 위리된 내력을 기록하였다.

67 삼진 시후(三晉始侯) : 시작이라는 뜻이다. 《통감(通鑑)》의 첫머리에서, 진(晉)나라를 셋으로 나누어 그 나라 대부이던 위사(魏斯), 조적(趙籍), 한건(韓虔)을 각기 제후(諸侯)로 봉해 준 사실을 기록한 데서 연유한 말이다. 《宋子大全隨箚 卷10》

68 시호(市虎) 글귀 : 송시열이 장기(長鬐)로 귀양 가는 도중에 보았다는 "시장에 호랑이 나왔다 세 번 전하니 세상 사람이 모두 믿고, 한 번 계모 치마폭의 벌 잡으니 아버지도 의심하네. 세상 공명에 대해서는 고목과 기러기를 보고, 앉아 담소할 적에는 뽕나무와 거북을 조심하라.〔三傳市虎人皆信, 一掇裙蜂父亦疑. 世間功名看木雁, 座中談笑愼桑龜.〕"라고 한 시를 말한다.

이 이 글씨를 써 두고 가면서 내년 5월에 다시 오겠다고 하였는데, 오늘 귀하신 걸음이 기약한 것처럼 와서 보시게 되니 이상스럽다고 하였네. 그 필치도 매우 기이하였지만 위 구절은 위에서 차례로 내려쓰고 아래 구절은 밑에서 위로 거꾸로 써 간 것도 알 수 없는 것이었네. 다만 아래 구절의 이른바 '뽕나무와 거북〔桑龜〕'[69]은 바로 오늘날 마땅히 가슴에 새겨 담아야 할 것이었네. 북쪽에 있을 때 서울 친구들에게서 온 편지를 두 번이나 구동이 가로채 갔고 그의 심복들이 안팎에 두루 깔려 있으니 어찌 두려운 일이 아니겠는가. 어떤 사람은 그 시(詩)를 정허암(鄭虛菴 정희량(鄭希良))이 유자광(柳子光)이 득세한 때에 지은 것이라고 하는데 사실인지는 모르겠네.

문곡(文谷 김수항(金壽恒))은 참으로 경복(敬服)하게 되네. 석실(石室 김상헌(金尙憲)) 선생은 손자다운 손자를 두었다고 하겠네. 택지(擇之 이선(李選))는 참으로 염려스럽네. 들으니 그는 들판에 집을 빌려 그곳에 대부인(大夫人)을 모시고 그는 장기(瘴氣) 속에 머무른다고 하였네. 허약한 그의 몸으로 어떻게 오래 버티겠는가. 그러나 구동의 뜻이 꼭 이렇게 하고자 하니 어떻게 벗어날 수 있겠는가.

69 뽕나무와 거북 : 말을 삼가야 한다는 뜻이다. 오(吳)나라 손권(孫權) 때 어떤 사람이 큰 거북을 잡아서 큰 뽕나무에 묶어 두었는데, 거북이 "남산(南山)의 나무를 다 베어다 불을 지펴도 나를 삶지 못한다."라고 하니, 뽕나무가 "제갈각(諸葛恪)은 박학다식하니 방법을 알 것이다. 나 같은 뽕나무를 베어다 삶으면 어떻게 하겠는가?"라고 하자, 거북이 "말을 조심하라. 그렇지 않으면 너에게 재앙이 미칠 것이다."라고 하였다. 손권에게 바쳐진 거북을 삶으려고 불을 지펴도 삶아지지 않자 과연 제갈각이 "뽕나무로 거북을 삶아야 한다."라고 하였다. 이에 그 뽕나무를 베어다 불을 지피니 거북이 즉시 삶아졌다고 한다. 《淵鑑類函 卷440 鱗介部 龜2》

좋은 음식은 잘 받았네. 내년 봄에 오겠다는 말은 기대하는 마음 간절하지만 쉬운 일이 아니네. 정로의 일기(日記)를 다음에 보내 주기를 간절히 바라네.

이숙고에게 보냄

與李叔固

얼마 전 감사하는 뜻을 담은 서첩(書帖)을 계천(季泉)[70]이 돌아가는 편에 부쳤는데, 혹 받아 보았으리라 생각하네. 지난해 보내 준 편지에는 그때 회답할 것이 있는 듯하였으나 잡다한 일로 겨를이 없었네. 그러나 들은 것이 있고 본 것이 있으면 반드시 바르게 경계해 주는 것은 붕우의 도리가 그러하네. 항상 성실하고 간절한 뜻에 감동하면서도 보답할 길이 없네.

다만 권손(權孫)은 결코 없던 일로 무함하지 않는 자이므로 항상 의아하게 여겼네. 근래에 가만히 들어보니, 그의 종형이 지어낸 것이라고 하네. 그리고 가제(家弟)가 모인(某人)[71]의 부의(賻儀)를 받지 않은 일은 참으로 있었던 일이네. 그 사람은 망자(亡者)와 종형제가 되네. 큰 연고가 있지 않으면 반드시 예에 맞게 온 것을 물리치지 않는 것이네. 이것으로 생각하면 그 대략적인 내용을 알기에 넉넉하네. 그러나 자네의 높은 의리와 깊이 아껴 주는 마음이 아니면 어찌 이것을 언급하겠는가.

이제부터 사람들에게 들은 말이 있을 때 바로잡고 나무라기를 게을

70 계천(季泉) : 이선부(李善溥, 1646~1721)의 자이고, 호는 육송(六松)이다. 숙종 때의 문신으로, 이관하(李觀夏)의 아들이다.

71 모인(某人) : 권기(權愭)를 가리킨다. 송시열의 계씨(季氏)의 부인이 곧 권기의 종매(從妹)이다. 《宋子大全隨箚 卷10》

리하지 않는다면 불초하고 형편없는 내가 혹 죄를 적게 지을 수 있을 것이네. 간절히 기원하네. 이만 줄이네.

이숙고에게 답함 정사년(1677, 숙종3) 12월

答李叔固 丁巳十二月

부자간의 큰 인륜을 어찌 선뜻 이루었다가 선뜻 폐기할 수 있겠는가. 비록 예산(禮山) 어른의 유명(遺命)은 없으나 의리에 있어 감히 말할 수 없네. 그러나 우리 동방에는 적서(嫡庶)의 구분이 있어서 신생아가 성장하지 않았어도 중(重)은 본래 얼형(孼兄)이네. 그렇다면 예산 어른의 신주에는 마땅히 신생아를 방제(旁題)로 삼고 중은 대행해야 하네. 이것은 사리에 있어 자연스러움이 이와 같네.

다만 한 가지 장애가 되는 일이 있으니, 신생아가 아직 태어나기 전에는 중이 곧 승중자(承重子)이고 예산 어른의 전비(前妣)는 모친이 되는데, 이제 도리어 신생아의 얼형이 된다면 누구를 모친으로 삼아야 하는가? 만약 인하여 전비를 모친으로 삼는다면 신생아에게는 전모(前母)의 아들이 되니 적서로써 논할 수 없네. 만약 자신의 소생모(所生母)를 모친으로 삼는다면 부모가 체(體)를 달리하게 될 뿐만 아니라 또한 예산 어른 및 그 모친에 대하여 말하기 어려운 혐의가 크게 있네. 이것은 참으로 난처한 점이 있는 것이니, 내가 감히 경솔하게 논할 수 있는 것이 아니네.

○ 《예기(禮記)》에 "한집에 살 경우에는 비록 신첩(臣妾)이 죽었더라도 장사를 지낸 뒤에 제사를 지낸다."라고 하였네. 이제 빈소가 집안에 있으니 비록 작은 제사일지라도 또한 감히 거행하지 못할 것 같네.

이숙고에게 답함

答李叔固

예산(禮山) 어른의 후사(後事)는 참으로 말하기 어렵네. 최관(崔寬)의 집안일[72]은 내가 참으로 간섭하였으니, 그 비방을 어찌 면할 수 있겠는가. 다만 그가 스스로 자기 모친의 추한 행위를 떠들었으니, 이것이 가소로울 뿐이네. 효종(孝宗)께서는 애초에 포로가 되었던 처와 이혼하고 새로 장가들라는 성교(聖教)를 분명하게 내리셨는데, 윤휴(尹鑴)와 허목(許穆)의 무리는 침을 뱉거나 코를 풀듯이 버렸으니, 후세 양사(良史)의 직필(直筆)을 어찌하겠는가. 듣건대 최관이 믿는 바는 윤휴와 허목이라고 하니, 또한 가소로울 뿐이네.

72 최관(崔寬)의 집안일 : 최관의 계모가 병자호란 당시 오랑캐에게 사로잡혔는데 최관의 아버지가 속전(贖錢)을 내고 그녀를 빼내 와 자기 집에서 데리고 살았다. 이후 계모가 죽자 최관이 계모를 부묘(祔廟)하려고 하였는데, 집안일이란 이 일을 가리킨다. 《宋子大全隨箚 卷10》

이숙고에게 답함 기미년(1679, 숙종5) 11월 4일

答李叔固 己未十一月四日

주 선생(朱先生)이 일찍이 논하기를 "원우(元祐) 연간의 제현(諸賢) 가운데 오직 원성(元城)[73]이 가장 중용을 얻었는데, 항상 한스럽게도 그의 발바닥을 꿈에도 보지 못하였다." 하였네.

보내온 편지에서 나에 대해 비유를 든 것이 사리에 맞지 않았네. 우리가 《논어》를 읽었으나 미숙하여 "한마디 말로 지혜롭지 못하게 되기도 한다."라는 말씀을 경계로 삼지 않아서 그런 것이 아니겠는가. 다만 이곳에는 본래 《존요록(尊堯錄)》이 없어 멀리서 온 석계(石慽)[74] 같은 자가 그 일 많음을 볼 뿐이네.[75] 생각건대 풍토병이 날로 심해지는데, 원성은 어떤 방술이 있어서 끝내 병에 걸리지 않았는지 모르겠네.[76]

73 원성(元城) : 송(宋)나라 때 문신 유안세(劉安世, 1048~1125)의 호이다.

74 석계(石慽) : 대본에는 '不慽'로 되어 있다. 《송자대전수차》에 근거하여 '不'을 '石'으로 바로잡아 번역하였다.

75 이곳에는……뿐이네 : 송시열 자신에게는 시비를 논한 글이 없으므로 멀리까지 온 조사관이 자신의 행리(行李)를 조사하더라도 일만 많이 할 뿐 성과는 없을 것이라는 뜻이다. 《존요록》은 송나라 때 진관(陳瓘)이 지은 책으로, 무망(誣妄)한 말을 깊이 물리쳐서 군신(君臣)의 의리를 밝힌 책이다. 진관이 태주(台州)로 유배 갔을 때 조정에서 석계를 지주사(知州事)로 삼아 진관의 행리를 조사하게 하였는데, 이것은 조정의 뜻으로 《존요록》의 부본(副本)을 가져가기 위한 것이었다. 《宋子大全隨箚 卷10》

76 원성은……모르겠네 : 유안세는 성품이 매우 강직하여 직언(直言)을 잘하였다. 일찍이 장돈(章惇), 채경(蔡京) 등 간신을 신랄히 탄핵했다가 그들의 미움을 사서 7년 동안 여러 험악한 지역에 유배되었다. 하지만 유배 기간 동안 하루도 병든 일이 없었는

비록 정성을 근본으로 삼는다고 말할지라도 또한 어찌 골기(骨氣)에 남과 크게 다른 것이 있겠는가. 오늘날 시신(屍身)이 구렁을 메우는 것〔溝壑〕[77]은 바로 우리의 본분이니, 단지 이 두 글자를 잊지 않는다면 어찌 스스로 이렇게 괴로운 지경에 이르겠는가. 윤(尹)이 들으면 틀림없이 "누가 그로 하여금 인끈을 던지고 가게 하였는가?"라고 할 것이네.

일찍이 편지가 있어서 종아(宗兒)에게 그것을 자네에게 전달하게 하였는데, 중도에 유실되지 않는다면 다행일 것이네.

데, 누가 그 원인을 묻자 오직 정성(精誠)일 뿐이라고 답하였다. 《宋史 劉安世列傳》

77 시신(屍身)이……것 : 신념을 지켜 나라를 위해 목숨을 바치는 것을 말한다. 《맹자》〈등문공 하(滕文公下)〉에 "지사는 구렁 속에 시신이 뒹굴게 될 것을 항상 잊지 않는다.〔志士不忘在溝壑〕"라고 하였다.

이숙고에게 답함 신유년(1681, 숙종7) 7월 19일

答李叔固 辛酉七月十九日

어제 화양(華陽)에 돌아왔는데 불어난 물이 산을 감싸 적적하게 사람 소리 없으니, 빈 골짜기에 도망쳐 온 것과 흡사하네.

그런데 홀연히 자네의 편지를 받았으니 꿈인 듯 놀랍고 의아스럽네. 이미 체직되었다가 다시 그 자리를 맡아 국은이 망극한데, 장차 어떻게 보답할지 모르겠네. 오직 백성 보호하기를 마치 갓난아이 보호하듯 한다면 거의 틀림없이 남의 말이 필요 없을 것이네. 그러나 사나운 무리에게 아부하여 풍속을 병들게 하는 것은 참으로 주 부자(朱夫子)가 매우 미워한 것이네. 모르겠네만, 이런 일에 대하여 장차 어떻게 하려는가? 보내 준 세 가지 진미(珍味)에 매우 감사하네. 이만 줄이네.

이숙고에게 답함 신유년(1681, 숙종7)

答李叔固 辛酉

돌아온 뒤에 그리워하는 마음 더욱 간절하였는데, 홀연히 이렇게 심부름꾼이 전해 준 편지를 받았으니 매우 위안되네.

나의 거취에 어찌 의의가 있겠는가. 단지 근력이 쇠패(衰敗)하여 일을 맡을 수 없어 돌아왔을 뿐이네. 더구나 자네들에게 비난을 받았으니 나의 현명하지 못함이 드러난 것이네. 다시 무엇을 말하겠는가. 단지 수치스럽고 부끄러워 죽을 지경이네. 또한 현명하지 못한 자가 비난받는 것에서 세도(世道)가 청명함을 더욱 알 수 있는데, 그대는 어째서 탄식을 하는가. 참 우습네.

영윤(令胤)은 무슨 병을 앓고 있는가? 매우 걱정되네. 늦더위가 더욱 혹심하네. 몸조리를 잘하여 멀리서 바라는 나의 마음을 위로해 주기 바라네.

이숙고에게 답함 갑자년(1684, 숙종10) 6월 22일

答李叔固 甲子六月二十二日

잔약한 숨이 지금까지 끊어지지 않아 항상 스스로 의아하고 괴이하게 여기고 있네. 과연 오늘날의 일이 있으니 조물주가 마침 일을 낸 것을 알겠네. 또한 저들의 말이 하나하나 모두 옳으니 세상의 참된 시비는 끝내 피할 수 없음을 비로소 깨달았네.

그대가 보내온 편지에 곤두선 머리칼이 관(冠)을 들어 올리는 기상이 있어 곽세건(郭世楗)[78]이 권력을 휘두를 때와 다를 것이 없으니, 사리를 살피는 데 엉성하다고 할 만하네. 오늘은 말할 수 있는 것이 없어 단지 우스갯소리를 서로 주고받을 뿐이니 또한 가소롭네. 그러나 모름지기 발설하지 말아야 하니, 혹시라도 물결을 일으켜 파란을 조장하는 짓을 하지 말게. 나는 병이 뜸한 지 겨우 수십 일인데 새 증상이 갑자기 등에 발생하여 앉고 눕는 것이 모두 불편하고 서는 것도 오래하지 못하니, 형세상 장차 학을 타고 구름을 뚫고 올라가 영원히 인간 세상을 버리게 될 것 같네.

가뭄과 열기가 불과 같아 마음과 정신이 멍하니, 입으로 편지 내용을

78 곽세건(郭世楗) : 1618~1686. 본관은 현풍(玄風), 자는 공가(公可), 호는 무위자(无爲子)이다. 일찍이 무예를 익혔으나 과거에 합격하지 못하였고, 허목(許穆)에게 나아가 학문을 닦고 인정을 받았다. 숙종이 즉위하여 현종릉지문(顯宗陵誌文)을 송시열(宋時烈)에게 짓게 하자 그 부당함을 상소하였다. 경신대출척(庚申大黜陟)으로 허적(許積), 윤휴(尹鑴) 등이 사사되자 이에 연루되어 투옥되었다가 풀려 나온 지 2년 만에 죽었다.

불러 주는 것도 뜻처럼 되지 않네. 이만 줄이네.

○ '곤두선 머리칼이 관을 들어 올리는 기상'은 곧 남헌(南軒 장식(張栻))이 주자(朱子)를 경계한 말로, 나쁜 말이 아니므로 썼네.

이숙고에게 답함 갑자년(1684, 숙종10) 12월 22일

答李叔固 甲子十二月二十二日

걸음이 수원(水原) 수혈(壽穴) 아래에 도달해서 지난달 29일에 보내 준 편지를 전해 받고 여러 가지 말씀을 두루 잘 알았으니, 위안되고 감사함을 형언할 수 없네.

아이의 병은 아직도 위험한 경계를 완전히 벗어나지 못하였네. 네 달 동안 마음을 졸이고 속을 태웠으니, 남은 숨이 얼마나 되겠는가. 몹시 민망하고 민망하네.

별지의 두 가지 설은 지협(砥峽 지평(砥平))에 들어오고 나서 이미 많이 들었네. 어리석고 혼미한 나의 견해로는 무엇을 따라야 할지 모르겠으나 끝내는 병든 아이의 말을 쓰게 될 것이네.

걸음이 숭릉(崇陵) 아래에 이르러 상복을 벗고 제사에 배행하고, 저녁에 전농(典農)에서 잤네. 6일 저녁에 들어가서 문안(問安)하고 곧 사대(賜對)하는 은혜를 입었으며, 사대가 끝나자 곧 청문(靑門)을 나와 그대로 돌아오는 길에 올랐네. 대개 오늘날의 습속은 근거 없는 말을 지어내 공격하므로 감히 잠시도 머물 수 없으나 성상의 뜻은 반드시 나를 근기(近畿)에 머물러 있게 하려 하므로 비로소 설 쇠기 전에 돌아오려는 계획을 세운 것이네. 홀연히 듣건대 사학(四學)의 유생들이 소장을 올려 나를 머물게 할 것을 청했다 하여, 창황히 출발해 어젯밤에 돌아왔는데, 질병이 크게 발작하여 바야흐로 이렇게 쓰러져 있네. 앞일이 끝내 어떻게 될지 모르겠네.

이숙고에게 답함 을축년(1685, 숙종11) 3월 16일

答李叔固 乙丑三月十六日

비난하는 뜻을 편지에 보였으니 자네의 뜻을 잘 알았네. 다만 편지에 가득한 자세한 말은 고언(苦言)이 아님이 없네. 오늘날 관리가 되는 것은 산속에서 굶주림을 참는 것보다 못함을 알 수 있네.

인끈을 풀고 돌아가는 계책은 송(宋)나라 조정에서 이루어진 법규가 있네. 회옹(晦翁 주희(朱熹))은 절동(浙東)에서 기민을 진휼하는 데 탁월한 업적을 이루어 수황(壽皇 송 효종(宋孝宗))이 면전에서 위로하고 장려하고 인하여 승진시켜 발탁하였네. 이와 같다면 비단 고역(苦役)을 풀어 벗을 뿐만 아니라 어찌 시사(時事)에 영광이 있지 않겠는가. 이외에는 다시 배울 것이 없으니, 다시 무슨 말을 해 주겠는가. 매우 우습네. 오직 몇 줄 서찰로 생긴 소란이 위로 조정까지 미쳐서 이미 정도(正道)를 없애는 형세를 이루었으니, 한밤중까지 생각하며 나도 모르게 통탄하네. 나는 이 일에 대하여 입을 단단히 닫고 말하지 않은 지 오래되었네. 이번에 자네가 언급한 것을 계기로 대략 이렇게 망녕되이 발언하였네.

이숙고에게 답함 을축년(1685, 숙종11) 6월 19일

答李叔固 乙丑六月十九日

이기(利器)가 반착(盤錯)을 만났으니,[79] 바야흐로 완전한 사람이 되었네. 이어서 탄핵 상소가 있었다는 말을 듣고 놀라 탄식하였네. 방금 편지를 받아 보건대 거취에 대한 질문이 있었으니, 나무꾼에게도 묻는 훌륭한 마음을 보기에 충분하였네. 다만 물의 온도는 마시는 자가 스스로 아니, 외부인이 감히 관여할 바가 아니네. 또한 슬하에 바야흐로 진퇴유곡(進退維谷)에 처한 자[80]가 있어도 그를 위해 도모하지 못하는데 어느 겨를에 남을 위해 도모하겠는가. 생각건대 대간들에게 내린 비답에서 그를 융숭하게 대우하였으니, 뒷날의 일은 아마도 뜻대로 유쾌하지는 못할 듯하네. 대계(臺啓)가 바로 그친 것은 또한 성상의 뜻이 어디에 있는지 알아서인 듯하네.

나는 늙고 병든 중에 요사이 서설(暑泄)을 앓아 원기(元氣)가 모두 빠졌네. 그러나 마침 선사(先師 김장생(金長生))의 문집을 진상하라는 명이 있어 바야흐로 이렇게 땀을 흘리며 교정하고 있는데 정력이 미치지 못할 듯하니, 우려되고 우려되네.

79 이기(利器)가 반착(盤錯)을 만났으니 : 반착은 '반근착절(盤根錯節)'의 준말로, 뿌리와 가지가 엉킨 것처럼 복잡하여 처리하기 어려운 일을 비유하며, 이기는 이 일을 잘 해결할 수 있는 재능을 뜻한다. 즉 외직(外職)에 나가 어려운 상황에서 걸출한 재능을 발휘하라는 뜻이다.

80 슬하에……자 : 송시열의 둘째 손자 송주석(宋疇錫)을 가리킨다. 《宋子大全隨箚 卷10》

부채와 죽순과 녹포(鹿脯)는 잘 받았고 죽배(竹杯)는 더욱 사랑스럽네. 다만 술이 없으니 청렴하고 검약함을 알 만하네. 대계는 억울하다고 할 만하니, 참 우습고 우습네. 나머지는 쓰지 못하네.

이가성[81] 상익 에게 답함 병오년(1666, 현종7) 4월 12일

答李可成 商翼○丙午四月十二日

우두커니 깊은 산에 거처하니 빈 골짜기에 도망쳐 온 것과 흡사하네. 이런 때에는 비록 강해(江海)에 사는 사람으로 하여금 안부를 묻게 하더라도 또한 발걸음 소리에 기뻐할 것인데, 더구나 그대의 편지임에랴.

또한 풍악(楓岳)에 간다는 말을 들었으니, 더욱 사람으로 하여금 훨훨 멀리 날아가고 싶은 뜻을 품게 하네. 다만 전인과 후인이 시로 읊은 것이 비록 많으나 낙민(洛閩)[82]의 음향(音響)은 없으므로 일찍이 비로봉(毗盧峯) 위에 회암 부자(晦庵夫子 주희(朱熹))의 축융시(祝融詩)[83] 한 수를 크게 새겨 놓았네. 만약 등람(登覽)할 즈음에 옛 자취를 어루만지면 혹 노생(老生)의 깊은 뜻을 알게 될 것이네. 그러나 위험한 곳이 매우 많으니, 모름지기 다리의 힘을 믿지 말고 발걸음을 신중히 살펴야 하네.

81 이가성(李可成) : 이상익(李商翼, 1628~?)으로, 본관은 경주(慶州), 자는 가성이다.

82 낙민(洛閩) : 염락관민(濂洛關閩)의 학문을 말한다. 염계(濂溪)의 주돈이(周敦頤), 낙양(洛陽)의 정호(程顥)와 정이(程頤) 형제, 관중(關中)의 장재(張載), 민중(閩中)의 주희를 통칭한 것으로, 곧 송대의 성리학을 뜻한다.

83 회암 부자(晦庵夫子)의 축융시(祝融詩) : 축융은 중국의 남악(南嶽)인 형산(衡山)의 가장 높은 봉우리인 축융봉(祝融峯)으로, 호남성(湖南省) 형산현(衡山縣) 서북쪽에 있다. 주희는 1167년 11월에 남헌(南軒) 장식(張栻)과 함께 형산(衡山)에 올랐다. 그때 지은 시 중에 〈취하축융봉작(醉下祝融峯作)〉이 유명한데, 이 시를 축융시라 한 것으로 보인다. 《晦庵集 卷5》

노생은 바야흐로 낙양산(洛陽山)[84] 파곡(巴谷) 옆으로 들어왔는데, 이곳은 수석(水石)이 뛰어나 사람들은 "마땅히 만폭동(萬瀑洞)과 견줘야 한다."라고 하네. 바라건대 자네는 조만간 와서 보고 그러한지 평가해 주게. 노생은 바야흐로 죄망(罪網) 중에 있어 오히려 깊이 탐방할 겨를이 없네. 이만 줄이네.

84 낙양산(洛陽山) : 송시열이 살던 괴산(槐山) 화양동(華陽洞)의 주산이다.

이가성에게 답함 신유년(1681, 숙종7) 8월

答李可成 辛酉八月

보내온 편지의 자세한 내용을 통해 여러 가지 곡절을 잘 알았네. 곡식이 재해를 입은 것은 실로 작은 일이 아니니, 그대가 근심하고 번민해야 하네. "오직 세 번 깊이 성찰을 더하고 한칼에 끊어 버려야 한다."라는 등의 말은 늙고 혼미한 나에게 경계하는 바가 크니, 매우 훌륭한 선물이네. 그러나 한때의 생각은 사라지기 쉬우니, 이것은 우리가 함께 경계해야 할 바이네.

나는 병이 줄곧 낫지 않고 있네. 늙어서 병들고 병들어 죽는 것은 정상적인 이치이니, 순순히 기다릴 수밖에 없네. 현윤(賢胤 영윤(令胤))이 많은 사람들이 달려가는 벼슬길을 잠시 떠나 막료(幕僚)의 직책에 나아갔으니, 어쩌면 좋은 일이 아니겠는가. 다만 성근(省覲)하기에 조금 먼 것이 염려되네.

맛좋은 음식을 보내 주니 지극한 뜻에 매우 감사하네. 다만 금육(禁肉 쇠고기)이 그 사이에 들어 있으니, 이것이 편치 못할 따름이네. 정자(程子)는 소 잡는 것을 상서롭지 못한 행동으로 여겼고, 율곡(栗谷)과 중봉(重峯)은 평생 쇠고기를 먹지 않았네. 근일에는 송자신(宋子愼 송상민(宋尙敏))도 결코 입에 대지 않았네. 충실히 국법을 지키는 것이 어찌 사대부의 떳떳한 도리가 아니겠는가.

편지에서 찾아오겠다는 말을 하였으니, 기대하는 마음 견딜 수 없네. 그러나 또한 어찌 기필할 수 있겠는가. 나머지는 다 쓰지 못하네.

이가성에게 답함 임술년(1682, 숙종8)

答李可成 壬戌

보내온 편지의 자세한 내용을 통해 자네의 뜻을 잘 알았네. 도연명(陶淵明 도잠(陶潛))이 팽택 영(彭澤令)으로 나간 것은 오두미(五斗米)로 술을 빚고 싶어서였으니, 천진함을 볼 수 있네. 지금 자네는 천진함을 보이지 못하고 도리어 천진함을 해치고 있으니, 서로 아끼는 사이에 매우 깊이 우려되네. 지금 고향으로 돌아간다면 거의 도연명의 고상한 풍취에 부끄럽지 않을 것이니, 참으로 치하할 만하네.

그러나 상관(上官)의 제사(題辭)에서 매우 엄한 것을 보지 못하겠으니, 띠 두르고 허리 굽히는 것[85]에 비하면 어찌 차이가 있지 않겠는가. 또한 도연명은 이미 돌아온 뒤에 북창(北窓) 아래 길게 누워 그 몸을 마쳤는데, 자네가 능히 이것에 힘쓸 수 있을지 모르겠네. 전날에는 통쾌했으나 훗날에는 부끄러워한다면 장관(長官)이었던 자가 몰래 웃지 않겠는가. 이 일은 모름지기 자신의 행위를 반성해 보고 처리하는 것이 어떻겠는가.

나는 아직도 침식을 폐하여 원기가 날마다 줄어드니 앞으로의 일은 알기 어렵네.

85 띠……것 : 하급 관리가 관복을 갖춰 입고 상급 관리에게 예를 다하는 것을 뜻한다. 《晉書 隱逸列傳 陶潛》

이가성에게 답함 계해년(1683, 숙종9) 5월 21일

答李可成 癸亥五月二十一日

그리워하던 중에 편지를 받았으니, 내 마음이 매우 위안되었네. 나는 강 언덕에 와서 거처하며 날마다 사우(士友)들과 심항수묵(尋行數墨)[86]을 하고 있으니, 전혀 하는 일이 없지는 않네. 생각건대 은명(恩命)을 저버린 것이 이에 이르렀으니, 밤낮 두려울 따름이네.

오늘의 모욕과 명예는 본래 영욕(榮辱)이 되기에 부족하고 더구나 나 같은 하류(下流)에게는 수많은 악이 모이는 것이 마땅하네. 그런데 대규(大規 이굉(李宏))는 무슨 까닭에 붓을 잡아 이런 큰 소란을 불러 일으켰는지, 개탄스럽네.

자네가 말한 산곡(山谷)의 시는 회옹(晦翁)이 일찍이 "귀신을 울린다."라고 평한 것인데,[87] 뜻밖에 오늘 직접 이런 경우를 만났네. 흉년이 들어 술이 없으니 염려할 필요는 없네. 그러나 오히려 대규가 부친을 위하여 만든 맛있는 음식 가운데 혹 한 잔이나 반 잔의 술이 있다면

86 심항수묵(尋行數墨) : 원래 문자만을 따지고 문자 뒤에 숨어 있는 깊은 뜻은 깨닫지 못하는 것을 이르는 말인데, 여기서는 학문을 탐구하는 것을 겸손하게 표현하는 뜻으로 쓰였다.

87 자네가……것인데 : 송(宋)나라 시인 산곡 황정견(黃庭堅)은 누이가 시집가서 박대를 받다가 강에 빠져 죽자 〈훼벽〉이라는 시를 지었는데, 그 내용에 "돌아가 소요하련가. 서강의 물결 어느 때나 가라앉을까.〔歸來兮逍遙, 西江波浪何時平?〕"라는 구절이 있다. 주희가 이 구절을 두고 "참으로 귀신을 울릴 만하다.〔眞可以泣鬼神〕"라고 하였다. 《古今事文類聚 後集 卷11 毀璧》《晦庵集 別集 卷1 林井伯》

그로 인하여 계율을 깨지나 않을까 걱정이네. 참으로 우습고 우습네. 나머지는 다 쓰지 못하네.

최선여[88] 세경 에게 보냄 경인년(1650, 효종1) 7월 8일

與崔善餘 世慶○庚寅七月八日

날짜는 기억하지 못하나 일찍이 멀리서 보내 준 편지를 받고 아울러 자세한 내용의 가르침도 받았으니, 위안되고 속이 시원하였네. 늦더위가 기승인 요사이 어버이를 모시는 이외에 공부하는 근황은 어떠한가? 그립고 그립네.

나는 섭리에 어두워 여러 달 신고(辛苦)를 겪은 뒤에 복창증(腹脹症)이 크게 일어나 소식이 두루 상하에 전해졌네. 이것은 대체로 치료하기 어려운 증상이니, 운명을 어찌하겠는가. 이번 생에는 다시 얼굴을 볼 수 없을 것이니, 더욱 슬프네.

이전 편지에서 말한 것은 비록 그대들이 나를 사랑하는 마음에서 한 말이기는 하나 정밀하게 생각하지 않은 듯하네. 소(疏) 가운데에서 만약 "이 사람이 과연 이 논의를 하였다."라고 한다면 구원하는 것이 아니라 마침 화근이 되고 주상에게도 침범하는 모욕이 있네. 만약 "이 사람이 이 논의를 한 적이 없다."라고 한다면 비록 혹 구차하게 한때를 면할지라도 참으로 백세의 씻기 어려운 치욕이네. 이 의리가 어찌 알기 어렵겠는가. 그러므로 주 부자(朱夫子)가 문인에게 이르기를 "내가 저 천 길 되는 높은 절벽처럼 꿋꿋이 버틴다면 우리의 도를 밝히는 데에 도움이 되지 않겠는가."[89]라고 하였으니, 이것이 주자가 주자인 까닭이

88 최선여(崔善餘) : 최세경(崔世慶)으로, 선여는 자이다. 본관은 해주(海州)이며, 쌍백당(雙柏堂) 최기(崔沂)의 증손이다. 음직(蔭職)으로 현감(縣監)을 지냈다.

네. 자네가 훗날 주자의 글을 많이 읽으면 절로 이 의미를 알게 될 것이네.

머지않아 과장(科場)이 열릴 것이니, 사람들을 따라 드나들 것으로 생각하네. 그러나 언기를 기필하지 않는 마음으로 처리하면 내게 누가 되지 않을 것이네. 할 말은 많지만 병으로 정신이 혼미하니, 이만 줄이네.

89 내가……않겠는가 : 주희(朱熹)가 송나라 영종(寧宗) 때 권신 한탁주(韓侂胄) 등에 의해 위학(僞學)으로 몰리고 조정에서 축출당했음에도 불구하고 죽림정사(竹林精舍)에서 강학에 열중하자, 한 측근이 문도들을 돌려보내고 활동을 중지하여 화를 피하라고 충고하였다. 그러나 주희가 거절하면서 위와 같이 말하였다. 《朱子語類 卷107 朱子四 內任 丙辰後》

최선여에게 답함 경인년(1650, 효종1) 8월 2일
答崔善餘 庚寅八月二日

그리워하던 중에 멀리 사람을 보내 부친 편지를 받고 늦더위에 부모님을 모시고 잘 지내고 있음을 알았으니, 위안되고 기쁜 마음 금하기 어렵네.

내 병은 시골에 의원과 약물이 없어 나을 가망이 없으니, 조용히 조물주의 일끈을 기다릴 뿐이네. 이번에 천 리를 멀다 하지 않고 특별히 사람을 보내 전해 준 약물을 잘 받았네. 만약 자네의 높은 의리가 아니라면 어찌 이에 이를 수 있겠는가. 감동한 나머지 다시 더욱 부끄러웠네.

유 의원(柳醫員)이 명한 바는 벽 사이에 붙어 있으나 물고기만 탐낸다는 탄식[90]이 있을 뿐이네. 이제부터 그의 의술을 시험하여 생기를 회복할 수 있을 것이니, 모두 자네가 보내 준 덕분이네.

방금 이 좨주(李祭酒)와 조 학사(趙學士)의 편지를 아울러 보고 근래의 일을 대략 알았는데, 매우 사람을 근심하고 탄식하게 하였으니, 어찌 세도(世道)가 갑자기 이에 이를 줄 생각했겠는가. 자네의 말은 매우 좋으나 다만 중론이 격렬하게 일어났으니 누가 만류할 수 있겠는

90 물고기만 탐낸다는 탄식 : 욕심만 있고 실행하지 않는 것에 대한 탄식을 뜻한다. 한(漢)나라 동중서(董仲舒)의 대책문(對策文) 가운데 "연못을 내려다보며 물고기만 탐내기보다는 뒤로 물러나서 그물을 짜는 것이 나을 것이다."라는 속담이 인용되어 있다. 《漢書 董仲舒傳》

가. 이것이 염려되네. 다만 한번 변무(辨誣)하는 것은 그만둘 수 없을 듯하네. 또 임금께서 매우 온당치 못하다는 분부를 내리시면 바른 사람을 미워하는 자들의 기세만 더하게 될까 염려되니, 또한 모름지기 헤아려 잘 생각해야 하네.

나의 병이 이러한데 아직도 직명을 지니고 있어 며칠 전에 다시 글을 올렸는데, 어떻게 결판날지 모르겠네.

의원과 약물을 편리하게 구하려고 오래도록 성전리(星田里)에 있네. 지금 노인이 매우 염려한다는 소식을 듣고, 몸을 수레에 싣고 집으로 돌아오다가 도중에 내게 오는 인편을 만나 길가에서 몇 자 적었네. 이만 줄이네. 예를 갖추지 못했네.

최선여에게 답함 경인년(1650, 효종1)

答崔善餘 庚寅

헤어진 뒤에 모두 두 통의 편지를 받았으니, 병든 사람의 회포가 위안됨은 무어라 형언할 수 없네. 요즘 부모님 모시는 외에 학문하는 근황은 좋은가? 일찍이 듣자니 수성(隋城 수원(水原))에 와 있다고 하던데, 아직 도성에 들어가지는 않았는가?

나는 숙환이 낫지 않고 아내의 병증은 아직도 심하여 위축된 마음으로 세월을 보내고 있을 뿐이네. 새로 얽는 집이 대충 완성되어 추위가 올 즈음 들어가 살게 되었으니, 이것은 객지 생활 중 다행이네.

시남(市南)이 결국 고개를 넘어가게 되었으나,[91] 진실로 성명(性命)을 보존하지 않겠는가. 매번 모진 바람이 북쪽에서 불어올 때면 나도 모르게 눈물이 맺혀 눈자위에 가득하였네. 생각건대 그는 환난에 처해서도 자득하지 않음이 없었네. 노성(魯城 윤선거(尹宣擧))이 새로 은명(恩命)을 입었네. 비록 물의 온도는 마시는 사람이 절로 안다고 하지만 친구의 뜻을 염려하지 않을 수 없네.

병중에 《율곡연보(栗谷年譜)》를 정리하는데, 이전 연보에서 빠진 내용을 첨가하려 하네. 별지에 기록한 것은 사람들에게 널리 자문하고

91 시남(市南)이……되었으나 : 시남은 유계(兪棨, 1607～1664)의 호이다. 1650년 인조(仁祖)의 묘호(廟號)를 정할 적에 당시 교리였던 유계가 “선왕(先王)의 시호(諡號)를 ‘인(仁)’ 자로 하는 것은 인종(仁宗)의 묘호와 같으니, 거듭 사용하는 것은 온당하지 못하다.”라고 하여 효종의 뜻을 거스른 나머지 끝내는 극변(極邊)으로 귀양 가게 된 것을 가리킨다. 《孝宗實錄 卽位年 5月 23日, 1年 10月 28日》

인편을 통해 빨리 부쳐 주는 것이 어떻겠는가? 부탁한 선대의 묘지(墓誌)는 이 일을 마친 다음 참람함을 무릅쓰고 시험 삼아 지어 보려 하네. 나머지는 쓰지 못하네.

최선여에게 보냄 계묘년(1663, 현종4) 4월 22일

與崔善餘 癸卯四月二十二日

아침저녁 들리는 것은 오고 가는 파도 소리뿐이네. 나는 이렇게 세상을 마치려고 생각하는데 자네들이 참으로 안타깝네. 외간의 일만을 가지고 말하더라도 차라리 듣지 않느니만 못할 것인데, 더구나 신변(伸辨)할 뜻까지 있단 말인가. 어찌 잠이 깊이 들지 않은 상태에서 갑자기 놀라 깨어나 이런 생각을 한 것이 아니겠는가. 자네들의 생각이 이런 줄 알았다면 오래전에 안부 편지도 주고받지 않았을 것이네. 진정 홍 학사(洪學士)가 직접 나의 죄를 청했다 하더라도 자네들의 힘으로는 쉽게 구원하지 못할 일인데 하물며 그렇지 않음에야 말할 것이 있겠는가.[92] 일에는 도움 되지 않고 괜히 나의 죄만 불어날 것이네. 비록 이 사람이 입을 막고 자취를 숨기더라도 오히려 나는 죄를 면하지 못할까 염려되는데 자네들은 어찌 다시 이것으로 그들의 기운을 북돋우려고 하는가. 부디 나를 불쌍히 여겨 빨리 앞서의 의론을 그만두기를 간절히 바라네.

자네들이 믿으려 하지 않으니 한 가지 일로 증거를 들어 보겠네.

92 홍……있겠는가 : 홍 학사는 그때 수찬이던 홍우원(洪宇遠)을 말한다. 이 편지에 앞서 윤선도(尹善道)가 예송(禮訟)에 관한 일로 상소하였다가 귀양 간 일이 있었는데, 이때에 이르러 홍우원이 상소를 올려 윤선도를 방면할 것을 청하고 송시열의 예설(禮說)은 종통(宗統)을 흐리게 하는 것이라는 등의 말을 하였다. 그런데 이것은 실상 홍우원이 자진해서 한 것이 아니고 당시 집권자인 허목(許穆) 등의 사주에 의해 이루어졌다는 뜻이다. 《顯宗改修實錄 4年 4月 19日》

소성(紹聖)과 경원(慶元) 연간[93]에 어찌 사우(師友) 간에 힘을 다해서 변명한 일을 본 일이 있는가. 생로병사에 있어서 염라대왕이 부르면 그대로 가는 것이 어찌 우리 유가(儒家)의 가법(家法)이 아니겠는가. 이렇게까지 하였는데도 믿지 않는다면 다시는 나를 아는 사람이라 하지 않는 것이 옳을 것이고 나도 앞으로 사절하겠네. 간절히 바라건대 다시 살피게.

성미(聖彌 이석견(李碩堅))가 바로 이런 때에 벼슬을 얻었다니 매우 온당치 못한 일이네. 그러나 당연히 윤화정(尹和靖)이 그 어버이에게 허락을 얻고 나서야 자기 마음대로 하였던 것과 같아야 할 것이네.[94] 이는 외부 사람이 간여할 바가 아니네. 어떻게 생각하는가? 이만 줄이네.

93 소성(紹聖)과 경원(慶元) 연간 : 소성은 송 신종(宋神宗)의 연호로 이때에는 정호(程顥)와 정이(程頤) 형제를 비롯한 사마광(司馬光) 등 유현들이 수난을 겪었던 시대이고, 경원은 송 영종(宋寧宗)의 연호로 이때에는 주희(朱熹) 등 유현들이 한탁주(韓侂胄) 등에 의해 위학(僞學)으로 몰려 수난을 겪은 때이다.

94 윤화정(尹和靖)이……것이네 : 윤화정은 송(宋)나라 윤돈(尹焞)을 말한다. 화정은 그의 호이다. 정이의 으뜸가는 문인이었는데 그가 과거에 응시하려 하지 않으므로 정이가 "자네에게는 어머니가 계시네." 하니, 윤돈이 집에 돌아와 과거의 응시 여부를 어머니께 물었다. 그러자 그의 어머니가 "나는 네가 착하게 사는 것으로 나를 봉양해 줄 것으로 알았지, 봉록(俸祿)으로 봉양해 주리라고는 생각하지 않았다." 하니, 그는 끝내 과거에 응시하지 않았다. 《宋子大全隨箚 卷10》

최선여에게 답함 을사년(1665, 현종6)

答崔善餘 乙巳

지난달 초에 속리산 북쪽에 들어왔다가 이달 초하루에 비로소 나올 수 있었으니, 아직 세간의 인사를 접하지 못했네. 문득 특별히 사람을 시켜 보낸 편지를 받으니 마음과 눈이 모두 열리는 것이 안개를 헤치고 하늘을 보는 정도뿐만이 아니네. 이것은 더 말할 것도 없네.

산에 있을 때 매일 책 몇 장을 볼 수 있었으나 정신이 쇠락하여 한 장을 마치기도 전에 앞 장의 내용이 벌써 아득하였으니, 소싯적에 아까운 시간을 허비한 것이 매우 한스럽네. 은혜롭게 보내 준 진미(珍味)는 늙은 누님께 드렸으니, 기쁘고도 다행이네.

듣자니 행궁(行宮)에서 일을 받았다고 하던데, 모든 일을 신중히 수행해야 하네. 또 일을 처리하고 스스로 자랑하여 속리(俗吏)와 필부의 행위를 본받지 말게. 나머지는 추운 겨울에 몸조심하기를 바라는 것이네. 이만 줄이네.

최선여에게 답함 을사년(1665, 현종6) 7월 18일

答崔善餘 乙巳七月十八日

온천에서 이별하고 벌써 세 달이 지났는데, 중간에 한 달은 흙비에 손상되어 식음을 전폐하였네. 이번 달에는 서울에서 돌아온 늙은 누님의 병세가 매우 위중하여 한창 이렇게 걱정하며 애태우고 있네. 홀연히 이 편지가 와서 자세한 내용을 보니, 궁수(窮愁)가 줄어드는 것을 문득 알았네. 다만 그쪽의 재해가 이와 같으니 농사가 몹시 염려되네.

동춘(同春 송준길(宋浚吉))은 주상께서 그의 귀향을 윤허하지 않으시므로 아들 광식(光栻)의 연제(練祭)가 이미 지났는데도 오지 못하고 있네.

주자(朱子)의 유법(遺法)을 구황(救荒)의 모범으로 삼고자 한다는 말을 들었으니, 지극히 탄복할 만하네. 주자의 조약(條約)이 비록 많으나 그 요점은 조행(早行), 득실(得實), 주최(住催), 권분(勸分)을 말하는 데 지나지 않네. '조행'이라는 것은 미리 조치하여, 때늦은 후회를 하지 않는 것이니, 대개 백성이 낭패한 뒤에는 어떻게 할 수 없기 때문이네. '득실'이라는 것은 무릇 재해를 조사하여 구휼하는 것과 기민(飢民)을 찾아내어 문서에 기록하는 것에 허위의 폐단이 없게 하는 것이네. '주최'라는 것은 무릇 공적으로나 사적으로 진 빚을 절대로 독촉하지 않게 하는 것이네. '권분'이라는 것은 부유한 집에 권유하여 이웃에게 곡식을 나누어 주게 하는 것이네. 이 몇 가지를 또 지방에 따라 수정하면 주자의 유법에 가까울 것이네.

보내 준 약물은 곧 누님의 병에 썼으니, 매우 다행이네.

최선여에게 답함 병오년(1666, 현종7) 10월 15일

答崔善餘 丙午十月十五日

멀리서 자네의 편지를 받고 삼가 자세히 알았으니, 알려 줌에 위안되고 감사한 마음 그지없네. 당기(堂記)[95]도 아울러 버리지 않는 은혜를 입었고 겸하여 제형(諸兄)의 뜻까지 언급하였으니 도움을 많이 받았네.

다만 증산(甑山)의 중씨(仲氏)와 계씨(季氏)의 뜻에는 겸손함과 신중함은 있으나 물아(物我)의 차별이 없었던 고인(古人)의 도리는 알지 못하였네. 주자(朱子)는 말할 것도 없고 후대 김탁영(金濯纓 김일손(金馹孫))의 〈치헌기(癡軒記)〉와 같은 데에서도 볼 수 있네. 더구나 그 주된 뜻은 한결같이 성상의 축수(祝壽)를 위주로 하였으니 이 당(堂)에 오르는 자라면 누군들 이 마음이 없겠는가. 그리고 자인(子仁 윤증(尹拯))의 말은 간절하였으니, 벗들과 서로 경계하는 의리는 없는 데가 없었네.

그러나 이 당의 의의는 경계하는 뜻을 붙이는 곳이 아니니 반드시 그 말대로 하려 한다면 벽의 위아래에 이 별지의 기록을 붙여 놓는 것은 어떤가? '수부족언(雖不足言)'[96]은 진실로 문제가 되지 않으나 '고불수언(固不須言)'으로 고치는 것이 어떻겠는가?

어린 시절 《탁영집(濯纓集)》 중에 실린 〈치헌기〉를 보았는데, 대개

95 당기(堂記) : 《송자대전(宋子大全)》 권141 〈덕산현축민당기(德山縣祝旻堂記)〉를 가리킨다.

96 수부족언(雖不足言) : 〈덕산현축민당기〉의 한 구절이다.

유 유주(柳柳州)의 우계(愚溪) 고사[97]를 인용하여 말하였네. 바라건대 이것을 편지로 증산의 중씨, 계씨와 주고받고 다시 보여 주는 것이 어떻겠는가?

아들의 거취는 참으로 자네의 말처럼 해야 하네. 듣건대 그가 이미 고알(告謁)을 부탁하였으며 오늘이나 내일 사이 도착할 것이라고 하네. 나는 이달 19일에 딸을 시집보내므로 며칠 동안 머물다가 다시 화양동(華陽洞)으로 들어가 칩거할 것이네.

97 유……고사 : 유 유주는 유주 자사(柳州刺史)를 지낸 당(唐)나라의 문인 유종원(柳宗元)을 가리킨다. 그가 영주(永州)로 좌천되었을 때 그곳에 염계(冉溪)라는 시내가 있었는데, 그 이름을 우계로 고쳤다. 《柳河東集 卷24 愚溪詩序》

최선여에게 답함 정미년(1667, 현종8)
答崔善餘 丁未

이달 초에 누님의 병 때문에 선영 아래에 돌아와 모시며 밤낮으로 근심하다가 홀연히 편지를 받았으니, 위안되고 감사한 마음 그지없네. 다만 색우(色憂)[98]가 지금까지 그치지 않았음을 알게 되었으니, 염려하는 마음 어찌 끝이 있겠는가.

물어 온 분황 절목(焚黃節目)[99]은 예서(禮書)에 서로 모순됨이 없는데, 단지 그대가 자세히 상고하지 못했을 뿐이네. 《가례(家禮)》 고추증조(告追贈條)에 "만약 어떤 일로 인해 특례(特例)로 추증되었다면 따로 글을 지어 그 뜻을 서술한다."라고 하였는데, 그대의 오늘의 일이 바로 이런 경우이네. 연신(筵臣)의 건의를 성상께서 윤허하셨으니, 특례로 추증한 내용을 서술하는 것이 마땅하네. 분황과 시사(時祀)는 각각 다른 하나의 일이니, 분황한 다음 날 시사를 지내는 것이 좋네. 일찍이 보건대 신독재(愼獨齋 김집(金集))의 집에서도 이렇게 하였네.

이것은 집안의 큰일이니, 일가의 모든 친척이 함께 경축하는 것은

98 색우(色憂) : 어버이의 병환을 간호하는 자식의 근심을 이른다. 《예기(禮記)》 〈문왕세자(文王世子)〉에 의하면, 문왕이 세자로 있을 때 부친인 왕계(王季)가 편치 않은 때가 있으면 내시가 문왕에게 알렸는데, 문왕은 얼굴에 근심하는 기색을 띠고 걸음을 똑바로 걷지 못하였다고 한다.

99 분황 절목(焚黃節目) : 증직(贈職)이 내려져 사령장(辭令狀)과 황지(黃紙)에 쓴 부본(副本)을 주면 그 자손이 추증된 이의 무덤에 고하고서 황지의 부본을 불사르는 의식의 절차이다.

인정으로 보아 그만둘 수 없는 일이네. 제사를 마친 뒤에 존항(尊行)과 젊은이들이 술을 서로 주고받는 예는 《가례》 시제준조(時祭餕條)에 있으니, 고찰하여 행하는 것이 좋을 것이네. 교지(教旨) 앞에서 배례하는 것은 《국조오례의(國朝五禮儀)》에 따라 행하여도 무방하네. 대체로 《상례비요(喪禮備要)》는 오로지 《가례》의 설만을 위주로 하였으므로 이 조항을 기재하지 않은 것이네. 《의례문해(疑禮問解)》에 "교서(教書)는 백지(白紙)에 쓴다."라고 한 것은 황조(皇朝 명(明)나라)에서는 제서(制書)를 모두 황지(黃紙)에 썼으므로 분황이라는 명칭이 있으나 우리나라는 그렇지 않으니, 마땅히 사실대로 해야 하므로 그렇게 말한 것이네. 주자(朱子)의 〈인사특증분황문(因事特贈焚黃文)〉을 적어 보내네. 이만 줄이네.

최선여에게 보냄 정사년(1677, 숙종3)

與崔善餘 丁巳

송별 후의 그리움으로 퍽 망연자실하였네. 대설(大雪)이 또 내리는데, 바야흐로 어느 곳에 도착했는지 모르겠네. 나는 설사 증세가 더욱 고통스러운데, 손자는 아직도 돌아오지 않았네. 약 처방을 물어 오면 혹 효험을 볼 수 있을 것이네.

어제 집과 고향에서 보낸 편지를 받았는데, 초려(草廬 이유태(李惟泰))의 편지에는 이야기가 매우 많았고 자인(子仁 윤증(尹拯))도 다시 가르침을 주었으니, 많은 일이 있었음을 알 수 있었네. 그러나 고인(故人)의 정이 두터운 것을 어찌 감히 의심하겠는가. 생각건대 따지지 않는 것이 오늘날의 도리가 되네. 고인과 친했던 그대들도 부디 물결을 일으켜 파란을 조장하지 않으면 좋겠네.

최선여에게 답함 무오년(1678, 숙종4)

答崔善餘 戊午

지난달 26일에 부친 편지는 한 성주(韓城主)의 행차를 통해 받았는데, 이것은 합석하여 만나는 것과 차이가 없었으니, 사람으로 하여금 매우 위안이 되고 마음이 후련하게 하였네.

성인의 말씀을 존숭하고 일찍이 배워 알고 있는 대로 행하며 가난을 고수하고 안분자족(安分自足)하는 것은 진실로 우리 유가(儒家)의 법도이며 바로 지금 곧 시작할 수 있으니, 그렇지 않으면 단지 말뿐이네.

시의(時議)가 호시탐탐하고 있어서, 오래도록 의중에 두지 않고 어떻게 되든지 내버려 둘 뿐이었네. 정씨(鄭氏 정용(鄭墉))는 과연 옥천(沃川) 사람이네. 그는 한찬남(韓纘男)[100]의 생질이고 지금은 윤(尹)과 표리(表裏) 관계이니 그 형세가 두렵네. 그러나 또 굳이 이러쿵저러쿵할 것이 없네. 편지에서 시탕(侍湯)하는 걱정이 있다 했는데, 이미 완쾌되는 기쁨이 있을 줄로 생각하네.

이 밖에는 문을 닫고 행적을 숨긴 채 몸을 닦으며 죽음을 기다리는 것뿐이니, 이것이 최고의 방법이네. 오늘날 함께 힘써야 할 것에 어찌 많은 말을 하겠는가. 하고 싶은 말은 많지만 이만 줄이네.

100 한찬남(韓纘男) : 광해군 때 부승지로 이이첨(李爾瞻)의 사주를 받아 해주옥사(海州獄事)를 일으키고, 도승지, 호조 판서로 올랐다가 인조반정(仁祖反正) 때 주살(誅殺)된 역신(逆臣)이다.

최선여에게 답함 무진년(1688, 숙종14)

答崔善餘 戊辰

방금 길을 떠난 상여를 보냈으나 병으로 따라갈 수 없으니, 이것이 어찌 차마 할 수 있는 일이겠는가. 이때 안부 편지가 홀연히 이르렀는데, 위로하고 타이르기를 간절히 하였으니, 눈물이 더욱 흘렀네.

말타기를 지극히 엄격하게 금지하고 있고 아이가 말을 구하는 것은 진실로 잘못인데, 그대가 승낙한 것은 너무 경솔하지 않았는가. 다행히 마무리를 잘하고 이후에는 경계할 줄 아는 것이 좋을 것이네.

○ 편지를 쓰고 나서 뒤늦게 말〔馬〕이 결국 이르렀다는 소식을 들었으니, 놀랍고 한탄스러움을 견딜 수 없네. 핑계 대고 말을 세내어 보낸 것은 더욱 성실하지 못한 듯하니, 유독 "내가 알고 자네가 안다.〔我知子知〕"[101]라는 가르침을 듣지 못했는가.

예전에 송병문(宋炳文 송준길(宋浚吉)의 손자)이 독우(督郵)를 지낼 적에, 건평(乾坪)을 지나가다가 역참(驛站)에서 기르는 사마(私馬)를 취하여 타고 회덕(懷德)으로 돌아왔는데, 그로 인하여 함부로 남의 말을 탔다는 비방이 있었네. 이것은 어리석게도 오이밭에서 신 끈을 고쳐 매거나 오얏나무 아래에서 모자를 바룬 혐의[102]를 피하지 않은

101 내가……안다 : 후한(後漢)의 고사(高士) 양진(楊震)이 태수로 있으면서 친구 왕밀(王密)을 천거하였는데, 왕밀이 창읍 영(昌邑令)이 되어 떠날 때 밤에 금 10근을 가지고 와 양진에게 주자 양진이 거절하고 한 말이다. 《後漢書 楊震列傳》

102 오이밭에서……혐의 : 《악부시집(樂府詩集)》 권32 〈군자행(君子行)〉에 "군자는 환란을 미연에 방지하여 혐의를 받을 만한 처신을 하지 않나니, 오이밭을 지나갈

것이니, 달갑게 받아들여야지 감히 사양할 수 없는 것이네. 이번에 온 말은 다시 보낼 뿐이네.

때에는 몸을 구부려서 신 끈을 고쳐 매지 않고 오얏나무 밑에서는 손을 들어서 모자를 바루지 않는다."라는 말이 나온다.

최선여에게 답함 기사년(1689, 숙종15)
答崔善餘 己巳

집에 도착하자 병이 심해져 병상에 누워 괴로워하는데, 홀연히 이 편지가 오고 가미(佳味)도 서너 가지 따라 왔으니, 위안되고 후련함을 형언할 수 없네.

출발하고 나서 4, 5일 동안 어렴풋이 서울 소식을 듣고 방향을 바꿔 집에 돌아가고 싶었으나 마지못하여 마침내 석실서원(石室書院)에 도착하였고, 나로 인하여 벌을 받은 선비가 많게는 27명이나 된다는 말을 들었으니, 놀랍고 두려운 마음을 견딜 수 없네. 야차(野次)에서 흠위(廞衛)만을 바라보며 통곡할 뿐이네.

그 사이에 입대(入對)를 돈면(敦勉)한 것이 여러 번이었으나 끝내 감히 입대하지 못하였고, 동교(東郊)로부터 서둘러 귀로(歸路)를 찾아 연말에야 겨우 집에 돌아올 수 있었네. 나 개인의 의리에는 비록 편안하나 태만한 죄는 다 속죄할 수 없으니, 앞으로의 일이 결국 어떻게 결판날지 모르겠네.

올 때 타우(打愚 이상(李翔))를 찾아가 보았네. 서로 물끄러미 바라보며 말이 없다가 이별을 앞두고 "순응하며 받아들이고 변명하지 말라."라는 말로 당부했을 뿐이네. 편지에서 나를 방문하겠다고 했으니, 어찌 기대하는 마음을 금할 수 있겠는가.

최선여에게 보냄 기사년(1689, 숙종15) 2월 24일

與崔善餘 己巳二月二十四日

걸음이 강진(康津)에 도착하여 이미 큰 바다를 보았네. 만 리 푸른 바다가 한 돛대에 바람을 다 들이니, 축융봉(祝融峯)을 내려오는 기상[103]에 만에 하나는 가까울 것이네. 이것은 또한 군은(君恩)이네.

앞으로 소식을 부탁할 길 없으니, 오직 잘 보중하기를 바랄 뿐이네. 윤손(尹孫)을 돌아보고 생각하는 것에 어찌 남의 말이 필요하겠는가. 하늘의 도가 앎이 있으니 틀림없이 석호(石湖 윤문거(尹文擧)) 부자(父子)의 제사를 끊어지게 하지 않을 것이네. 나머지는 다 쓰지 못하네.

103 축융봉(祝融峯)을 내려오는 기상 : 주희(朱熹)는 〈취하축융봉작(醉下祝融峯作)〉에서 "막걸리 석 잔에 호기로운 흥이 일어, 낭랑히 시 읊으며 축융봉을 내려오네.〔濁酒三杯豪興發, 朗吟飛下祝融峯.〕"라고 하였다.

조군범[104] 해 에게 답함 병진년(1676, 숙종2)

答趙君範 楷○丙辰

그리워한다는 말은 빈말이 아니네. 방금 인편을 통해 편지를 받았으니, 매우 위안되고 위안되었네. 이곳의 고통스러운 상황은 갈수록 더욱 심해지고 있네. 그러나 한 글자를 사용하는 것이 장공예(張公藝)보다 지나치니[105] 점점 안정을 취할 수 있을 것이네. 원비(院碑)에 대해서는 최우(崔友)를 만났을 때 이미 상세히 말하였으니, 다시 덧붙여 말하지 않겠네.

기억하건대 옛날 파산(坡山)의 원우(院宇) 및 문집의 간행은 모두 이이첨(李爾瞻)과 정인홍(鄭仁弘)의 세상에서 이루어졌네. 이것은 화복(禍福)에 관계된 바가 아닌데, 어찌하여 이와 같이 처리한단 말인가. 이만 줄이네.

104 조군범(趙君範) : 조해(趙楷, 1639~1699)로, 본관은 함안(咸安), 자는 군범이다.

105 한……지나치니 : '참을 인(忍)' 자를 장공예보다 많이 사용한다는 말로, 많이 참고 산다는 뜻이다. 장공예는 당(唐)나라 수장(壽張) 사람으로 9대의 친족이 한집에 살았다. 고종(高宗)이 태산(泰山)에 행차하던 길에 그의 집에 들러서 그 비결을 물었는데, 그가 지필(紙筆)을 청한 뒤 단지 '참을 인' 자만 100여 자를 써서 바치자 고종이 훌륭히 여겨 비단을 하사한 고사가 전한다. 《舊唐書 張公藝列傳》

안자원[106] 세징 에게 답함 병진년(1676, 숙종2) 8월 19일

答安子遠 世徵○丙辰八月十九日

방금 정오가 되기도 전에 15일에 보낸 편지를 받았네. 혜주(惠州)[107]가 하늘 위에 있지 않을 뿐만 아니라 또한 그다지 멀지 않음을 알았네. 기쁜 마음 어찌 헤아릴 수 있겠는가.

집안 소식에 대한 말은 그와 같음을 이미 알고 있었네. 다만 범맹박(范孟博)의 어머니의 뜻[108]으로 미루어 보건대 틀림없이 태연하실 것을 알겠네. 어찌 굳이 슬퍼하기만 하여 도리어 어머니의 마음에 누를 끼칠 것이 있겠는가.

나는 여름이 되고부터 학질과 곽란이 서로 이어지고 있으니, 이것은 실로 풍토병이네. 매번 나는 마음속으로 말하기를 '이렇게 하지 않으면 조정이 어떻게 나를 처치하겠는가.'라고 하고, 또 '저 3년 동안 장독(瘴

106 안자원(安子遠) : 안세징(安世徵, 1639~1702)으로, 본관은 광주(廣州), 자는 자원, 호는 환성재(喚醒齋)이다. 동지중추부사 안여종(安汝宗)의 아들로 기사환국(己巳換局) 때 귀양 갔다. 문과에 급제하여 벼슬이 참의에 이르렀다.

107 혜주(惠州) : 옛날 송(宋)나라 때 소식(蘇軾)이 귀양 갔던 지역으로 광동성(廣東省)의 지명이다. 후에 귀양지를 가리키는 말로 쓰였다.

108 범맹박(范孟博)의 어머니의 뜻 : 맹박은 범방(范滂)의 자이다. 그는 후한(後漢) 때 절의를 지킨 사람으로, 당고(黨錮)의 화에 휘말려 죽게 되자 그의 어머니에게 영결을 고하였다. 범맹박의 어머니는 아들이 죽더라도 절의를 지키기를 바라서 "너는 지금 이응(李膺)이나 두밀(杜密)과 명성이 같은데 죽은들 무슨 여한이 있겠느냐. 훌륭한 명성이 있고 오래 살기를 구하는 것 이 두 가지를 겸할 수는 없다."라고 하며 오히려 그 아들을 위로하였다. 《後漢書 黨錮列傳 范滂》

毒) 가득한 남방에서도 얼굴이 붉은 옥과 같았던 자는 과연 어떤 사람인가.'라고 하였네. 도깨비가 듣는다면 틀림없이 손뼉을 치며 웃으면서 "너는 어떤 사람이기에 도리어 감히 이렇게까지 말하느냐."라고 할 것이네. 참 우습고도 우습네.

여근(汝根 고회(高晦))의 소식을 들었는가? 멀리 있는 숙범(叔範 홍득우(洪得禹)) 등 여러 사람의 편지는 받아 볼 수 있었으나 이 벗에게만은 받지 못했으니, 어찌 지역이 더욱 깊은 곳에 있기 때문이 아니겠는가.

옥천(沃川) 유생 6인이 남북에 나뉘어 거처하고 있는데,[109] 귀양살이 하는 곳과 멀지 않을 것으로 생각하니, 참으로 주 선생(朱先生)이 "바닷가 궁벽한 고을이 쓸쓸하지 않다."라고 한 것이네. 그들은 정자(程子)를 존숭하면서 문원(文元) 김 선생(金先生 김장생(金長生)), 동춘(同春 송준길), 민 대감(閔大監 민정중(閔鼎重))까지 존숭하는데 도리어 한찬남(韓纘男)의 생질에게 비방을 받았으니, 비록 죽더라도 영광일 것이네.

그들이 후령(後嶺)을 넘어갈 때 길가에서 한 늙은 아전이 맞이하며 위로하기를 "괴로워하지 마오, 괴로워하지 마오. 오늘날 처벌받는 것을 면한 자들은 사대부가 아니오."라고 하였네. 이것은 사일신(史日愼)

109 옥천(沃川)……있는데 : 1676년 전팽령(全彭齡)의 외손이자 한찬남의 생질인 정용(鄭墉)이 이미 사당이 헐려 향사(享祀)가 중단된 전팽령과 곽시(郭詩)의 사당을 복설(復設)하기 위하여 전팽령의 외손 여이진(呂以振)을 시켜 상소하게 하였는데, 조정의 긍정적인 반응을 얻었다. 그리하여 이때 충청 감사로 있던 조위명(趙威明)과 손을 잡고 사당 복설 문제를 적극 추진하자, 옥천 유생 박수흠(朴守欽) 등이 감사에게 정문(呈文)하여 그 부당함을 주장하니, 선현(先賢)을 모함한다는 죄명으로 박수흠 등을 귀양 보냈다. 《宋子大全 卷44 與張淨之》《肅宗實錄 2年 4月 28日》

이 원우(元祐) 연간에만 있었던 것이 아니네.[110] 기특하고 기특하네. 할 말은 많으나 병을 무릅쓰고 쓰느라 다 쓰지 못하네.

110 이것은……아니네 : 요즘 시대에도 옛날처럼 직언하고 미움 받아 유배 가는 충신을 알아보는 사람이 있다는 뜻이다. 제자가 주희(朱熹)에게 유원승(劉元承)이 추지완(鄒志完)의 뱃사공을 매질한 일에 대하여 묻자, 주희는 "추지완이 유배지로 가다가 모주(某州)에 이르렀는데 뱃사공 사일신이 한 푼도 받지 않고 그를 배에 태워 주었으니, 수령 유원승이 뱃사공을 매질하였다."라고 설명하였다. 《朱子語類 卷130》

안자원에게 답함 병진년(1676, 숙종2) 11월 5일

答安子遠 丙辰至月五日

방금 1일에 보낸 편지를 받았네. “내 마음 후련하네.”[111]라고 한 것은 참으로 나의 마음을 먼저 알고 한 말이네. 더구나 “나이 8, 9십 세에 깨달았더라도 뜻을 확고히 세우고 공부를 한다.”[112]라고 한 것은 늙어서 정신이 혼미한 자에게 경계하는 바가 깊으니, 내가 얼마나 감사하고 감사하겠는가. 학문의 힘을 얻지 못할까 염려하는 데서 기회를 놓치지 않으려는 그대의 훌륭한 마음을 잘 알았으니, 나날이 새로워지는 공부를 어찌 헤아릴 수 있겠는가.

옥천(沃川) 유생들은 정자(程子)를 존숭하고 사설(師說)을 지키는 것만을 알아서 마침내 함정에 빠졌으니, 가상하나 또한 불쌍하네. 혹시라도 어루만져 주는 은혜를 입는다면 그들은 틀림없이 은덕에 감사할 것이네.

숙범(叔範 홍득우(洪得禹)) 등 여러 사람은 어떠한가? 일의 체모가 서로 관련되어 있으니 조정에 돌아갈 날이 머지않은 듯하네. 다만 더욱 자중하여 멀리서 바라는 나의 마음에 부응해 주기 바라네.

111 내 마음 후련하네 : 《시경》 〈소아(小雅) 육소(蓼蕭)〉에 “쭝긋한 저 쑥대여, 이슬이 뚝뚝 떨어지도다. 이미 군자를 보았으니, 내 마음 후련하네.〔蓼彼蕭斯, 零露湑兮. 旣見君子, 我心寫兮.〕”라고 한 것을 말한다.

112 나이……한다 : 〈소학집주총론(小學集註總論)〉에서 주희가 “30세에 깨달았다면 곧 30세부터 뜻을 확고히 세우고 공부를 하며, 곧 나이 8, 9십 세에 깨달았다면 또한 마땅히 현재 처한 상황에 맞게 공부해야 한다.”라고 하였다.

안자원에게 답함 병진년(1676, 숙종2) 동짓날

答安子遠 丙辰冬至日

연현(延縣)[113]이 12일에 보낸 그대의 편지를 전해 주어 삼가 기거가 편안함을 알았으니, 오늘 바라는 것이 어찌 이것을 벗어나겠는가. 동춘(同春 송준길(宋浚吉))의 면례(緬禮)하는 일에 대하여 이렇게 가르침을 들었으니, 다시 사람으로 하여금 눈물을 흘리게 하네. 그러나 대돈(大憝)[114]을 사랑하고 존경함이 이에 이르렀으니, 우리도 대돈이네. 참 우습네. 숙범(叔範 홍득우(洪得禹))이 당한 일도 매우 슬프네. 그의 대부인(大夫人)이 어찌 몸을 지탱하실 수 있겠는가. 나머지는 병을 참고 쓰느라 다 쓰지 못하네.

113 연현(延縣) : 자가 연지(延之)이고 평강 현감(平康縣監)을 지낸 곡운(谷雲) 김수증(金壽增)을 가리키는 듯하다.

114 대돈(大憝) : 큰 악인이라는 뜻인데, 어떤 사람이 송준길을 '대돈'이라고 계문(啓聞)한 일이 있으므로, 여기서는 송준길을 가리킨다. 《宋子大全 卷63 答閔持叔(丙辰十一月)》

송자대전

제107권

書서

곽중망[1] 제화 에게 답함 기해년(1659, 현종 즉위년) 6월 18일
答郭仲望 齊華○己亥六月十八日

하늘이 불쌍하게 여기지 않고 이 큰 재앙을 내리니, 창업을 반도 못 이룬 채 중도에 붕어한 경우와 흡사하네.[2] 온 나라 백성의 애모하는 마음은 어찌할 바를 모르고 의지할 데 없는 외로운 신하는 다만 한 번의 죽음이 더디 오는 것이 한스러울 뿐이네.

이런 때에 멀리서 보내 준 안부 편지를 받았으니 감사한 마음을 이루 다 말할 수 없네. 성상께서 노신(老臣)을 위로하며 무거운 짐을 벗어 놓게 허락하시니 참으로 감격하는 마음 절실하네. 그러나 승질(陞秩)이 과분한데도 개정해 주는 은혜를 입지 못했으니, 밤낮으로 두려워하네. 보내 준 부채와 편지는 감사하기 그지없네.

1 곽중망(郭仲望) : 곽제화(郭齊華, 1625～1675)로, 본관은 해미(海美), 자는 중망이다.

2 창업을……흡사하네 : 효종(孝宗)의 붕어가 촉한(蜀漢) 유비(劉備)의 붕어와 흡사하다는 뜻이다. 촉한의 승상 제갈량(諸葛亮)이 〈전출사표(前出師表)〉에서 "선제(先帝)께서 창업을 반도 못 이룬 채 중도에 붕어하시고, 지금 천하가 셋으로 나누어진 가운데 익주(益州)가 피폐하니, 이는 참으로 존망이 달린 위급한 때입니다."라고 하였다. 《古文眞寶 後集 卷1》

곽여정[3] 문용 에게 보냄 을사년(1665, 현종6) 3월 18일

與郭汝靜 文溶○乙巳三月十八日

여윤(汝潤 곽문완(郭文浣)) 형은 깊은 정을 나누지 못했는데 손님이 오는 바람에 지레 돌아갔으니, 지금까지 한스럽다네. 또 한잔 술을 다시 권하지 못했으니 참으로 꽃피는 좋은 시절을 저버렸네.

영원(永院)[4]에서 장차 태복시 주부를 지낸 종형(從兄 송시영(宋時榮))을 추향(追享)하려 한다는 소식을 듣고 저쪽의 사정을 묵묵히 생각건대 틀림없이 삐걱거리는 일이 많을 것이네. 자네는 모름지기 창주서원(滄洲書院)의 여러 유생과 함께 모임에 가서 모든 일을 서로 주선하여 그들이 사림에 비웃음거리가 되는 폐해가 없게 하는 것이 어떻겠는가.

이 현(縣)의 충절사(忠節祠)[5]에 봉안(奉安)할 때 '선생(先生)'이라 칭하려는 의론이 있었으나 또한 다른 의견도 있어서 단지 '공(公)'이라 칭하였네. 지금은 일의 체모가 전일과는 아주 다르니 '증관 별호 선생(贈官別號先生)'이라 칭해야 마땅하네. 절목(節目)은 저쪽의 서원 중수를 이미 마쳤으며 환안(還安)하는 날에 종형을 아울러 배향한다고 하네. 기일(期日) 하루 전에 환안제를 행하여 아뢰고, 환안한 다음

3 곽여정(郭汝靜) : 곽문용(郭文溶)으로, 여정은 그의 자이다. 벼슬은 부사(府使)를 지냈다.

4 영원(永院) : 충북 영동(永同)의 초강서원(草江書院)을 말한다.

5 충절사(忠節祠) : 충북 회덕(懷德) 숭현서원(崇賢書院) 옆에 세워졌던 사당이다. 송준길(宋浚吉)이 '충절'이라 명명하였다.

날 새벽에 추향할 위판(位板)에 글씨를 쓰고 신위(新位)와 구위(舊位)에 모두 삼헌례(三獻禮)를 행해야 하네. 환안제 때 고하는 말은 대략 다음과 같이 서술하게.

"태복 야은(野隱) 송 선생(宋先生)은 모(某) 선생의 생질로서 이 현에서 나고 자랐습니다. 효성스럽고 우애 있는 품행은 옛사람에게 부끄러울 것이 없었습니다. 국난에 임하여 의리를 취한 절개는 강상(綱常)을 일으켜 세우고 고금의 사람들을 분발하게 하기에 충분하였습니다. 이런 까닭에 조정에서 찬양하고 높이며 사림에서 숭상하고 받들었으며, 조상 대대로 살아온 고향과 목숨을 버린 땅에 모두 제사를 내리고 액호(額號)를 내리는 은전이 있었으니, 인륜과 세교(世教)에 빛이 나는 것이 어떠하겠습니까. 이것은 아무리 자기의 천성과 학문이 우뚝할지라도 또한 어찌 여러 선생의 풍교(風教)가 그 사이에 도움을 주었던 것이 아니겠습니까. 서원의 건물이 퇴락하여 중수하거나 개축하는 공사를 하지 않을 수 없었습니다. 지금 환안하는 날을 계기로 감히 야은 선생을 동쪽 위차에 함께 제향하며 감히 이렇게 경건히 아룁니다.……"

이렇게 하면 아마도 알맞을 것이네. 신위에 올리는 제문(祭文)은 초형(草兄 이유태(李惟泰))이나 길보(吉甫 윤선거(尹宣擧))가 지을 것이네. 춘제(春祭)와 추제(秋祭)의 축사(祝詞)는 춘형(春兄 송준길)이 지어 주겠다고 하였네. 생각건대 이 구위에 고하는 말은 글을 부탁할 곳이 없으니, 자네가 이와 같이 말을 만들어야 하겠는데, 어떤가?

곽여정에게 답함 신해년(1671, 현종12) 12월 21일

答郭汝靜 辛亥十二月二十一日

일전에 봉(鳳)이라는 글자를 써 놓은 것[6]은 자못 잊을 수가 없었는데, 방금 보내온 편지를 보니 그리워하는 마음이 매우 위안되었네. 나는 병든 가형(家兄) 때문에 밤낮으로 애태우고 있네. 이번 달 초순(初旬)부터 가서 모시다가 어제저녁에 서쪽으로 돌아왔는데, 심사가 허전하네.

근일의 일은 황공한 마음을 금하지 못하겠네. 내 생각에는 대신(大臣)에게 책임을 중하게 맡기지 않고 그가 자임하는 것도 중하지 않아서 체통이 서지 않고 큰일을 할 수가 없는데, 오늘날의 젊은이들은 자잘한 것을 잡아내어 침해하고 능멸하며 중하게 자임하는 것을 단점으로 여기니, 이것은 매우 옳지 않네. 그러므로 얼마 전 면직을 청하는 상소에서 대강 이 일을 언급하고, 이어서 "대신이 직임에 합당한 사람이 아니면 어찌 곧바로 바꿀 것을 청하지 않고 이렇게 분분하게 시일을 끈단 말입니까."라고 하였네. 뜻밖에 이로 인하여 큰 소란을 불러일으켰으니, 이것이 어찌 처음에 생각했던 것이겠는가. 당시에 이상하게 생각했으나 함께 상의할 사람이 없어 끝내 불안한 마음을 떨쳐 버리지 못하였

6 봉(鳳)이라는……것 : 상대방이 나를 만나러 왔으나 마침 내가 외출 중이라 나를 못 만나고 갔다는 뜻이다. 진(晉)나라 여안(呂安)이 천 리 길을 달려 혜강(嵇康)의 집을 찾아갔는데, 혜강은 마침 외출하여 만나지 못하고 그의 형 혜희(嵇喜)만을 만나 보고는 문에다 '봉'이라는 글자 하나를 써 놓고 돌아갔다는 고사가 있다. 《世說新語 簡傲》 봉 자를 파자(破字)하면 범조(凡鳥)가 되는 데에서 기인하여, 보고 싶은 사람은 못 보고 용렬한 사람만을 보고 간다는 뜻이 되었다.

네. 오직 성제(誠弟 송시도(宋時燾))가 힘써 저지하였으나 나는 중지하지 않았으니, 지금 보건대 나는 성제에게 한참 미치지 못하였네.

윤(尹)의 상소는 얻어 볼 길이 없었는데, 지금 기록하여 보여 주니 다행이네. 저쪽의 일은 비록 보내온 글이 아니더라도 늘 생각하고 있네. 부디 밤낮으로 두려워하고 염려하면서 혹시라도 그대로 지나치는 일이 없게 한다면 바람직할 것이네. 손님을 접대하는 때에도 말을 신중히 해야 하고, 또 전인(前人)의 장단점을 말하지 않는 것이 지극히 옳겠네.

○ '청신(淸愼)' 두 글자는 모름지기 벽 사이에 걸어 놓고 항상 경계하고 반성해야 하네.

곽여정에게 답함 임자년(1672, 현종13) 4월 4일

答郭汝靜 壬子四月四日

겨우 어제 편지에 답장을 하며 오늘이나 내일 사이에 서로 만나리라 생각했는데, 방금 또 편지를 보고서 유람 약속을 저버리게 된 것을 알고는 놀라 멍하였네. 다만 여기서 가흥(可興)까지의 거리가 그다지 멀지 않으니 조세(租稅)를 거둔 뒤 돌아가는 길에 혹 들를 수 있겠는가?

수세 차원(收稅差員)은 으레 백성의 원망이 있었네. 대개 가외로 많이 거두어들이는 것, 하리(下吏)의 방자함, 창고지기의 속임과 폐단, 섬 위에 되를 더하는 것[7] 때문이네. 고치기 어려운 이런 폐단을 모름지기 하나하나 개혁한다면 백성들이 한 푼의 혜택이라도 입을 것이네. 옛날 사람은 백성이 직접 평미레를 잡고 헤아리게 했는데, 이것이 본받을 만하네.

7 섬……것 : 세곡을 징수할 때에 축날 것을 예상하여 한 섬에 몇 되씩 더 받던 것을 말한다.

곽여정에게 보냄 임자년(1672, 현종13) 4월 17일

與郭汝靜 壬子四月十七日

이별의 회포는 전과 다름없네. 또한 사람이 많아서 이야기를 나누지 못한 것은 더욱 한탄스럽네. 일찍이 보건대 수령이 감사의 체직(遞職) 여부에 따라 대우받는 것이 아주 달랐는데, 이것은 사대부의 마음 씀이 아니네. 자네는 틀림없이 그렇게 하지 않을 것이나 아마도 하인들의 마음은 자네의 뜻과 같지 않을 것이네. 이만 줄이네.

곽여정에게 답함 임자년(1672, 현종13) 6월 28일

答郭汝靜 壬子六月二十八日

지난번 경향(京鄕)의 후배들과 선사(先師)의 유고를 계룡산(雞龍山)의 심곡(深谷)에 모여 교정하는데 갑자기 형님의 병이 위태하다는 소식을 듣고 황급히 노곡(老谷)으로 달려갔으나 벌써 말을 못하셨네. 비록 중풍(中風) 비슷한 증세라고는 하였지만 그래도 대화를 나누리라는 조금의 희망은 가졌는데 그렇게 되지 않았으니 그때의 망극했던 마음을 어떻게 다 말할 수 있겠는가. 뜻밖에 편지지를 가득 메운 글을 보고 애타던 마음이 매우 위안되었네.

심곡에 있을 때 자네가 고과(考課)에서 거토(居土 중(中)을 맞음)했다는 관보(官報)를 보고 매우 의아하게 여겼는데 곡절을 듣고 보니 나에게도 잘못이 없지 않았네. 편지에서는 왜 백전백승이라 하였는가. 애당초 분정(分定)받은 결수(結數)가 만일 실제의 결수와 차이가 있었다면 마땅히 곧바로 상부 관아에 보고하고 나서 급복(給復)한 결(結)에 대하여 언급했어야 옳았을 것이네. 그런데 지금 격식을 무시하고 편한 대로 하였으니 급복한 토지를 가진 사람들의 원망과 상부 관아의 힐책을 어떻게 면할 수 있겠는가. 또 상부 관아는 잘못 분정하였더라도 아무런 혐의가 없네. 그 이유는 분정하여 거두어들이는 것은 자기들과는 상관없기 때문이네. 그러나 수령이 격식을 무시하고 거두어들인 일은 늘리고 줄이는 역량이 모두 자신의 손안에 있으니 비록 자기가 깨끗한 마음으로 시행한다 하더라도 어찌 사람들의 비방을 부르지 않겠는가. 이것이 옛사람이 오이밭과 오얏나무 아래의 경계[8]를 둔 까닭이네. 그러나 지난 일은 바로잡을 수 없더라도 닥쳐올 일은 참으로 잘 생각하여 처리해야 하네.

만일 고과에서 거토한 것을 욕되게 생각하여 관직을 버리고 돌아가고자 한다면 어찌 못할 이치가 있겠는가. 병을 핑계하고 한두 달만 자리를 비운다면 상부 관아에서 부득이 파면할 것이네. 그렇지 않으면 우선 그대로 버리고 돌아가서 파면될 때까지 사직하는 글을 계속 올리면 저들도 어쩔 수 없이 자네를 파면할 것이며, 끝에 가서도 도형(徒刑)을 받는 데 지나지 않을 것이네. 그렇지만 수령으로 있는 자들이 속으로는 실상 그 자리에 연연하면서 겉으로는 빈말을 하는 까닭에 듣는 사람도 입을 삐쭉이고 상부 관아에서는 더욱 침해하고 업신여기네. 그러니 이런 경우에는 솔직하게 처음부터 머리를 숙이고 욕됨을 참는 것만 못하네.

벼슬하지 않은 사람은 당연히 조정의 일에 관여하지 않아야 한다는 것은 참으로 지극한 논리이네. 그러나 이번 일에는 제공(諸公)이 벌써 손을 댔으니 어떻게 뒷짐 지고 방관할 수가 있겠는가. 더군다나 이는 바로 소장 존망(消長存亡)의 기틀이기도 하네. 이런 경우에는 주 부자(朱夫子)도 장보(章甫)들이 진언(進言)하는 것을 허락하였네.

자네가 '몇 줄의 글' 운운한 것은 내가 아무리 염치가 없는 사람이기로서니 어떻게 말을 꾸며 군부(君父)를 속일 수 있겠는가. 오래전부터 여러 사람의 성질을 건드려 가면서 저 정승(허적(許積))과 일을 함께하

8 외밭과……경계 : 《고악부(古樂府)》〈군자행(君子行)〉에 "오이밭을 지날 때는 신을 고쳐 신지 말고 오얏나무 아래서는 갓을 고쳐 쓰지 말라."라고 한 데서 온 말로, 엉뚱하게 남들의 오해를 살 수 있는 행동을 하지 말라고 경계한 것이다.

였던 것이 무슨 까닭에서였겠는가. 당시의 의리가 기왕에 이러하였으니 앞뒤를 다르게 보는 것은 부당하네. 대체로 내 마음도 종전부터 참으로 그를 낭패시킬 뜻은 없었으며, 그가 빨리 스스로 잘 처신하여 만절(晩節)을 온전히 하기를 바랐네. 이번 상소 뒤로는 수백 수천의 모기떼들이 분분하리라는 것을 너무도 잘 알지만 절대로 후회하는 일은 없을 것이네. 앞으로는 비록 말 한마디를 다시 하고자 하더라도 오히려 할 수 있겠는가.

곽여정에게 답함 임자년(1672, 현종13) 7월 14일

答郭汝靜 壬子七月十四日

통곡하고 통곡하네. 형님(송시묵(宋時默))이 비록 오랫동안 고질병을 앓으셨으나 원기(元氣)가 아직 건장하고 음식을 폐하지 않아 마땅히 서로 의지하여 이불을 함께 덮고 자는 기쁨을 누릴 것이라고 생각하였네. 어찌 갑자기 이에 이를 줄 생각이나 했겠는가. 통곡하고 통곡하네.

나는 여러 날 동안 형님을 모시던 나머지 겨우 초종장사(初終葬事)를 치르며 건강을 해쳐 지탱하기 어려워서 마침내 산중에 들어가 조섭할 계획을 세웠네. 갑자기 듣건대 장성(長城)[9]이 상차(喪次)에서 물러나 산 밖에 이르렀으나 병이 나서 내가 있는 곳까지 오지 못하였다고 하기에, 어제 그가 머무는 곳에 가서 하룻밤 함께 자고 울면서 작별하고 돌아왔네. 대개 장성은 형님의 병이 위독하다는 소식을 듣고 서둘러 출발하여 빨리 달려왔으나 결국 미치지 못하였으므로 상차에서 성복(成服)하고 온 것이네.

혼자 산속으로 돌아오니 심사가 더욱 견딜 수 없네. 어찌하면 좋단 말인가. 뜻밖에 특별히 보내온 이 편지를 받았으니 깊이 감사하고 감사하네. 육식(肉食)을 시작하라는 말에 이르러서는 지극한 뜻에 더욱 감동하였네. 예(禮)에 근거하면 나처럼 노쇠한 자는 비록 부모의 상(喪)이라도 극도로 슬퍼하여 몸을 크게 훼손해서는 안 되니, 내가 어찌

9 장성(長城) : 장성 부사(長城府使)를 지낸 송시열의 아우 송시도(宋時燾)를 가리킨다.

감히 오늘날 어리석은 고집을 부리겠는가. 단지 우선 지탱할 만하므로 하던 대로 하다가 지금에 이르렀으니, 마땅히 기력을 보아서 자네의 가르침대로 해야 하겠네.

쌀말과 여러 가지 음식은 모두 산중 살림에 절실한 것이니 진실로 감사하고 감사하네. 나는 다른 문제가 없으면 장사 지내기 전까지 이곳에 머물고 싶은데 어찌 기필할 수 있겠는가. 나머지는 몹시 피곤하여 이만 줄이네.

곽여정에게 답함 계축년(1673, 현종14) 6월 23일

答郭汝靜 癸丑六月二十三日

그리워하던 중 편지를 보게 되어 매우 위로되었네. 영남의 소(疏)[10]는 풍문으로 듣고 깜짝 놀랐는데 편지가 또 이와 같으니 몸 둘 바를 모르겠네. 당초 해윤(海尹 윤선도(尹善道))은 수원(水原)을 쓸 만하다 하였으나, 나는 이곳은 7000의 병마(兵馬)가 있는 도회처(都會處)이고 선왕(先王 효종)께서 늘 힘을 얻을 만한 지방이라 생각하셨던 곳이니 하루아침에 시끄럽게 되는 것은 틀림없이 선왕의 뜻이 아닐 것이며 또 땅이 평평하게 펼쳐져 있어 오랜 세월이 흐르면 반드시 농경지가 될 염려가 있다고 생각하였네. 그래서 앞서서 상소하였는데, 성주(聖主 현종)의 뜻은 그렇지 않으셨네. 이에 완남(完南 이후원(李厚源)), 연양(延陽 이시백(李時伯)), 함릉(咸陵 이해(李澥))이 잇달아 힘써 간쟁하였고 연상(延相 이시백)이 일곱 번의 차자(箚子)를 올리고 나서야 비로소 뜻을 돌리셨네. 영릉(寧陵)에 관해서는 윤강(尹降)과 심상(沈相 심지원(沈之源))이 애써 주장하였고 나는 홍제동(弘濟洞 여주(驪州)에 있음)에 모실 것을 청하였네.

해윤의 상소는 처음에는 예설(禮說)을 주로 논하였으나 내려가면서

10 영남의 소(疏) : 효종의 능인 영릉에 하자가 있다는 소식을 듣고 이달 14일에 장응일이 올린 응지상소(應旨上疏)를 말한다. 장응일은 영릉의 능역(陵役)을 감독했던 관원들과 봉심(奉審)했던 대신들의 실책을 거론하면서 이익수(李翼秀)의 천릉(遷陵) 주장을 적극 지지하였다. 《顯宗實錄 14年 6月 14日》

한 말들은 거론하지 않은 것이 없었네. 수원 영릉에 관한 말도 그 속에 들어 있었네. 여러 승지가 그 상소를 들어 조목조목 진달하면서 고변(告變)에 가깝다고 불사르기를 청하여 상소문은 비록 올려지지 않았다 하더라도 그의 말들은 하나하나 상문(上聞)되었네. 경자년(1660)에 영릉에 틈이 생겨 상께서 직접 예관(禮官)을 보내어 하문(下問)하기에 나는 봉릉(封陵)을 개축(改築)함이 옳을 것이라고 대답하였네.

이번의 상소는 주로 나를 공격하면서 병판(兵判 김만기(金萬基))까지 아울러 공격한 것이네. 어제는 예관이 지문(誌文)의 일로 하순(下詢)하고 돌아갔네. 혹시 나에게 다시 이 일을 맡기려 한다면 장응일(張應一)의 상소를 인증하여 끝까지 사양할 생각이네. 장(張)은 늙어서 망령이 들어 세상일을 살피지 못하는 사람이니 서울의 흉인(凶人)이 그의 이름을 빌렸을 뿐이네.

곽여정에게 답함 계축년(1673, 현종14) 11월 7일

答郭汝靜 癸丑十一月七日

오랫동안 안부를 듣지 못했는데 갑자기 이 편지가 왔으니, 기쁘고 위로되는 마음 그지없네. 이번에 산릉을 옮기는 것은 참으로 한쪽 사람들의 흉악하고 참혹한 계책에서 나온 것이며, 이미 신혈(神穴)을 열고 보니 매우 안온하였고, 안팎의 재궁(梓宮)은 빛이 선명하여 새것 같았네. 만약 나에게 이천(伊川 정이(程頤))의 충성심이 있다면 어찌 많은 사람의 비방을 물리치고 옮기지 말자고 주장하지 않겠는가. 도리어 흉악하고 참혹한 말을 두려워하고 꺼리며 묵묵히 말이 없었으니 선왕을 저버린 죄가 크네. 이런 까닭에 남겨 둔 소(疏)에서 나 자신에게 죄주는 뜻을 대략 진술하였네. 수많은 사람의 수군거림은 진실로 이미 헤아렸던 것이네. 성상께서도 미천한 나의 심정을 굽어 통촉하지 않으시어 어제 비답에서 황공한 분부를 많이 내리셨네. 차후에 이어서 일어나는 자는 곽씨(郭氏) 성을 가진 사람 한 명뿐만이 아닐 것이네. 곽(郭 곽세건(郭世楗))의 상소는 일찍이 한 번의 웃음거리도 못 되나 시배(時輩)의 본보기가 되기에는 충분하네. 차후에는 비록 성주(聖主)를 위하여 한마디 말을 하고 싶더라도 할 수 있겠는가. 그러므로 비답을 전한 사관(史官)이 돌아갈 때 한 글자도 쓸데없는 말을 하지 않았으니, 단지 석고대죄(席藁待罪)하는 뜻을 지녔을 뿐이네.

전 관찰사의 쌀은 그것의 처리를 어찌 분명히 하지 않을 수 있겠는가. 마땅히 그의 지휘를 따라야 할 것이네. 나는 이미 그 쌀을 쓰지 않으려는 뜻을 정했네.

곽여정에게 답함 갑인년(1674, 현종15) 2월 16일

答郭汝靜 甲寅二月十六日

편지가 와서 매우 위로되었네. 이런 와중에 서실(書室)을 보수하느라 심력(心力)을 많이 소비하였으니 수고로움이 스스로 우습네. 용촌(龍村)에서 선조에 제사 지내기 위해 친족이 모인 것은 참으로 아름다운 일이네. 호랑이가 나타난들 무슨 장애가 있겠는가.

여기에 사창(社倉)을 세우더라도 일을 맡을 사람이 없지는 않네. 대개 주 부자(朱夫子)는 관찰사의 쌀을 얻어서 사창을 설치하고 스스로 주관하였네.[11] 또 사우(士友)들에게 권하여 여러 곳에 사창을 설치하였으니, 내가 마땅히 젊은이들과 관장할 것이네. 반드시 문경(聞慶)의 백성들과 사창을 세우려 하는 것은 그 쌀이 문경에서 오기 때문이네. 그러나 원미(原米)만으로는 모양을 이룰 수 없으니 마땅히 사창에 가입하기를 원하는 자들을 모집하고 말 단위로 좁쌀을 거두어서 보충한 뒤에야 사창을 이룰 수 있을 것이네. 회덕(懷德) 사람들은 감사(監司)의 도움을 얻고 또 스스로 곡식을 수합하여 자못 규모를 갖추었네.

11 주……주관하였네 : 송나라 효종(孝宗) 건도(乾道) 4년(1168)에 건녕부(建寧府) 숭안(崇安)에 흉년이 들자 주희(朱熹)가 본부(本府)에 곡식 600섬을 청하여 백성들에게 진대(賑貸)해 주었는데, 작은 흉년에는 이자의 반을 줄이고 큰 흉년에는 모두 감면해 주었다. 14년이 지난 뒤에 처음 빌렸던 원곡(元穀)을 갚고 남은 쌀로 사창을 만들어 구휼을 계속하였으므로 흉년이 들어도 백성들이 끼니를 거르지 않았다고 한다. 《晦庵集 卷77 建寧府崇安縣五夫社倉記》《宋史 孝宗本紀3》

곽여정에게 답함 갑인년(1674, 현종15) 7월 9일

答郭汝靜 甲寅七月初九日

소식이 막힌 지 오래되어 그리운 생각이 끝이 없던 차에 편지를 받아 보니 위안됨을 말로 표현할 수 없네. 나는 여주(驪州)에서 돌아와 계속 회향(懷鄕 회덕)에 있으면서 권녀(權女)[12]가 조금이라도 소생할 가망이 있기를 지켜보았고, 초령(草令 초려(草廬) 이유태(李惟泰))과 선사(先師 김장생(金長生))의 유고를 신오(新塢)에서 모여 교정하기로 약속하였네.

초나흗날 산을 오르고 재를 넘어 간신히 노곡(老谷)에 이르러 초닷샛날 가형(家兄 송시묵(宋時默))의 재기(再忌 대상(大祥))에 참여하고서는 깊이 들어앉으니 만사가 끝이네. 다시 무엇을 말하겠는가. 장성(長城)[13]은 병으로 기동하지 못하였고 순창(淳昌)[14]은 길을 나서 삼례(參禮)까지 이르렀으나 사흘을 물에 갇혔다 돌아가 버려 두 동생과 부여잡고 슬픔을 함께하지 못하였으니 한층 더 마음이 아프고 비통하네. 작은 녹봉에서 떼어 내 누차 나의 어려운 사정을 도와주니 고맙고도 부끄럽네.

사창(社倉)의 찬조금은 그 수가 우령(羽令 이숙(李翻))과 서로 필적

12 권녀(權女) : 권유(權惟)에게 시집간 송시열의 맏딸이다.

13 장성(長城) : 장성 부사(長城府使)를 지낸 송시열의 아우 송시도(宋時燾)를 가리킨다.

14 순창(淳昌) : 순창 군수(淳昌郡守)를 지낸 송시열의 둘째 아우 송시걸(宋時杰)을 가리킨다.

할 만하니 사람을 구제하고 만물을 이롭게 하여 주는 정성을 볼 수 있겠네. 저쪽이 출연(出捐)하여 기본을 만든 것도 매우 많은데, 이것은 금번 조령(朝令)이 시행된 것을 따라서 행하게 된 것인가, 아니면 스스로 이후 두양(李侯斗陽)이 옥천(沃川)에서 한 것[15]처럼 하고 싶어서인가? 문자(文字) 속에서 자네의 말처럼 언급하겠네.

곽검(郭檢 송시열의 외종조카)의 일은 항상 성념(盛念)을 생각할 때 감격스럽기 그지없네. 나도 늘 이 일이 반드시 성사가 되어야만 지하에서 내 어머님을 뵐 수 있으리라 생각하고 있네. 다만 지금은 죄를 지은 몸이라 자연히 남들과는 같을 수 없네. 비록 친하기가 조령(槽令)[16] 같은 사람에게도 편지를 쓸 수 없으니 어찌하면 좋겠는가? 그냥 둘 수 없다면 이 별지 내용으로 자네가 조령에게 편지하여 줄 수 있겠는가? 그것도 안 된다면 천천히 수보(秀甫 송시걸)를 시켜 말아 간청하도록 해 보게나. 늙고 병들어 정신이 흐려서 깊이 생각할 수 없네. 상량하여 처리하게. 이만 줄이네.

별지

곽검의 일은 갖추 알았네. 그러나 자네가 한마을 한집안이라 하더라도 그 선대의 덕을 자세히 아는 것은 오히려 나만은 못할 것이네.

15 이후……것 : 이두양(李斗陽)이 옥천 군수(沃川郡守)로 있을 때, 관청에서 쓰고 남은 곡식을 내어 따로 한 창고를 만들어 '보민청(補民廳)'이라 이름하고서, 본전은 그대로 두고 이자를 받아 민역(民役)을 보조하니 백성들이 매우 이롭게 여겼다.《同春堂集 別集 卷4 經筵日記 庚子年三月十三日》

16 조령(槽令) : 서울 남산 아래 조암(槽巖)에 새로 집을 짓고 살았던 이단하(李端夏)를 가리킨다.《畏齋集 卷11 南洞新居上梁文》

임진왜란이 일어났을 당시에 외옹(外翁)[17]이 중봉(重峰 조헌(趙憲)) 선생이 의병을 일으켜 왜적을 토벌한다는 말을 듣고 바로 소매를 떨치고 달려가자, 중봉은 크게 기뻐하여 손을 잡으며 "우리 일은 성공이다." 하고 늘 막하에 두었네.

그때 충청 감사는 중봉과 사이가 좋지 않아 의병(義兵)이 관군(官軍)에 이롭지 않다는 핑계를 들어 옥천에 공문(公文)을 보내 외옹의 아버지인 첨지 부군(僉知府君 곽언(郭諺))을 엄하게 가두어 의병 모집에 응하지 못하게 하였는데, 외옹이 그 소식을 듣고 즉시 돌아가 아버지를 옥중에서 뵙자 그 아버지는 크게 꾸짖기를 "군부(君父)가 어떤 처지에 계신데 네 감히 사사로움을 돌보려 하느냐. 빨리 돌아가 중봉과 사생(死生)을 함께하도록 하여라." 하였네. 외옹이 그대로 막하에 달려와 중봉을 따라 청주(淸州)의 왜적을 쳐서 물리치고 끝내는 금산(錦山)에서 함께 순절하였네.

막하의 참모들 중에서 외옹의 사적이 가장 뛰어났던 까닭에 윤월정(尹月汀 윤근수(尹根壽))이 지은 금산비(錦山碑)에 특별히 외옹의 관직과 성명을 써넣었고, 조정에서는 그 집을 복호(復戶)하고 그 마을에 정려(旌閭)를 세우도록 하였네. 나는 항상 우리 외옹의 절개는 참으로 훌륭하지만 첨지 부군의 뜻은 더욱 미칠 수 없다는 생각을 하네.

그런데 외옹의 아들이나 손자들이 독자(獨子)로 이어지며 요절해서 미처 녹용(錄用)하여 거두어 주는 은혜를 받지 못하였네. 이제 곽검은 나이가 벌써 장성하였고 그의 몸가짐이나 어버이를 모시는

17 외옹(外翁) : 송시열의 외조부 곽자방(郭自防)을 말한다.

행동이 또한 남보다 뛰어남이 있는데, 이는 자네가 알고 있는 점이네. 공적으로 말하더라도 어찌 시골구석에 묻히게 해서야 되겠는가. 더군다나 성상께서 매번 전쟁에서 죽은 충신의 자손을 녹용하는 일로 양전(兩銓)에 신신당부하였네. 외옹은 전쟁에 죽은 충신 중에서도 어찌 우뚝 드러난 분이 아니겠는가마는 지난해에 조령이 전조(銓曹)에 있으면서 곽검을 모관(某官)에 추천하였으나 안 되었네. 어찌 전쟁에 죽은 충신의 자손이라는 말을 추천 단자에 써넣지 않았겠는가. 다만 남들의 지목만 받은 것이 극히 한탄스럽네.

지금 곽검에 대한 나의 정의(情誼)가 어찌 자네보다 못하겠는가마는 감히 입을 열지 못하는 것은 내가 죄를 지은 몸으로 막 영남의 소(疏)[18]에서 배척을 당했기 때문이네. 또 이후평(李后平)이라는 사람이 연이어 헐뜯고 욕하는 상소를 올렸다고 들었네. 밤낮 조심스러워 비록 보통의 편지도 감히 선뜻 서울에 보내지 못하는데 하물며 이런 등속의 일이겠는가.

전일 조령이 전조에 있을 때도 나는 입을 놀리지 않았네. 도리어 수보(秀甫)가 주선하였으나 또한 무익한 의망(擬望)을 저지하지 못하여 괜히 사람들에게 지목만 당하였으니 조령의 힘이 쇠한 것을 또한 알 수 있네. 오늘날 나의 처지는 그때와도 또 다르네. 비록 자네의 꾸지람을 받는다고 하더라도 끝내 감히 파계할 수 없으니 어찌하겠는가. 그러나 자네의 뜻이 이미 이같이 충후하니 이는 시종 자네의 책임일 것이네. 앞날에 어찌 좋은 기회가 없겠는가. 이런 연유에서 옛일을 자네에게 자세히 말한 것이니 꼭 기억하여 잊지

18 영남의 소(疏) : 303쪽 주10 참조.

않도록 하게. 희천(希天 여성제(呂聖齊)) 당시에도 내가 자네에게 부탁하여 한마디라도 하게 해야 한다는 것을 모르는 바가 아니었지만 끝내 그렇게 하지 못하였네. 자네에게도 이미 이러한데 하물며 나머지 사람이겠는가. 아무리 조령이 다시 들어오고 수보가 할 수 있다 하더라도 나로서는 끝내 감히 못할 것이네.

곽여정에게 답함 갑인년(1674, 숙종 즉위년) 11월 7일

答郭汝靜 甲寅十一月七日

하룻밤 함께 잤으나 여러 달 격조했던 회포는 풀지 못하였네. 전송한 뒤에도 그리움이 여전한데 갑자기 이렇게 편지를 받았으니, 위로되고 후련함이 어찌 끝이 있겠는가.

자네가 편지에서 한 말은 참으로 주자(朱子)가 이른바 "한번 광채가 나게 한다."라고 한 것이네. 김상(金相)이 귀양 간 뒤에도 나는 지금까지 편안히 살고 있으니 심히 의리에 맞지 않네. 그러므로 공제(公除) 후에 죄를 청하는 상소 한 통을 짓고 이미 깨끗하게 한 본(本)을 베껴 놓았으나 곽(郭)의 상소가 먼저 들어갔으므로 소본을 말아서 내려왔는데, 오늘 이것은 바로 기회이니 이 상소와 함께 바치며 이생(李生)과 함께 귀양 보내 줄 것을 청하는 것이 합당할 듯하네. 또한 경중에 따라 죄를 받으면 마음은 심히 편안하고 일은 안정될 수 있네. 자네는 어떻게 생각하는가? 여러 편지는 그대로 돌려보내네.

곽여정에게 답함 을묘년(1675, 숙종1) 4월 4일

答郭汝靜 乙卯四月四日

길제(吉祭)와 상제(祥祭)를 마치고 헤어진 것이 그대로 천 리의 이별이 되었네. 늘 지난날 종유(遊從)하던 즐거움을 생각하면 그리워하는 마음을 견딜 수 없네. 갑자기 이때에 멀리서 온 안부 편지를 받으니, 마치 하늘 밖의 소식을 얻은 것 같아 기쁨을 형언할 수 없네.

이 지역은 고개 위에 내린 눈이 둘러 있는데 지금은 정강이까지 빠지고 해풍이 매일 불어오므로 묵은 병과 새 병이 번갈아 악화하고 서로 공격하여 두 달간 거의 일어나지 못하다가 지금 겨우 조금 연명하고 있네. 그러나 내가 어찌 오래 살 사람이겠는가. 단지 조물주의 처분을 기다릴 뿐이네.

일찍이 옥천(沃川)으로 가는 인편을 통해서 한 통의 편지를 보내어 은경(恩慶)을 축하하였으니, 조만간에 마땅히 이를 것이네. 다만 주자(朱子)는 당화(黨禍)가 일어났을 때 늘 "재주가 드러나고 종적이 급박하면 저들에게 잡히게 된다."라는 말로 친구들을 경계하였으니, 이것은 몰라서는 안 되네.

민 대감(閔大監 민정중(閔鼎重)) 형제가 모두 충주(忠州)에 있는데, 시상(時相)이 안부를 묻던가? 화양(華陽)의 서재를 지킬 승도(僧徒)는, 바라건대 양산(梁山)의 승려를 통하여 구한 다음 '어디 가지 말고 서책을 신중히 지키라.'라는 뜻으로 권면하는 것이 어떻겠는가? 그 서책 중에는 효묘(孝廟)께서 하사하신 것이 많이 있으므로 아침저녁으로 차마 잊지 못한다네.

곽여정에게 답함 병진년(1676, 숙종2) 6월 12일

答郭汝靜 丙辰六月十二日

저번에 선산(善山) 이증화(李增華)의 편지를 보니 곽로(郭櫓)[19]가 멀리 귀양 갔음을 간략하게 말하였네. 까닭을 알 길이 없어 밤낮으로 근심만 할 뿐이었는데 이제 자네의 편지를 받고 또 집 아이들을 만나 대략 곡절을 알았네. 놀람과 슬픔을 이기지 못하겠네.

폐모(廢母)를 주장한 잔당들은 왕법(王法)에 용서할 수 없는 것이라고 일찍부터 생각하여 왔었네. 또 중죄를 지은 사람이 감히 이토록 흉악하게 굴었단 말인가. 그러나 이쪽에서도 역시 잘못한 점이 있네. 처음에 김축(金軸)의 일만을 거론하여 전(仝 전팽령(仝彭齡))의 향사(享祀)가 합당하지 아니함을 밝혔어야 했을 것이네. 또 곽(郭 곽시(郭詩))이 논(論)을 지어 정자(程子)를 배척한 일을 들어 상장(上章)하여 변석(辨析)하고서 그 위전(位田)은 빼앗아 가거나 말거나 내버려 두었다면 성상의 총명함으로 또한 살피실 단서가 있었을 것이며, 비록 살피심을 입지 못한다 하더라도 충분히 구실은 생겼을 것이네. 그런데 이렇게 하지 않고 위전의 곡절에 분분하다가 끝내는 곤욕까지 치렀으니 매우 한탄스럽네. 그러나 그 근본을 따져 보면 정 부자(程夫子)를 위한

19 곽로(郭櫓) : 곽문용(郭文溶)의 조카로, 옥천 육군자(沃川六君子)의 한 사람이다. 그는 전팽령과 곽시를 조헌을 배향한 서원에서 출향(黜享)할 것을 주장하였다가 당시 감사(監司)인 조위명(趙威明)의 장계(狀啓)에 의해 선현을 모욕하였다는 죄로 귀양 가게 되었다. 《華陽淵源錄 郭櫓》

것이었고 조 선생(趙先生 조헌(趙憲))을 위함이었으니 아홉 번 죽더라도 영광스러운 일이네. 어찌 탄식할 만한 일이겠는가.

동춘(同春 송준길(宋浚吉))이 지난날 곽시가 지은 서북인재론(西北人材論)을 보고서,

"곽시가 설사 모든 행실을 구비한 사람이라 하더라도 이러한 논의를 저술하고서는 당연히 사문(斯文)에서 버림받을 것이다."

하기에, 내가,

"형의 말씀이 잘못입니다. 어떻게 정자를 배척하고서 모든 행실을 구비할 수 있습니까."

하였네. 사계(沙溪 김장생(金長生)) 선생이 곽시를 배척한 것도 혹시 이런 까닭에서였는지 모르겠네. 젊은 사람들이 사론(士論)의 종지를 잃고 있는데 왜 자네는 옳은 길로 지휘하려 하지 않는가.

위전에 대해서는 나는 처음부터 본디 취하고 싶지 않아서 여러 어른께 애써 쟁론하였으나 힘이 모자라 시행하지 못하였네. 또 그것을 얻고 나서도 재빨리 향교(鄕校)에 붙이라 권하였네. 그런데 어느 해에 다시 서원(書院)에 붙여져서 오늘날의 화를 불러일으키는지 모르겠네. 매우 한탄스러운 일이네.

곽여정에게 답함 병진년(1676, 숙종2) 12월 18일

答郭汝靜 丙辰十二月十八日

편지에서 한 말은 잘 알아들었네. 나는 일찍이 급성 설사병을 앓아 거의 지탱할 수조차 없었는데 다행히 살아났네. 그러나 늙은 아내가 다 죽게 되었다는 말을 들었으니, 애타는 심정을 견딜 수 있겠는가.

홍룡(興龍)의 관례(觀禮)[20]는 모두 자네의 풍성(風聲) 덕분이니, 매우 다행스러운 일이네. 천곡(川谷)의 일은 일이 사문(斯文)에 관계되니, 아무리 그만둘 수 없더라도 한찬남(韓纘男)의 여얼(餘孽)을 삭벌(削罰)하는 것은 때를 알고 형세를 아는 도리가 아닌 듯하네. 비록 정론(正論)이라고는 하나 근심이 그지없네.

홍룡에서 때때로 모(某) 대감의 형제를 만나 보고 연풍(延豐)의 곡절을 상세히 아뢰었는가? 일찍이 박명흠(朴明欽)의 편지를 보니 이 대감의 은혜로 생명을 보전할 수 있었다고 하였는데, 자네들도 같을 것이네. 곽로(郭櫓)의 편지도 무탈하다고 답하였으며 《상서(尙書)》의 의의(疑義)를 물었네.

○ 성균관의 통문(通文)은 더욱 그것이 옳은지 모르겠네. 듣자니 성균관이 괴란(乖亂)하여 하나의 추저분하고 더러운 마당이 되었다고 하네. 여러 해 전에 유수방(柳秀芳)이라는 자가 글을 지어 공성(孔聖)을 욕보였다가 성균관에서 쫓겨나 알성(謁聖)을 하지 못하였는데, 오

20 홍룡(興龍)의 관례(觀禮) : 홍룡에서 진행된 의식에 초청되어 관람했다는 말로, 여기서는 송준길(宋浚吉)의 면례(緬禮)를 뜻한다.

늘날엔 도리어 그런 자가 상을 받았네. 이를테면 이무(李袤)의 손자는 크게 취하여 감히 말할 수 없는 곳에서 불결한 것을 크게 놓았으나 오히려 장의(掌議)가 되었고, 또 주자(朱子)를 헐뜯고 배척한 윤휴(尹鑴)를 사장(師長)으로 삼았는데, 오히려 그런 곳을 태학(太學)으로 여기면서 통문을 보낼 수 있겠는가. 욕되지 않겠는가. 비록 통문을 보내더라도 저들이 기꺼이 우리와 수작하겠는가.

곽여정에게 답함 기미년(1679, 숙종5) 4월 24일

答郭汝靜 己未四月二十四日

오늘이 있을 줄 안 지 오래되었으니 말할 것도 없네. 오직 자신(子愼)을 생각하면 창자가 찢어지네.[21] 옛말에 "요행히 사는 것은 영광스럽지 않고 의롭게 죽는 것은 슬프지 않다."라고 하였네. 이것은 참으로 분명한 도리이나 오늘날에는 욕하며 꾸짖지 않는 이가 드무네. 죽은 자가 안다면 어찌 어둠 속에서 몰래 비웃지 않겠는가. 생각건대 자네는 편지에서 큰 영광으로 여겼으니 나도 모르게 벌떡 일어섰네. 선조의 탁월한 덕이 있지 않다면 어찌 이에 참여할 수 있겠는가. 그러나 까닭 없는 눈물이 또한 줄줄 흐를 뿐이네. 그의 장례 일을 돌보고 그의 처자식을 구휼해 주는 것은 자네가 아니면 그 누가 하겠는가. 나와 같은 경우는 그를 슬퍼할 겨를도 없이 땅속에서 종유할 것이니, 어찌 흔한 경우이겠는가.

21 자신(子愼)을……찢어지네 : 자신은 송상민(宋尙敏, 1626~1679)의 자이다. 본관은 은진(恩津), 호는 석곡(石谷)이다. 송시열과 송준길(宋浚吉)의 문인이다. 1660년(현종1) 사마시에 합격하고 송시열이 있는 회덕(懷德)으로 내려가 학문 연구에 전력하였다. 효종(孝宗)의 비(妃) 인선왕후(仁宣王后)의 상(喪)으로 인한 2차 예송(禮訟)으로 송시열이 덕원(德源)에 유배되자, 1679년 3월 12일에 그의 억울함을 호소하는 상소를 올렸다. 이로 인해 당시 영의정이던 허적(許積)의 탄핵을 받아 3월 17일에 장살(杖殺)되었다. 《肅宗實錄 5年 3月 12日, 17日》

곽여정에게 답함 기미년(1679, 숙종5) 11월 5일

答郭汝靜 己未十一月五日

여러 가지 말씀에 적적한 마음이 매우 위로되었네. 나는 설사로 매우 고생하고 있는데 이것은 틀림없이 풍토병일 것이니 형세인 것을 어찌하겠는가. 그중에 가엽게 여기는 의리는 매우 고마우나 또한 나는 감히 편히 받지 못하고 하인들은 더욱 사양해야겠네. 한단(邯鄲)에 대해 하늘과 땅 차이가 났던 것은 본디 이미 헤아렸네.[22] 일찍이 삼산(三山 보은(報恩)의 옛 이름)에 있을 때 김명필(金明弼)의 무리에게 비굴한 행동을 하였네. 서화(西化)의 일은 공교롭고도 참혹하였네. 과연 일에 영향을 미친 것이라면 틀림없이 윤휴(尹鑴)의 무리와 상의하여 발한 것이니 더욱 두려워할 만하네. 주고받은 여러 글에서 갖추 알았네. 성상께서 잘못을 깨달으시기 전까지는 저들의 교만함은 당연히 날이 갈수록 심해질 것이네. 내가 할 수 있는 도리는 단지 인내하는 것일 뿐이니 어찌하겠는가. 모름지기 동지(同志)와 서로 권면하면서 책을

22 한단(邯鄲)에……헤아렸네 : 서로의 차이가 매우 큰 것은 이미 알고 있었다는 뜻이다. 후한(後漢)의 한단순(邯鄲淳)이 효녀 조아(曹娥)를 위해서 〈조아비(曹娥碑)〉를 지었다. 이 비석의 문장을 두고 '절묘한 명문'이라는 칭찬의 의미로 후한의 채옹(蔡邕)이 '절묘호사(絶妙好辭)'를 파자하여 '황견유부외손제구(黃絹幼婦外孫齏臼)'라고 썼다. 후한 말에 조조(曹操)가 양수(楊修)와 함께 길을 가다가 이 글을 보았을 때 양수는 곧바로 그 의미를 알아챘으나 조조는 그 의미를 생각하면서 30리를 더 가서야 깨달았다. 이 고사에서 "알고 모르는 것이 30리나 차이가 난다.〔有智無智較三十里〕"라는 말이 생겨났다. 《世說新語 捷語》

보고 자신을 성찰하며 옛사람의 지극히 아름다운 발자취를 따라야 하니, 이것은 여전히 자기 자신에게 속하는 일이네.

자신(子愼)의 유적(遺蹟)을 보노라면 눈물이 가슴을 적시지 않을 수 없네. 방금 손자와 다 베껴 썼으나 아직 작업을 마치지는 못했네. 나중에 적당한 인편을 얻으면 마땅히 원본을 돌려보내겠네. 다만 이 본은 어지럽게 뒤섞여 있으니, 모름지기 젊은이들에게 나누어 주고 베껴 쓰게 하여 깨끗한 본을 하나 만들어 깊이 소장하기 바라네.

근일에 이사명(李師命)의 율시를 한 수 얻고는 매우 기뻐하였으니, 또한 구원(九原)의 혼을 위로할 만하였네. 그러나 이 말이 만약 새어 나가면 재앙이 틀림없이 이사명에게 미칠 것이니, 잘 감춰 두게.

곽여정에게 답함 경신년(1680, 숙종6) 2월 6일

答郭汝靜 庚申二月六日

삼산(三山 보은(報恩))에서 보내온 편지는 섣달그믐께 비로소 받았네. 석곡(石谷)의 글[23]은 오래전부터 돌려보내려고 하였으나 혹 분실될까 염려스러워 성(誠 성보(誠甫) 송시도(宋時燾))과 수(秀 수보(秀甫) 송시걸(宋時杰))의 걸음을 기다리고자 하네. 다만 이 글은 그가 살았을 때 한 번도 언급하지 않았고, 간혹 그것을 묻더라도 분명하게 말하려 들지 않고 단지 "윤휴(尹鑴)의 정상을 빠짐없이 말하였습니다. 그의 달변으로도 결코 변명할 길이 없을 것입니다." 하였네. 이번에 그 부본(副本)을 보니 단지 예설(禮說)을 논하고 시배(時輩)들까지 거론했을 뿐만 아니라 나에 대해서도 매우 감당하지 못할 내용도 있었네. 만일 이런 줄 알았다면 어찌 애당초 구해 볼 생각을 하였겠는가. 부끄럽고 황공하여 참으로 몸 둘 바를 모르겠네.

오직 허목(許穆)이 인용한 《의례(儀禮)》는 구두도 제대로 알지 못하였으니 가소롭기만 하네.[24] 그런데도 시배들이 유상(儒相 선비 출신의

23 석곡(石谷)의 글 : 석곡은 송시열의 제자인 송상민(宋尙敏)의 호이고, 자는 자신(子愼)이다. 그는 1679년에 예송(禮訟)의 일로 송시열의 설을 변호하면서 아울러 허목과 윤휴의 잘못을 적은 봉사(封事)를 지어 올렸다가 숙종의 노여움을 사서 결국 장하(杖下)에 죽었는데 '글'이란 바로 '봉사'를 가리킨다. 《華陽淵源錄 宋尙敏》

24 허목(許穆)이……하네 : 허목이, 송시열의 기년설(期年說)이 효종을 첩자(妾子)로 여긴 데서 온 것임을 밝히려고 《의례》의 "군과 대부는 자기 지위가 높기 때문에 방친복(傍親服)을 낮춰 입고, 공자는 지위가 높은 아버지를 둔 까닭으로 압존(壓尊)되

정승)이라 치켜세워 성총(聖聰)을 속이려 드니 한심한 마음 달랠 길 없네. 그가 예설을 모른다 하더라도 어찌 대부(大夫)에게는 공자(公子)가 없다는 것을 알지 못하겠는가. 이미 공자라고 했으니 임금에게는 후사가 있는 것이네. 이런 따위가 모두 자신(子愼)에게 갈파당하였으니 참으로 시원하게 된 일이네. 그 밖의 함부로 지껄인 말들은 사람들의 귀를 의혹시키기에는 모두 부족한 것들이네.

윤휴만은 그중에서 조금 약은 사람으로서 이런 줄을 알았기 때문에 드디어 허목의 설을 모두 버리고 아들이 어머니를 신하로 삼을 수 있다는 말을 제창하여 상하(上下)를 을러대면서 명성과 위세로 밀어붙이니 휩쓸리지 않은 자가 없었네.

그중에서 허적(許積)은 또 조금 약은 사람이기 때문에 윤휴의 설을 해괴하다 하면서 허목의 설을 좇았는데, 그가 말한 의리란 전부 동춘(同春 송준길(宋浚吉))의 뜻을 사용한 것이었네. 이것은 헌의(獻議)를 보면 알 수 있을 것이네. 그랬으면서도 뒤에는 동춘을 깊이 허물하였으니, 이는 선생의 기술로써 도리어 선생을 해쳤을 뿐 아니라 이른바 도둑이 주인을 미워한다는 것과 흡사한 것이네.

대체로 석곡이 주장한 뜻은 이 몇 가지에 불과하네. 모름지기 서문에 드러내 설파한다면 사람마다 모두 석곡의 큰 공을 알 것이네. 어떻

어 강복(降服)된다.〔君大夫以尊降, 公子以壓降.〕"라고 한 것을 인용하면서 '군대부 이존강공자(君大夫以尊降公子)'라고 잘못 토를 떼어 끝의 '이압강(以壓降)'을 버리고 해석하니, 그 말은 결국 "군과 대부는 자기 지위가 높기 때문에 공자의 복을 낮춰 입는다."라는 말이 되었다. 여기서 공자는 임금의 첩에서 난 아들을 가리키므로, 즉 그의 주장은 효종을 공자로 보아야만 조 대비(趙大妃)가 기년복을 입는 것이지, 그렇지 않다면 의당 삼년복을 입어야 한다는 것이었다. 《我我錄 龍門問答》

게 생각하는가? 한(韓)과 이(李)의 상변(上變)[25]은 비록 우선은 그쳤다 하더라도 내 생각으로는 도리어 늦추어져서 화가 더욱 커졌다 생각되네.

25 한(韓)과 이(李)의 상변(上變) : 회덕(懷德)의 선영(先塋)이 파헤쳐진 일로 송시열이 문중의 일을 맡고 있는 평창 군수(平昌郡守) 송국귀(宋國龜)에게 답하는 편지에 풍자의 의미를 담아 어떤 글을 썼다. 그런데 옥천(沃川)의 한(韓)과 이(李) 두 선비가 편지를 천안(天安)의 노상(路上)에서 입수하여 부분적으로 문자를 잘라버리고 교묘히 말을 꾸민 다음 장차 상변하려고 하였다. 《宋子大全 卷60 與閔大受(己未八月二十一日)》

곽여정에게 답함
答郭汝靜

《주자어류(朱子語類)》는 당시의 문인들이 각자 선생과 문답한 내용을 기록하고 합쳐서 책을 만든 것이네. 귀를 끌어당겨 타이르고 눈앞에서 가르치며 간곡하게 되풀이한 것은 후세 사람으로서 읽어도 강석(講席)에서 직접 가르침을 받는 것과 같았네.

다만 편질(編帙)이 매우 많아서 두루 읽기가 어려웠네. 이번에 감히 내용을 요약하는 노력을 베풀어 중복되는 내용은 제거하고 문목(問目)이 번잡한 것도 산삭하며 또 문류(門類)가 맞지 않는 것은 서로 바꾸어 정리하여 거의 작업을 마쳤네. 다만 반드시 베껴 내어 별도의 본을 만들고 재차 산정(刪定)을 더한 뒤에 선사(繕寫)하여 깨끗한 본을 만들고 별도로 해석을 해야 하네. 생각건대 이 일은 반드시 제군(諸君)이 정신을 합하여 모아 서로 도운 뒤에야 이룰 수 있을 것이네. 모름지기 곽로(郭櫓), 곽경(郭檠), 곽증(郭橧)의 무리와 상량하여 분부하는 것이 어떻겠는가? 나는 베껴 쓴 것을 비록 한 번 보았지만 매우 유익하였네. 사서(四書)를 읽는 자는 더욱 알아야 할 것이네.

원본 책은 주손(疇孫 송주석(宋疇錫))이 갖다 줄 것이네. 공책(空冊)은 삼산(三山 보은(報恩))에서 전적으로 보낼 것이네.

곽여정에게 답함

答郭汝靜

《경국대전(經國大典)》의 입후조(立後條)에는 "적처(適妻)나 첩(妾)에게서 모두 자식이 없어야 비로소 입후를 허락한다."라고 하였네. 이를 근거로 한다면 첩에게서 태어난 아들도 제사를 받들 수 있음을 분명히 알 수 있고 고례(古禮)에서도 이러하였네. 그러므로 문익공(文翼公 정광필(鄭光弼))의 봉사(奉祀)를 정희번(鄭希蕃)에게 맡긴 것이네. 정희번은 정상(鄭相) 집의 첩 소생으로 원로(元老)의 할아버지이네.

신로(愼老 김집(金集))는 막중한 종가(宗家)의 제사를 천첩(賤妾)의 소생에게 맡길 수 없다고 생각한 까닭에 남원 부사(南原府使) 김자장(金子章 김익렬(金益烈))에게 옮겨 군평(君平 김만준(金萬埈))에게 전하게 하였네. 이도 또한 예법가(禮法家)에서 한 일이니 당연히 선비 집안에서 본받아야 할 것이네.

우리 집안의 처신도 신로 집과 같았네. 백부(伯父)에게는 단지 첩에게서 얻은 아들 시섭(時燮)이 있었네. 백부가 돌아가신 뒤에는 종가의 제사가 주부(主簿)인 종형(從兄)에게 돌아갔네. 종형은 넷째 작은아버지에게서 난 아들이었네. 그러나 정상 집의 일이 결국은 옳을 것이네. 그러므로 내가 당초에 이를 신로에게 말씀드렸으나 따라 주지 않으셨네.

곽여정에게 답함 정묘년(1687, 숙종13) 4월 30일

答郭汝靜 丁卯四月三十日

인편을 통해 온 편지를 보고 위안되었네. 윤(尹)이 4개의 구절로 본 것에 대한 자네의 말은 타당하네. 다만 선함을 권장하는 나의 큰 장점이 저들의 구실이 되었으니, 이것이 우습네. 그들이 노선생(老先生)을 향해 불손한 말을 할 당시에 그들에 대한 대우는 이전과 달랐어야 하나 그들이 매우 공손히 사죄했으므로 내버려 두었네. 그러나 군평(君平) 등 여러 사람은 오히려 나의 엄하지 못함을 허물하였네. 자네가 군미(君美 이경휘(李慶徽)) 대감에게 너무 심하게 화를 냈다고 들었는데, 어찌 그렇게 하였는가. 부디 그렇게 하지 말게.

○ 나소(羅疏 나양좌(羅良佐)의 상소)는 단지 그 스승의 실상을 입증하여 완성시킨 것이니 그저 일소(一笑)에 부칠 뿐이네. 온 조정이 그들 편을 드는 것에 미쳐서는 극히 한심하네. 그러나 나는 주(周)나라를 높이고 도(道)를 옹위한 것으로 이렇게까지 모욕을 당하였는데, 이것은 영광이지 수모가 아니네. 자네는 모름지기 안심하고 쓸데없이 마음과 정신을 쓰지 않기 바라네.

곽여윤[26] 문완 에게 보냄 병오년(1666, 현종7) 3월 18일

與郭汝潤 文浣○丙午三月十八日

서로 격조한 지 이렇게 오래되었으니 그리워하는 마음을 형언할 수 있겠습니까. 저는 지금 대죄(待罪) 중에 있습니다. 이밖에 무슨 일이 있겠습니까. 듣건대 그쪽의 젊은이들이 변명하는 일을 하고자 한다는데, 이것은 매우 옳지 않습니다. 비록 덤벼들어도 따지지 않는 것이 선비의 떳떳한 도리입니다. 또한 내게 죄가 없다면 성상께서 절로 굽어 살펴 주실 것이고, 죄가 있다면 분명하게 형법에 복종하는 것도 도리입니다. 지금 저들과 다투며 분란을 더한다면 어찌 합당하겠습니까마는 아드님 등 제공(諸公)이 또한 이 논의를 하는 것이 아니겠습니까. 만약 이와 같다면 오늘부터 다시 서로 못 볼 것입니다. 이것을 아드님들과 이 논의를 하는 여러 사람에게 말씀해 주시는 것이 어떻겠습니까?

일찍이 박명흠(朴明欽)과 곽로(郭櫓)를 만났을 적에 모두 이러한 뜻을 말하였으나 회향(懷鄕 회덕(懷德))의 한두 사람 중에 그 논의를 부추기는 자가 있다고 들었습니다. 만약 소문을 듣고 마음이 움직인다면 절대로 안 되고 절대로 안 됩니다. 아드님이 과장(科場)에서 낙방하였는데, 연장을 예리하게 하여 때를 기다리는 것이 어찌 큰 성취를 하는 바탕이 아니겠습니까. 이만 줄입니다.

26 곽여윤(郭汝潤) : 곽문완(郭文浣)으로, 여윤은 자이다. 송시열의 팔촌 내형(內兄)이다. 《宋子大全隨箚 卷11》

한자강[27] 여옥 에게 답함 신축년(1661, 현종2) 3월 15일

答韓子剛 如玉○辛丑三月十五日

작별 후 해를 지나 봄철도 저무는데, 어찌 자네를 생각하지 않은 적이 있겠는가. 이에 둔(遯 김만증(金萬增))의 인편을 통해 멀리서 보내온 서찰을 받으니, 마치 꽃다운 음성을 듣는 듯하여 갑자기 깊은 병이 몸에서 떠나가는 것을 느꼈네.

병든 나는 남은 추위가 두려워 아직도 계사(溪舍)를 나가지 않았네. 어찌 쇠하고 병든 몸이 갑자기 이에 이를 줄 생각이나 했겠는가. 애달플 뿐이네.

자네는 편지에서 구렁에 떨어지는 근심을 말했는데, 이것은 지사(志士)가 잊지 않는 바이네. 그러나 또한 곧 내 힘으로 먹고 살 계획을 조금 세워 남을 향해 가난한 기색을 보이지 않는다면 또한 양기(養氣)의 한 방법이 될 것이네. 어떻게 생각하는가? 서로 만날 기약이 없네. 봄 날씨가 차니 몸조심하시게.

27 한자강(韓子剛) : 한여옥(韓如玉, 1636~1685)으로, 본관은 청주(淸州), 자는 자강, 호는 창우(蒼愚)이다.

한자강에게 답함 을묘년(1675, 숙종1) 4월 19일

答韓子剛 乙卯四月十九日

오늘날의 일은 안 지 이미 오래네. 자네는 일찍이 이상한 일이라 여겼는가? 거처하는 곳이 깊고 후미져 인사가 극히 적으니 책을 볼 수 있네. 자네가 만약 흥룡(興龍)의 옛일을 이을 수 있더라도 어찌 바랄 수 있겠는가. 오직 책을 읽고 자신을 성찰하여 난세에 성명을 보전하기를 바랄 뿐이네. 멀리 보내는 편지에 감히 많은 말을 할 수 없네.

○ 자네의 종형(從兄)에게 따로 편지를 하지 못하였네. 이 노형(老兄)은 어찌 그리 총명하고 예지로움이 지극하시단 말인가. 우리는 마땅히 모두 가시나무 매를 지고 찾아가 사죄해야 하네.[28]

28 가시나무……하네 : 전국 시대 염파(廉頗)와 인상여(藺相如)의 고사에서 온 말이다. 염파는 조(趙)나라의 대장(大將)으로 있었는데, 나중에 인상여의 지위가 더 높아지자 승복하지 않고 인상여를 욕보이고자 하였다. 그러나 인상여가 국가의 이익을 위하여 매번 염파와 마주치는 일을 피하자, 이 말을 들은 염파가 윗옷을 벗고 가시나무를 등에 지고서 인상여를 찾아가 사죄하였다.《史記 廉頗藺相如列傳》

한자강에게 답함
答韓子剛

갑자기 심부름꾼을 보내 전한 편지를 받고, 풍병(風病)을 앓아 오른쪽 손이 마비되었다는 것을 알았네. 주 선생(朱先生)이 어떤 사람에게 준 편지에서 "자네는 행실이 결백하고 욕심이 적었는데, 어찌 이런 일을 당했는가."라고 했는데, 이것은 바로 자네를 두고 한 말일세. 그러나 이것은 우연히 일어난 일인 듯하네. 혹시라도 함부로 침과 뜸을 시술하여 원기를 손상하지 않기를 바라네.

입초(立初 이세기(李世基))는 지위(脂韋)[29]를 좋아하지 않았으니, 그가 지금 당한 것도 이미 늦은 것이네. 홍숙범(洪叔範 홍득우(洪得禹)) 등 여러 사람은 미리 뜻을 정하여 병통이 없으니, 장독(瘴毒)이 해를 끼칠 수 없을 것으로 생각되네. 하청(河淸) 및 이건(二乾)은 매우 감사하네. 다만 홀아비 신세의 살림은 혹 바꾸지 못할 것이 없지 않겠나.

입초가 이미 갔으니 이로부터 소식을 잇기 더욱 어렵게 되었네. 심기를 평온하게 가져 약제를 쓰지 않아도 되는 효과를 거두게. 나는 묵은 병증으로 더욱 괴로운데, 형세가 그러할 뿐이니 어쩌겠는가. 대체로 오늘날의 친구들은 노소를 막론하고 먼 곳으로 쫓겨나지 않으면 반드시 질병이 있네. 이것은 참으로 똑같은 운명이니 참으로 한탄할 만하네. 이만 줄이네.

29 지위(脂韋) : 미끈미끈한 기름과 무두질한 가죽처럼 유약하게 군다는 뜻으로, 보통 구차하게 세상에 영합하며 아첨하는 사람들을 비유하는 말로 쓰인다.

한자강에게 보냄 정사년(1677, 숙종3) 6월 27일

與韓子剛 丁巳六月二十七日

삼복의 더위가 한창 혹심한데, 기거가 어떤지 모르겠네. 그리워하는 마음 그지없네. 나의 병 상태는 매번 번거롭게 편지에 쓰고 싶지 않네. 다만 듣건대 시론(時論)이 더욱 급박하여 이 세상에서 살날이 많이 남지 않았음을 알 따름이네.

예서(禮書)는 처음에 자네가 사사로이 인쇄하는 일을 변통해 낼 수 있을 것으로 생각했는데 끝내 관사(官司)를 번거롭게 하였으니, 몹시 마음이 편치 않네. 그러나 참으로 빨리 인쇄하고 싶네. 대체로 교정하는 일에서 서로 대조하며 살피는 일은 매우 절실하네. 다만 조정에서 사람들이 듣고 "솥 안의 물고기는 곧 문드러질 것을 알지 못한다."라고 할까 걱정되나 이렇게 책이나 보며 살고자 하네. 끝으로 더욱 보중(保重)하기 바라네. 일일이 다 쓰지 못하네.

한자강에게 보냄 정사년(1677, 숙종3) 12월 29일

與韓子剛 丁巳十二月二十九日

오랫동안 소식을 듣지 못하였으니 그리워하는 마음에 어찌 끝이 있겠는가. 얼마 전 어떤 사람이 와서 자신이 자네에게 매우 깊이 인정을 받았다고 말했으나 자네의 편지를 갖고 오지 않았으므로 그가 주는 벼루를 사양하였네. 그의 마음이 만약 성심(誠心)에서 나왔다면 나에게 있는 도리가 선하지 못했으니 유감이 없을 수 없네. 자네와 친한 사람이 말을 치달려 와서 "매주(梅州)의 고사(故事)[30]가 아니겠습니까."라고 하였네. 모든 일은 처치(處置)한 다음에는 기다려야 하네. 마침 관청에서 보내는 인편을 통해 대략 이렇게 썼네. 끝으로 새해를 맞이하여 더욱 경사가 많기를 바라네.

30 매주(梅州)의 고사(故事) : 목숨이 위태한 상황에서도 태연자약했던 유안세(劉安世)의 고사를 가리킨다. 유안세가 일찍이 간의대부(諫議大夫)로서 간신(奸臣)인 장돈(章惇) 등을 탄핵하였는데, 뒤에 장돈과 채경(蔡京)이 다시 득세하자 유안세를 영주(英州)로 귀양 보냈다가 다시 매주로 옮겨 놓고는 기필코 그를 죽이기 위해 한 토호(土豪)를 전운판관으로 삼아서 유안세를 죽이게 하였다. 그 전운판관이 매주에 도착하자, 매주의 태수(太守)가 그것을 알아차리고 유안세에게 사람을 보내어 빨리 피신할 것을 권유하였으나 유안세는 조금도 동요하지 않고 손님과 술 마시며 이야기를 나누었다. 그 전운판관은 결국 유안세가 있는 곳을 20리쯤 남겨 둔 채 피를 토하고 죽음으로써 끝내 유안세는 화를 면했다. 《宋史 劉安世列傳》

한자강에게 답함 무오년(1678, 숙종4) 10월 20일

答韓子剛 戊午十月二十日

방금 아전 권씨(權氏)가 돌아가는 편에 사례하는 서첩을 부쳐 올렸는데, 이번에 또 자네가 15일에 부친 편지를 받았으니, 산천에 막혀 통하지 못하는 것을 느끼지 못하겠네.

도내(道內)의 논의는 매번 한번 밝게 해명하려 하며 각자 재주와 능력을 떨치고 있으니 언제 끝날 기약이 있겠는가. 그러나 도마 위의 고기가 칼을 두려워하는 것[31]을 본 적이 있는가. 모든 일을 자세히 살피라는 가르침은 나를 몹시 사랑하는 마음에서 나왔음을 알 수 있네. 다만 신문고(申聞鼓)를 쳐 원통함을 호소하는 것은 이미 외롭게 갇힌 자가 할 일이 아니나 시를 지어 비방하는 것은 또한 빼어난 재능을 지닌 자가 할 일이네. 이 밖에는 단지 문을 닫고 깊이 들어앉을 뿐이네. 인간 만사는 참으로 유유히 흘러갈 뿐이네.

31 도마……것 : 죽게 될 지경에 이른 사람이 무엇을 두려워하겠느냐는 뜻의 속담이다.

오순지[32] 익승 에게 답함 경인년(1650, 효종1) 11월 13일

答吳順之 益升○庚寅十一月十三日

추위가 연일 대단하여 그리워하는 마음이 더욱 은근한데, 이런 즈음에 편지가 왔네. 어버이를 모시는 기쁨 외에도 학문에 힘쓰는 체후가 매우 좋음을 알았으니, 위안되고 기쁜 마음 어찌 끝이 있겠는가.

나는 꽁꽁 언 숙소에서 병으로 칩거하고 있으며 음식을 주는 안주인도 없어 침석에 길게 누운 채로 온갖 괴로움을 실컷 겪고 있으니 전혀 좋은 일이 없네.

서행(西行)이 임박했다고 들었는데, 온갖 것을 어떻게 조처하려는가? 사랑하여도 도울 길이 없으니 한탄스럽네. 득실(得失)을 따질 때에는 신념을 빼앗기기 쉽네. 오직 바라건대 빨리 얻고 늦게 얻는 것은 운명에 맡기고 마음이 흔들리지 않는다면 매우 다행이겠네. 이 밖에 산 넘고 물 건너는 험난한 여정이지만 부디 몸조심 잘하여 병에 걸리지 않기를 바라네. 할 말은 많지만 다 적지 못하네.

32 오순지(吳順之) : 오익승(吳益升, 1620~1679)으로, 본관은 보성(寶城), 자는 순지, 호는 송봉(松峯)이다. 송시열의 문인이다.

오순지에게 답함 신묘년(1651, 효종2) 9월 1일

答吳順之 辛卯九月一日

일찍이 자네 마을에 들렀으나 두 번이나 만나지 못했으니 지금까지 한스럽네. 뜻밖에 두 통의 편지를 차례로 받아 읽어 보고 위안되었네. 다만 자네 고을에서 내게 부탁하는 뜻을 알게 되었으니 지극한 두려움을 이길 수 없네. 자네 고을의 여러 군자 중에 혹시 나를 알지 못하여 이 논의를 하는 자가 있는 듯한데, 자네는 나를 몰라서 또다시 이것을 알려 주는가. 지금의 원장(院長)은 곧 옛날의 산장(山長)과 동주(洞主)이네. 그의 도덕과 품행이 사람들의 사표(師表)가 되기에 충분한 뒤에야 이를 감당할 수 있는데, 자네는 내게 조금이라도 근사한 점이 있다고 보는가.

그뿐만 아니라 몇 년 전 입각(立脚)이 견고하지 않아 한번 망녕되이 조정에 나갔다가 죄려(罪戾)가 천 가지로 발생하여 헐뜯음이 만 가지로 일어나 나의 성명이 바야흐로 세상에서 꺼리는 바가 되었네. 진실로 병들어 실성한 자가 아니라면 모두 물러나 전염될까 두려워할 것이네. 지금 비록 문을 닫고 입을 다문 채로 허물을 살피고 잘못을 보완하더라도 오히려 미치지 못할까 두렵네. 그런데 외람되이 분수에 넘치는 명호(名號)를 받고서 그들의 비웃음을 거듭 받겠는가. 설사 내가 뻔뻔한 얼굴로 그 일을 담당하더라도 사람들이 자네의 고을을 어떻다 하겠는가. 천균(千勻)의 무게를 난쟁이에게 강제로 지웠다가 실패하게 하는 것은 참으로 피차가 바라는 바가 아니네. 서로 믿는 지인과 친구들에게 속히 알려서 일이 커지기 전에 속히 거두기를 매우 간절히 바라네.

이것은 참으로 적심(赤心)을 고한 것이네.

만약에 예의상 사양하는 것으로 여기며 내 말을 들어주지 않는다면 나의 평소 말과 행동이 서로 부합하지 않았기 때문에 사람들에게 신임을 받지 못한 것을 충분히 알 수 있으니, 참으로 자네를 마주 볼 낯이 없을 것이네.

또 한 가지 일이 있네. 나는 자네와 분의(分義)가 얕지 않네. 무릇 이러한 일이 있으면 진실로 의당 이리저리 주선하여 나의 종적이 낭패하지 않게 하는 것이 나를 사랑하는 도리인데, 지금 도리어 종용하고 유세하며 예사로운 일처럼 보고 행동하는 것 같으니, 어찌 평소 자네에게 바라던 바이겠는가.

자네 고을의 풍속은 진실로 순박하고 혼후하네. 만일 외부인이 좋아하는 사람에게 아첨하는 것으로 자네를 의심한다면 장차 무슨 말로 그것을 해명하려는가? 일찍이 회향(懷鄉 회덕(懷德))의 여러 유생과 이것을 이야기한 적이 있는가? 관계된 바가 참으로 가볍지 않으니, 부디 속히 방법을 바꾸기 바라네.

오순지에게 보냄 임진년(1652, 효종3) 답청일[33]

與吳順之 壬辰踏靑日

어제 간략하게 답장을 보내어 안타까웠네. 밤사이 객지 생활은 어떠하였는가? 탄옹(炭翁 권시(權諰))을 아울러 자네에게 보내네. 그의 성의가 이와 같으니, 이 사람은 참으로 나를 사랑하는 자이네. 이런 뜻을 서로 전하여 알려 나에게 벗어날 길을 열어 주기 바라네. 어떻게 생각하는가?

주 부자(朱夫子)가 어떤 사람에게 보낸 편지에서 "나를 산속에서 한가로운 사내로 살도록 남겨 두어 세상 사람들과 교류하지 않게 해 주게."라고 하였으니, 자네가 만약 나를 염려한다면 어찌 이러한 것으로 나를 대접하고 싶지 않겠는가. 더구나 감히 그렇게 할 수 없다는 뜻이 마음속에 굳게 있는데, 이것은 남들은 혹시 알지 못하더라도 자네는 잘 아는 것이네. 부디 양해해 주기를 바라네.

33 답청일(踏靑日) : 음력 3월 3일 삼짇날을 말한다. 이날 남녀노소가 들에 나가 푸른 새싹을 밟으며 풍년을 기원하였다.

오순지에게 답함 정유년(1657, 효종8) 2월 보름
答吳順之 丁酉二月望日

며칠 전의 모임은 지금까지 마음에서 잊지 못하네. 방금 보내온 편지를 받고 원안(袁安)이 굶어 죽지 않았음[34]을 매우 기뻐하였네. 어제 사관(史官)이 전한 별유(別諭)는 과연 매우 정성스러웠으나 나의 병이 날로 심해져 소명에 달려갈 수 없으니, 황공한 마음 어찌 끝이 있겠는가.

서원의 제사를 물려서 행하는 것은 의리가 어떠한지 따질 것 없이 다른 서원이 모두 그렇게 하는데 단독으로 달리하기 어려울 것이네. 예(禮)에 "군자는 예를 행할 때에 고국의 풍속을 변경하려 하지 않는다."[35]라는 글이 있고, 또 예가 의심스러울 때는 후하게 하는 쪽을 따른다는 설이 있네. 지금 이 향사(享祀)는 또 기일(忌日)을 앞당기거나 뒤로 물리지 못하는 것과는 같지 않네. 나는 모름지기 현원(賢院)처럼

34 원안(袁安)이……않았음 : 상대방의 무사함을 뜻한다. 후한(後漢)의 명상(名相) 원안이 미천했을 때, 한번은 낙양(洛陽)에 큰 눈이 와서 낙양 영(洛陽令)이 민가를 순행하였다. 다른 사람들은 모두 나가서 눈을 치우고 걸식(乞食)하는데, 원안의 집만 유독 눈도 치우지 않은 채 방 안에 드러누워 있으므로, 사람을 시켜 왜 나오지 않느냐고 물었다. 원안이 말하기를 "큰 눈이 와서 사람들이 모두 굶주리는 때에 남에게 요구를 해서는 안 된다."라고 하므로, 낙양 영이 그를 어질게 여겨 효렴(孝廉)으로 천거하였다. 《後漢書 袁安列傳》

35 군자는……않는다 : 《예기(禮記)》 〈곡례 하(曲禮下)〉에 "군자는 예를 행할 때에 고국의 풍속을 변경하려고 하지 않는다. 제사 지낼 때의 예절이나 거상(居喪)할 때의 복제나 곡읍(哭泣)할 때의 위치 같은 것을 모두 고국의 옛 풍속대로 하면서 삼가 그 예법을 닦아 자세히 살펴 행하는 것이다."라는 말이 나온다.

한다면 거의 후회가 없으리라 생각하는데, 어떨지 모르겠네.

춘형(春兄 송준길(宋浚吉))은 초여드레의 편지를 얻어 보니 양지(陽智)의 현사(縣舍)에서 유숙하였다고 하였네. 덕이(德而 오시수(吳始壽))가 간 뒤에 성패는 어떻게 되었는가? 이만 줄이네.

오순지에게 답함 병오년(1666, 현종7) 10월 4일

答吳順之 丙午陽月四日

그리워하던 중에 이렇게 안부 편지를 받으니, 감사한 마음 그지없네. 나는 지난여름부터 청천(淸川)에 들어와 지내는데, 비록 몹시 궁벽하고 적막하나 도리어 외부의 쓸데없는 시비가 없으니 이는 다행한 일이라 할 수 있네. 추수한 뒤로 나무를 세워 기둥을 만들고 띠를 베어 이엉을 엮어 살림을 정돈한 지 이미 오래이네. 또 서당 3칸을 짓는 것도 끝났네. 이달 20일경에 자식의 혼사를 치르고 나면 곧바로 돌아가 겨울을 날 생각이네.

분산(分山)[36]의 말은 그 무슨 농담인가. 모름지기 먼저 배고픔 참는 방법을 배운 뒤에야 이런 생활을 운영할 수 있을 것이네. 만날 길이 없네. 첫추위에 더욱 몸조심하게.

36 분산(分山) : 마음이 맞는 두 사람이 경치 좋은 한 구역을 나누어 나란히 은거하는 것을 뜻한다. 송(宋)나라 장영(張詠)이 포의(布衣)로 있던 시절, 화산(華山)에 은거하고 있는 희이(希夷) 선생 진단(陳摶)을 만나서 "원컨대 화산 반쪽을 나누어 살고 싶은데, 되겠습니까?" 하니, 진단이 "공에게는 당연히 그렇게 해 줄 수 있지."라고 한 데서 유래하였다.《夢溪筆談 卷20》

오순지에게 답함 계축년(1673, 현종14)

答吳順之 癸丑

안부 편지 무척 고맙네. 나는 겨우 돌아왔으나 병이 심해져서 답답하고 괴롭네. 이번 중정일(中丁日)에 대하여 다른 서원의 일을 듣지 못했는가? 이에 보내 준 번육(膰肉)을 받았는데, 감히 돌려보내지 못하고 또 감히 받지도 못하여 어떻게 처리해야 할지 모르겠네. 다만 가지고 온 사람에게 외사(外舍)에 두게 하고서 합당한 처리 방법을 생각할 때까지 기다리게 하였네.

오순지에게 답함

答吳順之

〔문〕 상중 3년 동안 사시(四時)의 절사(節祀)는 궤연(几筵)에서만 받들어 행하고 묘(墓)에서는 행하지 않습니까?

〔답〕 《상례비요(喪禮備要)》 구본(舊本)에 이에 관한 의절(儀節)이 있으니 고증할 수 있을 것이네.

〔문〕 3년 안에 설과 추석은 마땅히 초하루와 보름의 전(奠)에 아울러 행하는 것이 좋겠지만 한식(寒食)과 단양(端陽 단오)에는 별도로 술, 과일, 떡, 국수 등 몇 가지를 차려야 합니까? 또한 아침 전(奠)을 올릴 때 상식(上食)까지 겸하여 행해야 합니까? 《가례문해(家禮問解)》에는 "상식한 뒤에 별도로 술과 과일 몇 가지를 차린다."라고 하였습니다. 이른바 속절(俗節)은 유두(流頭), 칠석(七夕), 중구(重九) 등의 명절만을 말한 것입니까, 아니면 이 네 명절까지를 아울러 말한 것입니까?

〔답〕 마땅히 노선생(老先生 김장생(金長生))의 설대로 해야 할 것이네. 그러나 상식에 아울러 행하는 것도 무방할 듯하네. 이미 속절이라 하였으니 넓게 통틀어 말한 것인 듯하네.

〔문〕 장사 뒤에 절사(節祀)를 묘에서 행할 때 토신제(土神祭)를 대행시킬 만한 다른 사람이 없으면 비록 상인(喪人)이라도 자기가 지낼 수 있습니까?

〔답〕 토신제는 외사(外祀 교외에서 지내는 제사)이네. 상인이 지내기에는 온당하지 않은 듯하네.

〔문〕 장사 뒤에 만일 반혼(反魂)하지 않고서 그대로 궤연(几筵)을 모시고 묘 아래 여막에서 살게 되면 사시(四時)의 절사를 궤연에서만 행하고 묘에서는 전배(奠拜)하는 예를 전부 폐해야 합니까?
〔답〕 마땅히 궤연에서 행해야 할 듯하네. 대개 《가례(家禮)》에 "시조(始祖)는 친진(親盡)이 되고서야 묘에 제사한다."라는 예(例)로 보자면[37] 역시 이렇게 해야 할 듯하네.

〔문〕 동지(冬至)에 팥죽을 천신(薦新)하는 일은 아침 전(奠)을 올릴 때 행해야 합니까, 상식한 뒤에 별도로 차려야 합니까?
〔답〕 이와 같은 것은 다 잘잘못이 없을 듯하네.

〔문〕 3년 안에 돌아가신 분의 생일을 만나 차마 그냥 넘기지 못할 경우 상식한 뒤에 별도로 몇 그릇의 음식을 차려 행하는 것이 어떨지 모르겠습니다.
〔답〕 마땅히 그와 같이 해야 할 것이네. 우리 집안에서는 상중에는 평소 차리던 음식대로 약간 구비하여 행할 뿐이네.

〔문〕 장례를 치르기 전에 돌아가신 부모의 기일(忌日)을 만나면 전

37 예(例)로 보자면 : 대본에는 '例之'로 되어 있다. 《송봉유고(松峯遺稿)》 권4 〈상우암선생(上尤庵先生)〉에 근거하여 '例' 뒤에 '觀'을 보충하여 번역하였다.

(奠)이나 상식을 모두 소찬(素饌)으로 차리는 것이 어떻습니까?
〔답〕 마땅히 그와 같이 해야 할 듯하네. 그러나 장례를 치른 뒤라면 아마도 꼭 그렇게 할 필요가 없을 것이네.

〔문〕 아침 곡(哭)은 날이 밝기를 기다리고 저녁 곡은 날이 어두워지기를 기다리는 것이 정성(定省)의 의식[38]에 합당할 듯합니다.
〔답〕 《예기(禮記)》에는 "저녁 전(奠)은 해가 넘어가기 전에 하라." 하였고, 《가례》에는 "저녁 전이 끝나거든 혼백(魂帛)을 받들어 영상(靈床)에 모시고 슬픔이 다하도록 곡한다." 하였네. 두 예서(禮書)의 내용을 합하여 본다면 어둡기까지는 이르지 않을 듯하네.

〔문〕 초하루와 보름의 은전(殷奠)에 분향(焚香)만 하고 술을 땅에 붓지 않음은 무슨 뜻에서입니까?
〔답〕 이는 보통 제사의 의식을 줄여서 한 뜻인 듯하네.

〔문〕 띠를 묶는 데[39] 붉은 실을 사용하는 것은 무슨 뜻입니까? 띠를 자르는데 꼭 8치로 자르고 흙을 쓰지 않고 모래를 쓰는 것은 또 무슨 뜻에서입니까?
〔답〕 붉은 실은 아름답게 꾸미려 해서이고, 모래는 깨끗한 점을 취해서이며, 8치의 의미는 자세히 모르겠네.

38 정성(定省)의 의식 : 혼정신성(昏定晨省)의 준말로, 밤이면 어버이의 이부자리를 보아 드리고 새벽이면 밤사이 잘 주무셨는지 살피는 것을 이른 말이다.

39 띠를 묶는 데 : 제사 지낼 때 쓰는 모사(茅沙)의 띠를 가지고 한 말이다.

〔문〕 부인의 초상에, 평소에 승당(升堂)[40]하지 않았던 사람은 들어가 곡하지 않는 것이 예입니다. 비록 동성(同姓)의 친척이라 하더라도 같은 5대조의 자손이 아니고 또 평소에 승당하지 않았다면 들어가 곡해서는 안 되는 것입니까?

〔답〕 동성은 가깝고 멀고를 따질 것이 없으나 이성(異姓)은 당연히 정분이 어떠했던가를 따져 보아야 할 것이네.

〔문〕 아버지 상중에 계모(繼母)가 있다면 고애자(孤哀子)라고 칭하는 것이 옳습니까?

〔답〕 고애자라고 칭하는 것은 옳지 않네. 퇴계(退溪)가 벌써 그렇게 말씀하였네.

〔문〕 부모와 조부모(祖父母)의 초상이 겹쳐 적손(嫡孫)으로서 아버지를 대신하여 집상(執喪)하는 사람이, 평상시 편지를 쓸 때 할아버지를 위주로 하여 고애손(孤哀孫)이라 칭해야 합니까?

〔답〕 조부를 위해 입는 3년복을 예(禮)에서 가복(加服)이라 하였네. 그렇다면 중한 바는 부모에게 있을 듯하네.

〔문〕 보통 집안에서 하관(下棺)할 때는 아직도 시간을 점쳐서 합니다. 그렇다면 하관하기 전에는 효자(孝子)가 천광(穿壙)의 왼쪽에 위치해야 합니까? 그사이에 혹 치전(致奠)하거나 조문하는 사람이 있다면 영악(靈幄)에서 받아야 합니까?

40 승당(升堂) : 안채로 들어가 인사를 올리는 것을 말한다.

〔답〕 천광의 왼쪽에 있어야 할 듯하네. 예(禮)에는 장사를 당해서는 비록 군주(君主)가 조문한다 하더라도 마땅히 사양해야 한다고 하였네. 이 시간에 어떻게 치전할 수 있겠는가.

〔문〕 요즘 사람들은 성복(成服)하는 날 반드시 은전(殷奠)을 올리는데 어디에 근거한 것입니까?

〔답〕 예에는 그렇지 않네. 그러나 세속을 따른다고 하여 무엇이 나쁠 것이 있겠는가.

〔문〕 소렴조(小斂條)의 "자최 이하…… 5대조가 같은 자는 단문한다.……〔齊衰以下……同五世祖者袒免云云〕"에 대하여

〔답〕《가례》의 뜻으로는 '모상(母喪)'은 '자최'의 글 속에 들어가야 할 듯하네. 그러나 감히 단언하지는 못하겠네.

〔문〕 제삿날이 명절과 겹치면 새벽에 제사를 모시고서 묘(墓)에서 또 설행(設行)하는 것을 보통 의식대로 해야 됩니까?

〔답〕 아마 당연히 보통 의식대로 해야 할 것이네.

〔문〕 발인(發引)하는 날의 아침저녁 상식 절차를 말하지 않은 것은 무슨 뜻에서입니까?

〔답〕《가례》의 발인조에 "아침저녁으로 곡하며 전(奠)을 드리고 밥 먹을 때 상식한다."라는 글이 있네. 이에 근거한다면 이를 처리하기 어렵지 않을 것이네.

〔문〕 첩(妾)의 아들로 승중(承重)한 사람이 사친(私親)의 복(服)을 입지 않아 둘째 아들이 주상(主喪) 노릇을 하게 되면 무슨 복을 입어야 합니까?

〔답〕 둘째 아들로서 낳아 준 어머니의 주상이 되었다면 당연히 자최(齊衰)의 복을 입어야 할 것이네. 기왕에 이미 주상이 되었다면 모든 고사(告詞)에서 그대로 주상이 됨은 의심할 나위가 없네. 다만 성복(成服)하는 날이나 혹 제주(題主)할 때 따로 그가 주상이 된 까닭을 아뢰는 것이 원만할 듯하네.

〔문〕 외손자가 개가한 외조모를 위하여 복을 입습니까?

〔답〕 예(禮)에는 친손자에게도 개가한 할머니를 위한 복은 말하지 않았네. 하물며 외손이야 말할 나위가 있겠는가. 다만 분명한 근거가 없으므로 감히 단언하지 못하겠네.

〔문〕 첩의 명정(銘旌)이나 신주(神主)에 '씨(氏)' 자를 넣는 것은 외람될 듯하며, '낭(娘)' 자는 창기(娼妓)의 혐의가 없지 않은 듯합니다. 세상 사람들이 혹 조이(召史)라고 쓰는데, 어떤지 모르겠습니다.

〔답〕 첩에게 '씨' 자를 쓰는 것은 참람한 것으로는 보이지 않으며, '낭' 자도 창기의 혐의는 있지 않네. 주위제(朱韋齋 주송(朱松))가 주자(朱子)의 모부인(母夫人)을 일러 낭이라 하였네. 조이라는 호칭은 과연 전아(典雅)하지 못한 말이네.

오순지에게 답함 병진년(1676, 숙종2) 5월 15일

答吳順之 丙辰五月十五日

보내온 편지에서 끊임없이 한 말은 읽노라니 피로를 잊었네. 오늘날의 일은 단지 문을 닫고 지조를 지킴이 있을 뿐이며, 이익에 병들지 않고 위력에 떨지 않는 것이 요법(要法)이네.

숙범(叔範 홍득우(洪得禹))과 같은 사람들은 우뚝하여 다른 사람이 미칠 수 있는 바가 아니니 또한 이것을 다른 사람에게 요구할 수 없네. 김장(金丈)의 행록(行錄)은 깊이 감사하고 또 다행스럽네. 이 어른은 한찬남(韓纘男)이 기세를 떨치며 남들을 능멸하던 때를 당하여 두려워하지도 않고 겁내지도 않으며 사문(師門)을 위하여 목숨을 바쳐야 하는 의리를 이루었으니, 이것은 참으로 말세에 드문 일이네. 내가 비록 뛰어난 재능은 없으나 감히 한두 가지를 널리 알리지 못하겠는가.

운어(韻語 시(詩))는 받아 보게 되어 매우 기뻤네. 가만히 화답하고 싶었으나 평소 함양한 공부가 없어서 시로 읊조린 것에는 "날이 저물고 엷은 구름 끼었네.〔日暮輕陰〕"[41]라는 시상이 전혀 없었네. 이것을 스스로 슬퍼하여 절대로 남과 시를 수작하지 않았는데, 지금 계율을 깨고 싶지 않으므로 과연 그렇게 하지 못하였네.

권원길(權元吉) 등 여러 사람은 지금 이미 관직을 얻었는가? 인생

41 날이……끼었네 : 송(宋)나라 학자 명도(明道) 정호(程顥)의 시에 "날이 저무는 것을 근심할 필요 없으니, 하늘가에 엷은 구름이 끼었을 뿐이네.〔未須愁日暮, 天際是輕陰.〕"라고 한 데서 인용한 것이다. 《二程文集 卷1 陳公廙園修禊事席上賦》

의 귀천(貴賤)에는 본래 정해진 분수가 있다는 것은 참으로 지당한 말이네.

오순지에게 답함 정사년(1677, 숙종3) 2월 5일

答吳順之 丁巳二月五日

지난달 인편을 통해 초나흗날에 보낸 편지를 받았네. 고시(古詩) 3편도 봉투 안에 있었는데, 여러 번 읊조리니 참으로 여름날 맑은 바람을 시원하게 쐬는 듯하였네. 나는 가슴속 한 가닥 숨이 아직도 끊어지지 않았으니, 어째서 그런지 모르겠네.

검담(黔潭)의 뜻[42]은 장하네. 무슨 역량으로 무슨 재물로 또 어떤 동지들과 이 일을 이루려 하는가? 훼손될 여부는 논할 것도 없이 곁에서 구경하는 자들이 틀림없이 손뼉을 치며 비웃을 것이네. 일의 형세가 이러하니 시비를 어찌 입에 담겠는가.

내 생각에는 세력가를 찾아가 애걸복걸할 필요 없고 분노를 표출하며 앞장서서 주장하여 주먹질과 발길질을 당할 필요도 없으니, 단지 대문을 닫고 정원의 길도 쓸지 않으며 경서와 역사서를 복습하고 몸과 마음을 성찰하는 것이 오늘날 마땅히 힘써야 할 일이네. 자네는 어떻게 생각할지 모르겠네.

또한 한 가지 설이 있네. 동춘(同春 송준길(宋浚吉))이 당초에 검담을 매우 사랑하여 장차 노닐며 거처하는 곳으로 삼으려 했는데, 오래지 않아 나에게 말하기를 "그곳의 인심이 도리어 이렇게 선하지 않을 줄

42 검담(黔潭)의 뜻 : 송준길이 생전에 좋아했던 검담에 서원을 건립하여 송준길의 학덕을 기리려는 뜻인 듯하다. 검담은 현재의 세종시 부강면 금호리인데, 1695년에 이곳에 송준길의 학덕을 기리기 위하여 서원을 건립하였다.

몰랐네."라고 하였네. 무슨 꼴을 보았는지는 모르겠으나 애초에 도모할 때 잘 살피지 못한 것을 자못 후회했는데, 자네도 틀림없이 이 일을 들었을 것이네. 대저 이와 같으니 이제부터는 나의 미천한 능력을 내어 그 규모를 한층 더하여 장구하고 원대한 계책을 세우려 하는 것은 더욱이 지혜로운 자를 기다리지 않아도 그 불가함을 알 수 있을 것이네. 동춘의 말이 어제 일처럼 귀에 쟁쟁하므로 마침내 말을 하였네.

오순지에게 보냄 정사년(1677, 숙종3)
與吳順之 丁巳

위로의 편지에 일찍이 답장을 써 보냈는데, 보았는지 모르겠네. 나는 겨우겨우 견디고 있으나 근래의 소식이 매우 급박하니 얼마나 세상에 더 머물 수 있겠는가.

〈김옹전(金翁傳)〉[43]은 완성하여 보내니 모름지기 현윤(賢胤 영윤(令胤))더러 묘표(墓表), 지문(誌文), 찬(贊), 행장(行狀)을 문곡(文谷 김수항(金壽恒)), 이산(尼山 윤선거(尹宣擧)), 노봉(老峯 민정중(閔鼎重)), 현석(玄石 박세채(朴世采)) 등 여러 현인에게 부탁하게 하는 것이 어떻겠는가? 나는 이 어른의 사적은 백세토록 사라지지 않으리라 생각하네.

또한 흉악한 정용(鄭墉)과 간사한 여이진(呂以振) 등은 비록 극히 무함하고 멸시하는 짓을 하였으나 해괴하고 망녕된 사람에 지나지 않을 뿐이고 나머지 사람들은 비방할 것도 없으니, 곧은 도(道)와 바른 길이 펴지면 군자와 치세를 기다릴 것도 없음을 알 수 있네. 이만 줄이네.

43 김옹전(金翁傳) : 김약(金篛)의 전기(傳記)로, 《송자대전》 권214 〈김오자옹전(金五者翁傳)〉을 가리킨다.

오순지에게 답함 정사년(1677, 숙종3) 12월 18일

答吳順之 丁巳十二月十八日

자윤(子尹 민임중(閔任重))이 멀리서 오고 또 두 통의 편지를 보았으니, 매우 위로되고 후련하였네. 다만 여러 가지 말씀에는 간혹 저들의 입을 다물게 할 것이 있었네. 더구나 우리는 오늘날 단지 자신이 할 일에 최선을 다해야 하며 그 나머지 화복은 모두 하늘에 맡기는 것이 옳네. 참으로 망녕되이 희망을 가져 한갓 남들의 비웃음을 살 필요는 없네.

나는 질병이 한창 심해졌으나 마침 절도(絶島)에 정배(定配)한다는 소식을 들었네. 비록 정력이 틀림없이 감당하지 못할 것을 스스로 알지만 줄곧 운명에 맡기니 일을 던 것 같기는 하네. 자윤이 너무도 바삐 작별을 고하여 다만 사람의 마음을 아프게 할 뿐이네.

김옹(金翁 김약(金篛))의 묘지명은 내가 병으로 겨를을 내어 짓지 못했네. 다행히 죽지 않는다면 식언을 하지 않을 것이네. 그러나 전날에 보낸 〈김옹전(金翁傳)〉의 글은 만약 잃어버리지 않는다면 김옹의 사적을 영원히 전하기에 충분할 것이네.

별지

주자(朱子)는 분묘(墳墓)를 의탁한 바의 향인(鄕人)에게 반드시 예를 더하였고, 대등한 관계 이상의 사람에게는 곧 배례(拜禮)를 하였네. 더구나 사현(沙峴)에 모신 분묘는 본시 우가(禹家)가 가꾸는 산 안에 있네. 우씨(禹氏)의 선대는 우리 증조부 형제에게 배웠는데, 증조부께서 세상을 떠나시어 규암(圭庵 송인수(宋麟壽)) 선생이 장지

(葬地)를 목마른 듯이 구해도 얻지 못하자, 우씨의 선대가 그 성의에 감동하여 드디어 그 산을 나누어 주었으므로 두 집안 분묘의 거리가 100여 보도 안 되네. 선대의 우의가 이와 같고 또 우씨가 바야흐로 묘 아래에 거주하니 주자의 예로 헤아리면 어찌 서로 친분을 두텁게 맺지 않을 수 있겠는가. 이런 까닭에 지난해에 과연 부채 한 자루를 구례(舊例)에 따라 보내 주었네. 그 사람이 시속을 따라 얼굴을 바꿈이 이 지경에 이를 줄 생각지도 못했네. 그러나 이제부터 다시 도모하면 되니, 지난 일은 후회하지 않네.

오순지에게 답함

答吳順之

뜻밖에 편지를 받으니 위안되는 마음 그지없네. 나는 아파 누워 목숨이 다하기를 기다리고 있네. 이 밖에 무엇을 말하겠는가.

박씨(朴氏) 성을 가진 자는 방백(方伯)이 비록 서로 친하다고 말하였으나, 사사로운 청탁에 매우 괴롭네. 그리하여 이미 한두 가지 일에 곤욕을 치른 적이 있으니, 이제는 염치를 무릅쓰고 다시 시도할 수 없네.

또한 생각건대 오늘날의 폐단은 어려운지 쉬운지를 따지지 않고 금령(禁令)을 위반하며 편지를 보내 사사로운 은혜를 널리 팔고 혹은 의협심으로 서로 구제하며 그것을 신의(信義)라고 말하는데, 모두 우리의 가법(家法)이 아니네.

주자(朱子)는 일찍이 "평소에 사람이 와서 나의 글을 빼앗는 것을 두려워하였다."[44]라고 했는데, 이것은 참으로 오늘날 후생(後生)이 마땅히 알아야 할 것이며 황생(黃生)도 알게 하는 것이 옳네. 오직 바라건대 자네는 자윤(子尹 민임중(閔任重))과 서로 함께 농사를 감독하고 책을 읽는 외에 다른 일은 쓸어버린다면 마음과 몸에 유익함이 없지

44 평소에……두려워하였다 : 주희(朱熹)가 문인이 추천을 구하는 것을 거절하는 글에서 "평소 사람이 문자를 구하여 빼앗는 것을 두려워했으나 또한 남의 문자를 빼앗으려 하지 않았다."라고 했는데, 그 말뜻은 남을 위해 추천을 구하지 않았으며 또한 남에게 추천을 구하지 않았다는 뜻이다. 《宋子大全隨箚 卷10》

않을 것이네.

옛사람의 시에 "나에게는 책 빌려 오고 술 사는 일뿐, 공사 간에 시끄러운 일이라곤 없네.〔除却借書沽酒外, 也無一事擾公私.〕"라고 하였는데, 이 말은 참으로 맛이 있네. 나머지는 남의 손을 빌려 글을 쓰느라 일일이 다 쓰지 못하네.

오순지에게 답함

答吳順之

저번 편지에서 외람되이 망녕된 설을 올려서 한창 크게 참람함이 컸음을 걱정하고 있었네. 이번에 자네의 편지를 받아 보니, 허락하는 뜻을 내가 과분하게 받았네. 마음을 비우고 남의 말을 들어주며 겸손할수록 빛나는 자네의 마음을 충분히 보았네. 감탄한 나머지 또 매우 위안되었네.

대개 오늘날의 폐단을 보건대, 모두 외부 일에 사로잡혀 자기에게 절실한 일을 하지 않으므로 저번의 편지에서 언급했던 것이네. 지금 자네의 편지를 보건대 불가하다고 하지 않았으니, 또한 마땅히 스스로 성찰하고 스스로 경계해야 하고 부질없이 남을 책망해서는 안 되네. 이제부터 불선(不善)이 있다면 서로 충고하며 게을리하지 않기를 간절히 바라네. 이만 줄이네.

오순지에게 답함
答吳順之

〔문〕 지팡이를 짚는 뜻에 대하여

〔답〕 자네가 편지에서 한 말이 옳네. "동자가 병이 날 리 없다.〔童子不能病〕"[45]의 병(病) 자는 질병을 말하는 것이 아니네.

〔문〕 지팡이는 언제 짚습니까?

〔답〕 성복(成服)하면 지팡이를 짚네. 《상례비요(喪禮備要)》의 〈성복지구(成服之具)〉를 살펴보아도 알 수 있네.

〔문〕 영구(靈柩)를 옮길 때 지팡이를 드는 것에 대하여

〔답〕 영구를 옮길 때 지팡이를 들고 서서 살피니, 이미 공경함이 슬픔을 이기는 뜻이 있는 것이지 장차 사당에 나아가기 위한 것은 아니네. 집(輯)은 거두는 것이니, 지팡이를 들고 땅에 짚지 않는 것이네. 그 뜻이 분명한데 다시 무엇이 의심스러워 묻는 것인가.

〔문〕 지팡이를 기대어 놓는 것에 대하여

45 동자가……없다 : 《예기(禮記)》 〈상복사제(喪服四制)〉에 "지팡이는 어째서 있는가? 관작이 있는 사람을 위해서 있는 것이다. …… 나이 어린 부인과 동자가 지팡이를 짚지 않는 것은 슬픔 때문에 병이 날 리 없기 때문이다.〔杖者何也? 爵也.……婦人、童子不杖, 不能病也.〕"라고 한 내용이 보인다.

〔답〕 예(禮)의 뜻이 명백하고 자네의 말은 상세하지 않네. 정침(正寢)에 궤연을 설치하는데, 이른바 '방 바깥〔室外〕', '계단 아래〔階下〕', '문 바깥〔門外〕'은 모두 정침에 의거하여 말한 것이네. 제청(祭廳)에 대하여 요즘 사람은 예의 뜻을 알지 못하여 혹은 바깥에 출빈(出殯)하고 그대로 3년 동안 제사를 지내고 전(奠)을 올리는 곳으로 삼으므로 이런 이름이 있게 된 것이네. 묻는 것이 무엇인가? 우제(虞祭)부터는 지팡이를 바깥에 기대어 놓으니, 그 뒤 3년 안에는 모두 지팡이를 들지 않음을 알 수 있네.

〔문〕 수령이 와서 조문하면 지팡이를 드는 것에 대하여
〔답〕 옛날에는 다른 대부(大夫)의 조문하는 명이 이르면 지팡이를 거두어 들었네. 지금 이 예에 의거하여, 수령이 와서 조문할 때 상주가 지팡이를 들고 땅에 짚지 않는다면 근거가 있는 것이네. 선생 장자(先生長者)에 이르러서는 아무리 대부의 예처럼 그들을 높이고 싶을지라도 어찌 감히 이 예를 감당할 수 있겠는가. 군주가 조문하는 의례는 옛 경전에 있으니 우리나라의 경우는 분명히[46] 상고할 수 있는 것이네. 수령의 조문은 상례(常禮)처럼 하면 될 듯하네.

46 분명히 : 대본에는 '用'으로 되어 있다. 두주와 문맥에 근거하여 '明'으로 바로잡아 번역하였다.

김성징[47] 득락 에게 답함 갑진년(1664, 현종5) 11월 16일
答金聖徵 得洛○甲辰十一月十六日

서로 생각하는 마음이 아무리 깊어도 안부를 물을 길이 없었는데, 오늘 조생(趙生)이 온 덕분에 자네의 편지를 보았으니 위안되고 기쁜 마음을 견딜 수 없네.

굶주림과 추위는 참으로 선비에게 늘 있는 일이니 마땅히 인내해야 하네. 혹시라도 끝내 죽음에 이른다면 그것도 운명이니, 또한 어찌하겠는가. 연평(延平 이동(李侗))이 주자(朱子)를 가르치면서 "옛사람 중에 감당할 수 없는 지경에 이르렀던 분에게 자신을 견준다면 꽤 힘이 남을 느낄 것이다."라고 하였으니, 옛사람 중에 감당할 수 없는 지경에 이르렀던 분이 어찌 자네 정도에 그치겠는가. 모름지기 힘쓰고 힘쓰게.

듣건대 《중용》을 보고 있다고 하던데, 그것은 엽등(躐等)인 듯하네. 이 책은 무척 보기 어려우므로 옛 현인이 독서의 차례를 논할 때 이 책을 《대학》, 《논어》, 《맹자》를 읽은 뒤에야 읽을 수 있는 것이라 하였네.

내 생각으로는 《소학(小學)》을 수천 번 읽는 것이 나으니 틀림없이 마음이 열리고 눈이 밝아지는 효과를 볼 것이네. 어떻게 생각할지 모르겠네. 나머지는 마침 소란스러운 일이 생겨 일일이 다 쓰지 못하네.

47 김성징(金聖徵) : 김득락(金得洛)으로, 성징은 자이다. 송시열 고모의 손자이다. 《宋子大全隨箚 卷13 目錄》

별지

〈중용장구서(中庸章句序)〉의 '문인(門人)'은 정자(程子)의 문인이네. 그 아래에서 '문인'이라 한 것도 그러하네. 장하주(章下註)를 장(章)의 글자 아래에 이어서 쓴 것은 그 자리가 절(節)을 나누는 곳이기 때문이네. 《중용》은 4절로 나누어지므로 이어서 쓴 것이 4장이니, 곧 수장(首章), 제12장, 제21장, 말장(末章)이네. 연어(鳶魚)의 주에서 "활발발지(活潑潑地)"라고 한 것은 어의(語意)가 살아 움직이는 것을 말한 것이네.

김노원 득수 에게 답함 갑오년(1654, 효종5) 8월 18일

答金魯源 得洙○甲午八月十八日

자네가 갈 때 송별하지 못했는데, 이렇게 편지가 오니 조금 위안되네. 나는 여전히 바쁘고 게으르게 지낼 뿐이네. 책을 읽으면 의심이 나는 곳이 있다고 말했는데, 이것은 바로 진보하는 소식이네. 의심이 나는 것을 따라서 정밀하게 생각하기를 그만두지 않으면 끝내 의심이 없는 데 이를 것이네. 만약 흐리멍덩한 사람은 모두 의심이 있는 것을 모른다네.

이밖에는 별달리 기이한 방법이 없으니, 단지 서서히 하되 서두르지 말아야 하고 꾸준히 하되 감히 태만하지 말아야 하네. 마치 견고한 나무를 다듬을 때처럼 쉬운 부분을 먼저 공략하고 어려운 부분을 나중에 공략하며, 마치 헝클어진 실을 풀 때처럼 풀리지 않는 곳이 있다면 우선 빼놓고 천천히 분별해야 하네. 이렇게 할 뿐이네.

시사(時事)와 같은 것은 향리에서 얻어들을 수 없을 뿐만 아니라 또한 글을 읽는 젊은이가 알아야 할 것도 아니네. 안타깝게도 자네는 잘못 물었네. 이곳의 유생들은 대개 이 병이 있어 평소에 착하지 않았으니, 나는 자네가 그들을 본받지 않기를 바라네.

김노원에게 답함 병오년(1666, 현종7) 2월 21일

答金魯源 丙午二月二十一日

편지를 받아 보고 부모님을 모시는 체후가 편안함을 알고 위안되었네. 혼사(婚事)가 대략 정해졌으니 재촉하여 끝내지 않을 수 없네. 절대로 혼수 비용을 다 갖추지 못하였다고 해서 다시 일정을 늦추지 말게.

담사(禫事)는 애초에 역병을 피하여 우거하는 곳에 신주(神主)를 받들고 오지 않았으니 매우 온당치 못하였으나, 추후에 받들어 내오는 것은 안 될 것이 없네. 이상(二祥 소상(小祥)과 대상(大祥))은 사고가 있었으니 나중에 택일하여 지내야 하네. 담사는 때를 넘기면 제사를 지내지 않는 것은 명백한 글귀가 있네.

김노원에게 답함 정미년(1667, 현종8) 1월

答金魯源 丁未正月

특별히 보낸 이 편지를 받아 보고, 새해에 부모님을 모시고 편안함을 알았으니, 매우 위안되고 위안되네. 나는 바야흐로 화양(華陽)으로 향하고 있네. 사(泗)의 혼사는 이미 동성(同姓)이 아니니 비록 가까운 친속일지라도 또한 무방하네. 다만 저쪽 집안이 부친상을 당해 복제(服制)가 아직 끝나지 않았으니 온당하지 않을 듯하네.

예(禮)에서 자식의 관례(冠禮)는 비록 기복(期服)일지라도 행할 수 없는데, 더구나 혼례는 관례보다 중하네. 달력은 학질(學姪)이 이미 받아 갔네. 이것은 성제(誠弟 송시도(宋時燾))가 나누어 준 것이네. 이만 줄이네.

김노원에게 답함 기유년(1669, 현종10) 3월 7일

答金魯源 己酉三月七日

돌아오니 슬프고 괴로우며 인사를 돌아볼 겨를이 없어 또 외부인을 만나지 않았네. 오늘 안부 편지를 통하여 비로소 화재를 당했다는 것을 알고 놀랍고 염려스러움이 그지없네. 그러나 또한 운수인 것을 어찌하겠는가.

생각건대 가묘(家廟)가 화재를 면했으니 다행이네. 관향은 다르나 성(姓)이 같은 경우를 우리나라 풍속에서는 통혼(通婚)하는 것에 혐의를 두지 않으나 예법에 큰 죄를 얻는 것이네.

이번에 조정에서 금법(禁法)을 새로 행하였네. 그러므로 서백(西伯)과 부제학 이민적(李敏迪)과 같은 이들은 의논하여 정한 지 이미 여러 해 되었으나 감히 마음을 먹지 못하고 있네. 대저 금령(禁令)을 새로 행하는데 사대부가 지키지 않으며 꺼리지 않으니 한갓 사리에 온당하지 않을 뿐만 아니라 틀림없이 처벌이 있을 것이네. 더구나 조정은 예법으로 백성을 인도하는데 백성이 도리어 따르지 않으니 되겠는가.

최가(崔家)는 좋을 듯하니, 서로 의논하여 성사시키는 것이 어떠한가? 달력은 제철이 아니어서 얻기 어려울 것이네. 나머지는 일일이 다 쓰지 못하네.

김노원에게 답함

答金魯源

〔문〕 조모(祖母)의 상이 아직 끝나지 않았는데 망부(亡父)가 불행하게도 불승상(不勝喪)[48]하여 망부의 상복을 바야흐로 영침(靈寢) 옆에 간직하여 두었습니다. 망부의 장례 때 및 조모의 상기가 끝나는 날 그것을 어떻게 해야 합니까?

〔답〕 마땅히 궤연(几筵)에 놓았다가 복(服)이 끝나는 날에 치워야 하네. 옛날 김 선생(金先生)에게 들은 것이 이와 같네.

〔문〕 조모의 재기일(再期日)[49]에 조카 등이 제사에 참석해야 할 듯한데, 어떤 복을 입고 어떤 관을 써야 합니까?

〔답〕 출입할 때의 건복(巾服)을 입고 행하네. 《가례(家禮)》의 소주(小註)에 조금이나마 근거할 만한 것이 있을 것이네.

〔문〕 속백(束帛) 상자는 《가례》나 《상례비요(喪禮備要)》에 모두 열어 두는지 닫아 두는지 눕히는지 세우는지에 대한 의절이 없습니다. 세속에서 밤에는 닫아서 눕혀 두고 낮에는 열어서 세워 두는데, 어떨지 모르겠습니다.

〔답〕 눕혀 두는 것이 예의 뜻인 듯하네.

48 불승상(不勝喪) : 부모의 상중에 죽는 것을 말한다.

49 재기일(再期日) : 복상(服喪)한 지 25개월째 되는 날을 말한다.

〔문〕 장사 지내기 전에 궤전(饋奠)하는데, 조카에게 이미 제사를 맡을 만한 자질(子姪)이 없어서 아우들에게 관세(盥洗)를 임시로 행하게 하고 장사를 지낸 뒤에 그대로 직접 행하고자 하는데 어떨지 모르겠습니다. 세상의 풍속에서는 제사를 행하거나 출입할 때 포망건(布網巾)을 착용하는데, 또한 따라도 됩니까?

〔답〕 형제가 행하는 것은 비록 예가 아닌 듯하나 어쩔 수 없다면 이와 같이 해야 할 것이네. 장사 지낸 뒤에 직접 전(奠)을 올리는 것이 우제조(虞祭條)에 보이는데, 이것이 왜 의심스러운가. 망건(網巾)은 명(明)나라의 제도에 나오나 《가례》에서 말하지 않은 것을 감히 단언하지 못하겠네. 그러나 세속에서 거상(居喪)할 때는 혹 포(布)를 사용해 만드는 경우도 있으니, 또한 무방할 듯하네.

〔문〕 거상 때의 심의(深衣)는 참최(斬衰), 자최(齊衰)를 따지지 않고 모두 가장자리를 꿰매고 선을 두를 수 있습니까? 중단의(中單衣) 제도는 또한 어떠합니까? 출입할 때 세속에서는 대부분 생포(生布)로 만든 직령(直領)을 착용하는데, 전배(前輩)도 옳다고 여겼습니다. 다만 참최를 입은 사람이 만약 직령의 제도를 따라 선을 두른다면 참최의 뜻이 아닙니다. 장차 어느 설을 따라야 합니까?

〔답〕 직령과 중단의 제도는 《가례》에 보이지 않아 감히 단언할 수 없네. 다만 참최는 가장자리를 꿰매지 않고 자최는 꿰맨다고 말한 것은 최복(衰服)의 제도로 미루어 말한 것일 뿐이네.

〔문〕 유씨(柳氏)에게 시집간 고모(姑母)의 신주는 망부(亡父)가 조모의 뜻을 마지못하여 따라 별묘(別廟)를 세워 봉안한 것입니다.

지금 고모의 후사를 이은 자가 신주를 봉환(奉還)하고자 하여 조카 또한 망부의 뜻을 따를 수 없는데 예전 그대로 망부의 삼년상 이내에 봉안합니까? 또한 그 신주에 '망실(亡室)'이라고 썼는데, 고모부가 지금 이미 세상을 떠나서 그 서자가 승중(承重)하였으니, '현비(顯妣)'라고 고쳐 쓰고 그 방제(傍題)에서도 '효(孝)'라고 칭해야 합니까?

〔답〕 유씨에게 시집간 누이의 신주가 유씨 집안으로 돌아가는 것은 본래 정례(正禮)이네. 그러나 부친의 뜻을 3년 동안 고치지 않으려는 뜻도 좋으니, 일단 천천히 하는 것이 무슨 해가 있겠는가. 신주에 '현비'로 고쳐 쓰고 방제에서 '효자(孝子)'라 칭하는 것은 의심할 것이 없네. 그러나 《가례》에 의거하면 현(顯) 자는 쓸 필요 없으니, 다만 비(妣)라 칭하면 될 듯하네. 대개 현 자를 쓰는 것은 호원(胡元 원(元)나라의 비칭(卑稱))에서 나온 것이네.

〔문〕 근래에 집안에 전염병이 번져 궤연을 받들고 피해 다니는 중에 망부의 초기일(初期日)이 벌써 임박했습니다. 남들은 전염병을 피해 다니는 중에 제사를 지내는 것은 온당하지 않으니 일단 전염병이 깨끗하게 사라지기를 기다렸다가 집에 돌아가서 날짜를 가려서 행하는 것이 좋겠다고 말하나 마음이 몹시 절박하여 해당 날짜에 행하려 하는데, 어떨지 모르겠습니다.

〔답〕 우거하는 곳에 만약 신주를 봉안했다면 단지 해당 날짜에 연제(練祭)를 지내네. 추후에 날짜를 잡아 제사를 지내는 것은 대개 마지못한 데서 나온 것이네.

〔문〕 연제 때의 최상(衰裳 상복의 상의와 하의)은 가난하여 다시 갖추지 못해서 예전에 입던 것을 그대로 입고자 하는데, 《의례(儀禮)》를 따라 연제를 지내지 않아도 되는지 모르겠습니다. 아니면 《상례비요》를 따라 연제를 지내야 합니까? 만약 연제를 지낸다면 언제 연제를 지냅니까? 연제를 지내기 전에 미리 연복(練服)을 입는 것은 온당하지 못한 듯하니, 연제 뒤에 즉시 연복을 입어야 합니까?

〔답〕 《가례》의 문장은 끝내 아직 풀지 못하였고 또한 방애(妨礙)되는 곳이 있으므로 예를 행하는 가문은 많이들 《의례》를 따라 연제를 지낼 뿐이네. 또한 《가례》에는 "하루 전에 연복을 진설한다.〔前一日陳練服〕"라는 글이 있네. 만약 연복을 별도로 제작하지 않는다면 어찌 연제를 아직 지내기도 전에 입고 있는 상복을 미리 연복으로 고칠 수 있겠는가. 그러나 상을 당한 자네의 집에서 이미 별도로 새로 상복을 만들 수 없어 과연 난처한 듯하니, 나는 감히 억측하여 판단하지 못하겠네. 기어이 말하라고 한다면 연일(練日)에 사당에 들어가 곡한 후에 바깥으로 나와서 최(衰), 부판(負版), 벽령(辟領)[50]을 제거하고 부인은 긴 치마를 잘라 내고 사당에 들어가 제사를 지내면 예에 크게 어긋나는 데 이르지 않을 것이네. 최상(衰裳)은 고례(古禮)에 원래 "연제를 지낸

50 최(衰), 부판(負版), 벽령(辟領) : 《가례》 〈상례〉 소상조(小祥條)의 주(註)에 "남자는 누인 베로 관(冠)을 만들어 쓰고, 수질(首絰), 부판, 벽령, 최를 벗는다. 부인은 긴 치마를 잘라 내어 땅에 끌리지 않도록 한다."라고 하였다. 부판은 상복의 등 위에 붙이는 베 조각으로, 등에 짐을 진 것처럼 슬픔을 지고 있다는 의미에서 붙이는 것이다. 벽령은 적(適)이라고도 하는데, 부판의 양쪽 옆 깃 아래에 댄 베 조각으로, 슬퍼하는 마음을 표시하기 위한 것이다. 최는 상복의 왼쪽 가슴에 다는 작은 베 조각으로, 애절한 마음을 표시하기 위한 것이며, 눈물받이라고도 한다.

다.〔練之〕"라는 글이 없으니, 이에 의거하여 옛 최복을 연복으로 만들지 않아도 괜찮지 않겠는가. 《가례》에서 이른바 "연복으로 관을 쓴다.〔以練服爲冠〕"라는 것은 어떻게 하는 것인지 자세하지 않네. 또한 "긴 치마를 잘라 내어 땅에 끌리지 않도록 한다.〔截長裙, 不令曳地.〕"라고 한 것은 예전에 입던 것을 그대로 입는다는 뜻인 듯하나 그 위에 도리어 "하루 전에 연복을 진설한다.〔前一日陳練服〕"라는 글이 있네. 이것은 별도로 상의와 하의를 만드는 것인 듯하니 서로 방해되는 듯하네. 다른 사람은 이에 대하여 어떻게 도모하여 행하는지 모르겠네.

〔문〕《상례비요》에서 "참최복의 연제 때에 만약 고례를 써서 요질(腰絰)에 갈포(葛布)를 쓴다면 효대(絞帶)[51]에도 마땅히 삼베를 써야 하고 부인의 상복도 같다."라고 한 것에서 이른바 '삼베를 쓴다.〔用布〕'라는 것은 무슨 삼베를 쓰고 제도는 또한 어떠합니까? 아니면 자최(齊衰)의 효대 제도와 같으나 다만 연포(練布)를 쓰는 것입니까? 혹은 숙마(熟麻)를 써서 만드는 자도 있는데, 또한 근거한 바가 있는 것입니까?

〔답〕일찍이 신재(愼齋 김집(金集)) 가문의 자제(子弟)를 보니, 갈포를 쓰고 삼베를 쓰는 것이 고례와 같았네. 《가례》는 소상(小祥)에서 쓰는 것에 대하여 다시 별도로 말하지 않았으니, 초종(初終)의 제도를 따라야 할 듯하네.

51 효대(絞帶) : 상복 제도에 참최복을 입는 사람이 띠는 허리띠로, 마(麻)를 꼬아서 만든 허리띠이다. 《儀禮 喪服》

〔문〕 소상(小祥) 후에는 아침저녁의 곡을 그치나 퇴계(退溪)는 "아침저녁으로 궤연에 전배해야 한다.〔晨昏當展拜几筵〕"라고 했습니다.[52] 그러나 소상 전 아침저녁으로 곡할 때에 이미 배례(拜禮)가 없었고 소상 후 전배하는 예는 행하는 사람들이 없으니 어떻게 해야 할지 모르겠습니다.

〔답〕 소상 전 아침저녁의 곡은 배례를 하지 않는 것이 옳고, 소상 후에는 퇴계의 설에 의거하여 행해야 하네. 이러한 것이 의기(義起)[53]라고 하는 것이네.

〔문〕 병든 누이가 상일(祥日)에 와서 참석하지 못할 때 누이가 복을 변제(變除)하는 절차는 그날 우거하는 곳에서 행해야 합니까, 아니면 추후에 행해도 됩니까?

〔답〕 추후에 행하는 것은 명백한 글귀가 있네. 그러나 누이가 벌써 소생하여 예를 행할 수 있다면 있는 곳에서 예를 행해도 해로울 것이 없지 않겠는가.

52 소상(小祥)……했습니다 : 《퇴계집(退溪集)》 권32 〈답우경선(答禹景善)〉에 "연상(練祥) 즉 소상을 지낸 뒤 아침저녁으로 곡하는 것은 폐하지만 아침저녁으로 궤연에 전배하는 것이 인정과 예의에 합당한 듯하다."라고 하였다. 이는 주희의 《가례》 권6 〈상례 소상〉에 "아침과 저녁의 곡을 그친다.〔止朝夕哭〕"라고 한 조목에 대한 우경선의 질문에 대해서 이황이 답한 것이다.

53 의기(義起) : 예문(禮文)에는 없지만 의리에 입각해서 행하는 예법을 말한다. 《예기(禮記)》 〈예운(禮運)〉의 "선왕(先王)의 예법에는 그러한 예가 없을지라도, 의리에 입각해서 적절하면 새로 일으킬 수도 있는 것이다."라고 한 구절에서 유래한 말이다.

〔문〕 질대(絰帶)의 삼중사고(三重四股)[54]의 제도는 정신이 혼미하여 다 알아내지 못하였습니다. 밝은 가르침을 받기를 원합니다.

〔답〕 맨 처음 단 하나의 가닥이 한 겹이고, 이 한 가닥을 겹쳐 노끈을 만든 것이 두 겹이고, 또 이 노끈을 재차 겹친 것이 세 겹이네. 이렇게 하면 절로 네 가닥이 되네.

〔문〕 근래에 궤연을 받들고 묘(墓) 아래에 와서 우거하는데, 아침저녁의 상식(上食) 및 곡은 어디에서 해야 합니까?

〔답〕 아침저녁의 상식 및 아침저녁의 곡은 본래 마땅히 궤연에서 행해야 하네. 만약 묘소에서라면 혹 아침저녁이나 아무 때 곡하더라도 무방할 듯하네.

〔문〕 조부의 묘를 이장하는 날에는 출입할 때 입는 의관을 입어야 합니까?

〔답〕 이장할 때 주인 이외 여러 손자에게는 복제(服制)가 없으니, 아마도 생포(生布)로 만든 직령(直領)과 생포로 만든 건(巾)을 착용하고 임해야 할 듯하네.

〔문〕 돌아가신 아버님이 생전에 쓰시던 벼루, 먹, 칼, 붓 등속은

54 삼중사고(三重四股) : 네 가닥의 삼으로 꼰 노끈을 다시 세 겹으로 꼰 것이다. 《예기》 〈간전(間傳)〉 '갈대삼중(葛帶三重)'에 대한 진호(陳澔)의 주에 "네 가닥을 꼬아서 합쳐 겹치게 하면 세 겹이 된다. 이는 한 번 꼰 것이 한 겹이 되고, 두 가닥을 합쳐 한 가닥의 노끈을 만든 것이 곧 두 겹이 되며, 이 두 노끈을 다시 합쳐서 한 가닥의 노끈을 만들면 바로 세 겹이 된다."라고 하였다

묘도(墓道) 옆에 묻거나 평소 친애하던 사람들에게 나누어 주는 것이 어떻습니까?

〔답〕 유의복(遺衣服)[55]의 사례에 의거하여 보관하는 것이 합당한 듯하네.

〔문〕 조카가 이미 가묘(家廟)를 별도로 세웠으나 종가(宗家)와 거주지가 다르다면 대상(大祥) 뒤와 담제(禫祭) 뒤에 하는 부묘(祔廟), 길제(吉祭)의 절차가 없을 듯한데, 어떠할지 모르겠습니다.

〔답〕 길제는 3년 후의 시제(時祭)이고 겸하여 주인이 다시 길복(吉服)으로 갈아입는 절차이네. 그러나 예종(禰宗)[56]은 본래 조선(祖先)에 대하여 일삼을 것이 없네.

〔문〕 대상 후 의복은 순수한 소색(素色)을 쓰고 망건은 검은 베〔皁布〕를 쓰며, 부인의 의복도 남자의 것과 같습니다. 소색으로 만드는 것은 다만 남자의 이엄(耳掩) 및 부인의 머리 위에 쓰는 것과 머리 묶는 끈인데, 어떻게 만듭니까?

〔답〕 머리 위에 사용하는 것은 초상(初喪) 때부터 최상(衰裳)과는 조금 다르므로 갓은 조금 가는 삼베를 사용하네. 지금 담제를 지낼 때 삿갓과 의복은 《오례의(五禮儀)》에 의거하여 흰 것을 사용하네. 망건

55 유의복(遺衣服) : 유의(遺衣)를 뜻한다. 대렴(大斂)을 하고 남은 망자의 옷으로, 고대에는 이를 보관해 두었다가 제사를 지낼 때 시동(尸童)에게 입힘으로써 살아 있을 때의 모습을 형상하는 풍속이 있었다. 《周禮 春官宗伯 守祧》

56 예종(禰宗) : 아버지의 종통을 이은 아들이다.

과 부인의 머리 장식에 이르러서는 《고례(古禮)》 및 《가례》에 의거하여 참색(黲色), 청벽색(青碧色), 아황색(鵝黃色)을 사용하면 그다지 어긋나지 않을 듯하네.

〔문〕 담제 중 성묘할 때 역시 곡하고 절해야 합니까? 출입할 때에도 감실(龕室) 앞에서 곡하고 절해야 합니까? 선대의 제사 때에도 담제의 의관을 입고 참가해야 합니까? 상을 당한 친구가 있으면 또한 가서 조문해도 됩니까?

〔답〕 《가례》에서 어떤 이가 위로하는 편지를 보낸 것에 답하는 형식으로 살펴보자면 그 말은 한결같이 연상(練祥) 이전과 같네. 여기에 관계된 절문(節文)도 한결같이 연상 이전과 같아야 되겠네. 대상 이후라면 이미 선세(先世)에 합사(合祀)하였으니 그저 신알례(晨謁禮)를 평상시처럼 행해야 할 뿐이네. 만약 예종으로서 그저 새 신주를 모시는 경우라면 상고하지 못하였네.

김노원에게 답함

答金魯源

〔문〕 유씨(柳氏)에게 시집간 고모(姑母)의 신주는 그 후손 된 자가 마침 사고가 생겨서 미처 봉환(奉還)하지 못했으니 우선 임시로 망부(亡父)의 사당 안에 안치하는 것이 어떻겠습니까?

〔답〕 유씨에게 시집간 누이의 신주는 유씨의 종손 중에 제사를 주관하는 자가 있으나 마침 모시고 돌아가지 못했다면 마땅히 우선 별실에 모시면서 기다려야 하니, 결코 존선고(尊先考)와 한 사당에 함께 모셔서는 안 되네. 감실(龕室)의 제도는 《가례(家禮)》에 실려 있으니, 상고해 보면 알 수 있네. 대개 네 개의 감실은 각각 서로 칸을 막아서 서로 통하지 않고 앞쪽을 비우고 발을 설치하네.

〔문〕 장사 지내기 전에는 다른 제사를 지내지 않는 것은 이미 명백한 글귀가 있으나 지금 모친의 널을 선고(先考)의 묘 아래에 모셨는데 마침 절일(節日)을 만나서 전혀 제사를 행하지 않으니 마음에 그만둘 수 없는 바가 있습니다. 자질(子姪)로 하여금 참례(參禮)의 의식처럼 소략하게나마 진설하게 하고 싶은데 정례(情禮)를 크게 해치는 데 이르지는 않겠지요?

〔답〕《예기(禮記)》에 한집에 살 경우에는 비록 신첩(臣妾)의 상일지라도 다른 제사를 지내지 않았네. 지금 영구를 모시고 묘 아래에 이르렀다면 한집에 사는 경우와 다를 것이 없으니 다른 제사는 지내지 않아야 할 듯하네.

〔문〕 종형(從兄) 김득하(金得河)가 대종(大宗)으로서 상(喪)이 올봄에 났는데, 승중손(承重孫)이 어리고 빈한하여 예법처럼 빈장(殯葬)하지 못하였으며 집 옆에 출빈(出殯)하고 장차 가을이 오기를 기다려 장사를 지내려 하는데, 그사이 6, 7개월 동안 기제(忌祭)와 묘제(墓祭)를 모두 행하지 않는다면 정례(情禮)에 온당하지 않고, 또한 이미 출빈하였으니 빈소가 집에 있을 때와는 차이가 있습니다. 장기(葬期)가 지난 뒤에 조촐하게나마 기제와 묘제를 지내는 것이 어떨지 모르겠습니다.

〔답〕 마땅히 3개월로 끊어야 하네.

〔문〕 제주(題主)는 세속에서 혹 상주가 스스로 쓰는 경우가 있는데, 또한 근거할 만한 것이 있습니까?

〔답〕 상주가 스스로 신주에 글자를 쓰는 경우는 듣지 못하였네.

〔문〕 자식이 없이 과부가 된 여인이 시어머니의 상을 만났다가 소상(小祥) 뒤에 비로소 후사를 세웠는데, 그 후사 된 자가 조모의 상에 대한 추복(追服)을 행할 적에 조부를 위하여 기년복을 입는 설[57]로

57 조부를……설 : 사계(沙溪) 김장생(金長生)의 《상례비요(喪禮備要)》 〈성복(成服)〉 자최삼년조(齊衰三年條)에 "아버지가 돌아가시고 빈(殯)을 하기 전에 어머니가 돌아가셨으면 차마 아버지를 위해 입은 현재의 상복을 변할 수 없다. 그래도 《통전(通典)》에서 이른바 '아버지가 돌아가시고 빈을 하기 전에 할아버지 돌아가셨으면 할아버지를 위해 기년복을 입는다.'라는 설을 미루어서 어머니를 위하여 기년복을 입을 수 있다. 그러나 만약 아버지의 상이 다 끝나갈 무렵에 또 어머니의 상을 당했다면, 이때에도 아버지의 상을 당한 지 3년 이내라는 이유로 어머니를 위하여 그대로 기년복을 입는

미루어서 대상(大祥)을 지내는 날 복을 벗어야 합니까, 아니면 자신이 추복하는 날을 계산하여 3년을 입습니까? 만약 3년을 입는다면 담제(禫祭)도 지낼 수 있습니까? 시어머니의 신주에 개제(改題)하는 것은 언제 하는 것이 마땅합니까?

〔답〕 마땅히 3년을 입어야 하네. 담제는 때를 넘기면 거행하지 않는다고 예(禮)에 분명한 글귀가 있네. 개제는 마땅히 3년 뒤 길제(吉祭)를 지낼 때 해야 하네.

〔문〕 네 개의 절일(節日)에 우리나라 풍속은 모두 묘에 올라가나 그중에 설날과 단오 두 절사(節祀)는 사당 안에서 행하는 사람이 많이 있고 삼헌(三獻), 유식(侑食), 합문(闔門)은 한결같이 시제(時祭)처럼 하는데, 어떻습니까?

〔답〕 이미 묘에 올라가지 않았으니 참례(參禮)의 단헌(單獻)에 의거하면 괜찮을 것이네. 만약 성찬(盛饌)을 차린다면 그저 합문 한 가지 절차를 행하면 되겠네.

것은 온당하지 못한 듯하다. 선뜻 가볍게 의론할 수 없으니 우선 여러 설들을 남겨둔다."라는 내용이 보인다.

김노원에게 답함 을묘년(1675, 숙종1) 11월 10일

答金魯源 乙卯十一月十日

거의 죽게 된 병중에 편지를 보고 매우 위로되었네. 고모님에 관한 글은 죽을힘으로 초고를 지었으나 정신이 쇠락하여 이미 덕을 제대로 드러내지 못했고 또 빠진 것이 매우 많네. 지금 백석(白石)의 매씨(妹氏)에게 편지로 묻고 이어서 전편(全篇)을 지어도 무방할 듯하네.

송사(松社)는 기쁘게도 버려지지 않았네. 이것은 주자(朱子)의 성법(成法)이네. 우리가 이미 그의 도를 배우지 못했으나 이 한 가지 작은 일도 준봉(遵奉)하지 못한다면 참으로 죄인이네. 성실하게 착수하기를 간절히 바라네. 이만 줄이네.

김노원에게 답함 정사년(1677, 숙종3) 10월 4일

答金魯源 丁巳十月四日

지금 몹시 추운 날씨에 부모님을 모시며 지내는 여러 근황이 어떠한가? 그리워하는 마음 그지없네. 내 동생이 여러 편지를 가져와서 지금까지 기쁘고 위로되었네. 나는 여기서 형제와 조손(祖孫)이 적적하고 쓸쓸한 가운데 서로 함께 지내고 있는데, 내 동생이 오늘 일 때문에 곧바로 돌아갔으니 이별의 회포가 슬프고 울적하네.

올해 농사는 흉작인데 저쪽은 더욱 심하다고 하네. 그러나 또한 이른바 자연이라는 것이 있다고 하는 것이니, 선비 된 자에게는 단지 '고궁(固窮)'[58] 두 글자가 있으니 마땅히 삼자부(三字符)[59]로 삼아야 할 것이네.

산중 사창(社倉)의 일은 올해 더욱 힘을 얻어야 하는데, 지금 있는 힘을 다 쏟고 있다는 말을 들으니 매우 다행스럽고 다행스럽네. 빌려준 곡식을 거두어들이는 일은 이자를 제하는 정도에서 그쳐야 할 것이네. 그러나 그곳의 물정이 만약 반(半)을 제하는 것을 편하게 여긴다면

58 고궁(固窮) : 곤궁한 처지에서도 분수를 지키며 편안한 마음을 갖는 것을 말한다. 《논어》 〈위령공(衛靈公)〉에 "군자는 아무리 빈궁해도 이를 편안히 여기면서 도의를 고수하지만, 소인은 빈궁하면 제멋대로 굴게 마련이다.〔君子固窮, 小人窮斯濫矣.〕" 하였다.

59 삼자부(三字符) : 주희(朱熹)가 어릴 적에 유병산(劉屛山)을 모시고 있으면서 예전에 도(道)에 들어간 공부의 차제(次第)를 물었더니, 유병산이 "내가 《주역》에서 덕(德)으로 들어가는 문을 얻었으니, 이른바 '불원복(不遠復)'이라는 구절이 나의 '석 자 부적〔三字符〕'이다."라고 한 데서 유래한 말이다. 중요한 지표로 삼는다는 의미이다. 《晦庵集 卷90 屛山先生劉公墓表》 병산은 유자휘(劉子翬)의 호이다.

또한 힘써 따라야 할 것이네.

내게 부탁한 글은 병 때문에 엄두도 내지 못하였으니 후일을 기다려야 하겠네. 묵계(墨溪)의 이애(李哀)도 이름을 써넣는 것을 허락했는가? 그렇게 한다면 매우 좋을 것이네.

김노원에게 답함 갑자년(1684, 숙종10) 7월 25일

答金魯源 甲子七月二十五日

뜻밖에 편지를 보고 부모님을 모시는 기거가 편안함을 알았으니, 위로되고 기쁜 마음 그지없네. 내 병이 지금까지도 낫지 않고 있으니, 답답한 마음을 말할 수 없네.

대공복(大功服)을 입고 과거에 응시하는 것에 대하여 요즘 사람들은 의심하는 자가 없네. 지금 이렇게 질문을 하니 "보통 사람들보다 한 등급 위에 있다."라고 말할 수 있네. 이것은 예법이 어떠한가를 따질 것도 없으니, 마음에 편치 못한 바가 있다면 어찌 힘써 할 필요가 있겠는가. 그러나 어버이의 뜻도 어길 수 없는 점이 있다면 다시 상량해야 하네.

김노원에게 답함 정묘년(1687, 숙종13) 3월

答金魯源 丁卯三月

편지를 보고 탈상이 임박했음을 알았네. 생각건대 애모(哀慕)하는 마음이 더욱 새로울 것이네. 문목(問目)으로 질의한 것은 부음을 들은 달부터 계산하여 27개월 되는 달의 중순이나 하순에 상복을 벗어야 하니, 담제(禫祭)는 4월 정일(丁日)이나 해일(亥日)에 지내야 하네. 백씨(伯氏)는 담제를 행할 때 그저 제사에 참석하여 곡을 할 뿐이며, 4월 정일이나 해일에는 자리를 만들고 곡을 하고 담복을 벗을 뿐이니 다시 제사를 지내지 않네.

이자원[60] 만춘 에게 답함 경자년(1660, 현종1) 9월 25일

答李子元 萬春○庚子九月二十五日

얼마 전 옥천(沃川)에서 온 편지를 받았으나 인편이 없어서 답장을 못하여 늘 한스러웠네. 방금 현계(賢季)의 서찰이 다시 온 것을 보았으니 위로되고 감사한 마음 그지없네. 더구나 가정 내의 걱정이 이미 편안해졌으니 기쁘고 축하하는 마음 어찌 끝이 있겠는가.

나는 묵은 병이 가을에 들어서도 낫지 않았네. 아까운 세월을 모두 신음하는 가운데 허비하였으니, 스스로 가련히 여긴들 어이하겠는가. 결성(結城)으로 가려는 계획은 이곳에 식량이 없기 때문이네. 처음에는 몇 사람을 데리고 가서 먹고살려 했는데, 그곳의 흉작이 더욱 심하다는 소식을 들었으므로 우선 이전에 논의하던 것을 중지하였네.

전날에 강학하던 것은 천천히 차례대로 보고 있는가? 옛사람의 말씀은 본래 평이하고 담박하나 자네는 매번 심오하여 이해하기 어려운 것으로 그 뜻을 찾았네. 이것은 비단 옛사람의 뜻을 잃을 뿐만 아니라 자신에게도 즐겁고 안정된 생각이 없게 되므로 종전부터 매번 만날 때마다 경계했던 것이네. 먼저 모름지기 이 병통을 제거해야 하니 그런 뒤에야 진보를 기대할 수 있을 것이네. 바라건대 글을 보는 사이에 이것으로 자신을 살펴보는 것이 어떻겠는가? 나머지는 일일이 쓰지 못하네.

60 이자원(李子元) : 이만춘(李萬春, 1635～1677)으로, 자원은 그의 자이다. 본관은 전주(全州)이고, 송시열의 문인이다.

이자원에게 답함 병오년(1666, 현종7) 5월 15일

答李子元 丙午五月十五日

지난날 홍수를 뚫고 먼 길을 와 준 것을 늘 잊지 못하는데, 어제 편지를 받고 부모님을 모시는 기거가 편안하고 좋음을 알았으니 위안됨을 말할 수 없네. 다만 듣건대 남의 구설에 올라 고을의 논평을 받게 되었다 하니 놀랍고 의아한 마음을 이길 수 없네. 그러나 어찌 이것이 큰 성취를 하는 데 도움이 되지 않을 줄 알겠는가.

생각건대 머리를 움츠리고 종적을 감추며 문을 닫고 책을 보면 그 가운데 틀림없이 앞으로 즐거워할 만한 것이 있을 것이네. 그러면 외부의 쓸데없는 시비는 비록 잠시 마음에 접하고 싶을지라도 그럴 겨를이 없을 듯하네. 이 말을 시험 삼아 징지(徵之 박태징(朴泰徵))에게 물어본다면 틀림없이 속이는 말이라 하지 않을 것이네.

나는 일찍이 행재소(行在所)에 달려갔는데, 지금 또 아이들과 다시 한양으로 향하고 있네. 그러나 만약 유유히 세월을 보내기만 하면 그저 많은 사람이 있는 곳에서 이야기하며 농담하고 웃던 날과 다를 것이 없네. 현계(賢季)는 서로 손을 맞잡고 속리산(俗離山) 북쪽까지 갔다가 돌아오는 길이 늦어져 시내 머리에서 악수하고 작별하여 참으로 사람을 슬프게 하였네.

제108권

書서

곽제백[1] 로 에게 보냄 병진년(1676, 숙종2) 6월 12일

與郭濟伯 櫓○丙辰六月十二日

화액(禍厄)이 이에 이르렀으니 말해 무엇하겠는가. 소소한 곡절에는 그대들도 잘못이 없지 않네. 그러나 근본을 따져 보면 정 부자(程夫子)를 존신(尊信)하고 조 선생(趙先生 조헌(趙憲))을 부호(扶護)하였으니, 참으로 "한때는 막혀도 만대에는 빛난다."라는 것이네. 이제부터 바라는 바는 이렇게 한가롭고 고요한 때에 독서하고 조존 성찰(操存省察)하여 스스로 근본을 배양하는 것이네. 바라고 바라네.

별지

옥천(沃川) 유생들이 서원의 곡절을 밝히고자 한다면 어째서 소(疏)를 올려 분명하게 밝히지 않고 사사로이 분분하여 곤욕을 취하는가. 전(全 전팽령(全彭齡))의 추악한 행위를 굳이 말하지 않은 것과 곽시(郭詩)가 정자(程子)를 배척한 것은 사문(斯文)에 죄를 얻은 것이 크네. 성상께서는 총명하시니 틀림없이 정자를 버리고 곽시를 취하지 않으실 것이네. 당초에 문원(文元) 김 선생(金先生 김장생(金長生)) 및 동춘(同春 송준길(宋浚吉))이 곽시를 배척한 것은 오로지 이것 때문이었는데 오늘 올연히 선현(先賢)을 침해하고 업신여긴 것이

1 곽제백(郭濟伯) : 곽로(郭櫓)로, 유생 박수흠(朴守欽) 등과 함께 전팽령의 사당을 복설(復設)하는 문제에 대하여 감사에게 정문(呈文)하여 그 부당함을 주장하였으나, 선현을 모함한다는 죄명으로 유배를 당하였다. 《華陽淵源錄 郭櫓》

라고 하니[2] 한심한 노릇이네. 이렇게 하기를 그치지 않는다면 공문중(孔文仲)과 소식(蘇軾)의 논의[3]가 오래지 않아 나올까 두렵네. 그대들이 있는 곳에도 곽시처럼 정자를 배척하는 논의를 하는 이들이 있는가? 소싯적에 한 번 보고 그 이치에 어긋남을 깊이 미워하였으나 다시 보지 못했네. 동춘이 일찍이 "설사 곽이 모든 행실을 구비하더라도 이 한 가지 논의만으로도 사문에서 버림받기에 충분하다."라고 하였는데, 내가 웃으면서 "형의 말씀이 잘못되었습니다. 어찌 정자를 배척하면서 모든 행실을 갖춘 자가 있겠습니까."라고 하니, 동춘도 웃었네.

2 오늘……하니 : 당시에 감사 조위명(趙威明)이 장계(狀啓)에서 "옥천의 유생들이 선현을 침해하고 업신여겼다."라고 한 것을 두고 한 말이다. 《宋子大全隨箚 卷10》

3 공문중(孔文仲)과 소식(蘇軾)의 논의 : 공문중은 송(宋)나라 철종(哲宗) 때 간의대부(諫議大夫)이다. 정이(程頤)가 강관(講官)으로 기용되었을 때 소식이 소장(疏章)을 올려 "신(臣)이 평소부터 정모(程某)의 간사함을 미워하여 일찍이 사색(辭色)을 좋게 한 적이 없습니다."라고 하면서 공문중을 사주하여 탄핵하게 하였다. 그러자 "정모는 더럽고 간사하여 본디 향대부(鄕大夫)의 행실이 없고, 경연(經筵)에서 변설(辨說)을 아뢰는 것이 모두 외람되어 분수를 모릅니다. 귀신(貴臣)을 두루 찾아보고 대간을 내리 찾아다니며 어지럽게 이간하여 은혜와 원수를 갚습니다. 그리하여 시정(市井)에서 오귀(五鬼)의 괴수로 지목하고 있으니, 전리(田里)에 추방해서 전형(典刑)을 보이소서."라고 하였고, 이 결과 정이는 관구서경국자감(管句西京國子監)으로 좌천되었다. 《宋史紀事本末 卷10》

곽제백에게 답함

答郭濟伯

사계(沙溪) 노선생(老先生)이 곽시(郭詩)를 배척한 것은 실로 곽시가 정 부자(程夫子)를 무함한 것 때문이네. 동춘(同春)의 논의는 참으로 노선생의 뜻을 따른 것이네. 그 밖의 사소한 이야기들은 단지 노선생이 다하지 못한 이야기를 진술한 것일 뿐이니, 어찌 다시 의심하겠는가. 그러나 오늘날 제군(諸君)이 설사 "정 부자를 존경하여 믿는다."라고 말하더라도 실로 그 시를 외우고 그 글을 읽지 못하여 그 도에 어둡다면 참으로 성인의 말씀을 모독하는 데로 귀결될 수밖에 없을 것이고, 시에 대해서도 오십보백보(五十步百步)인 것이네.

〔문〕〈상서의의(尙書疑義)〉[4]에 대하여

〔답〕이런 것들은 단지 주(註)의 설명에 의거하여 외우고 읽을 뿐이네. 대의(大義)가 이미 통했으면 소소한 의문은 장차 차례로 얼음이 녹듯이 풀릴 것이네.

〔문〕"왕이 백성을 좌우하여 하늘의 영원한 명을 받으시길 바랍니다.〔欲王以小民受天永命〕"에 대하여

〔답〕서문(序文)에서 "백성을 잘 화합시키는 것을 하늘의 영원한 명을 기원하는 근본으로 삼는다."라고 한 것이 이것이니, 자네의 말이 대체

4 상서의의(尙書疑義) : 월천(月川) 조목(趙穆)의 저술이다. 《月川集 卷4》

로 옳네.

〔문〕 "낙읍(洛邑)이 반응하였다.〔惟洛食〕"[5]에 대하여

〔답〕 점치는 법이 세상에 전하지 않으니 어떻게 하는지는 알지 못하나 대체로 여러 서적을 참고해 보면 그 대략을 상상할 수 있네. "낙읍이 반응하였다."라고 말한 것은 아마도 거북 등에 '낙(洛)' 자와 '전(瀍)' 자를 나란히 쓰고 먹으로 선을 그어 두 갈래 길을 만들고 그 끝을 하나로 합친 뒤에 초돈(楚焞)-불을 살라 거북을 태우는 나무이다. 돈(焞) 자는 화(火)를 따르는데, 지금은 어휘(御諱)이므로 심(心)을 따랐다.-으로 태우면 그 불이 '전' 자가 쓰인 먹[6]을 태우지 않고 '낙' 자가 쓰인 먹을 태웠기 때문에 낙읍이 길하다는 것을 안 것이네.

〔문〕 "사전(祀典)에 없는 것까지도 모두 질서 있게 제사하소서.〔咸秩無文〕"[7]에 대하여

5 낙읍(洛邑)이 반응하였다 : 《서경》 〈낙고(洛誥)〉에 주공(周公)이 낙읍을 도읍 터로 잡고 성왕(成王)에게 복명(復命)하는 내용이 실려 있는데, 그 글에 "내가 간수 동쪽과 전수 서쪽을 점쳐 보니 낙읍이 반응하였고, 내가 또 전수 동쪽을 점쳐 보니 역시 낙읍이 반응하였습니다.〔我乃卜澗水東瀍水西, 惟洛食; 我又卜瀍水東, 亦惟洛食.〕" 하였다. 그 주석에 "식(食)은 사관이 미리 먹물로 일정한 표지를 해 놓고 거북 껍질을 태우면 불이 그 표지해 놓은 부분으로 타 들어가는 것이다." 하였다.

6 전……먹 : 대본에는 '瀍'으로 되어 있다. 두주에 근거하여 뒤에 '墨'을 보충하여 번역하였다.

7 사전(祀典)에……제사하소서 : 《서경》 〈낙고〉에 주공이 성왕에게 "왕께서는 비로소 성대한 예를 거행하여 새 도읍에 제사 지내시되 사전에 없는 것까지도 모두 질서 있게 제사하소서.〔王肇稱殷禮, 祀于新邑, 咸秩無文.〕"라고 하였다.

〔답〕 천지(天地) 외에 명산(名山), 대천(大川), 성현(聖賢)이 모두 사전에 들어 있는데, 그 외 나머지 소소한 산천(山川) 및 옛날에 백성에게 공로가 있었으나 미미하고 작은 까닭에 사전에 들지 못한 자들에게도 이제 모두 제사하므로 사전에 없는 것까지도 모두 질서 있게 제사한다고 한 것이네. 문(文)은 사전의 문(文)을 말하네.

〔문〕 "포적(胞翟)"[8]에 대하여

〔답〕《예기(禮記)》에서 "포(胞)는 고기를 맡은 관리 중에 천한 자이고, 적(翟)은 음악을 맡은 관리 중에 천한 자이다."라고 하였네.

8 포적(胞翟) : 《서경》 〈낙고〉에 "왕께서는 비로소 성대한 예를 거행하였다.〔王肇稱殷禮〕"의 주에 나온다.

곽제백에게 답함 경신년(1680, 숙종6) 2월

答郭濟伯 庚申二月

그리워하던 중에 편지를 받았으니, 어찌 기러기가 물고 온 것이 아니겠는가. 산이 겹겹이고 검푸른 바다가 둘러쌌는데도 이렇게 기특한 일을 했으니 "쇠와 돌도 뚫는다."[9]라고 한 것은 빈말이 아니었네.

자설(字說)에 대해 말하자면, 거칠고 졸렬한 내 글솜씨로는 본말을 밝혀내기 부족하나 부탁한 뜻이 얕지 않다고 생각하였네. 불가한 점이 있으면 회신하여 고쳐 주기 바라네.

《통감(通鑑)》의 문목(問目)은 일을 채 마치기도 전에 놀랍고 부끄러운 일을 만나 어디 두었는지 잃어버렸네. 옛날에 문순(文純 이황(李滉)) 이 선생(李先生)은 후배를 위하여 《고문진보(古文眞寶)》를 해석하였으나 이것은 더욱 《고문진보》에 비할 것이 아니고 겸하여 우리 집안의 후손들을 위한 계책으로 삼았는데, 아쉽게도 허사가 되었네. 다시 문목을 써서 보내 준다면 온갖 일을 물리치고 사례하겠네.

《주자어류(朱子語類)》의 작업은 존숙부(尊叔父)에게 보낸 편지 가운데에서 상세히 설명하였네. 모름지기 긴장해서 정신을 집중하고 앞장서 동지들을 이끌고 기필코 완성해야 하네. 바라고 바라네. 이만 줄이네.

9 쇠와 돌도 뚫는다 : 정신을 하나로 모았다는 뜻이다. 주희(朱熹)가 말하기를 "양기가 발하는 곳에서는 쇠나 돌도 뚫을 수가 있으니 정신이 하나로 모이면 무슨 일인들 이루지 못하겠는가."라고 하였다. 《朱子語類 卷8 學2 總論爲學之方》

곽제백에게 답함

答郭濟伯

〔문〕《통감(通鑑)》의 "수는 6을 기준으로 삼았다.〔數以六爲紀〕"[10]에 대하여

〔답〕우리나라로 말하자면 10파(把)가 1속(束)이고 10속이 1부(負)이나 진(秦)나라는 6파가 1속이고 6속이 1부였네.

〔문〕"완협(緩頰)"[11]에 대하여

〔답〕조용히 이야기를 주고받으며 급하게 말하지 않는다는 뜻이네.

〔문〕"안제지고(案齊之故)"[12]에 대하여

〔답〕제(齊)나라의 옛 땅을 감싸 보호함을 말하네.

10 수는……삼았다 : 《통감절요(通鑑節要)》 권3 〈후진기(後秦紀) 시황제 하(始皇帝下)〉 26년에 나온다.

11 완협(緩頰) : 완곡한 말을 뜻한다. 《사기(史記)》 〈위표열전(魏豹列傳)〉에, 한왕(漢王)은 위왕(魏王) 위표(魏豹)가 반란하자 한창 동쪽으로 초(楚)나라를 근심하는 터에 미처 위(魏)나라를 치지 못하고 역이기(酈食其)에게 말하기를 "완곡한 말로 위왕 위표에게 가서 설득하여 항복받게 하면, 내가 그대에게 1만 호를 봉해 주겠소.〔緩頰往說魏豹, 能下之, 吾以萬戶封若.〕"라고 하였다.

12 안제지고(案齊之故) : 제나라의 옛 땅을 점거한다는 말이다. 《통감절요》 권4 〈한기(漢紀) 태조고황제(太祖高皇帝)〉 서초(西楚) 4년, 한(漢) 4년에 "제나라의 옛 땅을 점거하여 교(膠)와 사(泗)의 땅을 소유하고는 깊이 팔짱 끼고서 읍하고 사양하면 천하의 군왕들이 서로 거느리고 와서 제나라에 조회할 것입니다."라고 하였다.

〔문〕 "진나라는 100분의 2로 막을 수 있다.〔秦得百二〕"[13]에 대하여

〔답〕 다른 나라는 군사 100만 명으로 지켜야 하나 진나라는 단지 2만 명으로 지킨다는 뜻이네.

〔문〕 "외부(外婦)"[14]에 대하여

〔답〕 첩(妾)이 외부가 됨을 말한 것이니, 이것은 당시의 방언이네.

〔문〕 "적전(籍田)"에 대하여

〔답〕 적(籍)의 뜻은 '빌리다〔借〕'이네. 군주가 스스로 몇 묘(畝)를 경작한 뒤에 신하들 및 농부의 힘을 빌려 경작을 마치는 것을 말하므로 '자(籍)'라 말한 것이네. 그러나 혹 입성(入聲)으로 간주하여 읽는데, 이 경우는 부적(簿籍)의 뜻이네.

〔문〕 "공이 고조를 얻어 구리와 주석을 주조하여 돈을 만든다.〔公得雇租, 鑄銅錫爲錢.〕"[15]에 대하여

13 진나라는……있다 : 《통감절요》 권5 〈한기 태조고황제 하〉 6년에, 전긍(田肯)이 유방(劉邦)에게 축하하며 말하기를 "폐하께서 한신(韓信)을 잡으시고 또 진중(秦中) 즉 관중(關中)에 도읍을 정하시니, 진나라는 형세가 뛰어난 나라입니다. 험한 산하를 두르고 있어, 창을 잡은 군사 백만이 쳐들어오더라도 진나라는 100분의 2인 2만 명만 있으면 막아 낼 수 있습니다."라고 하였다.

14 외부(外婦) : 《통감절요》 권5 〈한기 태조고황제 하〉 6년에, 유방은 천하가 처음 정해졌고 아들이 어리고 형제가 적으며 진나라가 고립되어 망한 것을 징계하여, 동성(同姓)을 크게 봉하여 천하를 진무(鎭撫)하고자 하여, 종형(從兄) 유가(劉賈)를 세워서 형왕(荊王)으로 삼고, 아우 유교(劉交)를 초왕(楚王)으로 삼고, 미천했을 때 외부의 아들 유비(劉肥)를 제왕(齊王)으로 삼았다고 한 데서 나온 말이다.

〔답〕 '공(公)'은 관청〔官〕을 이르고, '고조(雇租)'는 당시 부세(賦稅)의 이름이네. 이 고조를 돈을 주조하는 비용으로 삼은 것이네.

〔문〕 "산천 원지(山川園池)"[16]에 대하여
〔답〕 관내후(關內侯)에 봉군(封君)한 것이네. 탕목읍(湯沐邑)은 제후가 천자에게 조회할 때 경사(京師)에 이르러 탕목(湯沐)하는 예(禮)가 있으므로 천자가 기내(畿內)에 각각 몇 경(頃)의 땅을 주어서 탕목의 비용으로 삼게 하였네. 이러한 땅은 각각 천자 이하가 자신을 봉양하는 데 썼으므로 천하의 경비에 관계되지 않았네.

〔문〕 "대전(代田)"에 대하여
〔답〕 논과 밭은 해마다 경작하면 지력(地力)이 줄어들어 수확량이 적어지므로 조과(趙過)[17]의 법은 서로 바꿔서 경작하게 하였네.

15 공이……만든다 : 《통감절요》 권7 〈한기 태종효문황제 상(太宗孝文皇帝上)〉 5년에, 여름 4월에 다시 사수전(四銖錢)을 만들고 몰래 돈을 주조하는 것을 금지하는 법령을 없애어 백성들로 하여금 스스로 돈을 주조하게 하였다. 이에 가의(賈誼)가 간하기를 "법에 '천하 사람들로 하여금 공공연히 품삯〔雇租〕을 주고 동(銅)과 석(錫) 즉 백동(白銅)을 주조해서 돈을 만들게 하되 감히 납이나 쇠를 섞어 딴 재주를 부리는 자는 그 죄가 자자형(刺字刑)에 처한다.' 하였습니다."라고 하였다.

16 산천 원지(山川園池) : 《통감절요》 권8 〈한기 효경황제(孝景皇帝)〉 3년에, "시정(市井) 상인의 자손이 또한 벼슬하여 관리가 될 수는 없었으며, 관리의 녹봉을 헤아리고 관청의 비용을 헤아려서 백성들에게 세금을 거두고, 산천과 원지와 시정에 대한 조세의 수입을 천자로부터 제후의 탕목읍에 이르기까지 모두 각각 사사로이 봉양하게 하여 천하의 경비에 넣지 않고, 산동(山東)의 곡식을 조운(漕運)하고 수송하여 경사(京師)의 여러 관부(官府)에 공급하였으나 1년에 수십만 섬에 지나지 않았다."라고 하였다.

〔문〕 "받들어 적용하는 자들이 난잡하여〔承用者駁〕"[18]에 대하여
〔답〕 '박(駁)'은 잡색마(雜色馬)의 이름이니, 대개 서로 섞는다는 뜻이네.

〔문〕 고전(故田)과 공전(公田)[19]에 대하여
〔답〕 고전은 오랑캐가 들어와 노략질할 때 경작한 것이고, 공전은 한(漢)나라의 공전이네.

〔문〕 "정사에 재이를 돌리다.〔倚異乎政事〕"[20]에 대하여
〔답〕 정사(政事)의 잘못을 재이(災異)에 책임을 떠넘기는 것을 말하네.

17 조과(趙過) : 한 무제(漢武帝) 때 수속도위(搜粟都尉)가 되어 대전법(代田法)을 시행하였다.

18 받들어……난잡하여 : 《통감절요》 권12 〈한기 중종효선황제 상(中宗孝宣皇帝 上)〉 3년에, "이 때문에 군국(郡國)에서 받들어 적용하는 자들이 난잡하여 혹은 죄가 같은데도 논죄가 다르고 간악한 옥리들이 이로 인하여 장사하듯이 돈을 받고 흥정하여 살려 주고자 하면 살려 주는 의론에 붙이고 죽음에 빠뜨리고자 하면 죽이는 사례에 넣으니, 의론하는 자들이 모두 원통해하고 서글퍼하였다."라고 하였다.

19 고전(故田)과 공전(公田) : 《통감절요》 권12 〈한기 중종효선황제 상〉 신작(神爵) 원년(元年)에, "헤아려 보건대 임강현(臨羌縣)에서 동쪽으로 고문현(浩亹縣)에 이르기까지 오랑캐들이 옛날에 농사짓던 밭과 공전을 백성들이 아직 개간하지 않고 있는 것이 2000경(頃) 이상이 되니, 신은 원컨대 기병(騎兵)을 해산하고 보병 1만 281명을 남겨 두어서 요해처에 나누어 주둔시켜 도랑을 깊이 파 수로(水路)를 내고 사람마다 20묘(畝)씩 경작하게 하면 큰 비용을 줄일 수 있을 것입니다."라고 하였다.

20 정사에 재이를 돌리다 : 《통감절요》 권14 〈한기 효성황제(孝成皇帝)〉 4년에, "적이 염려하건대 폐하께서 분명하게 드러난 과실이 있는 사람을 놓아주고, 천지가 내린 분명한 경계를 소홀히 하고, 맹목적인 말을 따라 죄 없는 사람에게 허물을 돌리고, 재이를 정사의 잘못으로 돌려 거듭 천심(天心)을 잃는 것은 매우 불가합니다."라고 하였다.

〔문〕 "명전(名田)"[21]에 대하여

〔답〕 옛날에는 공전(公田)이 있었으나 공전은 관청에서 관리하였네. 이 밖에 사전(私田)이 있었으나 오래도록 그 이름을 쓰지 않았으니, 당(唐)나라 때 '구분전(口分田)'이라는 것이 이것이네.

〔문〕 "경부(更賦)"[22]에 대하여

〔답〕 십일(什一)[23]은 옛날에 정해진 제도이네. 이미 이 제도를 변경하여 30분의 1을 세금으로 내는 데 이르렀으며 혹은 세금을 다 면제해 주는 데 이르렀으니, 일정한 제도가 없어 한 해는 가볍고 한 해는 무겁게 세금을 매김을 면치 못하였으므로 '경부'라고 한 것이네.

〔문〕 "왕량이 위 지방을 주장하여 현무가 된다.〔王梁主衛作玄武〕"[24]

21 명전(名田) : 개인의 이름으로 점유한 전지(田地)로, 곧 백성이 소유한 전지이다. 동중서(董仲舒)는 한 무제에게 "정전법(井田法)은 갑자기 시행하기 어렵겠지만, 조금이라도 옛 제도에 가깝게 백성들의 명전을 제한해야 합니다."라고 하였다. 《歷代通鑑輯覽 卷19》

22 경부(更賦) : 기본으로 내는 세금 외에 더 거두는 세금을 뜻한다. 《통감절요》 권15 〈한기 유자영(孺子嬰) 신망시건국(新莽始建國)〉에, "한(漢)나라는 농지의 조세를 경감하여 30분의 1을 세금으로 거두었으나 항상 그 밖에 더 거두는 세금이 있어서 늙고 병든 자들이 모두 나오고, 호족(豪族)들이 침해하고 능멸해서 가난한 자들은 부자의 전답을 부쳐 먹고 부자는 도지세를 받아가니, 명목상으로는 30분의 1을 세금으로 거둔다고 하나 실제는 10분의 5를 세금으로 거두었다."라고 하였다. 송시열의 답변은 이와 달리, 조세를 거두는 기준을 이리저리 바꾸는 것이라 하였다.

23 십일(什一) : 농가에서 총 수확량의 10분의 1을 국가에 세금으로 납부하는 제도이다.

24 왕량이……된다 : 《통감절요》 권16 〈동한기(東漢紀) 세조광무황제 상(世祖光武

에 대하여

〔답〕 현무(玄武)는 북방(北方)의 귀사성(龜蛇星)이네. 사공(司空)이 북방에 속하기 때문에 한 말이네. 주위(主衛)는 숙위(宿衛)를 관장하는 직위인 듯하네.

〔문〕 "조금 더 아끼지 않은 것이 후회스럽다. 천만 냥을 받을 수 있었을 것이다.〔悔不少靳. 可至千萬.〕"[25]에 대하여

〔답〕 만약 아끼면서 쉽게 허락하지 않았다면 장차 천만 냥을 내는 사람이 있었을 것이라는 말이네.

〔문〕 "군주가 앞에서 배례(拜禮)를 하는데 신하가 뒤에서 읍하는 경우는 없었다.〔未有君拜於前而臣揖於後〕"[26]에 대하여

皇帝上)〉 건무(建武) 원년에, "또 대사공(大司空)을 뽑을 것을 의논할 적에 황제가 적복부(赤伏符)에 '왕량이 위(衛)지방을 주장하여 현무가 된다.'라는 내용이 있다 해서 야왕령(野王令)인 왕량을 대사공으로 삼고, 오한(吳漢)을 대사마(大司馬)로 삼았다." 라고 하였다.

25 조금……것이다 : 《통감절요》 권21 〈후한기(後漢紀) 효령황제(孝靈皇帝)〉 2년에, "최열(崔烈)이 부모(傅母)를 통하여 500만 전을 바치고 사도(司徒)가 되었는데, 그를 제수하는 날에 황제가 친애하고 신임하는 자를 돌아보고 이르기를 '조금 더 아끼지 않은 것이 후회스럽다. 천만 전에 이를 수 있었는데.' 하였다."라고 하였다.

26 군주가……없었다 : 《통감절요》 권28 〈진기(晉紀) 제혁(帝奕)〉 태종간문황제(太宗簡文皇帝) 함안(咸安) 원년에, 환온이 태후(太后)의 명령을 선포하여 황제를 폐위시켜 동해왕(東海王)으로 삼고, 회계왕(會稽王) 사마욱(司馬昱)으로 대통을 이어서 황제에 즉위하게 하니, 환온의 위엄과 권세가 대단히 혁혁하였다. 시중(侍中) 사안이 환온을 보고 멀리서 절하자, 환온이 놀라며 말하기를 "안석(安石)아! 경(卿)이 무슨 일로 이와 같이 하는가?" 하니, 사안이 말하기를 "군주가 앞에서 절하고 신하가 뒤에서

〔답〕 사안(謝安)이 간문제(簡文帝)를 모시고 뒤쪽에 있었는데, 간문제가 앞에서 환온(桓溫)에게 배례를 하자 사안도 뒤에서 환온에게 배례를 하였네. 그러므로 "군주가 이미 배례를 했으면 신하는 감히 읍만 하고 배례를 하지 않을 수는 없다."라고 말하였네.

〔문〕 "환현이 황제를 끼고〔桓玄挾帝〕"[27]에 대하여

〔답〕《강목(綱目)》에 근거하면 '승여를 맞이하다.〔迎乘輿〕'는 원흥(元興) 3년 3월의 일이네. 그 뒤에 환현이 심양(尋陽)에 이르러 황제를 핍박하여 서쪽으로 올라갔고, 또 그 뒤에 환현이 황제를 끼고 강릉(江陵)에 들어갔으며, 또 그 뒤에 환현이 황제를 끼고 동쪽으로 내려갔고, 5월에 환현이 다시 황제를 끼고 강릉에 들어갔네. 풍천(馮遷)이 환현을 공격하여 주살한 뒤에 황제가 반정(反正)하였는데, 《통감》은 서사(敍事)에 상세하지 못한 흠이 있으므로 의문이 없을 수 없었던 것이네.

〔문〕 "날짜를 나누어 칙서(勅書) 뒷면에 종이를 붙여 의견을 쓰자〔分日帖勑〕"[28]에 대하여

읍하는 경우는 있지 않습니다."라고 하였다. 안석은 사안의 자이다.

27 환현이 황제를 끼고 : 《통감절요》 권30 〈진기 안황제(安皇帝)〉 3년에, 4월에 유의(劉毅)와 하무기(何無忌) 등이 심양성(尋陽城)을 습격해 격파하니, 환현이 황제를 끼고 한 척의 배를 타고 서쪽으로 도망하여 강릉으로 들어가자, 익주도호(益州督護) 풍천이 마침내 환현의 목을 벤 사건이 있었다.

28 날짜를……쓰자 : 《통감절요》 권31 〈남북조(南北朝) 제기(齊紀)〉 영원(永元) 원년(元年)에, 학문을 좋아하지 않고 오직 놀고 희롱하기만을 일삼은 제(齊)나라 군주에게 시안왕(始安王) 소요광(蕭遙光) 등이 번갈아 내성(內省)에서 숙직하고 날짜를 나누

〔답〕 칙서 뒷면에 종이를 연결하여 글을 쓰는 것을 말하니, '첩(帖)'은 연(聯)과 같은 뜻이네.

〔문〕 "종맹이 올려 주고〔宗盟見容〕"[29]에 대하여

〔답〕 '종맹(宗盟)'은 종족(宗族)의 맹주(盟主)를 말하고, '견용(見容)'은 이연(李淵)이 이밀(李密)의 족보(族譜)에 올라가는 것을 말하네.

〔문〕 "적첩으로 관직에 보임되었다.〔赤牒補官〕"[30]에 대하여

〔답〕 조정에 아뢰지 않고 사사로이 적첩(赤牒)으로 관직에 보임된 것을 말하네. 적첩의 제도는 대개 조첩(朝牒)과 같지 않네.

어 칙서 뒷면에 종이를 붙여 의견을 쓰자, 옹주 자사(雍州刺史) 소연(蕭衍)이 이것을 듣고 장차 난리가 일어날 것을 예견한 사건에 보인다.

29 종맹이 올려 주고 : 《통감절요》 권34 〈수기(隋紀) 공제(恭帝)〉 13년에, 이연이 이밀에게 편지를 보내 "내 기꺼이 아우를 추대하여 용의 비늘을 잡고 봉황의 날개에 붙고자 하니, 부디 아우는 속히 도참(圖讖)에 응하여 억조 만백성을 편안히 하라. 그대가 종맹의 장(長)이 되어 나를 종적(宗籍) 즉 왕실의 족보에 올려 주고 다시 당(唐)에 봉해 준다면 나는 이러한 영광으로 만족한다."라고 하였다.

30 적첩으로 관직에 보임되었다 : 《통감절요》 권36 〈당기(唐紀) 태종황제 상(太宗皇帝上)〉 정관(貞觀) 원년에, "당(唐)나라 초기에 사대부들이 난리 뒤라서 벼슬에 나가는 것을 좋아하지 않으니, 관원의 수가 차지 않았다. 이에 상서성(尙書省)에서 여러 주(州)에 명령을 내려서 사람을 차출하여 경사(京師)에 달려와 응시하게 하니, 주부(州府)와 조정의 칙사(勅使)가 응시하는 사람이 없어 대부분 적첩 즉 공백(空白)인 첩문(牒文)으로 관직에 보임되었다. 그런데 이때에 이르러서 이것을 다 생략하고 강제로 상서성의 선발에 응시하게 하니, 모인 자가 7000여 명이었다."라고 하였다.

곽제백에게 답함
答郭濟伯

〔문〕 선세(先世)의 신주(神主)를 모시고 문경(聞慶)에 갔는데, 길제(吉祭) 때 지방(紙榜)으로 이곳 가묘(家廟)에서 행한다면 개제주(改題主)[31]는 어떻게 합니까?

〔답〕 종법(宗法)은 지극히 엄격하네. 종자(宗子)가 비록 가묘를 떠나 다른 나라에 있더라도 지자(支子)는 오히려 가묘에 들어가 제사를 행하지 못하고 다만 묘소가 바라보이는 곳에 단(壇)을 쌓고 제사를 지내야 하네. 그 예(禮)가 이와 같으나 지금 세상에서는 지자가 고을 수령이 되면 혹 묘주(廟主)를 받들고 가기도 하는데, 매우 예경(禮經)을 어긴 것이네. 오늘날의 일은 다만 속히 문경 관아에 나아가 묘주를 봉환하여 길제를 행할 수 있다면 사리가 순조롭고 예에 맞을 것이네.

〔문〕 길제 뒤에 5대조의 신주는 중부(仲父)의 방(房)에 체천(遞遷)해야 하나 바야흐로 문경 관아에 봉안하였으니, 모(某)의 방에 간다고 고해서는 안 될 듯한데, 어떻게 해야 합니까?

〔답〕 문경 관아에서 대수가 다한 신주를 주관해야 한다면 이미 봉환했

31 개제주(改題主) : 신주의 글자를 고쳐 쓰는 것이다. 모든 상례 절차를 마치고 망자(亡者)의 신주를 사당에 모실 때, 5대조가 넘어가는 조상의 신주는 묻고 나머지 신주의 글자를 고쳐 쓴다. 또한 증직을 받아서 신분이 바뀌었을 때에도 신주의 글자를 고쳐 쓴다. 이때에 개제주 고사(告祀)를 지낸다.

다가 다시 갈 필요는 없으니, 다만 그대로 봉안하는 뜻으로 고유(告由)하면 될 것이네.

〔문〕 담제(禫祭) 전에 선조에게 올리는 제사 역시 삼년상 안에 지내는 제사에 의거하여 단헌(單獻)으로 합니까?

〔답〕 담제 전에는 절로 대상(大祥) 전과 같으므로 《가례(家禮)》의 서소(書疏)[32]에서 오히려 '고애 소상(孤哀疏上)'이라 일컬었으니, 대개 여전히 상인(喪人)이기 때문이네. 그렇다면 비록 선대의 제사일지라도 어찌 스스로 평상시처럼 할 수 있겠는가. 다만 한 번만 잔을 올리고 축문(祝文)은 읽지 않으며 이성(利成)[33]을 하지 않으면 될 것이네. 대개 비록 담제 뒤일지라도 고례(古禮)에 의거하면 오히려 감히 순길(純吉)의 옷을 입지 못하고, 길제 이후에야 비로소 평인(平人)과 같게 입네. 이는 상월(祥月)에 담제를 행하는데, 담제를 행하는 달이 중월(仲月)이면 그대로 길제를 행하네. 그렇지 않으면 반드시 달을 넘긴 뒤에 길제를 행하네. 이에 근거하면 담제 뒤에도 평인과 똑같을 수 없네. 《가례》가 나온 이후로는 반드시 대상을 치르고 석 달이 지난

32 서소(書疏) : 거상(居喪) 중의 서한(書翰)으로, 이때의 서한에는 자신을 '고자(孤子)'나 '애자(哀子)' 등으로 나타내는데, 《가례》 권6 〈상례(喪禮)〉의 "부모의 상을 당해 남의 위문에 답하는 편지〔父母亡答人慰疏〕" 등에 자세히 보인다.

33 이성(利成) : 축관이 '이성'이라고 외쳐 제사가 끝났음을 고하는 절차이다. 이(利)는 봉양〔養〕의 뜻이고 성(成)은 마쳤다〔畢〕는 뜻이다. 《예기집설(禮記集說)》 〈증자문(曾子問)〉의 진씨(陳氏) 주에 "이는 양(養)이니, 신을 공양하는 예가 이미 끝났다는 말이다. 제사를 마치고 주인이 나와서 문밖에 서 있으면 축(祝)이 동향(東向)하여 주인에게 이성을 고한다."라고 하였다.

뒤에 담제를 행하였으며 담제는 있고 길제는 없으니, 고례와 원래 같지 않네.

〔문〕 길제 뒤에 5대조 및 고조 이하의 신주가 같이 한 사당에 있을 때 삭망참(朔望參) 및 사시제(四時祭)는 5대조의 봉사(奉祀)를 중시하여 중부(仲父)가 주관합니까, 아니면 종(宗)을 중시하여 종손(宗孫)이 주관합니까?

〔답〕 길제 뒤 5대조의 삭망참과 사시제에 대한 질문은 매우 그릇되었네. 길제 이후에 어찌 5대조를 그대로 사당에 모시는 이치가 있겠는가.

곽제백, 여사평[34] 유형, 박경오[35] 명흠 에게 답함 무오년(1678, 숙종4)

答郭濟伯呂士平 有衡 朴敬五 明欽○戊午

모두 계간(鷄竿)[36]에 앉았다는 소식을 들었는데, 오히려 의심과 믿음이 반반이었네. 이제 여러분의 편지를 보고 모두 이미 돌아갔음을 알았으니 매우 기쁘네. 나는 병이 이미 고질이 되었고 또 장차 영원히 돌아갈 것이니 자네들이 잠시 돌아가는 것을 부러워하지 않네.

풍상(風霜)을 겪은 뒤에 지절(志節)이 갑자기 쇠하는 것은 옛사람이 경계한 바이네. 여러분이 이것을 경계하지 않는다면 나는 죽어도 눈을 감지 못할 것이네. 이 밖에는 다만 학문에 힘써 서로 적셔 주기를 바라네. 나머지는 병석에 누워 다른 사람의 손을 빌려 쓰는 것이라 이만 줄이네.

34 여사평(呂士平) : 여유형(呂有衡)으로, 본관은 함양(咸陽), 자는 사평이다. 유생(儒生) 박수흠(朴守欽) 등과 함께 전팽령(全彭齡)의 사당을 복설(復設)하는 문제에 대하여 감사에게 정문(呈文)하여 그 부당함을 주장하였으나, 선현(先賢)을 모함한다는 죄명으로 유배를 당하였다. 《宋子大全 卷44 與張淨之》《肅宗實錄 2年 4月 28日》

35 박경오(朴敬五) : 박명흠(朴明欽)으로, 본관은 밀양(密陽), 자는 경오이다. 유생 박수흠 등과 함께 전팽령의 사당을 복설하는 문제에 대하여 감사에게 정문하여 그 부당함을 주장하였으나, 선현을 모함한다는 죄명으로 유배를 당하였다. 《宋子大全 卷44 與張淨之》《肅宗實錄 2年 4月 28日》

36 계간(鷄竿) : 사면령이 내린 것을 말한다. 계간은 한쪽 끝에 황금으로 장식한 닭을 붙인 장대로서, 사면령이 내리는 날 세웠다. 《新唐書 百官志》

여사평에게 답함 무오년(1678, 숙종4) 윤3월

答呂士平 戊午閏三月

뜻밖에 편지를 보니 그리워하는 마음이 매우 위로되었네. 또 듣건대 자네가 앓는 병이 나을 것 같다고 하니 더욱 기쁘고 기쁘네. 나의 병은 날로 더욱 고질이 되어 가니, 죽음으로 달려가는 것이 물과 같다고 할 만하네.

적읍(謫邑 유배지(流配地))의 지경 밖으로는 한 발짝도 나가지 못하네. 이것은 사리에 온당치 않을 뿐만 아니라 또한 서로 만난 사람에게 누를 끼치니, 이제부터는 모름지기 생각해야 할 것이네.

박경오에게 보냄 병진년(1676, 숙종2) 6월 12일

與朴敬五 丙辰六月十二日

정도를 지키다가 곤액을 치른 것은 예로부터 그러하였네. 하물며 위로는 정자(程子)를 존숭하고 아래로는 중봉(重峯 조헌(趙憲))을 경모하다가 이런 일을 만났으니 죽더라도 더욱 빛날 것이네. 부디 조금 꺾였다고 해서 변심하지 말고 도를 지키는 마음을 더욱 굳히고, 시간을 아끼며 편히 들어앉아 독서하여 근본을 북돋우기를 간절히 바라네.

박경오에게 보냄 정사년(1677, 숙종3) 2월 16일

與朴敬五 丁巳二月十六日

요즘 근황이 어떠한가? 독서를 멈추지는 않았는가? 자네들은 장년(壯年)이고 기력이 완전하니 풍토병에 걸릴까 걱정하지는 않고 오직 게으른 습성을 고치지 못할까 걱정이네. 요즘 연이어 옥천(沃川)의 편지를 얻어 보았는데, 대부분 여전하다고 하였으니 기쁘고 기쁘네.

다만 듣건대 흉도들이 다시 소(疏)를 올려서 서리 내린 뒤에 남은 푸른 가지를 치려 한다고 하니, 동서의 이웃이 다시 영해(嶺海) 사이에서 서로 따를 것이네. 한편으로는 두렵고 한편으로는 기쁘네.

박경오에게 답함 정사년(1677, 숙종3) 5월 11일

答朴敬五 丁巳五月十一日

늙은 아내의 죽음을 이 시절에 만났으니, 부음을 듣고 애통하여 거의 견딜 수 없었네.[37] 갑자기 인편을 통해 이 안부 편지를 받아 보니 위로되고 후련함이 그지없네. 여이진(呂以振)이 형벌을 받고 유배를 당한 것에서 묵묵히 천도(天道)를 보면 될 것이네. 어찌 남이 화를 당한 것을 즐거워하는 데 이르겠는가.

그런데 귀종(貴從)이 그와 좋아하는 사이라고 하던데, 이것은 좋지 않네. 이미 그의 추악함을 알았다면 악인(惡人)과 어찌 교유할 필요가 있겠으며, 또 원망을 감추고 그 사람과 벗하는 것을 성훈(聖訓)은 무어라 했던가.[38] 그의 동료들이 그를 의심하고 책망하는 것을 이기지 못한다는 말을 들었네. 한번 악인이라는 이름을 얻자 동료를 다 잃었으니 의리를 논할 것도 없이 단지 이해(利害)로 말하더라도 옳은지 모르겠네. 어리석은 나는 귀 기울여 듣고 바야흐로 애석하게 여기고 있는데, 지금 편지의 내용이 이와 같으니, 지혜가 밝아 이욕(利慾)에 가려지지 않았다고 할 만하네. 경탄스럽고 경탄스럽네.

나는 묵은 병이 날로 심해지고 있는데 시의(時議)는 더욱 다급해지

37 늙은……없었네 : 송시열은 1677년 3월에 부인 이씨(李氏)의 부음을 들었다.

38 원망을……했던가 : 공자가 "원망을 감추고 그 사람을 벗하는 것을 좌구명이 부끄러워하였는데, 나도 또한 이를 부끄러워한다.〔匿怨而友其人, 左丘明恥之, 丘亦恥之.〕" 라고 한 말이 있다. 《論語 公冶長》

고 있다 하니 세상에 있을 날이 많지 않은 듯하네. 참빗을 한 개 보내네. 나머지는 일일이 쓰지 못하네.

○ 이재(二宰)가 간 뒤에 식량을 구하기 어려워진 것은 과연 자네 말과 같네. 그러나 곤궁하여도 절개를 바꾸지 않는 마음을 더욱 굳게 하고 죽어서 구덩이에 버려짐을 언제나 잊지 않는다면 좋겠네.

박경오에게 답함 정사년(1677, 숙종3) 6월 14일
答朴敬五 丁巳六月十四日

두 통의 편지를 한꺼번에 받았으니 감사한 마음을 말로 다 할 수 있겠는가. 나는 줄곧 병들고 허약한데 또 시론(時論)이 더욱 급박하다고 하니, 이렇게나 저렇게나 죽음이 머지않았네. 천운이 이와 같으니 순응하며 받아들일 뿐이네.

귀종(貴從)은 진실로 미흡한 점이 있네. 그러나 내가 경책한 뒤에 자신의 행동에 혐의를 두지 않았겠는가. 또 듣건대 여러 의론이 분분하다고 하니, 그는 틀림없이 듣고 고칠 것이네. 대저 사람은 학식이 없으면 이와 같지 않은 경우가 드무네. 어찌 경계하지 않을 수 있겠는가.

지금 여기 온 박씨(朴氏)의 이야기를 듣건대 자네의 아침밥과 저녁밥을 관청에서 제공한다고 하는데, 그곳 수령이 의리를 좋아함은 높이 살 만하나 자네의 처지에서는 온당하지 못한 것이 아니겠는가. 부디 속히 전철(前轍)을 고쳐서 사람들의 비방을 초래하지 않는다면 지극히 옳고 옳을 것이네. 나머지는 병석에 누워 다른 사람의 손을 빌려 쓰는 것이라 이만 줄이네.

박경오에게 답함 정사년(1677, 숙종3) 8월 12일

答朴敬五 丁巳八月十二日

곤비(閫裨)가 와서 지난달 28일에 보낸 자네의 편지를 전하였으니, 위로되고 감사한 마음 그지없네. 나는 병이 점점 고질이 되고, 또 듣건대 고묘(告廟)하자는 계(啓)가 바야흐로 진행되고 있다고 하는데 어명이 내려오면 나는 죽게 될 것이니 자네를 다시 보지 못할 것이네.

흉년이 들어 거의 죽게 된 것은 피차가 같네. 그러나 지사(志士)가 구렁 속에 시신(屍身)이 뒹굴게 될 것을 항상 잊지 않는 것은 본래 성훈(聖訓)이 있고, 이연평(李延平 이동(李侗))도 '불망(不忘)' 두 글자를 끌어와 주 선생(朱先生)을 경책하였으니, 이것이 어찌 오늘날 가슴에 새겨 두어야 할 것이 아니겠는가. 다만 성훈이 분명한 곳을 요즘 사람은 꺼리지 않고 위반하네. 이를테면 원망을 감추고 그 사람과 벗하는 것은 성인이 부끄럽게 여긴 것인데 귀종(貴從)은 능사로 여기고 사람들에게 자랑하기까지 하니, 이것이 무슨 도리인가. 사람을 매우 황공하게 하여 마음을 둘 바를 모르게 하네.

남붕로[39] 명거 에게 답함 병진년(1676, 숙종2) 9월

答南鵬路 溟擧○丙辰九月

곧은 도로 흔들리지 않다가 죄를 얻어 떠나갔으니, 오늘 일은 내세울 말이 있다고 할 만하네. 비록 부모님을 멀리 떠나 효자의 마음이 괴롭겠으나 존대인(尊大人)의 풍운(風韻)으로 어찌 범모(范母)의 마음[40]을 마음으로 삼지 않으시겠는가. 이것은 천 리 먼 곳에 있는 마음을 크게 위로할 수 있을 것이네. 지난번 편지는 어느 곳에서 와서 전해진 것인지, 서로의 거리가 3000리이니 어찌 귀신이 가져온 것이 아니겠는가.

나는 늙고 병든 데다 장기(瘴氣)까지 쏘여 "늘그막의 영광은 간당비(姦黨碑)에 이름 적힌 것이네.〔老年光華姦黨籍〕"[41]라는 구절을 외울 뿐

39 남붕로(南鵬路) : 남명거(南溟擧)로, 붕로는 자이다. 유생(儒生) 박수흠(朴守欽) 등과 함께 전팽령(全彭齡)의 사당을 복설(復設)하는 문제에 대하여 감사에게 정문(呈文)하여 그 부당함을 주장하였으나, 선현(先賢)을 모함한다는 죄명으로 유배를 당하였다. 《宋子大全 卷44 與張淨之》

40 범모(范母)의 마음 : 범방(范滂) 어머니의 마음을 뜻한다. 범방은 후한(後漢) 때 절의를 지킨 사람으로, 자는 맹박(孟博)이다. 그가 당고(黨錮)의 화에 휘말려 죽게 되자 어머니에게 영결을 고하니, 어머니가 "너는 지금 이응(李膺)이나 두밀(杜密)과 명성이 같은데 죽은들 무슨 여한이 있겠느냐. 훌륭한 명성이 있고 오래 살기를 요구하는 이 두 가지를 겸할 수는 없다."라고 하며 오히려 그 아들을 위로하였다. 《後漢書 黨錮列傳 范滂》

41 늘그막의……것이네 : 주희(朱熹)가 70세가 되던 해인 1259년에 치사(致仕)의 윤허를 받고 나서 지은 시에 "늘그막의 영광은 간당비에 이름 적힌 것이요, 과거의 수치스러운 건 시신의 관이었네.〔老去光華姦黨籍, 向來羞辱侍臣冠.〕" 하였다. 《晦庵集 卷9 蒙恩許遂休致……》 이것은 주희가 간신 한탁주(韓侂胄) 등으로부터 위학(僞學)이라는

이네. 고요한 가운데의 세월은 더욱 아까운 법이니 편히 앉아 서책을 보아 먼 곳에 있는 내 마음에 부응해 주길 바라네.

○ 오늘날의 일은 사실 사계(沙溪 김장생(金長生)) 노선생(老先生)이, 곽시(郭詩)가 서북인재론(西北人才論)을 저술하여 정자(程子)를 배척한 까닭에 곽시의 사당을 제거할 것을 청하고, 후인들이 그 의논을 서술하여 이에 이른 것에 근원하니, 그 실제는 정자에서 시작하였네.

비난을 받고 자신을 간당비 고사에 비유한 것이다. 간당비란 북송(北宋) 시대에 간신(奸臣) 채경(蔡京) 등이 현유인 사마광(司馬光)과 정이(程頤) 등 309인을 간당으로 지목, 이들의 성명을 기록하여 세운 비를 가리킨다.

남붕로에게 보냄 정사년(1677, 숙종3) 1월

與南鵬路 丁巳正月

일찍이 편지 한 통을 장 대감(張大監)에게 부탁하여 부쳐 보내게 하였는데, 어제 장 대감의 편지를 보니 지난해 섣달에 부쳐 보냈다고 하였네. 과연 편지를 받아 보았는가?

해가 바뀌어 봄이 돌아왔는데 그동안 자고 먹는 것이 어떘는지 모르겠네. 단정히 앉아 아무 일 없이 책 속의 취미를 얻을 수 있다면 비록 철륜(鐵輪)을 머리 위에다 굴리더라도[42] 나의 즐거움을 방해하기에 부족할 것이네. 오직 부모님 소식을 때로 듣지 못할 터이니 이것이 가엾네. 그러나 옛날에 구양공(歐陽公)이 폄적(貶謫)되었을 적에 모친 정씨(鄭氏)가 "네가 능히 편안하게 여긴다면 나도 편안하다."라고 하였으니,[43] 오늘 일도 어떻게 스스로 편안하게 여기는지에 달려 있을 뿐이네.

나는 비록 말할 것이 못 되는 사람이지만 오히려 병가(病暇) 때 《주자대전(朱子大全)》을 열람하여 전혀 하는 일이 없는 데 이르지는 않았

42 철륜(鐵輪)을……굴리더라도 : 철륜은 불교에서 나온 말로, 죄인의 목을 베는 형구이다. 주희(朱熹)의 〈답유계장(答劉季章)〉에서는 "철륜을 머리 위에다 굴리더라도 또한 어떻게 그의 뜻을 움직이겠는가."라고 하였다. 《晦庵集 卷53》 어떠한 어려움 속에서도 마음이 동요되지 않을 것이라는 말이다.

43 구양공(歐陽公)이……하였으니 : 송 인종(宋仁宗) 경우(景祐) 3년(1036) 구양수(歐陽脩)가 고약눌(高若訥)의 탄핵을 받아 이릉 현령(夷陵縣令)으로 좌천되었을 때, 그의 어머니 정씨가 태연하게 웃으며 "네 집안은 본래 빈천하였으므로 나는 가난하게 사는 데 익숙하다. 네가 능히 편안하게 여기면 나도 편안할 것이다."라고 하였다. 《唐宋八大家文鈔 卷57 瀧岡阡表》

네. 또 이미 하나의 사(死) 자를 빚어냈으니 수많은 파리와 모기가 모두 귀찮게 할 것이네. 이만 줄이네.

남붕로에게 답함 정사년(1677, 숙종3) 8월
答南鵬路 丁巳八月

지금 풍양(豐陽) 대감의 인편이 와서 3월 5일자 편지를 전해 주었네. 기쁘고 상쾌한 마음은 늦고 빠름에 차이가 없었네. 나는 집안이 불행하여 늙은 아내의 상을 당해 천 리 먼 곳에서 부음을 들었으니 애통함이 더욱 절실하네.

편지 이후의 기거가 어떠한지 모르겠네. 근래에 용촌(龍村)의 편지를 통해서 존정(尊庭 존공(尊公))께서 평안하고 건강하시다는 소식을 전해 듣고 기쁘고 위로됨이 그지없었네.

나는 비록 장독(瘴毒) 습기에 침해되지 않더라도 70살 먹은 노인이라 부들이나 버들처럼 먼저[44] 시들 것이니 어찌 오래 살기를 바라겠는가. 또 시론(時論)이 더욱 세차다는 소식을 듣고 조석으로 명을 기다리고 있는데, 명이 이르면 죽는 것이 또한 어찌 천명이 아니겠는가.

장 대감(張大監)의 높은 뜻은 높이 살 만하네. 자네들이 연루된 것은 근원을 거슬러 올라가면 실로 정 부자(程夫子)를 존숭한 데서 말미암으니, 진실로 장채(章蔡)[45]의 무리가 아니라면 누가 자네들에게 무관심하겠는가. 삼가 상상하건대 존정의 뜻도 이것으로 자네들을 위로할

44 먼저 : 대본에는 '前'으로 되어 있다. 두주에 근거하여 '先'으로 바로잡아 번역하였다.

45 장채(章蔡) : 송(宋)나라 철종(哲宗) 때 권신(權臣)인 장돈(章惇)과 채경(蔡京)을 말한다. 왕안석(王安石)의 신법(新法)을 복구하고 동문관옥(同文館獄)을 조작하여 구법당(舊法黨)의 사마광(司馬光)과 여대방(呂大防) 등을 축출하였다. 《宋史 刑法志》

것이네. 바라건대 존정의 마음을 자기의 마음으로 삼는다면 남의 위로를 기다리지 않아도 저절로 편안해질 것이네.

여름 사이에 인편을 통해 한 통의 편지를 부치고 겸하여 부채와 빗을 드렸으니 조만간에 가지고 가서 전달할 것이네. 이만 줄이네.

남붕로에게 답함 무오년(1678, 숙종4) 7월

答南鵬路 戊午七月

해를 넘기며 올빼미에게 묻다가 하루아침에 전갈을 보았으니,[46] 천 리 길을 돌아와 만난 기쁨을 알 만하며 또한 사림(士林)이 경사를 함께할 것이네.

어제 중도에 부친 편지를 받았으니 감사한 마음 그지없네. 풍상을 겪은 끝에는 으레 지절(志節)을 손상하기 마련인데 자네는 그렇지 않았다고 들었네. 한겨울에도 시들지 않는 곧은 지조를 기쁘게도 오늘 직접 보았네. 늙은 나는 골골대며 죽을 지경이니, 다른 것은 말할 것도 없네.

46 해를……보았으니 : 유배지에서 죽을 줄 알았는데 유배에서 풀려나 서울로 돌아가게 된 것을 말한다. 올빼미에게 묻는다는 것은 한 문제(漢文帝) 때 태중대부(太中大夫) 가의(賈誼)가 일찍이 참소(讒訴)를 입어 장사왕 태부(長沙王太傅)로 폄척되어 나간 지 3년이 지난 어느 날 올빼미가 그의 집에 날아들어 자리 한구석에 앉자 〈복조부(鵩鳥賦)〉를 지어 스스로 위로했는데, 〈복조부〉에서 그는 올빼미에게 묻기를 "내가 가면 어디로 가야 하나? 길하다면 그 사실을 나에게 고해 주고, 흉하다면 그 재앙을 나에게 말해다오."라고 한 데서 온 말이다.《漢書 賈誼傳》 전갈을 본다는 것은 한유(韓愈)의 〈송문창사북유(送文暢師北游)〉 시에 "지난번에 경관이 될 수 있었나니, 벽 위에 전갈을 보게 되어 기뻐라.〔昨來得京官, 照壁喜見蝎.〕"라고 한 데서 온 말이다. 전갈은 중국의 남방에는 없고 북방에만 있기 때문에, 경도(京都)로 돌아오는 기쁨을 이렇게 표현한 것이다.《韓昌黎集 卷2》

유경명[47] 첨연 에게 답함 정사년(1677, 숙종3) 2월 5일

答柳景明 燂然○丁巳二月五日

2600리의 행역(行役)은 자네가 아니면 그 누가 마칠 수 있겠는가. 고의(高義)는 높이 살 만할 뿐만이 아니라 근력 또한 보통 사람이 미칠 바가 아니니 흠모하고 감탄해 마지않네. 이번에 서원(書院)의 인편이 와서 자네의 편지를 전해 주었는데, 사기(辭氣)와 필획(筆畫)이 전보다 더욱 굳세졌으니, 어떤 방법을 써서 그렇게 되었는가? 진결(眞訣)을 묻고 싶으나 그렇게 할 수 없네.

초려(草廬 이유태(李惟泰))의 편지를 보여 주었는데, 이렇게 분분한 것은 참으로 바람 소리가 지나가는 것과 같을 뿐이네. "초려가 그것을 괴로워하였다."라고 한 말은 실정(實情)이 아닌 듯하네. 어찌 장자(長者)가 젊은이들의 말을 듣고 스스로 자신의 가슴속을 흔드는 일이 있겠는가. 이른바 '젊은이들의 말'은 어떤 사람이 어떠한 이야기를 한 것인지 모르겠네.

정 독우(鄭督郵 정리(鄭涖))가 굶주림을 굳게 참은 것은 그 선대의 가법(家法)에서 비롯한 것이니 어찌 탄식하며 위로할 것이 있겠는가. 생각건대 벼슬을 일찍 그만두지 못하여 결국 곤욕을 만나고 위로 선대에 미치게 하였으니, 이것은 어리석은 내가 도모함에 충성스럽지 못했

47 유경명(柳景明) : 유첨연(柳燂然, 1619~1686)으로, 본관은 진주(晉州), 자는 경명·중명(仲明)이다. 송시열의 문인이다.《宋子大全隨箚 卷13 目錄》송시열이 덕원(德源)에서 유배 생활을 할 때 유배지까지 따라가 1개월 동안 함께 있었다.

던 죄이니, 뒤늦게 한탄한들 어찌하겠는가. 여기에서 정리에게 미칠 수 없음을 더욱 탄식할 뿐이네.

《주자대전(朱子大全)》은 보고 또 보아도 막히는 곳이 매우 많으므로 손 가는 대로 적어 두고 벗들에게 질문하려 하였네. 자네가 도리어 부주(涪州)의 《역(易)》을 말하였으니,[48] 어찌 그리 이 말을 제대로 살피지 않고 하였는가. 참으로 송구하네. 말하고 싶은 것은 매우 많으나 병석에 누워서 다른 사람의 손을 빌려 쓰는 것이라 이만 줄이네.

48 부주(涪州)의 역(易)을 말하였으니 : 학문에 힘써 훌륭한 책을 저술할 것을 권했다는 뜻이다. 정이(程頤)가 1096년 64세 때 부주로 귀양을 가서 특히 《주역》에 깊이 침잠해서 1099년 67세 때 《역전(易傳)》을 완성할 수 있었다. 이와 관련하여 주희(朱熹)는 "이천 선생이 《역전》을 지을 수 있었던 것은 부주로 한 차례 귀양 가서 얻은 학문의 힘 덕분이다."라고 하였다. 《晦庵集 別集 卷3 林擇之》

유경명에게 보냄 정사년(1677, 숙종3) 11월 24일

與柳景明 丁巳十一月二十四日

민군(閔君)이 길에 올랐으니 조만간 답장을 전할 것이네. 그 편지에는 번거롭게 자세히 말하고 싶지 않은 것이 있으므로 한두 가지는 답하지 못했으니, 의아하게 여길 듯하네.

이 일이 있은 이래로 입을 다물고 말하지 않았고 귀를 막고 듣지 않았네. 다만 불쌍하게 여기며 가슴 아파하는 마음이 있을 뿐이네. 이제 친구들은 무마하고 털어내어 만에 하나라도 아무 일이 없기를 바라야 하는데, 무슨 까닭에 자꾸 제기하여 바람을 놓아 불을 끄는 짓을 하려 하는가. 이것은 평소에 자네에게 바라던 바가 아니네. 모름지기 이제부터는 입에 올리지 않을 뿐만 아니라 또한 가슴속에 두지 않는 것이 어떻겠는가? 오래전부터 이러한 생각을 했으나 이 인편이 매우 적합하므로 대략 이렇게 적었네. 이 편지의 내용도 번거롭게[49] 남에게 말할 필요가 없겠네.

49 번거롭게 : 대본에는 '頻'으로 되어 있다. 두주에 근거하여 '煩'으로 바로잡아 번역하였다.

유춘보[50] 성채 에게 보냄 갑인년(1674, 숙종 즉위년) 10월 11일
與柳春甫 星彩○甲寅十月十一日

무봉산(舞鳳山) 이야기는 지금까지 귀에 쟁쟁하네. 요즈음 자네의 안부는 더욱 신명의 도움을 받고 있는가? 나는 창황히 남쪽으로 내려와 두문불출하며 깊이 들어앉았으니, 영인(嶺人)의 은혜가 도리어 적지 않네.

이곳으로 올 때 강리(姜吏)를 만나 보았는데 말하기를 "그 처(妻)의 상전(上典)에게 그 아들의 속량(贖良)에 대해 물어보려 하였으나 이 논의가 민대(閔台 민정중(閔鼎重)) 등 여러 어르신에게서 나왔으므로 저 사람이 격노하여 허락하지 않을까 염려되었습니다. 그래서 감히 입을 열지 못하였습니다."라고 하였네. 자네가 일찍이 그 사람에게 말하고자 하는 뜻이 있었으니, 모름지기 한번 가서 주선하는 것이 어떻겠는가? 속량하는 값은 이 이야기를 들은 이들이 모두 도우려는 뜻이 있으니, 아무리 많은들 마련하기 어렵지 않을 것이네.

○ 강효원(姜孝元)과 필선(弼善) 정진백(鄭震伯 정뇌경(鄭雷卿))은 심양(瀋陽)에서 함께 죽었네.[51] 효종대왕이 시신을 수습하고 염습하여

50 유춘보(柳春甫) : 유성채(柳星彩, 1645~1707)로, 본관은 진주(晉州), 자는 춘보이다. 충경공(忠敬公) 유형(柳珩)의 증손이다. 송시열의 문하에서 공부하였는데, 송시열이 항상 그의 웅략(雄略)을 칭찬하며 무사(武事)를 권하자, 이를 따라 1676년 무과에 급제하고 평안도 병사 등을 역임하였다. 《晉州柳氏大同譜》

51 강효원(姜孝元)과……죽었네 : 강효원은 1637년(인조15) 소현세자(昭顯世子)가 청(淸)나라에 볼모로 잡혀갈 때 시강원 서리로 배종하였다. 필선 정뇌경과 함께, 당시

그의 집으로 내보내어 양주(楊州)에 장사 지냈네. 묘표(墓表)는 민 유수(閔留守 민시중(閔蓍重))가 마련하였고 묘갈명은 내가 짓고 후서(後敍)는 민 삼재(閔三宰 민정중(閔鼎重))가 기술하였네. 대행 대왕(大行大王)께서 내노(內奴) 두 구(口)로 그의 장자(長子) 강후정(姜厚精) 및 장손(長孫) 강차석(姜次碩)을 속량(贖良)하였네. 지금 사대부들이 속량하고자 하는 대상은 강후정의 차자(次子) 강승석(姜承碩)이네. 그의 주인 김붕(金朋)이 아산(牙山) 종아리(種牙里)에 있는데, 김붕은 판서 조경(趙絅)의 매자(妹子)라고 하네.

조선인으로서 청나라의 통역이 되어 온갖 횡포를 자행하던 정명수(鄭命壽)를 제거하고자 하였는데, 일이 누설되어 두 사람이 함께 처형당하였다.《顯宗實錄 9年 10月 11日》

유춘보에게 보냄 무진년(1688, 숙종14) 9월 2일

與柳春甫 戊辰九月二日

신민(臣民)이 복이 없어 자의성모(慈懿聖母 장렬왕후(莊烈王后) 조씨(趙氏))가 끝내 승하하시기에 이르렀으니, 모두 깊이 슬퍼하는 마음 그칠 수가 없네.

요즘 소손(小孫)의 병이 이미 극도에 달하여 속이 타들어 가고 몸 둘 바를 모르겠네. 이 아이에게 보낸 편지에서 물어본 의례(疑禮)는 이 아이가 또 어찌 감히 알 수 있겠는가.

일찍이 보건대 문원(文元 김장생(金長生)) 노선생(老先生)의 상(喪)에 연제(練祭)를 지내려고 하는데 인목왕후(仁穆王后)의 국휼(國恤)을 당하여 기일(忌日)에 조촐하게 제물을 차려 곡하고 제사상을 거두었으며 국장(國葬)이 끝난 뒤에 택일하여 연제를 행하였네. 오늘 일은 이에 의거하여 행해야 할 듯하네.

상인(喪人)은 성복(成服)하지 않는다는 이야기는 제대로 생각하지 못한 말인 듯하네. 초상(初喪)이 다한 뒤에는 어떤 복을 입어야 하는가? 군복(君服 군주를 위하여 입는 복)을 제정하기를 기다려 잠시 사복(私服 사친(私親)을 위하여 입는 복)을 벗고 군복을 입거나, 도로 사복을 입고 사복이 다하기를 기다린 뒤에 비로소 군복을 입어야 하네.

손자 아이가 답장할 방법이 없으므로 노부(老夫)가 이렇게 답장을 하였네. 남에게 대신 쓰게 하여 이만 줄이네.

유춘보에게 답함

答柳春甫

고례(古禮)에서는 관직의 유무(有無)에 따라 차이가 있었으므로 〈증자문(曾子問)〉의 주설(註說)이 이와 같았네. 본조(本朝)에서는 그렇지 않네. 사자(士子)와 관직에 있는 자의 복(服)이 같고, 복이 이미 같다면 어찌 감히 관직의 유무에 따라 구분할 수 있겠는가.

내가 지난날 이충원(李忠原)에게 답한 편지에서 운운한 것은 그때의 이야기가 과연 어떠했는지 기억하지 못하나, 아마도 《주자대전(朱子大全)》에 "3개월이 지난 뒤에 사리에게 혼인을 허락한다.〔三月之外, 許士吏昏姻.〕"라는 문장이 있으므로 그렇게 답했을 것이네. 이것은 너무 곡절이 없네. 주자(朱子)가 '사리(士吏)'라고 한 '사(士)'는 과연 본조의 생원, 진사, 유학(幼學)과 같은 것인가? 본조의 생원, 진사, 유학은 그 복이 관직에 있는 자와 같은데 어찌 국장(國葬) 전에 혼례를 행할 수 있겠는가. 대체로 볼 때 이 일은 정론(定論)이 있지 않네.

그러나 내 생각으로는 효자의 마음은 비록 3년이 지나더라도 오히려 남은 슬픔이 있으니, 그 마땅한지를 따지지 않고 탈복(脫服)의 절차를 뒤로 물려 행하는 것이 그의 바람일 것이네. 더구나 진퇴에 대한 논의가 아직 정해지지 않았는데 하필 서두르면서 세월이 빨리 지나가는 슬픔을 펴지 않겠는가.

박여정[52] 성석 에게 보냄

與朴汝晶 星錫

서생(書生)이 붓을 던진 일[53]은 옛날에도 있었으나 오늘 바라는 바는 다만 옥문관(玉門關) 밖의 일이 아니네. 한 부(部)의 《춘추(春秋)》는 역시 읽지 않을 수 없네. 이만 줄이네.

52 박여정(朴汝晶) : 박성석(朴星錫, 1650～1709)으로, 본관은 밀양(密陽), 자는 여정이다. 송시열의 문인이다.

53 서생(書生)이……일 : 글공부를 그만두고 무관직(武官職)에 종사하는 것을 뜻한다. 후한(後漢)의 명장 반초(班超)가 젊었을 때 붓을 던지고 나중에 서역(西域)에 나아가 공을 세워서 정원후(定遠侯)에 봉해졌다. 반초가 오래도록 변방에서 지내다 보니 고향으로 돌아가고픈 생각이 나서 화제(和帝)에게 상소를 올려 "신은 감히 주천군까지 바라지도 않고, 그저 살아서 옥문관이나 들어가고자 원합니다.〔臣不敢望酒泉郡, 但願生入玉門關.〕"라고 하자 화제가 허락하였다. 《後漢書 班超列傳》《史略 卷3 東漢》

박여정에게 답함 을축년(1685, 숙종11) 6월 21일

答朴汝晶 乙丑六月二十一日

2월 10일자 편지를 어제 비로소 받았네. 기쁘고 위안되는 마음은 늦고 빠름에 차이가 없었네. 편지를 보낸 뒤에 이미 달이 많이 지났는데, 홀로 고생한 나머지 상중(喪中)에 건강한지 모르겠네.

나는 늙고 병들어 거의 죽게 되었는데 서증(暑證)까지 더쳐 움츠리고 무서워 떨고 있네. 두 채의 정자와 한 채의 당(堂)[54]은 영의(令意)가 어디에 있는지 상상할 수 있게 하였으니 어느새 사람으로 하여금 감동하여 벌떡 일어나게 하였네. 다만 '설욕하고 복수하려는 뜻〔雪酬意思〕'이 너무 드러나 듣는 이들을 번거롭게 하는 점이 있으므로 '장한 계책〔壯猷〕'이라 고쳤네. 대개 방숙(方叔)이 매우 늙었으나 그 계획이 장하고[55] 훌륭했기 때문이네. 모름지기 유 안상(柳按相)에게 의논하여 취사(取捨)하는 것이 어떻겠는가? 예를 갖추어 보낸 것을 비록 감히 사양할 수 없으나 마음은 참으로 편치 않네. 기문(記文)도 여쭙고 의논하여 선택하시게.

54 두……당(堂) : 정자는 설수정(雪酬亭)과 결승정(決勝亭)이고, 당은 운주당(運籌堂)이다. 《宋子大全 卷144 昌城府雪酬亭記》

55 방숙(方叔)이……장하고 : 방숙은 주(周)나라 선왕(宣王) 때의 현신(賢臣)이다. 《시경》 〈소아(小雅) 채기(采芑)〉에 "미련한 저 만형이, 대국을 원수로 삼도다. 방숙이 매우 늙었으나, 그 계책은 장하도다.〔蠢爾蠻荊, 大邦爲讐. 方叔元老, 克壯其猷.〕"라고 하였다.

곽자원 명한 에게 답함
答郭子遠 鳴漢

안부 편지 매우 감사하네. 그러나 내가 어찌 안부를 물어서 알아야 할 만한 사람이겠는가. 다만 병이 날로 더욱 심해져 이 세상에 며칠이나 더 머물 수 있을지 모르겠네. 가뭄 걱정은 참으로 자네 말과 같네. 이 지역은 도리어 궂은비가 많이 내렸으니 하늘도 고르게 베풀지 못하는 것이 있는가.

쓸쓸하게 지낸다고 했는데, 여기 앉아서도 상상할 수 있네. 그러나 대문을 닫고서 정원의 길도 쓸지 않으며 고요히 앉아 글을 보면 이것은 옛사람과 벗이 되는 것이니 어찌 쓸쓸함을 홀로 탄식하겠는가.

시사(時事)가 흉흉하나 또한 우리가 알아야 할 바가 아니네. 벌레의 팔이 될는지 쥐의 간이 될는지[56] 하는 대로 맡겨 둔다면 나에게는 아무 일이 없을 것이네. 누워서 남에게 글을 대신 쓰게 하였으니 이만 줄이네.

56 벌레의……될는지 : 자연의 변화는 무궁하여, 지금 내 몸의 사지(四肢)가 내세(來世)에 벌레의 팔이 될는지 알 수 없으며, 오장(五臟)이 쥐의 간이 될는지 알 수 없다는 말로, 변화에 순응한다는 뜻이다.《莊子 大宗師》

곽자원에게 답함
答郭子遠

몸져누운 황량한 시골에 바닷바람이 매일 부네. 이때 멀리서 보낸 편지가 홀연히 이르니, 마치 세상 밖의 소식과 같네. 이 기쁨을 어떻게 헤아릴 수 있겠는가.

소장(消長)에 대한 말씀은 이치로 보면 혹 그러하겠으나 이치가 어긋난 지 오래되었네. 또한 한두 사람이 비록 가더라도 도움이 되는 것은 다함이 없을 것이네. 이 사내는 단지 여기서 객귀(客鬼)가 될 뿐이네.

원임(院任)을 체직하는 것이 편리한지는 진실로 멀리서 헤아리기 어렵네. 다만 성대한 의식이 눈앞에 닥쳤으니 새로운 사람에게 맡길 수 없을 듯하네. 나머지는 병을 무릅쓰고 쓰느라 이만 줄이네.

곽자원에게 보냄
與郭子遠

오늘의 서찰은 옛날과는 일의 체모가 아주 다르네. 나도 편지를 해서는 안 될 뿐만 아니라 남들도 해서는 안 되네. 매번 편지지를 대할 적마다 편방(偏旁)도 자세히 살펴 가려야 하네. 일찍이 혼자 쓴웃음을 지으며 '이렇게 두려워할 거면 하지 않는 것이 옳은데 무슨 까닭에 억지로 하는가.'라고 하였네. 이런 까닭에 친구들의 안부 편지는 대부분 이해하지 못하는 예에 들어갔네.[57] 여러분이 의아하게 여기지 않으리라 생각하네. 이만 줄이네.

57 이런……들어갔네 : 친구들의 안부 편지에 많이 답장을 하지 않았다는 뜻이다.

전옥여 유 에게 답함 계사년(1653, 효종4) 12월 26일

答全玉汝 瑜○癸巳十二月二十六日

안부 편지에 매우 감사하네. 요즘의 행보는 아직도 가느냐 마느냐 하는 두 가지 가운데 있네.

장자(長子)를 위하여 참최(斬衰)의 복을 입는 절차는 이미 '참최'라고 말했으니 부상(父喪)과 차이가 없어야 하네. 그러나 국법(國法)이 관직을 사임하는 것을 허락하지 않으니 거처와 음식 및 기타 모든 행위에도 부상 때와는 다른 것이 있어야 하네.

시양부모(侍養父母)를 위한 상(喪)은 고례(古禮)에는 없고 단지 후세에 나온 것이네. 일찍이 보건대 진선(進善) 박세채(朴世采) 씨는 심상(心喪) 중의 서소(書疏)에서 '심상'이라 칭하였네.

전옥여에게 답함

答全玉汝

〔문〕 여러 대를 봉사(奉祀)한 사람이 죽은 뒤에 비록 그 처(妻)가 있더라도 부인이 봉사하는 것은 예(禮)에 명백한 문장이 없고, 그 자식은 어려서 제사를 주관할 수 없습니다. 망자(亡者)의 종제(從弟)가 임시로 봉사를 하면서 그 자식이 장성하기를 기다려 전중(傳重)을 돌려보내고자 하는데, 예에 어긋나지 않는지 모르겠습니다.

〔답〕 예에 "자식이 어리면 최복(衰服)으로 싸서 안는다.〔子幼則以衰抱之〕"라는 문장이 있네. 주상(主喪)이 이미 이와 같으니 주사(主祀)에 어찌 차이가 있겠는가. 주자(朱子)가 이계선(李繼善)의 질문에 답한 것은 바로 이 일을 설명한 것이네.

전옥여에게 답함

答全玉汝

〔문〕 어떤 사람이 장차 입후(立後)하려고 태어난 지 겨우 반년 된 형의 자식을 데려와 키웠는데, 조카가 장성했으나 미처 관아에 보고하지 않다가 부부가 모두 사망하였습니다. 그렇다면 그 조카는 길러준 은혜를 이유로 3년 복을 입고 삼년상을 마칠 때까지 궤연(几筵)을 철거하지 않습니까? 신주에는 글을 어떻게 써야 하며, 제(祭)와 전(奠)을 올릴 때 모두 상주가 되나 3년 후에는 어디에 신주를 봉안합니까?

〔답〕 3세 이전에 거두어 양육한 아이에 대하여, 국법(國法)에 비록 "곧바로 자신의 아들과 똑같이 대우한다."라는 문장이 있으나[58] 본복(本服)의 친(親)이 있으니 본복만을 입어야 하네. 선유(先儒)가 한 문공(韓文公)이 형수를 위하여 가복(加服)한 잘못을 논한 것에서 알 수 있네.[59] 대개 남편의 형제가 어린 나이에 고아가 되어 의지할 곳이 없으

58 3세……있으나 : 《경국대전(經國大典)》 등 조선조 법전의 〈형전(刑典)〉 사천조(私賤條)에 "3세 이전에 거두어 기른 자는 곧바로 자신의 아들과 똑같이 대우한다.〔三歲前收而養之者, 卽同己子.〕"라는 말이 나온다.

59 선유(先儒)가……있네 : 문공은 한유(韓愈)의 시호(諡號)이다. 한유가 3세 이전에 고아가 되어 형인 한회(韓會)의 보살핌을 받으며 형수인 형양 정씨(滎陽鄭氏)에게 양육되었는데, 형이 죽기 전에 "네가 어려서 형수의 양육을 받았으니, 반드시 기년(期年)의 상복을 입어라."라고 당부하였으므로, 형이 죽고 나서 형수의 초상을 당했을 때에 한유가 기년복을 입었다는 기록이 《한창려집(韓昌黎集)》 권23 〈제정부인문(祭鄭夫人文)〉에 나온다. 그런데 이에 대해서 장재(張載)가 "한퇴지(韓退之)가 형수를 위해 가복

면 형수가 보호하고 양육하는 것은 본래 당연한 이치이네. 만약 이 때문에 가복한다면 도리어 박대하는 것이네. 더구나 이 경우는 숙부모(叔父母)라는 친척이네. 그러나 또한 전혀 구별이 없을 수 없네. 그러므로 본복을 다한 뒤에 심상(心喪)의 예(禮)를 행하니, 이를테면 근일 진선(進善) 박세채(朴世采) 씨가 이렇게 하였네. 양육한 이들에게 만약 자손이 없다면 양육을 받은 이가 제사를 주관해야 하고, 복이 다한 뒤에는 종가(宗家)에 반부(班祔)하는 것이 옳네. 대개 곧바로 자신의 아들과 똑같이 대우하는 것은 국법이 있으나 봉사(奉祀)를 허락하지는 않았네.

〔문〕 절일(節日)에 묘제(墓祭)를 지낼 때 제사 지내는 대수(代數)가 다한 조상의 묘(墓)가 만약 같은 묘역에 있다면 함께 제사 지내지 않을 수 없으나 만약 비가 내려서 재사(齋舍)에서 제사를 지낸다면 역시 함께 제사를 지내야 합니까? 산소가 각각 있으면 형세상 하루 안에 함께 행할 수 없으므로 대부분 하루 전에 행하는 경우가 있으나 설날의 경우는 하루 전은 새해가 아닌데 행하니, 예에 근거할 만한 것이 있습니까?

〔답〕 아무리 제사 지내는 대수가 다한 조상일지라도 이미 같은 묘역에

을 하였는데, 대저 족속의 상(喪)에는 가복을 할 수 없는 법이다. 만약 형수에게 양육을 받았다고 해서 곧장 은혜가 있다는 이유로 가복을 한다면, 이는 형의 은혜를 지극히 박하게 대하는 것이다. 대저 모친이 없을 경우에는 형수에게 양육을 받지 않으면 다시 양육받을 곳이 없다. 만약 족속의 친(親)을 위해 은혜가 있다고 해서 가복을 한다면, 자기에게 은혜가 없는 자를 대할 때에는 복을 입지 않아도 된다는 말인가."라고 신랄하게 비판한 내용이 《장자전서(張子全書)》 권8 〈상기(喪紀)〉에 나온다.

있으니 함께 제사를 지내지 않을 수 없고, 재사에서는 제사를 행할 수 없어 차이가 있는 듯하네. 주자(朱子)가 제석(除夕) 하루 전에 행했다고 말한 것은 이제 자네의 말과 같으니 근거가 없지 않은 듯하네.

〔문〕 제사 지내는 대수가 다한 조상의 신주를 조천한 뒤에는 여러 사람이 번갈아 그 제전(祭田)을 관장하여 제사를 모시는 것이 예이나 만약 종가가 그대로 그 제전을 잡고 제사를 모시지 않는다면 어떻게 합니까? 여러 자손이 관아에 보고하여 찾아와서 묘제의 비용으로 삼고자 하는데, 어떨지 모르겠습니다.

〔답〕 애초에 제전을 설치할 때 약조를 세우고 관가에 알리는 것은 이미 《가례(家禮)》에 있는 문장이니, 제전을 잃어버린 뒤에 관가에 알려 바로잡는 것을 어찌 그만둘 수 있겠는가. 이와 같은 족인(族人)은 사적으로 의리로 타일러 보고 말을 듣지 않은 뒤에 관가에 알리는 것이 온당하네.

전옥여에게 답함 정사년(1677, 숙종3) 1월 17일
答全玉汝 丁巳正月十七日

그리워하던 중에 편지를 보니 나도 모르게 마음과 눈이 함께 열렸네. 편지를 받은 뒤에 해가 바뀌었네. 돌이켜 생각건대 날로 새로워지는 공부를 하여 붕우의 바람을 크게 위로해 주었네. 내게 어찌 말할 만한 소식이 있겠는가. 죽을 날만 다가올 뿐이네. 세도가 일변한 뒤로 인심을 짐작할 수 있겠네. 어느 날 백규(白圭) 시를 반복하여 외우게 되었다면 세 번에 그쳐서는 안 되네.[60] 부디 깊이 생각하게. 일일이 다 쓰지 못하네.

60 어느……되네 : 어느 날 말조심해야 함을 깨달았다면 철저히 반성하여 잊지 말아야 한다는 뜻이다. 《논어》 〈선진(先進)〉에 "남용이 하루 세 번 백규 시를 외우자, 공자께서 형의 딸을 그에게 시집보냈다.〔南容三復白圭, 孔子以其兄之子妻之.〕"라는 구절이 있다. 백규는 흰 옥으로 만든 규(圭)로, 《시경》 〈대아(大雅) 억(抑)〉에 "백규의 티는 깎아서 없앨 수 있지만 이 말의 결함은 어찌할 수가 없도다."라고 하였다.

전옥여에게 보냄 기미년(1679, 숙종5) 6월 20일

與全玉汝 己未六月二十日

저승의 부절이 이르면 곧바로 떠나가는 것은 마음속에서 익숙히 생각하였네. 오늘의 일이 어찌 서로 말할 만하겠는가. 생각건대 도륙의 화(禍)에 뜻과 기개를 잃지 않고 배움을 향한 의지를 바꾸는 일이 없는 것이 여러 벗에게 깊이 바라는 바이네. 이것이 이른바 몇 글자의 비결이네. 부디 진중하시게.

이원례 수응, 이인보 수인 에게 답함 병진년(1676, 숙종2) 11월
答李元禮 秀膺 仁甫 秀仁○丙辰十一月

도깨비의 재앙을 막는[61] 궁벽하고 황량한 곳에서 사생의 갈림이 눈앞에 닥쳤는데, 홀연히 염려해 주는 여러분의 서찰을 받았네. 이미 안부 서찰을 보내고 다시 물품을 보내 보살펴 주니, 부끄러움과 감격함이 둘 다 지극하여 뭐라고 형언할 수 없네.

이 일은 멀리서 인용해서는 안 되네. 지난번 어떤 사람이 "임소암(任疏庵 임숙영(任叔英))은 어찌 근심하고 괴로워하는 안색이 없는가?"라고 말하자, 소암이 "나는 죽으면 아귀(餓鬼)가 될 것이니, 다시 수귀(愁鬼 근심하다 죽은 귀신)가 될 수 없다."라고 하였네. 옛사람의 풍도와 의리가 이와 같았으니, 해학을 잘하는 가운데 정미한 뜻이 있음을 볼 수 있네.

지금 이렇게 곤궁하고 굶주리는 것은 원래 정해진 분수인데, 뜻밖에 처음 본 자가 민망하게 여겨 제현(諸賢)의 귀에 잘못 전달되어 속히 보살펴 주는 일이 있었네. 속히 돌려보내고 싶었으나 가만히 생각건대 이것은 성심(誠心)에서 나온 것이고 또한 예에 맞게 온 것이므로 삼가 이미 공손히 받았던 것이네.

61 도깨비의 재앙을 막는 : 유배지에 있음을 뜻한다. 순(舜)이 요(堯) 임금의 신하가 된 뒤에 "네 흉악한 족속인 혼돈과 궁기와 도올과 도철을 귀양 보내 사방 변경으로 쫓아내어 도깨비의 재앙을 막게 하였다.〔流四凶族, 渾敦窮奇檮杌饕餮, 投諸四裔, 以禦螭魅.〕"라고 한 데서 온 말이다. 《春秋左氏傳 文公18年》

금천(金川)의 제현은 세덕(世德)을 갈고 닦은 지 오래되었으니, 감히 다른 말로 서로 더럽힐 수 없네.

이인보에게 답함 갑인년(1674, 숙종 즉위년) 12월 19일

答李仁甫 甲寅十二月十九日

승사(僧舍)에서 석고대죄하면서 부절이 이르기를 기다리고 있는 것은 대계(臺啓)를 이미 올렸다는 소식을 들었기 때문이네. 이때 홀연히 안부 서신을 받았으니 감사한 마음 그지없네. 서원 사람들이 보내 준 전별 물품에서 남다른 후의(厚誼)를 알았네. 다만 이렇게 죄를 지은 몸으로 어찌 감히 학궁(學宮)의 성대한 의식에 폐를 끼칠 수 있겠는가. 이렇게 자네가 보내 준 선물은 마땅히 공손히 받으며 감히 사양하지 말아야 하나 이번에 온 심부름꾼에게 도로 부치니, 사정을 헤아려 용서해 주기를 바라네. 병으로 남의 손을 빌려 쓰느라 이만 줄이네.

이인보에게 답함 신유년(1681, 숙종7) 9월 29일

答李仁甫 辛酉九月二十九日

산창(山窓)이 고요하고 적적하여 승려를 마주하여 외로이 읊조리는데, 홀연히 이 편지가 왔으니 어떤 위안이 이만하겠는가. 외람되이 간당(姦黨)의 괴수가 되었으나 화종(華宗), 미숙(美叔 이수언(李秀彦))과 같은 이들도 간당적(姦黨籍)에 이름이 적혔으니 늘그막의 영광이 어찌 이 지경에 이른단 말인가. 다만 마천(磨天)의 쌓인 눈을 늙은 다리가 뚫고 가기 어려우니, 이것이 염려될 뿐이네. 끝으로 새로운 경사가 넘치기를 바라네.

안여익[62] 중겸 에게 답함

答安汝益 重謙

그리운 마음이 갈수록 더욱 간절하던 차에 관편(官便)을 통해 멀리서 보낸 안부 편지를 받았네. 이어서 학문(學問)에 대해 논한 몇 가지 설(說)이 있었는데, 이러한 설들은 벗들 사이에서 오랫동안 들어 보지 못한 것이어서 나의 마음과 눈을 모두 트이게 하여 함께 앉아서 토론하는 것과 다름이 없었으니 더없이 다행스러운 일이었네.

상사(喪事)가 있었다니 놀랍고 슬픈 마음 견딜 수 없네. 생각건대 친애(親愛)함이 남달랐으니 애통한 마음 어떻게 견디겠는가.

보내 준 편지에 "학문의 순서는 먼저 《대학》을 읽어 간가(間架)를 만든 다음 《논어》와 《맹자》를 차례대로 읽어 그 간가를 채운다."라고 한 것은 바로 주자(朱子)의 정론(定論)이니, 이제 벗께서 이미 이런 순서에 의해 하고 있다면 잘 한다고 할 수 있는데, 다시 무엇이 의심스러워 남에게 물어보는 것인가. 《근사록(近思錄)》과 《심경(心經)》 등의 책은 경서(經書)를 통달한 뒤에 읽어도 늦지 않을 것 같네.

모름지기 티끌 하나 없는 거울이나 물결이 일지 않는 물같이 된 뒤에야 바야흐로 이를 정(靜)한 때라고 할 수 있네. 그러나 잡념이 있다는 것을 깨닫는 것도 이미 대단한 이해와 성찰이니, 어찌 쉬운 일이겠는가. 삼가 흠탄(欽歎)하여 마지않네.

62 안여익(安汝益) : 안중겸(安重謙)으로, 본관은 순흥(順興)이다. 관직은 직장(直長)을 지냈고, 문성공(文成公) 안향(安珦)의 후손이며, 승지 안후(安垕)의 아들이다.

정(靜)에 치우치면 일을 싫어하는 병통이 있다고 한 말에 대해서는 그렇지 않은 점이 있네. 대체로 마음은 체(體)와 용(用)을 함께 갖추고 있고 동(動)과 정(靜)이 순환하기 때문에 주자께서,

"정할 때에도 동이 없을 수 없는 것이 마치 동할 때에 정이 없을 수 없는 것과 같으니, 마음이 어찌 죽은 나무나 불 꺼진 재와 같을 수가 있겠는가. 마음이 사물(事物)에 따라 움직일 때 더욱 성찰을 가하여 조금이라도 방과(放過)하지 않는다면 인욕(人欲)은 저절로 물러나 순종할 것이다."

하였네. 대저 마음을 다스리는 법은 경(敬)보다 더 좋은 것이 없네. 그래서 "경은 내외(內外)를 합치시키고 시종(始終)을 일관되게 하는 것이다. 이를 외면하고 다른 데서 찾는다는 것은 마치 약을 버리고서 병을 치료하려는 것과 같다." 한 것이네. 이는 내가 사우(師友)에게서 들은 말인데 힘써 행하지 못하고 마침내 늙어 죽게 되었으니 나를 허여(許與)하고 기대한 뜻을 저버리게 되었으므로 슬프고 죄스럽기 그지없을 뿐이네. 그런 데다 이제 보내온 편지를 받으니 나도 모르게 더욱 두려운 생각이 일어나네.

대저 세도(世道)가 쇠미해져서 학(學)을 말하기 꺼리는데도 오직 외재(畏齋 이단하(李端夏)) 대야(大爺)만은 선훈(先訓)을 받들어 사람들에게 공공연히 말했으니, 이는 세교(世教)를 바꿀 기쁜 소식이었네. 지금 벗도 여기에 뜻을 두었으니, 시종 태만함이 없게 해서 깨달음이 있게 된다면 참으로 사문(斯文)에 사람이 있다고 할 수 있을 것이네. 이보다 다행한 일이 어디 있겠는가. 서로 돕자는 은근한 편지를 받고 망녕되이 논한 것이 여기에 이르렀으니, 도리어 부끄러워 땀이 흐르네.

알려 준 일전의 나소(羅疏 나양좌(羅良佐)의 상소)는 비방이 극도에

달한 내용이었으나 모두 사실이고 거짓이 아니며, 또 자기 스승을 위한 변송(辨訟)이었음을 알았으니 무슨 큰 죄가 있겠는가. 그런데도 먼 곳으로 귀양 보냈으니 매우 송구스럽네. 나의 도리는 묵묵히 자신을 반성해야 마땅하겠기에 바야흐로 두문불출한 채 반성하고 있을 뿐이네. 그러나 당초의 일을 돌이켜 보면 단지 자신을 헤아리지 못하고 망녕되이 사설(邪說)과 피행(詖行)을 막으려는 마음을 가진 데서 비롯하여 결국 이 지경에 이르렀으니, 그 죄를 나누어 받아야 마땅할 듯하네. 벗께서는 어떻게 생각하시는가?

안여익에게 답함 병인년(1686, 숙종12) 8월

答安汝益 丙寅八月

여러 해 전에 서울에서 출발하여 동쪽을 유람하고 그대로 향리로 돌아왔는데 이로부터 줄곧 소식을 듣지 못하였네. 그러나 한결같이 그리워하는 마음은 조금도 느슨해진 적이 없었으니, 이것은 빈말이 아니네.

대개 사람이 학문에 뜻이 있으나 끝내 성취하지 못하는 것은 그 기질이 이것저것 섞여 있어 순일하지 못하고 경박하여 차분하지 못하기 때문이네. 가만히 보건대 자네는 순일에 가깝고 잡됨이 적으며 많이 차분하여 경박함을 누르고 있으니, 이것이 바로 옛사람이 "저절로 도에 가깝다."라고 말한 것이네. 그러나 어리석은 내가 타고난 것은 가장 잡되고 가장 경박하여 아무리 힘써 다스리려 하여도 마치 한 잔의 물로 한 수레에 가득한 땔나무에 붙은 불을 끄려는 것과 같네. 이런 까닭에 허옇게 센 머리로 거의 죽게 된 지경에 이르렀으나 여전히 예전 그대로의 인물이네. 항상 스스로 탄식하며, 어떻게 하면 자네와 같은 사람들과 아침저녁으로 서로 보면서 약간의 도움이라도 받을 수 있을까 생각하고 있네.

이제 자네의 편지를 받고 일찍이 형제를 잃는 슬픔이 있었음을 알았으니 놀랍고 참담한 마음을 이기지 못하네. 또 이어서 서책이라는 본령을 폐하여 수습하기 어렵게 되었음을 근심한다고 하니, 자네가 어찌 이런 지경에 이르렀단 말인가. 그러나 그것이 이와 같음을 깨달은 것도 이미 쉽지 않은 것이네. 나 같은 사람은 전혀 그렇지 못하네. 다만 생각건대 자품이 순일하고 기운이 차분한 자는 비록 그를 "도에 가깝다."라고 말하더라도 분발하여 넓혀 나가는 것에 있어서는 도리어 부족한 점이 있네. 그러므로 기질의 아름다움은 전적으로 믿어서는 안 되며 학문 공부는 의당 많이 힘을 들여야 하네.

자네는 현재 무슨 책을 읽고 있는지 모르겠네. 일찍이 듣건대 정암(靜庵 조광조(趙光祖))은 오로지 《근사록(近思錄)》을 주로 읽었고 퇴계(退溪 이황(李滉))는 오로지 《심경(心經)》을 주로 읽었다고 하나, 일찍이 사계(沙溪 김장생(金長生))가 사람을 가르치는 것을 보니 먼저 《소학(小學)》과 《가례(家禮)》를 가르친 뒤에 차례대로 《심경》과 《근사록》 등 여러 서책을 가르치셨네. 이제 모름지기 먼저 이러한 서책에서 학문에 들어가는 입구를 찾은 뒤에야 거의 본령과 기초가 생겨 자리가 잡힐 것이네. 거리가 멀어 만나 이야기할 수 없으니 그저 더욱 서글피 탄식할 뿐이네.

조선백 명세 에게 답함 병오년(1666, 현종7)
答趙善伯 鳴世○丙午

지난번엔 황급하게 만났다가 헤어졌는데 이제 편지를 보게 되었으니 매우 감사하네. 별지의 "묘제(廟祭)의 세수(世數)"에 대하여, 대개 율곡(栗谷) 선생은 4대(代)를 옳게 여겼으나 시왕(時王)의 제도를 감히 어길 수 없었으므로 《격몽요결(擊蒙要訣)》에 드러낼 때는 3대로 정하였으니, 바로 주자(朱子)가 "부친이 살아 계실 때 모친에 대하여 기년복을 입는다.〔父在服母期〕"라는 것을 옳게 여긴 것과 같네. 《주자어류(朱子語類)》에 나타난 것이 매우 자세하나 《가례》를 찬술할 때는 도리어 국조(國朝)의 '삼년상의 제도'를 따랐으니, 이것이 어찌 부자(夫子)가 주(周)나라를 따른 뜻이 아니겠는가.[63]

"부모의 기일에 곡하여 슬픔을 다한다.〔父母忌哭盡哀〕"라고 한 것은 아마도 단지 초헌(初獻) 때의 의식을 말한 듯한데, 합문(闔門)과 사신(辭神) 때까지 그렇게 하는 것 같지는 않네. 나의 견해는 비록 이와 같으나 어찌 감히 자신하겠는가. 모름지기 예를 아는 사람에게 물어야 옳겠네. 이만 줄이네.

63 어찌……아니겠는가 : 당시에 시행되는 제도를 따른다는 말이다. 《논어》〈팔일(八佾)〉에 공자가 "주나라는 하나라와 은나라를 귀감으로 삼았나니, 찬란하도다 그 문화여, 나는 주나라를 따르겠노라.〔周監於二代, 郁郁乎文哉! 吾從周.〕"라고 하였다.

여사상 유경 에게 답함 신축년(1661, 현종2) 11월 1일

答呂士常 有經○辛丑十一月一日

그리워하는 중에 상을 지내고 있는 그대가 보낸 편지를 보았으니 위안됨이 적지 않네. 다만 듣건대 눈병의 증상이 있다니 매우 염려되고 염려되네. 이효상효(以孝傷孝)는 이치상 그렇지 않네. 자신을 보호하는 도리를 생각하는 것이 어떤가?

연제(練祭) 때의 복제(服制)는 《상례비요(喪禮備要)》에 실려 있는 《의례통해(儀禮通解)》의 설을 고찰할 수 있으니, 마땅히 조금 가는 생포(生布)로 정복(正服)을 고쳐 지어야 하나 다만 중의(中衣)를 마전하는 것은 고례(古禮)의 뜻을 잘 얻었네.

질(絰)은 칡을 쓰고 교대(絞帶)는 베를 쓰는 것도 《의례통해》에 실려 있으므로 신재(愼齋 김집(金集))의 상에 그 고아가 이렇게 하였네. 칡을 통째로 쓴다거나 겉껍질만 쓴다는 것에 관하여는 분명한 글이 없네. 그러나 모두 무방하네. 비록 칡을 통째로 쓰더라도 마질(麻絰)보다는 더욱 가벼운 복이 될 것이네.

나머지는 얼굴의 종기가 매우 괴로우므로 일일이 쓰지 못하네.

정인서 상린 에게 보냄 정사년(1677, 숙종3) 9월

與鄭仁瑞 祥麟○丁巳九月

재앙이 나로 인해 생겨나서 수많은 사우(士友)를 연루시켰으나 유배지가 원악지(遠惡地)인 것은 또한 자네가 처한 곳만 한 이가 없네. 삼가 생각건대 우애 있는 형제의 정회로 어떻게 견디고 있는가? 식솔은 다른 일 없이 잘 보호하고 있는가?

나는 풍토(風土)로 인하여 손상을 받아 조만간 숨이 다하기를 기다리고 있으니, 유감 품은 소인들이 좋아할 날이 머지않았네. 저들이 좋아한 다음에는 자네가 맞이할 재앙은 틀림없이 느슨해질 것이네.

듣건대 자네의 조카아이가 지각이 있다 하므로 붓과 먹을 각각 하나씩 보내니, 그에게 주는 것이 어떻겠는가? 납제(臘劑)도 그렇게 하게. 이만 줄이네.

정인서에게 보냄

與鄭仁瑞

인서(麟瑞)[64]에게서 지난해 서신을 받고 지난달에 답장을 보냈는데, 그사이에 안부를 들었는지 모르겠네.

몇 년 사이에 유배가 서로 이어졌으나 북쪽에 던져진 자는 없었네. 그의 외로운 객지 생활은 더욱 염려할 만하네. 그러나 만약 마음을 맑게 하고 생각을 줄이며 조용히 앉아 책을 본다면 수명을 기를 뿐만 아니라 참으로 옥성(玉成)[65]하려는 하늘의 뜻을 저버리지 않을 것이네. 그러나 가만히 들으니 젊은이들이 한바탕의 환난을 벌이려 도모하였으나 대부분 실패했다고 하는데, 인서는 형벌을 면했는지 아는가? 어리석은 내가 바라는 바는 오직 여기에 있을 뿐이니, 그의 수명이 길고 짧음과 굶주림과 배부름에는 생각이 미칠 겨를이 없네. 어떻게 생각하는가?

그가 떠나간 뒤에 응애응애 울던 아이는 아버지를 부를 줄 알게 되었는가? 그 아이의 이름은 무엇이라 하던가? 올해는 마마〔痘〕가 한창 유행하는데 그 아이가 순조롭게 넘길 수 있겠는가?

그 아이를 간절하게 생각하는 것이 그의 아버지보다 심하나 소식을

64 인서(麟瑞) : 정상룡(鄭祥龍, 1643~1709)의 자이다. 송시열의 억울함을 호소하는 상소를 올렸다가 함경도 경원(慶源)으로 유배되었다.

65 옥성(玉成) : 대본에는 '五成'으로 되어 있다. 문맥에 근거하여 '五'를 '玉'으로 바로잡아 번역하였다.

들을 길이 없으니 참으로 음식이 목에 걸려 내려가지 않는 것과 같네. 사탕 한 덩이를 보내니 꼭 그 아이에게 주어 그 아이가 먹도록 하게.

정인서에게 답함 경신년(1680, 숙종6) 윤월

答鄭仁瑞 庚申閏月

인서(麟瑞 정상룡(鄭祥龍))를 만났는데 마치 책 속의 사람을 보는 것과 같았네. 이 기쁨은 양쪽이 상상할 수 있을 것이네.

이어서 자네의 서찰을 받았으니 위안됨이 그지없네. 성상의 지극한 어지심에 식은 재가 다시 따뜻해져서, 고향으로 살아 돌아왔을 뿐만 아니라 부모님의 산소에도 올라갔으니 은총에 감격하여 눈물이 마구 흘러내리네. 겸하여 또 상부(相府)의 시종(侍從)이 연이어 상소하는 일이 있었네. 비록 불쌍히 여겨 주심에 감사하나 또한 매우 송구하여 대문을 닫고서 정원의 길도 쓸지 않고 길이 거북이처럼 숨는 방법을 배우고 있을 뿐이네.

잠을 못 이루는 병이 이제는 나았는가? 만날 기약이 없으니 가을장마에 더욱 자애하시게.

정인서[66] 상룡 에게 보냄

與鄭鱗瑞 祥龍

앞뒤로 보낸 편지까지 모두 다 받아 읽었는가? 요즈음 자고 먹는 것은 어떠한가? 우리가 힘쓸 것은 단지 하늘을 원망하지 않고 남을 탓하지 않으며 외진 산골로 돌아와 운명에 내맡기는 것이네.

이곳은 여름 들어 기후가 더욱 좋지 않네. 이런 까닭에 질병이 점점 고질이 되어 가네. 그러나 장자후(章子厚)[67]가 한 일이 아니니 모두 내버려 둘 뿐이네. 계씨(季氏)는 떠나거나 머무는 계획을 어떻게 정했는가? 아울러 잊을 수 없네. 이만 줄이네.

66 정인서(鄭鱗瑞) : 정상용(鄭祥龍, 1643~1709)으로, 인서는 그의 자이다. 본관은 영일(迎日), 호는 백봉(柏峯)이다. 1675년(숙종1) 전라도와 충청도의 유생 70여 명을 이끌고 송시열의 억울함을 호소하는 상소를 올렸다가 경원(慶源)에 유배되었다. 《肅宗實錄 1年 2月 13日》

67 장자후(章子厚) : 송(宋)나라 장돈(章惇, 1035~1106)을 가리킨다. 자후는 그의 자이다. 폐지된 왕안석(王安石)의 신법(新法)을 다시 시행하면서 이에 반대하는 사마광(司馬光), 문언박(文彦博), 여공저(呂公著), 범순인(范純仁) 등 원우(元祐) 연간의 제현(諸賢)이라 불리는 사람들을 배척하였다. 《宋史 章惇列傳》

정인서에게 보냄 기사년(1689, 숙종15) 1월
與鄭鱗瑞 己巳正月

새해 문안 편지는 많이 고마웠네. 나는 며칠 전에 서울로 올라오는 도중에 들은 것이 조금 있어 고삐를 돌려 돌아가고 싶었네. 서울 근교에 이르렀을 때 벌을 받은 여러 유생을 볼 수 있었는데, 그들은 모두 조용히 자신의 신념을 지키는 선비들이었네. 이 때문에 감히 입대(入對)할 계획을 세우지 못하고, 다만 야차(野次)에서 흠위(廞衛)[68]에 망곡(望哭)을 하였네. 다시 손자 아이를 장사 지내는 곳에 이르렀는데 석변(石變) 때문에 매장하지 못하고 관(棺)을 두드리며 영결하고 돌아왔네. 이곳의 심사(心事)를 누가 다시 알겠는가. 한창 무릎 통증을 괴로워하며 밤낮으로 고통을 겪고 있는데, 어찌 꺾이고 시들어 죽지 않겠는가.

68 흠위(廞衛) : 장렬왕후(莊烈王后) 조씨(趙氏)의 장례 때의 행렬을 가리킨다.

황하신과 황하민에게 답함 병진년(1676, 숙종2) 9월 3일

答黃夏臣夏民 丙辰九月三日

멀리서 안부 편지를 받아 보니 말과 필적이 모두 선대의 규범을 따른 것이었네. 펼쳐 읽고 서글픈 눈물이 흐르는 것을 스스로 억제할 수 없었네. 다만 무슨 책을 읽고 있는지 몰라서 마음이 답답할 뿐이네. 나는 아직도 그날그날을 살아가고 있네. 이 밖에 무엇을 말하겠는가. 세월이 아까우니 때에 맞춰 열심히 공부하기를 바라네. 일일이 쓰지 못하네.

금순서[69] 봉의 에게 보냄

與琴舜瑞 鳳儀

산에 눈이 세 길이나 쌓이고 바다 구름이 천 리에 뻗쳤는데, 뜻밖에 진중한 서찰 한 통이 그것을 뚫고 이곳에 이르렀네. 나는 아직도 형체를 보전하고 있는데 이것 역시 성상의 은혜이네. 이 밖에 무엇을 말하겠는가. 지당(止堂)의 봄빛은 상상컨대 지금 사랑스러울 것이네. 그 사이에서 책을 읽으니 갑절의 흥취가 있을 것이네. 이만 줄이네.

69 금순서(琴舜瑞) : 금봉의(琴鳳儀, 1668~1697)로, 본관은 봉화(奉化), 자는 순서, 호는 수경재(水鏡齋)이다. 송시열의 제자이며, 저서로 《수경재유고(水鏡齋遺稿)》가 있다.

금순서에게 답함

答琴舜瑞

〔문〕《가례(家禮)》에서 "며느리가 시부모보다 존장인 분을 뵐 때는 마치 시부모를 뵙는 예와 같이 한다."라고 하였습니다.[70] 그렇다면 궤례(饋禮)[71]도 그 존장에게 행할 수 있습니까?

〔답〕 그 존장에게 궤례를 행하는지는 모르겠네.

〔문〕 그 존장이 함께 살지 않는 분이라면 사당에 알현한 뒤에 그 존장에게 가서 뵙는데, 사당이 그 존장의 집에 있으면 어떻게 합니까?

〔답〕 먼저 존장을 뵌 뒤에 사당에 알현하는 것이 합당할 듯하네.

〔문〕 종부(宗婦)에게 서모(庶母)가 있다면 그 앉는 자리의 차례는 어떻게 해야 합니까?

〔답〕 적고(嫡姑 정실 시어머니)가 비록 있지 않더라도 마땅히 그 자리를 비워 두어야 하고 서모의 자리는 적부(嫡婦)의 상석(上席)에서 조금 뒤로 물려서 마련하네.

70 가례(家禮)에서……하였습니다 : 《가례》 권3 〈혼례(昏禮) 부현구고(婦見舅姑)〉의 '며느리는 여러 존장을 뵙는다.〔婦見於諸尊長〕'라는 조항에 "신부가 이미 대접을 받았으면 서쪽 계단으로 내려온다. 함께 사는 사람 중에 시부모보다 어른이 있으면 시부모가 신부를 그 방에서 뵙게 하는데 시부모를 뵙는 예와 같다."라고 하였다.

71 궤례(饋禮) : 여기서는 관궤례(盥饋禮)를 뜻한다. 혼례를 치른 이튿날 아침 신부가 성복을 하고 시부모에게 인사한 뒤 음식을 올리는 예를 말한다.

〔문〕 첩의 아들이 승중(承重)하면 그 모친의 신주는 별묘(別廟)에 모십니까? 그의 아우가 신주를 주장할 수 없습니까?
〔답〕 별묘에 모시는 것이 옳네. 또한 종법(宗法)이 있으니 아우가 신주를 주장해서는 안 되네.

〔문〕 지자(支子)에게 아들 하나만 있는데 양자로 나가서 종가의 후사를 이어 아들을 많이 낳았습니다. 그 생부가 양자로 나간 아들의 아들을 데려와서 제사를 받들게 하고자 하는데, 어떨지 모르겠습니다.
〔답〕 안 되네. 만약 그렇게 한다면 이는 한 대(代)가 없어지는 것이니, 어찌 이런 이치가 있겠는가. 양자로 간 아들은 그 사친(私親)에 대해 백부나 숙부의 항렬로 증조에게 합부(合祔)하는 것이 옳으며, 그 체천하는 예 역시 《가례》의 반부조(班祔條)에 의거하여 행해야 하네.

〔문〕 상을 당한 자가 국상(國喪)의 장례 전에는 성복(成服) 및 연제(練祭)와 상제(祥祭)의 예를 어떻게 해야 합니까?
〔답〕 먼저 관부(官府)에서 군주를 위해 성복하고, 나중에 상차(喪次)에서 사친을 위하여 성복하는 것이 합당할 듯하네. 연제와 상제는 국장(國葬)의 졸곡(卒哭) 후에 택일하여 행하나 담제(禫祭)는 없네.

〔문〕 관직에 있으면서 친상(親喪)을 당한 자가 성복하는 날이 국상에 성복하는 날과 같다면 어떻게 합니까?
〔답〕 지금은 옛날과 다르니 사친을 위하여 성복할 수 있네.

〔문〕 군주의 상에 소식(素食)을 행하는 것은 모든 백성이 며칠을

해야 합니까?

〔답〕 옛날에 군주를 위하여 입는 복은 단지 백관(百官) 및 기내(畿內)의 백성만 입었는데, 지금은 상중하의 신분을 따지지 않고 모든 사람이 복을 입으니, 성복 전에는 고기를 먹지 않는 것이 옳네.

박문경 준철 에게 보냄
與朴文卿 濬哲

가을 기운이 쓸쓸하여 그리운 마음이 정말 괴롭네. 나는 아직도 죽지 않고 있으니 기쁜 일이네. 이번에 박우(朴友)가 수렴(水簾 폭포)을 들러 보고자 하니, 제군(諸君)이 모름지기 길 안내하는 사람이 되어 서로 더불어 그윽하고 절묘한 지경에서 배회한다면 나쁜 일이 아닐 것이네. 좋은 붕우를 얻기 어려우니, 이 말은 옛날부터 있어 온 말이네. 일일이 쓰지 못하네.

지은이 **송시열(宋時烈)**

1607(선조40)~1689(숙종15). 자는 영보(英甫), 호는 우암(尤菴)·우재(尤齋)·파옹(巴翁)·화양동주(華陽洞主) 등이며, 시호는 문정(文正), 본관은 은진(恩津)이다. 부친은 송갑조(宋甲祚)이고, 모친은 선산 곽씨(善山郭氏)이다. 사계(沙溪) 김장생(金長生)과 신독재(愼獨齋) 김집(金集)을 사사하여 기호학파의 종장(宗匠)이자 노론의 영수로 활동하면서 조선 후기 학문과 정치에 큰 발자취를 남겼다. 효종의 즉위 이후 청나라에 대한 복수설치(復讎雪恥)를 역설한《기축봉사(己丑封事)》를 올려 북벌론을 제시하였고, 학문적으로는 주자성리학을 정통으로 삼아 남인 학자인 윤휴(尹鑴)와 대립하였다. 이후 남인, 소론과 갈등이 깊어지다가 효종의 천릉(遷陵), 왕실 복제를 둘러싼 예송(禮訟)으로 논핵을 받아 삭탈관직되고 덕원(德源), 장기(長鬐), 거제도(巨濟島)에서 유배 생활을 하였다. 1689년 원자 책봉 문제로 제주(濟州)에 유배되었다가 서울로 압송되던 중 정읍(井邑)에서 사사(賜死)되었다. 1756년(영조32) 문묘(文廟)에 배향되고 영의정에 추증되었다. 저서로《송자대전》,《주자대전차의(朱子大全箚疑)》,《정서분류(程書分類)》,《주자어류소분(朱子語類小分)》,《논맹혹문정의통고(論孟或問精義通考)》등이 있다.

옮긴이 **김정기(金正基)**

한림대학교 부설 태동고전연구소와 강원대학교 국어국문학과 박사과정을 수료하였다. 현재 한국고전번역원 고전문헌번역실 번역위원이며, 한국국학진흥원 영남선현문집번역 객원연구원이다.

송자대전 23

송시열 지음 | 김정기 옮김

2023년 12월 31일 초판 1쇄 발행

발행인 김언종 | 발행처 한국고전번역원
등록 2008. 3. 12. 제25100-2018-000049호
주소 (03310) 서울시 은평구 진관1로 85
전화 02-350-4800 | 팩스 02-350-4994 | 홈페이지 www.itkc.or.kr

연구총괄 정영미 | 연구책임 장희성 | 연구기획 강지원 | 자문 정선용

책임편집 이선주 | 편집진행 신진호 서윤이
교정 박성희 서세영 윤옥선 | 조판 정효진 | 제작 조은지
디자인 씨디자인 | 인쇄 명일인쇄

값 20,000원
ISBN 978-89-284-1098-9 94810
978-89-284-0619-7 (세트)